PLANUNG · AUSRÜSTUNG · PRAXIS

Blauwassersegeln heute

Rüdiger Hirche / Gaby Kinsberger

IMPRESSUM

Einbandgestaltung: Katrin Kleinschrot

Titelbild: Rüdiger Hirche / Gaby Kinsberger

Bildnachweis: alle Bilder Rüdiger Hirche / Gaby Kinsberger
außer S.25 (NOAA)

Eine Haftung der Autoren oder des Verlags und seiner Beauftragten
für Personen-, Sach- und Vermögensschäden ist ausgeschlossen.

ISBN 978-3-613-50765-4

1. Auflage 2014

Copyright © by Verlag pietsch, Postfach 103742, 70032 Stuttgart
Ein Unternehmen der Paul Pietsch Verlage GmbH & Co. KG

Sie finden uns im Internet unter www.pietsch-verlag.de

Lektorat: Martin Gollnick, Susanne Fischer
Innengestaltung: Anita Ament
Druck und Bindung: Gorenjski tisk storitve, Kranj
Printed in Slovenia

Vorwort

Sie haben dieses Buch zur Hand genommen. Also träumen Sie davon, mit einem Segelboot auf große Fahrt zu gehen.

Wir haben diesen Traum vor Jahren wahrgemacht. Als völlige Blauwasser-Neulinge, mit der Erfahrung von ein paar Urlaubstörns in Ostsee und Mittelmeer, stürzten wir uns in das Abenteuer Weltumsegelung. Sechs Jahre dauerte unsere Reise, die wir ohne Havarien glücklich vollendeten. Im Rückblick können wir beide sagen, dass es die schönste und aufregendste Zeit unseres Lebens war. Die Erlebnisse dieser Reise erzählen wir in unserem Buch »Vom Alltag in die Südsee«.

Aber es war nicht nur eine erlebnisreiche Zeit, es waren auch sechs wertvolle Lehrjahre. Oft mussten wir Situationen meistern, auf die wir nicht vorbereitet waren, weil wir sie uns zuhause nicht hatten vorstellen können.

Daraus entwickelte sich die Idee zu diesem Buch. Es soll die Lücke schließen zwischen der Planung und Vorbereitung zuhause und dem Einstieg ins Yachtie-Leben. Denn an den Ankerplätzen der »Yachties« wäre man viel besser beraten als auf den Bootsmessen oder in den Testberichten der Segelzeitschriften. Der wirkliche Praxis-Test findet unterwegs statt, auf dem Atlantik oder Pazifik.

Wir berichten, was den Blauwasser-Neuling »da draußen« erwartet. Welche Ausrüstung man wirklich braucht, und was sich in der Praxis bewährt hat. Wie der Alltag an Bord aussieht, auf See, aber auch vor Anker.

Wir geben handfeste Tipps und Ratschläge, die direkt aus der Erfahrung von sechs Jahren Blauwassersegeln stammen. Unsere eigenen Erfahrungen, angereichert durch die einer ganzen Flotte, die gleichzeitig mit uns auf der »Barfußroute« um die Welt gesegelt ist.

Seit dem Erscheinen der ersten Auflage sind 10 Jahre vergangen.

Auf den ersten Blick hat sich seitdem viel geändert: Die Yachten werden immer größer und komfortabler, die Ausrüstung wird immer perfekter. Der Traum einer Blauwasserfahrt erscheint mit den technischen Möglichkeiten immer leichter und sicherer erreichbar.

Aber das täuscht. Denn die wirklichen Anforderungen eines Blauwassertörns haben sich nicht verändert: Allein auf dem weiten Ozean, fern von jeder Hilfe, ist die Segelyacht mit ihrer meist kleinen Crew auf sich allein gestellt. Auch mit modernster technischer Ausrüstung kommt es dann vor allem auf die Seetüchtigkeit des Bootes an sowie auf die Fähigkeiten der Crew, mit allen Situationen fertig zu werden.

Um den Entwicklungen der letzten Jahre Rechnung zu tragen, haben wir das Buch komplett überarbeitet und um wesentliche Inhalte ergänzt:

Der Bord-PC gehört inzwischen ganz selbstverständlich zur Ausrüstung einer Fahrtenyacht und übernimmt immer mehr Aufgaben: vom **Internetzugang** über WLAN (Kapitel 1) bis zur Navigation mit **elektronischen Seekarten** (Kapitel 4).

Mit **AIS** ist ein ganz neues Navigations- und Informationssystem auf dem Markt, das sich mit relativ geringem Aufwand auch an Bord einer Segelyacht installieren lässt. In Kapitel 8 erklären wir die grundsätzliche Funktion und beschreiben die Unterschiede zum herkömmlichen Radargerät.

Das Kapitel 10 wurde vor allem in Bezug auf **Amateurfunk** und **PACTOR** aktualisiert.

Die **Stromversorgung** an Bord ist einfacher und effizienter geworden. In Kapitel 11 gehen wir unter anderem auf die modernen Yachtbatterien und die dazugehörige Ladeelektronik ein.

Durch den Klimawandel treten **tropische Wirbelstürme** häufiger auf, auch außerhalb der für die Seegebiete typischen Zeiträume. In Kapitel 3 betrachten wir die aktuelle Entwicklung.

Der Zugang zu **Wetterinformationen** (Kapitel 3 und 10) ist ein wichtiger Sicherheitsfaktor, ebenso wie aktuelle Informationen zum Thema **Piraterie** (Kapitel 5).

Wir wünschen Ihnen, dass auch Sie Ihren Traum verwirklichen können.

Und wir hoffen, dass unser Buch Ihnen dabei ein nützlicher Begleiter sein wird.

Januar 2014
Rüdiger Hirche und Gaby Kinsberger

Inhalt

*Der große Traum: Mit
dem Passat nach Westen.*

Teil 1: Planung und

1. Den Traum leben

Deutsches Herbstwetter, neblig-trüb mit Nieselregen. Am Telefon ein Redakteur der Zeitschrift *Funkuhr*. Er möchte einen Artikel über unsere Weltumsegelung schreiben. »Im November lesen die Leute so was am liebsten, da wollen doch alle weit weg.« Stimmt das? Einer Umfrage zufolge träumen über 70 % aller Deutschen vom Aussteigen. Etwa 25 % würden am liebsten eine Weltumsegelung machen. Ein ganzes Land auf der Flucht ...

Tatsächlich findet man rund um den Globus auf jeder noch so kleinen Insel mindestens einen deutschen Aussteiger. Wie viele deutsche Yachten zur Zeit auf großer Fahrt sind, kann man nur schätzen. Zur Zeit unserer Weltumsegelung waren es schon weit über 500, Tendenz steigend.

Was sind das für Leute? Wie kommt es, dass gerade sie den Traum wahr machen können? Oder, anders herum gefragt: Was hindert Millionen von Möchtegern-Weltumseglern daran, es gleichfalls zu tun?

Voraussetzungen

»Wie habt Ihr das gemacht?« Das ist die häufigste Frage, die uns gestellt wird. Und noch bevor wir antworten können, werden wir schon mit Erklärungen überschüttet, warum unser Gegenüber es leider nicht machen kann. Der Beruf, das Haus, die Frau, die Kinder. Und natürlich das Geld.

Der Beruf ist für die meisten das größte Hindernis. Wenn sie dann hören, dass wir uns als Lehrer beurlauben lassen konnten, kommt unweigerlich: »Jaaa natürlich, die Beamten ....« Die Möglichkeit einer sechsjährigen Beurlaubung (ohne Gehalt, entgegen anders lautenden Gerüchten ...) war natürlich ein riesiger Glücksfall und ein großes Privileg. Das wussten wir auch sehr zu schätzen. Wenn das aber wirklich eine Grundvoraussetzung wäre, müssten die Weltmeere voll sein mit segelnden Beamten. Das stimmt aber nicht. Außer Bobby Schenk, der in seinem aktiven Berufsleben als Richter tätig war, fallen uns spontan nur noch zwei andere ein.

Aus welchen Berufen kommen also die Segler, die man unterwegs trifft? Ein Blick in *Kayas* Gästebuch bietet einen typischen Querschnitt: Heizungsbauer, Arzt, Schreiner, Kfz-Mechaniker, Zahnarzt, Architekt, Sekretärin, Elektriker, Ingenieur, Journalistin, Software-Entwickler, Kranken-

Vorbereitung

schwester, Straßenkünstler, Börsenmakler, Koch, Briefträger, Pilot. Einige von ihnen waren schon im Ruhestand, doch die meisten hatten gekündigt oder ihre Firma bzw. Praxis verkauft. Kaum einer wusste schon genau, wie es nach der Reise weitergehen würde. Aber alle waren optimistisch: »Das sehen wir dann schon!«

Am häufigsten waren es Paare, die ihren Traum gemeinsam verwirklichten. Aber es gab auch segelnde Familien mit ein oder zwei Kindern. Einige jungen Paare segelten zu zweit los und kehrten als Familie wieder nach Hause zurück.

Neben den »echten« Einhandseglern, deren Frauen zu Hause auf ihre Rückkehr warteten, gab es ein paar »Teilzeit-Einhandsegler«, deren Frauen die Ozeane lieber im Flugzeug überquerten und nur für ein paar Wochen Insel-Hüpfen an Bord kamen.

Offensichtlich muss keiner der oben aufgezählten Gründe ein echtes Hindernis sein. Die wirklichen **Hindernisse** sind: Sicherheitsdenken, Bequemlichkeit, Gewohnheit, die Angst vor dem Unbekannten. Und mit diesen Hindernissen hatten selbstverständlich auch wir zu kämpfen.

Das Schwierigste war für uns, diese Angst vor dem Unbekannten zu überwinden. Denn die Überquerung eines Ozeans in eigener Verantwortung ist immer noch ein großes Abenteuer. Keines, das die ganze Welt beeindruckt. Aber ein ganz Persönliches. Es kribbelt einfach, wenn man in Gran Canaria den Anker aufholt, um über den Atlantik zu segeln. Die Frage, wie viele das vorher schon gemacht haben, ist dann völlig uninteressant.

»Werde ich es schaffen? Werde ich allem gewachsen sein?« Das sind die Fragen, die einen in der Nacht vorher nicht schlafen lassen. Dann ist es beruhigend, wenn man ein gesundes Zutrauen in die eigenen Fähigkeiten hat. Und natürlich in das Boot und die Ausrüstung.

Wir segelten »nur« auf der so genannten Barfußroute, wohl wissend, dass schon Hunderte oder Tausende dort unterwegs waren. Aber rückblickend können wir sagen, dass auch diese Route nach wie vor Mut und Können erfordert. Jedenfalls ungleich mehr, als das Alltagsleben in der Heimat uns abverlangt. Den Mut, loszulassen, dem sicheren Land den Rücken zu kehren, sich wochenlang dem Meer anzuvertrauen. Wind und Wellen, Flauten und Stürme so zu nehmen, wie sie kommen. Das Können, technische Probleme zu meistern und mit unerwarteten Situationen richtig umzugehen.

Die **seglerischen Voraussetzungen** spielen dabei eine untergeordnete Rolle. Man muss nicht mit der Pinne in der Hand aufgewachsen sein, um über den Atlantik zu segeln.

Wilfried Erdmann, der bekannteste deutsche Segler, entdeckte das Segeln erst mit 25 Jahren. Er kaufte ein kleines Boot und segelte los, als erster Deutscher einhand um die Welt nach dem Motto: »Ich tu 's einfach!«

Das Beispiel soll hier natürlich nicht zur Nachahmung empfohlen werden. Aber es zeigt: Segeln ist auch für einen Erwachsenen noch erlernbar.

Wie haben wir, zwei »Landratten« aus Hessen, das Segeln gelernt? Sehr spät, leider. Gaby war fast 30, Rüdiger Anfang 40, als wir uns mit einer Charteryacht zum ersten Mal allein aufs Meer wagten. Aber Chartern zu zweit war auf Dauer nicht bezahlbar. Also kauften wir einen winzigen LIS-Jollenkreuzer und übten damit »Fahrtensegeln«. Ein unvergessener Höhepunkt war die Überfahrt von Menorca nach Mallorca, immerhin 25 Seemeilen über das offene Meer. Auch das Inselhüpfen entlang der kroatischen Küste, von der Insel Krk im Norden bis hinunter nach Zadar, war mit der Jolle ein aufregender Törn. Im Prinzip brachten wir uns das Segeln selbst bei. Die Grundlagen auf der Jolle, alles weitere später auf unserer Yacht *Kaya*.

Ein Segelkurs ist ein sinnvoller Einstieg. Für richtig gute Ausbildungstörns auf der Ostsee oder im Mittelmeer können wir den DHH empfehlen (www.dhh.de). Aber viel wichtiger als alle Scheine und Zeugnisse, die man in Segelschulen und Kursen erwerben kann, ist die Praxis. Und die kommt beim Segeln von ganz allein.

So lange Sie noch kein eigenes Boot haben, sollten Sie trotzdem jede verfügbare Urlaubswoche zum Segeln nutzen. Falls Ihnen Charter- oder Ausbildungstörns zu teuer sind: Studieren Sie die Kleinanzeigen in den Segelzeitschriften »Yacht«, »Segeln« oder »Palstek«. Oft werden dort günstige Törns angeboten. Bei Überführungen heißt es manchmal sogar »Hand gegen Koje«. Dann ist man auch gleich mittendrin im »prallen Yachtie-Leben«, vom Diesel-Bunkern bis zur Nachtfahrt.

Die Kosten

Auch Träume kosten Geld. In der Vorstellung der meisten Menschen kosten Segelträume sogar viel Geld. Schneeweiße Yacht unter Palmen, der Champagner perlt im Glas. Das ist das Klischee, das unseren Bekannten und Freunden durch den Kopf geistert, wenn sie uns fragen: »Wie konntet ihr euch das eigentlich leisten?« Wenn man dann noch von mehreren Jahren spricht, ist man entweder ein verrückter Spinner, hat geerbt oder im Lotto gewonnen.

Die Lösung liegt woanders. Die meisten Yachties, die wir trafen, hatten in den Jahren vor der Reise so viel wie möglich gespart. Bei einem normalen Gehalt bedeutet das,

Am Ende unserer Weltumsegelung trafen wir in Ibiza einen jungen Deutschen. Rasta-Locken, etwa 20 Jahre alt. Er bastelte an einem völlig zerlegten, desolat aussehenden Katamaran. Nach und nach erfuhren wir die Geschichte. Der junge Mann hatte unerwartet etwas Geld geerbt. Spontan brach er Schule und Lehre ab und kaufte das Boot, um seinen großen Traum zu verwirklichen: in die Karibik zu segeln. Als der Katamaran endlich schwamm, musste er auf Reede ankern. Ein Liegeplatz war unbezahlbar, denn die nötigen Reparaturen hatten das Geld längst aufgebraucht. Jeden Morgen schwamm der junge Mann an Land – für ein Dingi hatte das Geld nicht mehr gereicht – und arbeitete für einen Hungerlohn, um die Bordkasse wieder zu füllen. Der erste Wintersturm warf den Katamaran an Land und zerstörte ihn völlig. Ende eines Traums.

jahrelang auf jeglichen unnötigen Konsum zu verzichten.

Das ist eine gute Vorbereitung auf das Leben an Bord. Allerdings ist das in unserer Welt, die ganz auf Konsum ausgelegt ist, manchmal gar nicht so leicht. Wer ein kleines, altes Auto fährt, seine billigen Ikea-Möbel behält und sich nicht nach der neuesten Mode kleidet, lebt völlig gegen den Trend. So lange man zum Beispiel am Arbeitsplatz noch nicht erzählen will, was man vorhat, wird man leicht für geizig oder schrullig gehalten.

Die Frage, was eine Reise nun wirklich kostet, lässt sich nicht allgemein beantworten. Zu verschieden sind die Ansprüche und die Lebensgewohnheiten, und natürlich auch die Yachten und ihre Ausstattung. Auch das Segelrevier spielt eine entscheidende Rolle. Für jede Yacht und jeden Törn sieht die Rechnung anders aus.

Eher lässt sich das **Minimum** definieren. Nach unserer Erfahrung würden wir sagen: Mindestens 50 000 Euro kostet ein Schiff, mit dem man auf große Fahrt gehen kann. Die notwendige Ausrüstung für Langfahrt kostet noch einmal 10 000 Euro. Plus eine Reserve von mindestens 5000 Euro für unvorhergesehene Reparaturen. Dazu kommt die monatliche Bordkasse für die ganze Reise. Denn auf die Möglichkeit, unterwegs Geld zu verdienen, sollte man sich auf keinen Fall verlassen.

Ein wichtiger Kostenfaktor ist das **Boot**. Die Gesamtkosten für Anschaffung, Unterhalt und Ersatzteile steigen mit jedem Meter Länge. Die anderthalbfache Bootslänge (also ein 15-Meter-Boot gegenüber einem 10-Meter-Boot) verursacht mindestens doppelte, wenn nicht sogar dreifache Kosten. Die Rechnung mit einem günstigen gebrauchten Boot kann, muss aber nicht aufgehen. Besonders, wenn man noch nicht mit der Materie vertraut ist und sich erst in die Geheimnisse der Wartung und Instandhaltung einarbeiten muss. Wir kauften ein neues Boot. Sicher auch aus diesem Grund hielten sich unsere Unterhalts- und Reparaturkosten unterwegs in Grenzen.

Besonders krass schlagen überall auf der Welt Marinas mit den Liegekosten zu. In Barcelona an der spanischen Mittelmeerküste zahlte man 2013 für ein Boot bis 10 Meter Länge rund 40 Euro, über 12 Meter Länge sogar 80 Euro pro Nacht.

Außerhalb von Europa wird die Liegegebühr meist pro Fuß Bootslänge berechnet. 0,35 bis 1,00 US-Dollar pro Fuß und Tag kostete 2013 zum Beispiel der Liegeplatz bei Peake's in Trinidad (www.peakeyachts.com).

Die **Bordkasse**, so unterschiedlich sie auch ausgestattet sein mag, teilt sich in der Regel in drei gleichwertige Bereiche: ein Drittel zum Leben (Essen, Haushalt), ein Drittel für das Boot (Liegekosten, Reparaturen, Wartung), ein Drittel für Extras (Restaurantbesuche, Veranstaltungen, Ausflüge etc.).

Wie muss die Bordkasse nun bemessen sein? Prominente Weltumsegler verkünden in ihren Vorträgen gern: »Unter 2000 Euro im Monat brauchen Sie gar nicht erst loszufahren« oder »Sie brauchen unterwegs ebenso viel Geld wie zu Hause«. Lassen Sie sich nicht abschrecken. Das stimmt nämlich nur, wenn Sie auch die heimischen Ansprüche auf Ihr Boot mitnehmen.

Am oberen Ende der Skala gibt es Segler wie diese, die uns beim Sundowner in ihrem mit Wurzelholz getäfelten Salon über ihre finanziellen Sorgen aufklärten:

»Wenn de dann aber die ersten fuffzich Mietshäuser hochjezochen hast, dann biste doch auf der sicheren Seite, woll?«

Deren Problem ist dann weniger, was der frische französische Käse kostet, sondern eher, wie viele Sorten es gibt. Auf dem morgendlichen Funknetz verkündet man in diesen Kreisen, in welchem Restaurant die Langusten am besten schmecken und wo man für »lumpige zehntausend Dollar« sein Schiff lackieren lassen kann.

Einige junge Paare, die wir unterwegs trafen, kamen dagegen mit 250 bis 300 Euro pro Monat aus. Die Voraussetzung ist ein seetüchtiges, aber einfaches Boot, das wenig Unterhalt kostet und an dem alles selbst repariert und gewartet werden kann. Im Bereich »Extras« muss dann allerdings gespart werden. Ein Restaurantbesuch ist die Ausnahme, Geselligkeiten finden eher an Bord statt.

Macht eine Reise unter diesen Umständen denn überhaupt Sinn? Karsten von der *Jaisila*, einer dieser »Minimalisten«, meint dazu:

»Die Frage ist: Was will ich? Die schönsten Erlebnisse beim Reisen sind für mich der Kontakt mit den Menschen und mit der Natur. Die Natur ist fast immer umsonst. Und was die Menschen betrifft: Je mehr man wie die Einheimischen lebt, umso besser lernt man sie und ihr Leben kennen. Wenn man bedenkt, mit wie wenig Geld eine Familie in der Dritten Welt auskommen muss, kann man den größten Kostenfaktor, das Essen, sehr reduzieren. Für mich war es interessant und lehrreich, selbst einmal so zu leben.«

Irgendwo in der unteren Hälfte der Skala lagen wir mit durchschnittlich 700 Euro monatlichen Kosten. Ein Bier in der Strandbar war immer drin, wir genossen fast überall auch die einheimische Küche und machten ausgedehnte Landreisen. Wir mussten sparsam sein, aber gedarbt haben wir nie.

Den Ausstieg planen

Die Entscheidung ist gefallen, der Countdown läuft. Wenn Sie es noch nicht getan haben, müssen Sie Familie und Freunde mit dem Plan vertraut machen. Und – heikler – auch die Kollegen und Nachbarn. Sie werden viel Zustimmung und Unterstützung erfahren, aber auch Unverständnis und Ängste wecken. Und leider: Neid! Aber auch das hat sein Gutes: Denn Sie erfahren auf diesem Wege, wer Ihre wirklichen Freunde sind.

Im Alltag zu Hause neigt man ständig dazu, sich im wahrsten Sinne des Wortes zu »verzetteln«. Die eingehende Post überschwemmt den Schreibtisch mit Prospekten, Rechnungen, Abonnements, Briefen und Formularen.

Der Ausstieg bzw. Umstieg auf das Boot bietet die einmalige Gelegenheit, das Chaos zu ordnen. Kündigen Sie alles, was Sie nicht wirklich brauchen.

Am besten gehen Sie all Ihre Versicherungen, Mitgliedschaften und Abonnements der Reihe nach durch und machen sich eine »**Kündigungsliste**«. Beachten Sie neben den »dicken Brocken« auch den Kleinkram. Vielleicht wollen Sie Ihre Fördermitgliedschaft bei der Gesellschaft zur Rettung Schiffbrüchiger aus gegebenem Anlass behalten. Aber die Mitgliedskarte für das Fitnessstudio und das Abonne-

ment für die wöchentliche Fernsehzeitung werden Sie so bald nicht mehr brauchen.

Die wichtigste Entscheidung ist, ob Sie Ihre **Wohnung** oder Ihr **Haus** aufgeben oder behalten. Der radikale Weg: Sie kündigen oder verkaufen alles und lagern die Kisten mit ihren wenigen persönlichen Besitztümern bei Verwandten oder Bekannten ein. Dann reisen Sie frei und unbeschwert durch die Welt.

Aber wahrscheinlich wollen Sie ja nicht wirklich aussteigen. Dann stellt sich die Frage, ob Sie Ihre Wohnung leer stehen lassen oder untervermieten. In jedem Fall sollten Sie alle möglichen Szenarien in Gedanken durchspielen: Was passiert, wenn der Untermieter nicht zahlt? Oder vorzeitig auszieht? Wer kümmert sich um notwendige Reparaturen? Wer putzt die Treppe und schippt im Winter Schnee? Wer lässt den Heizungsableser oder Schornsteinfeger in die Wohnung? Das Geld für einen Verwalter, der sich um all diese Dinge kümmert, ist gut angelegt.

Das oberste Prinzip der Ausstiegs-Planung heißt: **Vereinfachen**. Schaffen Sie Übersichtlichkeit in allen Dingen. Reduzieren Sie das System von Versicherungen, Banken und Organisationen auf möglichst wenige Ansprechpartner, mit denen Sie von unterwegs kommunizieren können. Erzählen Sie zum Beispiel dem Filialleiter Ihrer Bank von der geplanten Reise und überlegen Sie gemeinsam, wie die Verbindung am besten aufrecht erhalten werden kann. Im Zeitalter von E-Mail und Internet können Sie auf diesem Wege viele Dinge selbst regeln.

Trotzdem werden Sie jemanden brauchen, der Ihre Post in Empfang nimmt und Vollmachten für Ihre Bankkonten besitzt. Ihre **Vertrauensperson** sollte nicht nur über einen Internetanschluss und möglichst auch ein Faxgerät verfügen, sondern auch sehr kontaktfreudig sein.

Denn es wird reichlich Gelegenheit geben, neue Kontakte zu knüpfen: Mit Familienangehörigen, Freunden und Kollegen, die sich erkundigen, ob das Boot noch schwimmt. Mit Sachbearbeitern von Versicherungen und Ämtern. Mit Steuerberater, Finanzamt und Gerichtsvollzieher ... kurz: mit allen, die irgend etwas von den abwesenden Seglern wollen und gar nicht verstehen, warum diese wochenlang nicht erreichbar sind. Die deutsche Bürokratie tut sich immer noch schwer mit Aussteigern, die sich an keine 14-tägige Einspruchsfrist halten können.

Was man unterwegs leicht vergisst: Die Vertrauensperson wird dadurch in manchen Situationen enorm belastet. Überlegen Sie gut, wem Sie das zumuten können.

Auch auf der kleinsten Insel findet man ein Internetcafé.

Kontakt zur Heimat

Während unserer Reise war das noch ein echtes Problem. Ohne Amateurfunk hätten wir Schwierigkeiten gehabt, den regelmäßigen Kontakt mit der Heimat aufrecht zu erhalten. Der Name »Schneckenpost« traf in diesem Fall wirklich zu: Manchmal dauerte es Monate, bis ein Brief sein Ziel erreichte.

Auch für Sie wird es noch Situationen geben, in denen Sie sich **Post nachschicken lassen:** Ein Brief von der Patentante, die noch keine E-Mail-Adresse hat. Die Zusendung der neuen Kreditkarte oder eines Ersatzteils. Jemand schickt Ihnen ein Buch oder ein Geburtstagsgeschenk.

Damit nichts verloren geht: Lassen Sie grundsätzlich alle Post an Ihre Kontaktperson schicken. Dort wird dann alles in einer Sendung zusammengefasst und nach fester Vereinbarung abgeschickt. Vergessen Sie nicht, das Porto zu erstatten. Denn dieser »Freundschaftsdienst« geht ganz schön ins Geld!

Aber in der Hauptsache wird der Kontakt über **E-Mail** stattfinden. Auf jeder kleinen Insel gibt es inzwischen ein Internetcafé. Über das Internet können Sie nicht nur E-Mails nach Hause senden oder von dort empfangen. Sie können auch Ihre Finanzen verwalten, Ersatzteile bestellen und einiges an Bürokratie erledigen. Und Sie können andere Yachten erreichen, denn die meisten haben bereits E-Mail an Bord (siehe Kapitel 10: PACTOR).

Die Frage ist, welche E-Mail-Adresse Sie verwenden. Im Internet können Sie auf so genannte Webmailer zugreifen. Das sind interaktive Internetseiten, auf denen Sie E-Mails empfangen und senden können.

Bequemer ist es, wenn Sie mit dem eigenen Notebook ins Netz gehen und Ihre E-Mails mit einem speziellen E-Mail-Client herunterladen. Dann können Sie alle E-Mails offline schreiben, lesen und verwalten. Den E-Mail-Client Thunderbird gibt es auch als portable Version für den USB-Stick, sodass Sie ihn ohne Installation auf jedem Rechner verwenden können.

Das Problem ist nur, wie Sie ins Netz kommen. In einer Marina ist das meist kein Problem, denn WLAN ist inzwischen auch in weniger entwickelten Ländern weit verbreitet. Allerdings kann der Empfang ein Problem sein, wenn die Yacht weit von der WLAN-Quelle entfernt liegt. Viele Yachten verwenden deshalb eine an der Reling montierte Außenantenne. Aber diese Stabantennen haben nur Rundstrahlcharakteristik und sind damit wenig geeignet, größere Entfernungen zu überbrücken. Außerdem bedeuten 5 Meter Antennenkabel bei einer WLAN-Signalfrequenz von 2,4 GHz schon erhebliche Verluste.

Wir verwenden auf heutigen Törns eine Richtantenne (Modell PA-13R-18 der Firma WIMO), auf deren Rückseite der USB-Netzwerkadapter wasserdicht montiert ist. Die 5 Meter lange USB-Leitung bringt im Gegensatz zu einer 5 Meter langen Antennenleitung keine Verluste. Mit dieser Antenne haben wir sogar weit draußen vor Anker guten Empfang des WLAN-Signals. Einziger Nachteil: Wenn das Boot vor Anker schwojt, muss die Antenne immer wieder auf die WLAN-Quelle ausgerichtet werden.

Mit einem Kurzwellenfunkgerät haben Sie die Möglichkeit, via Pactor auch auf hoher See E-Mails zu empfangen und zu versenden. Näheres dazu finden Sie in Kapitel 10.

Die Richtantenne am Bootshaken während des Einsatzes in einer Marina

Finanzen unterwegs

Die Zeiten, in denen man wochenlang auf eine Geldüberweisung aus der Heimat warten musste, sind endgültig vorbei. Jeder Fahrtensegler hat heute eine **Kreditkarte**, mit der vor Ort oder bei Übersee-Bestellungen bezahlt und fast überall auf der Welt Bargeld abgehoben werden kann.

Wenn Sie, dem Prinzip »Einfachheit« folgend, nur eine Karte haben wollen, kommt eigentlich nur die VISA-Karte in Frage. Überall auf der Welt gibt es inzwischen Geldautomaten, sodass man unabhängig von Öffnungszeiten und Warteschlangen ist. Das »VISA«-Logo steht fast an jedem Geldautomaten, gefolgt von »Mastercard«. Ziemlich nutzlos ist dagegen die »American Express«-Karte. Wenn überhaupt, sieht man das Logo nur in teuren Souvenirshops und Restaurants.

Aber es gibt gute Gründe, zwei verschiedene Kreditkarten bei zwei Banken zu haben. Eine Karte könnte defekt sein, verloren gehen oder gestohlen werden. Dann müssten Sie das Konto so lange sperren, bis die Ersatzkarte samt PIN bei Ihnen eintrifft.

Das gleiche Problem haben Sie, wenn das »Verfallsdatum« der Kreditkarte erreicht ist. Gut, wenn dann noch eine zweite Karte an Bord ist, mit der Sie inzwischen von einem anderen Konto Geld abheben können. Besprechen Sie vorher schon mit Ihrer Bank, wie in all diesen Fällen die Zusendung der neuen Kreditkarten erfolgen soll.

Worauf Sie bei Vertragsabschluss achten sollten: Die Gebühr für Bargeld-Abhebungen im Ausland ist sehr unterschiedlich. Manche Banken erheben dafür eine stattliche Mindestgebühr, ein großer Nachteil, wenn man kleinere Beträge abhebt. Das kommt aber oft vor, zum Beispiel, wenn sich das Auslaufen um einen Tag verzögert. Auch die Guthaben-Verzinsung ist ein wichtiger Faktor, da Sie wahrscheinlich immer einen größeren Betrag auf dem Kreditkarten-Konto bereit halten werden.

Die Direktbanken haben oft die besten Konditionen, manche bieten sogar eine kostenlose VISA-Karte mit weltweit gebührenfreier Bargeldabhebung und verzinstem Guthabenkonto. Wir haben mit der DKB (www.dkb.de) und der ING-DiBa (www.ing-diba.de) sehr gute Erfahrungen gemacht.

Das Online- bzw. Internet-Banking macht es heute möglich, von unterwegs alle Buchungen und Kontobewegungen zu kontrollieren. In Internetcafés ist allerdings Vorsicht geboten: die eingegebenen Konto- und PIN-Nummern könnten vielleicht im Rechner gespeichert werden. Die Bankdaten sollte man daher nur in einen vertrauenswürdigen Privat-Computer eingeben, z.B. bei einem der

Die Farben des Geldes.

TO-Stützpunktleiter (siehe S. 57). Noch sicherer ist der Zugang per WLAN mit dem eigenen Notebook.

Es gibt allerdings auch noch ein paar Orte auf der Welt, wo die Kreditkarte nichts nützt. Vielleicht wird die Karte aber auch gestohlen oder geht verloren. Für alle diese Fälle sollten Sie einen größeren Betrag **Bargeld** an Bord haben.

Früher kam dafür nur eine Währung in Frage: der US-Dollar. Inzwischen ist der Euro als zweite »Weltwährung« hinzugekommen. Am günstigsten ist es, wenn Sie von beiden Währungen einen größeren Betrag an Bord haben. Keine Angst: Das Innere einer Yacht bietet viele sichere Verstecke. Unser Bargeld-Versteck war so gut, dass wir es beim ersten Mal nur mit größter Mühe wieder finden konnten ...

Nehmen Sie auf jeden Fall viele kleine Scheine mit.

Vor allem auch einen dicken Packen Ein-Dollar-Noten für kleine Besorgungen, Trinkgeld oder das in arabischen Ländern unvermeidliche Bakschisch. Große Scheine sollten Sie sicherheitshalber sowieso meiden: Sie werden eher gefälscht als kleinere Scheine, 100-Dollar-Noten werden aus diesem Grund oft gar nicht angenommen.

Sprachkenntnisse

Können Sie sich auf Englisch verständigen? Wenn nicht, gehört die Auffrischung Ihrer **Englisch-Kenntnisse** zu den wichtigsten Reisevorbereitungen. Ohne Englisch geht auf einer Langfahrt gar nichts.

Denn sonst stehen Sie im Customs Office eines fremden Landes und verstehen absolut nicht, was der gestiku-

lierende Beamte von Ihnen will. Kein Schild verkündet »Man spricht Deutsch«, wenn Sie eine Bank, einen Laden oder ein Restaurant betreten. Auch bei der fröhlichen Sundowner-Runde auf der Nachbaryacht können Sie nicht mitlachen. Denn unter den Yachties wird fast ausschließlich Englisch gesprochen.

Die Formalitäten bei den Behörden werden fast überall auf der Welt auf Englisch abgewickelt. Ebenso der internationale Funkverkehr. Fast alle gedruckten Segelinformationen, also Cruising Guides, Seekarten und Handbücher, sind in englischer Sprache. Auch die wichtigsten Wetterberichte und Internet-Quellen, darunter die unentbehrliche Webseite für Fahrtensegler *Noonsite* (www.noonsite.com). Die Liste ließe sich endlos fortsetzen.

Englisch ist die Weltsprache, in vielen Ländern sogar die offizielle Landessprache. In der Karibik beispielsweise in Trinidad und Tobago, Grenada und St. Vincent, in der Südsee in den Cook Islands und in Samoa, in Neuseeland und Australien sowieso.

Aber nicht nur in einem kleinen gallischen Dorf sitzen ein paar Unverbesserliche, die das nicht wahrhaben wollen ... Franzosen sprechen konsequent nur **Französisch**. Die meisten jedenfalls. Deshalb ist es im französischen Teil der Karibik und in Französisch-Polynesien sehr hilfreich, ein paar Worte Französisch zu sprechen.

Spanisch ist nützlich in Süd- und Mittelamerika, in den San-Blas-Inseln und in Galapagos. Ein paar Grundkenntnisse reichen schon aus. Sie müssen ja nicht gleich die Weltpolitik diskutieren.

Sprachkurse gibt es inzwischen auch für den PC oder als Online-Lehrgang. Ein Online-Übersetzer (zum Beispiel www.freetranslation.com) hilft beim Übersetzen ganzer Texte, nicht nur vom Deutschen ins Englische oder umgekehrt, sondern in alle möglichen Sprachen. Ideal für den Gebrauch an Bord sind außerdem elektronische **Wörterbücher** für das Notebook. Die technischen Wörterbücher von Langenscheidt sind eine große Hilfe, wenn Sie irgendein Ersatzteil suchen oder eine Reparatur ausführen müssen.

Für Sprachen, die man nicht lernen will oder kann, können wir ansonsten die »Kauderwelsch«-Bücher empfehlen. Mit dem Band »Pidgin-English« hatten wir zum Beispiel in Vanuatu immer den passenden Gruß parat, konnten uns höflich bedanken und nach dem Weg fragen. Der Rest der Konversation musste dann allerdings mit Händen und Füßen geführt werden ... Das machte aber nichts. Im Gegenteil: bei den Versuchen, sich gegenseitig verständlich zu machen, wurde viel gelacht.

»Yu save tok Pisin?« (»Sprichst du Pidgin?«)

Novemberwetter an Bord ...

Das erste Jahr

Wenn wir an die schönsten Momente unserer Reise zurückdenken, tauchen in unserer Vorstellung immer wieder die ersten Wochen auf, als wir im Spätherbst durch die französischen Flüsse und Kanäle nach Süden tuckerten. Kalt war es, und sehr spartanisch. Aber wir genossen das Gefühl, aus dem hektischen Alltag hinüberzugleiten in ein ganz anderes Leben. Ganz plötzlich spürten wir: Keine Hektik mehr, keine Termine, kein Wecker am Morgen, kein bis ins letzte verplanter Tag.

Die erste Zeit der großen Reise, die Euphorie des großen Aufbruchs, ist vielleicht die glücklichste. Gleichzeitig aber auch die schwierigste. Sie stellen sich auf das ungewohnte Bordleben um, nehmen Abschied von gewohnten Lebensweisen und Komfort.

Sie gewöhnen sich an den viel beschwerlicheren Bordalltag. Der Supermarkt ist, wenn überhaupt, nur per Taxi oder langem Fußmarsch zu erreichen. Die Wäsche wird mühsam von Hand gewaschen oder in den Waschsalon geschleppt. Vieles ist mühsam, lästig oder gar unerklärlich. Die Bilge ist voll Wasser, aber kein Leck ist zu entdecken. Die Toilette ist verstopft, der Klempner sind Sie. Zu Beginn der Reise sind Sie ständig gefordert, herauszufinden, wie Sie diese und viele andere Probleme meistern, und manchmal sind Sie auch überfordert.

In dieser Eingewöhnungszeit ist es keine schlechte Idee, die einfachste Route zu wählen. Natürlich segeln Sie dann nicht allein, sondern zusammen mit vielen anderen Yachten.

Aber viele Yachten heißt auch: viele Kontakte. Die erfahrenen Yachties versorgen die »Neulinge« mit Tipps und Know-how. Gerade in dieser Zeit schließt man Freundschaften, die rund um den Globus halten werden.

Auf das Erlebnis von Natur und Einsamkeit brauchen

Sie trotzdem nicht zu verzichten. Manchmal müssen Sie nur eine Bucht oder einen Hafen weiter gehen, und schon sind Sie weg vom großen Treck. Auf den Kanaren gibt es zum Beispiel zahllose Ankerplätze. Die meisten Yachten haben es aber eilig, nach Las Palmas zu kommen. Wer sich Zeit lässt, findet auf Lanzarote und Fuerteventura noch viele schöne Plätzchen abseits der Route – um dann in Las Palmas doch wieder dabei zu sein. Denn der »große Aufbruch«, die Vorbereitungen auf allen Stegen sowie der Kontakt und Austausch von Boot zu Boot machen auch Spaß und gehören einfach mit dazu.

Für die Atlantiküberquerung nimmt manches Paar, das ansonsten alleine segelt, **zusätzliche Crew** an Bord. Erwachsene Kinder werden eingeflogen, Freunde angeheuert.

Einige spielen sogar mit dem Gedanken, einen der »Segel-Tramper« mitzunehmen, die in Las Palmas von Yacht zu Yacht gehen und eine Passage in die Karibik suchen. Das ist riskant, denn der Skipper haftet für seine Crew. Wenn einem Mitsegler in der Karibik die Einreise verweigert wird, muss im Zweifelsfall der Skipper das Flugticket bezahlen.

Wir konnten eine relativ harmlose Geschichte aus der Nähe verfolgen: Ein belgischer Einhandsegler nahm für die Atlantiküberquerung zwei Tramper an Bord, um sich die Überfahrt zu erleichtern. Aber die »Mitsegler« entpuppten sich als reine Passagiere, die nicht nur keinen Finger rührten, sondern vor lauter Langeweile die gesamten Weinvorräte leerten. Bei der Ankunft in Barbados war die Stimmung so auf dem Nullpunkt, dass die Mitsegler auf der Stelle grußlos verschwanden. Aber für den Skipper war der Fall noch lange nicht erledigt: er durfte nicht ausklarieren, solange die Crew noch auf der Insel war. Wochenlang hing er fest, denn die beiden waren in irgendeiner billigen Herberge abgetaucht.

Mit wem segelt man über einen Ozean? Diese Frage ist mehr als eine Überlegung wert. Immerhin ist man drei bis vier Wochen lang auf engstem Raum zusammengepfercht, ohne die Möglichkeit, auszusteigen. Eine Gruppenbildung ist fast unvermeidlich. Ärger, Eifersucht, Streit oder sogar Hass, alles ist möglich.

Dabei ist es ein gewaltiger Unterschied, ob man mit den anderen auf einer Charteryacht oder einem Schulschiff zusammen segelt, oder ob die anderen auf unserer eigenen Yacht mitsegeln. Auf dem Charter- oder Ausbildungsschiff gibt es einen Skipper, der die anerkannte Autorität ist. Es gibt eine klare Hierarchie und klare Regeln. So segeln viele per Kojencharter mit der ARC über den Atlantik, und das funktioniert bestens.

Wenn aber Freunde oder sogar Fremde auf der eigenen Yacht mitsegeln, ist das etwas ganz anderes. Auf dem eigenen Boot ist jeder »eigen«: jeder Handgriff, jede Wasserpfütze, jeder Kratzer wird argwöhnisch beäugt. Aus Kleinigkeiten entstehen leicht Probleme.

Wer nur aus Angst vor Überforderung mit zusätzlicher Crew segelt, bringt sich um die schönsten Momente einer Überfahrt: Die Muße, seinen eigenen Rhythmus zu finden. Eins zu sein mit dem Boot, dem Meer, der Natur. Und mit dem Partner.

Für die Nachtwachen können wir ein williges, ausdauerndes und völlig friedliches Crewmitglied empfehlen: eine gute Selbststeueranlage (siehe Kapitel 8). Wenn Sie nicht ständig auf den Kompass starren müssen, wenn das Boot unter sternklarem Himmel seine Bahn zieht, dann kann die einsame Nachtwache zu einem unvergesslichen Erlebnis werden.

Natürlich ist das nicht immer so. Irgendwann, wenn Sie mitten in der Nacht aus der Freiwache gerissen werden und bei 25 Grad Lage die Brecher von achtern heranrauschen sehen, werden auch Sie sich, wie unzählige Segler von Ihnen, diese Frage stellen: »Warum tun wir das eigentlich?«

Der Start zur Atlantiküberquerung. Im letzten Abendlicht dümpeln wir in der Flaute vor der Südküste von Gran Canaria. Plötzlich sehen wir dunkles Wasser und weiße Schaumkämme voraus. Und dann fängt es an zu pfeifen, im wahrsten Sinne des Wortes. Eben noch Flaute, und jetzt heult der Wind in den Wanten. Nach einer halben Stunde haben wir hohe Wellen. »Achterbahn« nennen wir das.

So etwas hatten wir, hatte *Kaya* noch nicht erlebt. Und deshalb waren wir der Meinung, dass wir unseren ersten Sturm erlebten. Im Nachhinein wissen wir, dass das ein normaler, wenn auch heftiger Starkwind in der »Düse« zwischen Gran Canaria und Teneriffa war.

Beim nächsten Starkwind dieser Art konnten wir beruhigt sagen: »Das hatten wir schon«. Es wurde dann aber doch ein bisschen mehr ...

Für den Anfänger ist wichtig, dass die Steigerung der »Dosis« in nicht zu heftigen Sprüngen stattfindet. Dazu gehört wie immer auch etwas Glück. Aber die Steigerung der zu erwartenden Windstärken ist auch in der Route angelegt: der gutmütige Atlantik für den Anfänger, der launische Pazifik für Fortgeschrittene, und schließlich noch der berüchtigte Indische Ozean für Könner.

Im ersten Jahr entscheidet sich, ob Sie und Ihr Partner oder Ihre Familie sich an das neue Leben gewöhnen. Und natürlich, ob Sie sich unter diesen ungewohnten und beschwerlichen Bedingungen vertragen. 24 Stunden am Tag, auf engstem Raum zusammen. Kurz: Ob Sie weitermachen oder aufhören.

Wir haben mehrere Yachties kennen gelernt, die unterwegs feststellen mussten, dass ihnen das Leben an Bord gar nicht liegt. Diese Törns endeten schon im ersten Jahr, im Mittelmeer, auf den Kanaren oder spätestens in der Karibik.

Und noch eine Empfehlung: Vermeiden Sie am Anfang Situationen, die Sie überfordern und die Ihnen den Mut für die weitere Reise nehmen könnten: Nächtliches Einlaufen in einen unbekannten Hafen, Ankern auf Reede bei auflandigen 7 Windstärken, mit gesetztem Spinnaker in eine schwarze Wolkenwand hineinsegeln.

Alle diese spannenden Situationen können Sie sich für später aufheben, wenn Ihnen das normale Bordleben zu langweilig wird.

2. Die »Barfußroute«

Der Name »Barfußroute« verspricht Schönwetter-Segeln mit immer sanften, achterlichen Winden. Am Tag stehen weiße Passatwölkchen vor einem tiefblauen Himmel. Der Abend beginnt mit einem glutroten Sonnenuntergang, gefolgt von einer samtigen Tropennacht mit unendlichem Sternenhimmel. Gummistiefel, Bootsschuhe und Schlechtwetterkleidung bleiben tief in den Schapps verstaut. Soweit der Traum ...

Die Geschichte vom ewig leichten Passat ist leider nur ein schönes Märchen. Denn auch der Südpazifik bietet reichlich Starkwind mit hohen Wellen. Oft genug erlebten wir ungemütliche und sogar beängstigende Situationen.

Aber trotz aller Widrigkeiten bietet diese Route immer noch die angenehmsten und günstigsten Segelbedingungen. Und da die meisten Fahrtensegler den Weg des geringsten Widerstandes wählen, segelt die Mehrheit der immer größer werdenden Flotte auf der Barfußroute um die Welt. Wir selbst sind da keine Ausnahme. Wenn wir wählen können zwischen Rückenwind oder Gegenwind, Sonnenhut oder Südwester – wir müssen nicht lange überlegen ...

Wer abfällig von den »ausgetretenen Pfaden« der Barfußroute redet, übersieht, dass die erste Überquerung eines Ozeans, die erste Begegnung mit den Tropen, wie alles, was man zum ersten Mal erlebt, unendlich spannend, abenteuerlich und schön ist. Wenn Delphine um den Bug spielen, wenn die Sonne voraus im Meer versinkt oder wenn nach vier Wochen auf See die erste Insel am Horizont auftaucht, in solchen Momenten ist es vollkommen unwichtig, wie viele andere Yachten vorher schon an der gleichen Stelle waren.

Wo genau verläuft nun die am meisten befahrene Route?

Die erste Station und der Ausgangspunkt für die Atlantiküberquerung sind die Kanarischen Inseln. Hier sammelt sich im Herbst die Flotte der Yachten aus ganz Europa. Für die wettergegerbten Nordlichter, die zuvor die Biskaya überquert haben, ist der Weg zu den Kanaren ein Klacks. Für die Segler, die aus dem Mittelmeer kommen, ist der Start in Gibraltar dagegen ein großes Ereignis. Für viele ist es der erste Hochsee-Törn, die Generalprobe für die Atlantiküberquerung.

Die Kanaren

Etwa eine Woche dauert der Törn zu den Kanarischen Inseln. Wer früh genug dran ist, macht unterwegs noch einen Abstecher nach Madeira. Lanzarote und die vorgelagerte kleine Insel La Graciosa bieten sich für den Landfall auf den Kanaren an.

Der Hafen von **Las Palmas** auf Gran Canaria ist der Sammelpunkt der »Atlantik-Flotte«. Hier werden letzte Ausrüstungsteile ergänzt und Informationen und Tipps ausgetauscht. Wer eine Mitsegel-Gelegenheit sucht, geht hier von Boot zu Boot. Crews bemalen die Hafenmole mit bunten Motiven, die Aufbruchsstimmung ist ansteckend. Die großen Supermärkte sind auf die Bedürfnisse der Segler eingestellt und liefern den Proviant direkt ans Boot.

Jedes Jahr im November startet in Las Palmas die ARC, die »Atlantic Rally for Cruisers«. Ob Sie bei der ARC mitfahren wollen oder nicht, den Termin sollten Sie sich auf jeden Fall in den Kalender eintragen (siehe www.world-cruising.com). Denn in den zwei Wochen vor dem Start ist der Hafen von Las Palmas im »ARC-Fieber«. Mehr als 200 Yachten aus aller Herren Länder nehmen an der Regatta teil. Liegeplätze am Steg sind dann schwer zu bekommen, und die örtlichen Segelmacher, Ausrüster und Yacht-Services sind im Dauer-Stress. Wer sich in Las Palmas auf die Atlantiküberquerung vorbereiten will, sollte daher rechtzeitig vor der ARC-Flotte eintreffen.

Oder man wartet ab, bis die große Flotte losgesegelt ist. Denn von den Wetterbedingungen her liegt der Start der ARC viel zu früh (mehr dazu in Kapitel 3).

Der Grund für den frühen Start liegt auf der Hand: Die ARC-Teilnehmer wollen Weihnachten und Silvester nicht auf dem Atlantik feiern, sondern schon in der Karibik. An der ARC nehmen inzwischen auch viele große Charteryachten teil. Auch deren Eigner haben großes Interesse, die Yachten rechtzeitig vor dem Beginn der Charter-Hauptsaison in die Karibik zu überführen.

Die meisten Fahrtenyachten wählen Gran Canaria als Absprung für die Atlantiküberquerung und starten entweder in der Hauptstadt Las Palmas oder in Puerto Mogan im Süden. Doch inzwischen gibt es auch auf den anderen Inseln einige empfehlenswerte Häfen, beispielsweise die Marina del Atlantico auf Teneriffa.

Über den Atlantik

Es gibt mehrere reizvolle Ziele zwischen den Kanaren und der Karibik. Allen voran die Kapverdischen Inseln und der Gambia-Fluss in Westafrika. Trotzdem nehmen die meisten Yachten direkt Kurs auf die Karibik, um die ohnehin kurze Segelsaison nicht noch weiter zu verkürzen.

Der direkte Weg ist nicht unbedingt immer der schnellste. Es kann sinnvoll sein, mit den vor der afrikanischen Küste vorherrschenden Nordwest-Winden so lange Kurs Süd-Südwest zu halten, bis man vor den Kapverdischen Inseln den Passat erreicht. »Nach Süden, bis die Butter schmilzt«, heißt der traditionelle Spruch dazu. Ab hier beginnt dann die eigentliche **Atlantiküberquerung** auf einer Breite von etwa 15 Grad Nord.

Da ist man auch fast schon bei den Kapverdischen Inseln. Wie die meisten sind auch wir damals vorbeigesegelt, aber der Zwischenstopp soll sich lohnen.

Der Törn über den Atlantik ist ab November möglich, wenn die Hurrikan-Saison vorüber ist.

Nach den Pilot Charts, den Monatskarten für den Nordatlantik, stellt sich der Passat erst ab Dezember richtig ein und nimmt in den folgenden Monaten an Stärke zu. Wer guten Wind haben will, sollte daher in der Regel erst im Dezember starten. Allerdings bedeutet das, Weihnachten und Silvester auf hoher See zu verbringen.

Die Karibik

Barbados, die am weitesten östlich gelegene Insel der Kleinen Antillen, ist ein guter Anlaufpunkt für den ersten Landfall. Eine angenehme, nicht von Yachten überlaufene Insel. Beim Karibik-Törn entlang des Antillenbogens liegt Barbados nicht auf der Route. Deshalb kommen nur wenige Charteryachten hierher.

In den Monaten Dezember bis März ist Hochsaison in der Karibik.

Seglerisch gibt es kein besseres Revier: Ein beständiger, kräftiger Passat weht aus Nordost bis Südost. Windstärken um 5, höchstens 6 Beaufort, das bedeutet fetziges Segeln ohne Angst, dass es mehr werden könnte. Dazu strahlend blauer Himmel mit Passatwölkchen und tropische Wärme. Man kann in bequemen Tagesetappen die Inselkette entlang segeln. Auf der Westseite der Inseln findet man zahllose sichere Ankerplätze und Buchten.

Aber: das hat sich natürlich herumgesprochen. Man ist nicht allein in diesem Traumrevier, sondern segelt in einer riesigen Flotte von Fahrtenyachten, Charteryachten und Kreuzfahrtschiffen.

Das ändert sich spürbar, je weiter man nach Süden kommt. Die südlichste Charterbasis ist in Grenada stationiert. Ab Trinidad sind die Fahrtenyachten dann unter sich. Wer genug Zeit hat, sollte **Trinidad und Tobago** (kurz: T&T) einen längeren Besuch abstatten. Der Karneval in Trinidad

365 Inseln, eine für jeden Tag ...

ist fantastisch, und Tobago ist die freundlichste aller Karibik-Inseln.

Wenn Sie die einjährige Tour machen, also von der Karibik **über den Atlantik** wieder **nach Hause** segeln, müssen Sie die Barfußroute verlassen. Denn es käme auch der sportlichsten Crew nicht in den Sinn, gegen den Passat zu kreuzen. Weiter nördlich, ab einer Breite von 30° N, wehen die Westwinde, die man für diesen Törn braucht.

Die übliche Route führt über die Bermudas zu den Azoren. Manche Yachten segeln vorher noch in die USA und springen dann von der Ostküste ab.

In Horta auf den Azoren trifft sich die Flotte der »Rückkehrer«, und auch die Yachten, die nach ihrer Weltumsegelung von Südafrika kommen, stoßen hier dazu.

Der Törn über die Azoren hat seine Tücken: viele Yachten berichten, dass sie unterwegs einen Sturm erlebten, aber auch über lange Strecken unter Motor laufen mussten. Denn das Azorenhoch sorgt im Sommer für lange Flautenlöcher.

... und ein Leben wie Robinson.

Kurs Panama

Auf dem Weg nach Panama bieten sich **Zwischenstopps** auf den Venezuela vorgelagerten Inseln an: Los Testigos, Los Roques und Los Aves. Auf den **»ABC-Inseln«** (Aruba, Bonaire, Curaçao) lohnt vor allem Bonaire, das Tauchparadies. Der Ankerplatz in Spanish Water, Curaçao, ist ein beliebter Fahrtensegler-Treffpunkt. Hier kreuzen sich alle Kurse wieder.

Um Kolumbien machte man früher einen großen Bogen, um den Drogenschmugglern aus dem Wege zu gehen. Inzwischen gibt es aber immer mehr Yachten, die den Hafen von Cartagena anlaufen und begeistert davon berichten.

Ein echter Höhepunkt der Reise sind die **San Blas Inseln**, die schon zu Panama gehören. Der Archipel besteht aus 365 Inseln, eine für jeden Tag des Jahres. Nur wenige Inseln sind bewohnt. Die letzten Ureinwohner der Karibik, die Kuna-Indianer, leben hier unter einfachsten Bedingungen. Als Segler ist man zum ersten Mal auf sich allein ge-

stellt, technische oder medizinische Hilfe ist nicht zu erwarten. Dafür wird hier der Robinson-Traum wahr: eine kleine unbewohnte Palmeninsel ganz für sich allein zu haben, von selbst gefangenem Fisch zu leben. Nur an den Kokosnüssen sollte man sich nicht vergreifen: die gehören den Kunas und werden von ihnen auch regelmäßig geerntet.

Anschließend geht es nach Colon, der berüchtigten Stadt auf der Atlantik-Seite des Panama-Kanals. Wir hatten viele Berichte mit wahren Horrorgeschichten gelesen, sogar von einer abgehackten Hand war die Rede, weil jemand eine teure Uhr am Handgelenk trug.

Auf den ersten Blick ist Colon wirklich erschreckend. Richtige Slums mit verfallenden Häusern, Müll türmt sich in den Straßen. Gleich dahinter liegt die »Free Zone«, das hinter Mauern verborgene zollfreie Einkaufsparadies.

Auf den zweiten Blick entdeckten wir in Colon aber auch liebenswerte Seiten. Der »Panama Canal Yachtclub« war eine freundliche Oase mit netten Kontakten zu den einheimischen Seglern. Leider wurde das Gelände des le-

Hanavave / Fatu Hiva: Für viele die schönste Ankerbucht der Welt.

Abschied von Moorea.

gendären Yachtclubs im Jahr 2009 von einem Investor übernommen, der mit seinen Bulldozern alles platt walzte.

Die Passage des **Panama-Kanals** ist ein aufregendes Ereignis. Zum einen, weil so viel schief gehen kann: Wird der riesige Frachter dicht voraus auch vorsichtig sein? Halten die Leinen, wenn das Wasser in die Schleuse strömt? Hat der Lotse alles im Blick? Reagieren die Line-Handler richtig?

Aber aufregend ist auch das Gefühl, den Atlantik zu verlassen. Denn vor dem Bug liegt jetzt:

Die Südsee

Wenn man unter der riesigen »Bridge of the Americas« in den Pazifik einfährt, liegt richtig viel Wasser vor dem Bug. Sehen Sie sich die Route auf einem Globus an, nur die Weltkugel vermittelt die Weite des Pazifiks.

Was der Globus allerdings nicht zeigen kann, sind die unendlich vielen kleinen Inseln und Inselgruppen im Südpazifik. Dank Google Earth kann man heute aber jede noch so kleine Insel finden und beliebig nah heranzoomen.

Im Golf von Panama liegen die **Perlas-Inseln**. Auf der Insel Contadora lebte ein Deutscher, der in seiner feudalen Villa eine überdimensionale Funkstation betrieb und zahllose deutsche Yachten per Funk begleitete. »Contadora-

Günther«, der auch immer ein offenes Haus für Yachties hatte, ist im Herbst 2013 gestorben.

Knapp 1000 Seemeilen sind es bis zu den **Galapagos-Inseln**. Kurz davor überquert man den Äquator und greift nach langer Zeit wieder zu Pullover und Trainingshose. Die Nächte auf See sind ungewohnt kühl und feucht wegen des aus Südamerika kommenden kalten Humboldt-Stroms.

Wie lange man in Galapagos bleiben darf, hängt offenbar sehr von dem jeweiligen Beamten ab. Manche Yachten bleiben wochenlang, wir bekamen damals nur 10 Tage bewilligt. Für Segler gibt es zwei Möglichkeiten, die einmalige Tierwelt der Galapagos-Inseln zu erleben:

1. die Einreise ohne Genehmigung

In diesem Fall muss man einen Einklarierungshafen anlaufen. Die Yacht muss dort liegen bleiben und darf keine andere Insel anlaufen. Die Crew darf sich allerdings frei bewegen und kann mit einheimischen Booten auch Ausflüge zu anderen Inseln unternehmen.

2. die Einreise mit einem Cruising Permit (autógrafo)

Auch in diesem Fall muss man zunächst einen Einklarierungshafen anlaufen. Danach ist es der Yacht aber erlaubt, die Haupthäfen aller ständig bewohnten Inseln des Archipels anzulaufen. Das Cruising Permit muss vor An-

Traumankerplatz in Vava'u/Tonga.

kunft auf den Galapagos-Inseln vorliegen, beantragt wird es über einen Agenten auf den Inseln. Näheres dazu finden Sie zum Beispiel auf Noonsite (www.noonsite.com).

Jetzt kommt die längste Segelstrecke: Rund 3000 Seemeilen sind es von Galapagos bis zu den **Marquesas**. Die Hanavave Bucht auf der Insel Fatu Hiva bietet eine einmalige Szenerie und ist für viele die schönste Ankerbucht der Welt. Der junge Thor Heyerdahl lebte eine Zeit lang auf Fatu Hiva und schrieb darüber ein Buch. Einklariert wird auf der Nachbarinsel Hiva Oa, auf der der Maler Paul Gauguin begraben liegt. Oder auf der Hauptinsel Nuku Hiva, die weniger exotisch ist, dafür aber einen ersten Eindruck modernen Südseelebens vermittelt.

Allerdings entsprechen die Marquesas nicht dem gängigen Klischee einer Südsee-Insel. Keine weißen Palmenstrände, kein türkisklares Wasser mit bunten Korallenriffen. Es sind schroffe, hohe Inseln, über und über grün bewachsen. Wasserfälle stürzen von den steilen, unzugänglichen Bergen herab. Es gibt kaum Strände, und das Meer an den steil abfallenden Ufern ist dunkel und geheimnisvoll.

Auf der Insel Nuku Hiva passierte die unheimliche Geschichte, die 2011 Schlagzeilen machte (»Kannibalen-Insel«): Ein deutscher Segler ging mit einem Einheimischen auf die Jagd und wurde unter noch ungeklärten Umständen von diesem ermordet.

Eine ganz andere Szenerie bieten die Inseln, die als nächstes vor dem Bug liegen. Es sind die unzähligen flachen, von Palmen bewachsenen Atolle der **Tuamotus**. Einige Atolle, zum Beispiel Manihi, werden zur Perlenzucht genutzt. Von hier stammen die seltenen schwarzen Perlen. Wer es einsam liebt, sollte um die touristisch geprägte Hauptinsel Rangiroa einen Bogen machen. Im Norden von Apataki hatten wir die Lagune ganz für uns allein.

Tahiti, die Hauptinsel der Gesellschaftsinseln, wird wohl jeder ansteuern. Hier erfolgt die offizielle Einklarierung für Französisch Polynesien. Zum 14. Juli, dem Nationalfeiertag der Franzosen, wird es voll in der Hauptstadt Papeete, und die Yachten drängen sich an der Pier. Es lohnt sich unbedingt, die Feiern und Tänze mitzuerleben, entweder in Tahiti oder auf einer der anderen Inseln.

Die Nachbarinsel **Moorea** mit der weltberühmten Cook's Bay liegt in Sichtweite. Noch weiter westlich lockt **Bora Bora**, die Trauminsel jedes Südseetouristen. Aber es gibt auch noch einige weniger bekannte Inseln zu entdecken, die ebenso schön sind wie ihre berühmten Schwestern: Huahine, Raiatea, Tahaa, Maupiti …

Fremdartige Kulisse im Roten Meer.

Es fällt schwer, sich von diesen Inseln loszureißen. Aber die Segelzeit in der Südsee ist knapp, und im Westen liegen noch weitere Paradiese. Jetzt müssen Sie sich entscheiden, welche der **Cook-Inseln** Sie besuchen wollen. Die Hauptinsel Rarotonga, mit grün überwucherten Berghängen ein Wanderparadies. Oder das berühmte Suworow-Atoll, auf dem einst der Einsiedler Tom Neale lebte. Wenn Sie ein Boot mit wenig Tiefgang haben, können Sie auch Aitutaki anlaufen, eine idyllische kleine Insel mit einer Bilderbuch-Lagune.

Leider liegt die Gruppe der Cook-Inseln in Nord-Süd-Richtung weit verstreut, sodass man in der Regel nur eine der Inseln anlaufen kann.

Wegen der nahenden **Wirbelsturm-Saison** sollten Sie hier schon daran denken, auf welchem Weg Sie die Tropen verlassen wollen. Der Weg nach Neuseeland führt über Samoa und Tonga, die Fidschi-Inseln können Sie auf dem Rückweg in die Tropen noch besuchen.

Wenn Sie statt dessen Kurs auf die Australische Ostküste nehmen wollen, müssten Sie Fidschi, Vanuatu oder Neukaledonien auch noch unterwegs besuchen. Das ist ein gewaltiges Programm für ein paar Wochen.

Welche Inselgruppe ist am lohnendsten? Unser Favorit steht fest: **West-Samoa**. Nicht wegen der Blasmusik der Polizeikapelle, auch nicht wegen des nach dem deutschen Reinheitsgebot gebrauten »Vailima«-Biers – West-Samoa war früher eine der wenigen deutschen Kolonien, und das hat Spuren hinterlassen. Sondern weil die traditionelle Lebensart der Polynesier sich hier noch weitgehend erhalten hat. Aus Samoa stammte übrigens der Häuptling Tiavii, dessen Lebensweisheiten in dem Büchlein »Der Papalagi« veröffentlicht wurden.

Mit einem fast südlichen Kurs erreicht man die Inselgruppe des Königreiches **Tonga**. Die nördliche Vava'u-Gruppe ist ein herrliches Segelrevier mit gut geschützten

Ankerplätzen. Allerdings mussten wir uns erst wieder an die vielen Charteryachten gewöhnen, die hier stationiert sind.

Fidschi besteht aus unzähligen Inseln und Inselgruppen. Allein hier könnte man Jahre verbringen. Die Hauptinsel Viti Levu bietet alle Annehmlichkeiten der Zivilisation, aber auf den abseits gelegenen kleineren Inseln läuft das Leben noch sehr traditionell ab. Die Yasawa-Gruppe ganz im Westen ist landschaftlich besonders reizvoll.

Noch einen Schlag »ursprünglicher« geht es im 500 Seemeilen westlich gelegenen Inselstaat **Vanuatu** zu, den früheren Neuen Hebriden. Schroffe Vulkane und schwarze Lava prägen das Gesicht der Landschaft, auf der Insel Tanna ganz im Süden kann man sogar einen feuerspeienden Vulkan besteigen. Die Einheimischen pflegen noch ihre wilden Tänze und Riten, nur Menschen essen sie inzwischen nicht mehr.

Von Australien nach Hause

Der Landfall in **Australien** lohnt sich auf jeden Fall. Wer genug Zeit hat, sollte dieses einzigartige Land mit dem Auto erkunden. Wir waren mehrere Monate im Land unterwegs und sind süchtig nach mehr. Aber auch der Törn im Great Barrier Riff ist einmalig schön und bietet Segelspaß pur: viel Wind mit relativ glattem Wasser.

Die **Salomonen** lagen abseits der Route, die wir gewählt hatten. Aber viele Segler, die dort waren, bezeichnen die Salomonen als einen Höhepunkt ihrer Reise. Einziger Wermutstropfen: das extrem hohe Malaria-Risiko.

In der **Torres-Straße** laufen die Routen dann wieder zusammen. Die ganze »Barfuß-Flotte« segelt durch dieses Nadelöhr und nimmt dann Kurs auf Darwin, den Hafen an der Nordküste Australiens.

In Darwin fällt die große Entscheidung, ob man die Route durch das Rote Meer oder um Südafrika wählt. Gegen die **Südafrika-Route** sprechen die rauen Segelbedingungen im Indischen Ozean. Vor allem die Strecke von Mauritius nach Durban und der Törn um das Kap der Guten Hoffnung sind berüchtigt und gefürchtet. Auch der über 5000 Seemeilen lange Törn von Südafrika zu den Azoren ist nicht jedermanns Sache.

Wir hatten uns deshalb für die Route durch Südost-Asien und das Rote Meer entschieden. Allerdings noch zu einer Zeit, als Piratenüberfälle nur vereinzelt auftraten. Wir hatten Glück, alles ging gut. Heute wird wohl kein vernünftiger Segler diese Route noch ernsthaft in Betracht ziehen (mehr dazu in Kapitel 4 und 5).

3. Das Wetter auf der »Barfußroute«

Sommer 1995: das »Jahr der Hurrikane« in der Karibik. Wir liegen in Trinidad vor Anker und verfolgen nervös auf der Wetterkarte den von Afrika über den Atlantik heranrauschenden Hurrikan »Luis«. Und plötzlich liegt da in der Bucht von Chaguramas ein deutsches Schiff. Ein rostiger Hochseeschlepper aus Rostock. Wie kommt der denn hierher? Jetzt während der Hurrikan-Saison! Völlig naiv hat der Skipper mitten im Sommer den Atlantik überquert, hat mit absolutem Glück ein Loch zwischen zwei Wirbelstürmen erwischt.

Wenn man sich nicht auf diese Art von Glück verlassen möchte, sollte man sich mit den Wind- und Wetterbedingungen der Seegebiete auf seiner geplanten Route vertraut machen. Kaum jemand weiß zum Beispiel, dass der Golf de Lion im scheinbar so friedlichen Mittelmeer im Winter zu den gefährlichsten Seegebieten der Welt zählt.

Auf der Barfußroute sind es vor allem die tropischen Wirbelstürme, denen man so weit wie möglich aus dem Weg gehen sollte.

In Deutschland messen wir den Wind meist in Beaufort (Bft). Rund um den Globus ist es jedoch üblich, die Windstärke in Knoten anzugeben, also in Seemeilen pro Stunde.

Der Passat weht mit einer mittleren Stärke von 12 bis 20 Knoten, das entspricht 4 bis 5 Beaufort.

Hurrikan »Luis« am 6. September 1995 (Satellitenbild visuell, NOAA).

Beaufort	Knoten	Bezeichnung
1	1–3	
2	4–6	leichter Wind
3	7–10	
4	11–16	mäßiger Wind
5	17–21	
6	22–27	starker Wind
7	28–33	
8	34–40	stürmischer Wind
9	41–47	
10	48–55	schwerer Sturm
11	56–63	
12	ab 64	Orkan

Passat

Der vorherrschende Wind ist der Passat. Die englische Bezeichnung in Erinnerung an frühere Zeiten, als dieser beständige Wind die Route bestimmte, auf der die Handelsschiffe um die Welt segelten, lautet **»trade winds«** oder einfach »trades«.

Im Idealfall ist der Passat ein beständiger, gleichmäßiger Wind mittlerer Stärke, der aus östlicher Richtung zu beiden Seiten des Äquators weht. Die Passat-Zone erstreckt sich nördlich und südlich des Äquators zwischen 5° und 25° Breite. Dazwischen, direkt am Äquator, liegen die so genannten »Doldrums«, eine Zone mit leichten, unbeständigen Winden und häufigen Flauten.

Auf der Nordhalbkugel weht der Passat aus E/NE (»Nordost-Passat«), auf der Südhalbkugel aus E/SE (»Südost-Passat«).

Soweit das vereinfachte, ideale Modell. In der Realität ist es leider komplizierter. Denn der Passat wird von verschiedenen Faktoren beeinflusst, die das oben beschriebene Muster stören. Die Windrichtung ist noch am verlässlichsten: Westwind auf der Passatroute kommt nur sehr selten vor. Aber die Windstärke und die geografische Ausbreitung können sehr unterschiedlich sein. Den größten Einfluss auf diese Schwankungen haben die Jahreszeiten. Aber auch andere Einflüsse spielen eine Rolle, darunter das »El Niño«-Phänomen, auf das wir später noch eingehen werden.

Um sich zu informieren, mit welchen Windverhältnissen man zu einer bestimmten Zeit in einem Seegebiet rechnen muss, studiert man zunächst die **»Pilot Charts«**. Diese Karten, die für jeden Monat die mittleren Windstärken und Windrichtungen in Prozent angeben, sind inzwischen auch als Gratis-Download verfügbar (www.opencpn.de).

Zum Beispiel kann man nach den Pilot Charts bei der **Atlantiküberquerung** im Monat Dezember folgenden Wind erwarten:

Bei den **Kapverden**:	Vor **Barbados**:
NE 4 – 50 %	NE 4 – 37 %
E 4 – 36 %	E 4 – 53 %
Flaute – unter 1 %	SE 3 – 7 %
Sturm (ab 8 Bft) – unter 1 %	Flaute – 1 %
	Sturm (ab 8 Bft) – unter 1 %

Diese Angaben muss man aber richtig interpretieren: Es sind lediglich Mittelwerte, die über viele Jahre gemessen wurden. Sie geben nur die Wahrscheinlichkeit an, mit der man eine bestimmte Windrichtung und Windstärke erwarten kann. Wenn 50 Prozent Nordost Stärke 4 angegeben sind, kann das trotzdem bedeuten, dass man gegen Südwest Stärke 6 ansegeln muss oder tagelang in der Flaute treibt.

Wir starteten Mitte Dezember, also zur empfohlenen Zeit, in Gran Canaria. Trotzdem hatten wir auf der Atlantiküberquerung keine optimalen Bedingungen. Von beständigem Passat konnten wir nur träumen.

Kayas Atlantik-Wetter:
1 Tag Sturm (8–9 Bft)
3 Tage Starkwind (6–7 Bft)
11 Tage idealer Passat (4–5 Bft)
9 Tage leichte Winde (1–3 Bft)
4 Tage Flaute
Einen Tag lang hatten wir sogar Gegenwind aus SW mit bis zu 6 Bf.

Wetterphänomene

Wir sind keine Meteorologen. Deshalb überlassen wir die Theorie den Fachleuten. Aber auch wenn Sie nicht tiefer in die Materie einsteigen, sondern sich auf die Prognosen der reichlich verfügbaren Wetterquellen verlassen wollen, sollten Sie sich doch mit den wichtigsten Begriffe vertraut machen. Damit Sie auch wissen, wovon der »Wetterfrosch« spricht.

Wir befanden uns mitten auf dem Atlantik, als wir zum ersten Mal im Karibik-Funketz von Trudy auf Barbados ein-

checkten. Ins Deutsche übersetzt lautete der Dialog etwa wie folgt:

»Hallo Rüdi DJ 9 UE on Kaya, *hier ist 8P 6 QM, Trudy in Barbados. Ihr werdet in den nächsten Tagen gute Segelbedingungen haben, um die 20 Knoten, vielleicht einige Squalls«* – *»8P 6 QM, hier ist DJ 9UE, danke Trudy für den guten Wetterbericht, aber was sind denn Squalls?«* – *»Also, Rüdi, Squalls (räusper), das sind eben Squalls (Pause), wie soll ich sagen, schwarze Wolken mit Wind.«* – *»Ok, Trudy, meinst du Gewitter?«* – *»Nein, eigentlich nicht, kein Blitz, kein Donner, nur schwarze Wolken, die eng begrenzt vom Himmel bis zum Wasser reichen und viel Wind mit viel Regen bringen können, aber meist nur für kurze Zeit.«*

Squalls. So, wie es Trudy beschrieb, erlebten wir sie tatsächlich sehr oft. Nicht nur auf dem Atlantik, auch im Südpazifik gehörten sie zum Tagesgeschäft.

Wie sieht ein Squall aus?

Schon von weitem sieht man die typische Wolkenformation, die meist mit dunklen Streifen bis zum Wasser reicht. Die dunkle bis schwarze Wand bewegt sich relativ schnell. Wenn man Glück hat, zieht sie in einigen Meilen Entfernung vorbei. Aber oft geht sie über das Boot, bevorzugt dann, wenn man gerade die Segel geschiftet, ausgebaumt oder ausgerefft hat. Oder als Strafe für die Wache, die ihre Aufgabe vernachlässigt und sich unter Deck in einen Krimi vertieft hat.

Dann heißt es wirklich in Windeseile die Segel kürzen, denn die Squalls bringen ganz plötzlich Windstärken bis zirka 8 Beaufort und sintflutartigen Regen. Kurz und heftig, von Null auf Hundert. Wenn der Squall schon da ist, bleibt keine Zeit mehr zum Reffen. Leicht kann es dabei Bruch geben, besonders mit vollem Großsegel und ausgebaumter Genua. Vorsicht unter Autopilot: Der Squall bringt ganz plötzlich eine andere Windrichtung, der Autopilot hält aber den alten Kurs – gegen ein backstehendes Segel ist es fast unmöglich, den Kurs zu korrigieren. Und das Segel ist dann nicht leicht zu bergen.

Aber es gab noch mehr zu lernen. Wenn der Passat stärker wird als die üblichen 20 Knoten, dann spricht man von »reinforced trades«. Oft ist dafür ein **Hochdruckgebiet** verantwortlich. In Europa verbinden wir ein Hoch mit schönem Wetter. Das beste Beispiel ist das Azorenhoch. In den Tropen ist das anders: ein starkes Hoch bringt stürmischen Wind. Ein Kapitel im Handbuch des neuseeländischen Wetterdienstes MetService hatte die Überschrift: »Neun Gründe für Segler, ein Hoch zu hassen.«

Das Tückischste daran: es fehlen die gewohnten Vorboten für stürmisches Wetter. Die Isobaren auf der Wetter-

Ein typischer Squall zieht heran.

karte sind nicht ungewöhnlich dicht. Das Barometer fällt nicht, im Gegenteil: je höher der Barometerstand, desto stärker der Wind. Ein Hoch mit mehr als 1030 hPa kann Wind mit 30 und mehr Knoten bringen. Das kann sehr unangenehm sein. Aber tröstlich ist: außerhalb der Wirbelsturmzeiten sind echte Stürme mit mehr als 40 Knoten nicht zu erwarten.

Auf den Wetternetzen hörten wir auch zum ersten Mal von einer **tropical wave**. Das ist ein Gebiet mit starker Wolkenbildung, Regen und Squalls, das sich längs der Passatzone von Ost nach West bewegt. Die tropische Welle kann ein erstes Anzeichen für die Entstehung eines Wirbelsturms sein.

Wenn die Wetterberichte von einer **tropical depression** sprechen, wird es spannend. Nicht nur, weil man bei einer tropical depression mit Starkwind um 30 Knoten rechnen muss. Die Wetterkarte zeigt ein Tiefdruckgebiet mit mindestens einer geschlossenen Isobare, daraus könnte sich im schlimmsten Fall ein tropischer Wirbelsturm entwickeln.

Die **Intertropical Convergence Zone** (ITCZ, tropische Konvergenzzone) ist die Zone dicht am Äquator, in der der Nordost-Passat mit dem Südost-Passat zusammentrifft. Wenn man von Panama kommend Galapagos ansteuert, durchquert man dieses Gebiet. In der ITCZ trifft man auf bewölkten Himmel, Squalls und Gewitter. Häufig auch auf Flauten.

Aber auch auf dem weiteren Kurs zu den Marquesas kann man nicht unbedingt mit guten Passat-Bedingungen rechnen. Zumindest wir hatten im April 1996 viel Starkwind, bedeckten Himmel und jede Menge Squalls.

Die **South Pacific Convergence Zone** (SPCZ, südpazifische Konvergenzzone) entsteht durch das Zusammentreffen von Südost-Passat und Ost-Passat. Sie liegt immer südlich des Äquators und bildet ein dichtes Wolkenband, das sich im Südwinter nördlich von Samoa befindet. Weil die SPCZ dem Segler Starkwind, Gewitter und viel Regen bietet, lohnt es sich, per Wetterfax bzw. Satellitenbild ihre Lage im Auge zu haben.

Gewitterstimmung in der Malakka-Straße.

Tropische Wirbelstürme

Die verwendeten Begriffe im Englischen und Deutschen können verwirrend sein. Deshalb zunächst eine Übersicht:

Tropical Cyclone (deutsch: Tropischer Wirbelsturm) ist der Oberbegriff für alle mit einem Namen benannten Tiefdrucksysteme mit Windgeschwindigkeiten ab 34 Knoten (Windstärke 8).

Tropische Wirbelstürme ab einer Windgeschwindigkeit von 64 Knoten (Windstärke 12, also Orkanstärke) werden im Atlantik und im Nordost-Pazifik als **hurricane** (deutsch: **Hurrikan**) bezeichnet. Im Süd- und Westpazifik und im Indischen Ozean werden sie als **Cyclone** (deutsch: Zyklon), im Nordwest-Pazifik als **Typhoon** (deutsch: **Taifun**) bezeichnet.

Besonders bei einem Zyklon kann das zu Missverständnissen führen: Der gleiche Begriff wird in der Wetter-

Einstufung der Hurrikane (Saffir-Simpson-Hurrikan-Skala 2012)

Stufe / Kategorie	Windgeschwindigkeit		Anstieg des Wasserspiegels
	Knoten	km/h	m
Tropisches Tief	< 34	< 63	0
Tropischer Sturm	34 bis 63	63 bis 118	0,1 bis 1,1
Hurrikan Kategorie 1	64 bis 82	119 bis 153	1,2 bis 1,6
Hurrikan Kategorie 2	83 bis 95	154 bis 177	1,7 bis 2,5
Hurrikan Kategorie 3	96 bis 112	178 bis 208	2,6 bis 3,8
Hurrikan Kategorie 4	113 bis 136	209 bis 251	3,9 bis 5,5
Hurrikan Kategorie 5	> 136	> 251	> 5,5

kunde auch für ein normales Tiefdruckgebiet verwendet.

Die Hurrikane werden je nach Stärke in Kategorien eingeteilt (siehe Tabelle oben).

Tropische Wirbelstürme entstehen immer über dem Meer, in der Regel in den Breiten um 5 bis 10 Grad. Grundvoraussetzung für die Entstehung eines tropischen Wirbelsturms ist eine Wassertemperatur von mindestens 80 °F bzw. 27 °C.

Als Faustregel gilt: Die gefährliche Saison dauert etwa 6 Monate. Auf der Nordhalbkugel beginnt sie im Juni, auf der Südhalbkugel im Dezember.

Die Hurrikan-Saison im Nord-Atlantik beginnt offiziell am 1. Juni und endet am 30. November. Westlich der Kapverdischen Inseln entstehen dann die Hurrikane, die mit zunehmender Intensität meist in Richtung der Kleinen Antillen wandern und dort nach Norden schwenken.

Diese Datumsangaben sollte man allerdings mit größter Vorsicht betrachten, insbesondere auch im Hinblick auf die globalen Klimaveränderungen.

Einem Hurrikan sollte eine Yacht auf keinen Fall begegnen, egal ob auf See oder am Ankerplatz. Aber auch ein Tropischer Sturm mit Windgeschwindigkeiten von 34 bis 63 Knoten kann eine Yacht in ernste Gefahr bringen.

Die Statistik der letzten Jahre zeigt: die »sichere« Segelsaison in der Karibik beträgt nur noch vier Monate. Denn inzwischen muss man dort bereits ab Ende April und bis weit in den Dezember mit Tropischen Wirbelstürmen rechnen. Hier ein paar Beispiele:

1998, nachdem Hurrikan »Mitch« über Mittelamerika gewütet hatte, folgte im Dezember noch Hurrikan »Nicole«. 2001 beendete Hurrikan »Olga« die Saison, ebenfalls im Dezember. 2003 wurde die Saison schon im April vom Tropischen Sturm »Ana« eröffnet, im Dezember gab es dann sogar zwei Tropische Stürme: »Odette« und »Peter«. Die Saison 2007 begann Anfang Mai mit dem Tropischen Sturm »Andrea« und wurde im Dezember von »Olga« beendet.

Auch die Anzahl und Stärke der Tropischen Wirbelstürme scheint in den letzen Jahren zuzunehmen. Das Jahr 1995, das wir in der Karibik erlebten, galt bezüglich der Anzahl der Wirbelstürme als Rekordjahr: 21 Tropische Stürme, davon 11 Hurrikane. Herausragend in ihrer zerstörerischen Wirkung blieben »Iris«, »Luis« und »Marilyn« in Erinnerung. »Wie Hiroshima nach der Bombe« lautete die Schlagzeile in der Zeitung, nachdem Hurrikan »Luis« die Inseln Antigua und St. Maarten heimgesucht hatte.

Das »Rekordjahr 1995« wurde 10 Jahre später weit übertroffen: 2005 gab es 31 Tropische Stürme, davon 15 Hurrikane. Am schlimmsten wütete Hurrikan »Katrina«, der im August von den Bahamas über den Golf von Mexiko und den Süden der USA zog.

Auch im Vergleich mit den Jahren 2010 bis 2012 wirkt das »Rekordjahr« gar nicht mehr so ungewöhnlich (siehe Grafik S. 30).

Alle Daten und Informationen zu den Hurrikanen finden Sie beim National Hurricane Center der NOAA (www.nhc.noaa.gov).

Die Wirbelstürme im **Südpazifik** halten sich dagegen nicht an feste Zugbahnen. Die **Zyklone** des westlichen Südpazifiks entstehen im Korallenmeer zwischen Papua Neuguinea und Nordaustralien. Sie ziehen in die unterschiedlichsten Richtungen, immer mit südlicher Komponente. Sie ziehen nicht nur nach Südwesten, sondern auch nach Südosten und können Tahiti erreichen.

Nur auf eines kann man sich ziemlich sicher verlassen: Die tropischen Wirbelstürme überqueren nicht den Äquator.

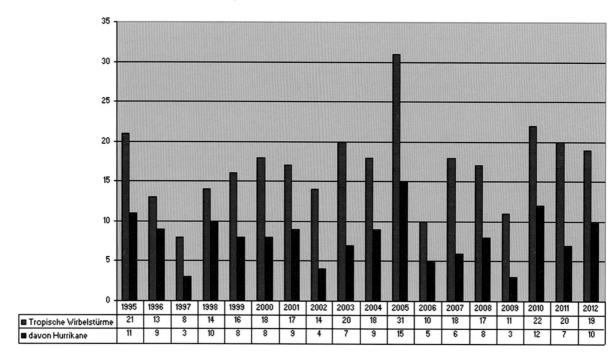

Tropische Wirbelstürme Karibik 1995 - 2012

	1995	1996	1997	1998	1999	2000	2001	2002	2003	2004	2005	2006	2007	2008	2009	2010	2011	2012
■ Tropische Wirbelstürme	21	13	8	14	16	18	17	14	20	18	31	10	18	17	11	22	20	19
■ davon Hurrikane	11	9	3	10	8	8	9	4	7	9	15	5	6	8	3	12	7	10

»El Niño«

»El Niño« ist ein unregelmäßig alle paar Jahre wiederkehrendes Wetterphänomen. Ein warmer Strom ersetzt die kalte Meeresströmung vor der südamerikanischen Küste. Die Wassertemperatur im östlichen Pazifik ist dadurch höher als normal, ein »Brutkasten« für tropische Wirbelstürme.

»El Niño« stellt das normale Wettergeschehen im Südpazifik auf den Kopf. Der Südost-Passat schwächt sich ab oder fällt manchmal ganz aus. Wind aus westlichen Richtungen ist möglich. Die Zyklone, die in normalen Jahren von Dezember bis Mai meist westlich von 160 Grad auftreten, können in einem »El Niño«-Jahr auch Tahiti erreichen.

Mit »La Niña« bezeichnet man das entgegengesetzte Phänomen: die normalen Verhältnisse werden verstärkt, der Passat weht dann besonders kräftig.

Natürlich wird kein vernünftiger Segler während der gefährlichen Saison in den Wirbelsturmgebieten segeln. Trotzdem kann es passieren, dass man zur falschen Zeit am falschen Ort ist. Auf dem Weg von Tonga nach Neuseeland bedrohte uns 1996 der Zyklon »Cyril« schon im November, also einen Monat vor der Saison.

»Tropical Cyclone Cyril moving South Southeast 20 knots. Winds 50 knots increasing ...« Die Meldung, die uns auf dem Törn von Tonga nach Neuseeland über Funk er- *reicht, schlägt an Bord von Kaya wie eine Bombe ein. Ein tropischer Wirbelsturm hat sich 1000 sm nördlich von uns plötzlich und viel zu früh gebildet und läuft mit 20 Knoten genau auf uns zu. Also mit 400 sm pro Tag, in zweieinhalb Tagen kann er uns erreichen. Eine sehr bedrohliche Situation, die besonders schwer zu ertragen ist, weil wir gar nichts tun können. 500 sm vor uns, 500 sm hinter uns, es gibt keine Fluchtmöglichkeit, wir können nur warten. Wie der Torwart auf den Elfmeter.*

1997, während des sich entwickelnden »El Niño«, kam es dann richtig dicke. Noch im Juni, also einen Monat nach Ende der Wirbelsturmsaison, mussten wir in Fidschi in ein »Hurricane hole« (Ankerplatz, der als hurrikansicher gilt) flüchten. Der verspätete Zyklon »Keli« nahm Kurs auf Fidschi, drehte dann aber ab und richtete schwere Zerstörungen auf Tonga an. Wir atmeten auf, als der Spuk vorüber war. Aber kaum vier Monate später, im Oktober 1997, suchte »Martin«, der erste Zyklon der nächsten Saison, den Südpazifik heim. Die deutsche Yacht *Nisos* wurde in der Lagune von Maupiti von dem Wirbelsturm überrascht und fand sich später an Land unter einer Palme wieder. Eine andere Yacht, die auf dem Weg nach Neukaledonien war, hatte nicht so viel Glück. Die Yacht mit 2 Erwachsenen und 2 Kindern an Bord verschwand spurlos im Meer.

Es ist also offenbar so, dass sich in einem »El Niño«-Jahr die einigermaßen sichere Segelsaison im Südpazifik von sechs Monaten auf drei Monate verkürzt. Das ist einfach zu wenig, um zumindest ein paar der vielen Südsee-Inseln zu erkunden, deretwegen man ja eigentlich die weite Segelreise unternommen hat.

Wenn Sie beabsichtigen, den Pazifik zu überqueren, sollten Sie sich daher frühzeitig mit »El Niño« vertraut machen und eventuell die Zeitplanung darauf abstimmen. Die Frage ist nur, ob und wie man beim Start in Panama das »El Niño«-Phänomen prognostizieren kann.

Ein Indiz ist der **»Southern Oscillation Index (SOI)«**. Das ist der Unterschied des Luftdrucks zwischen Darwin (Australien) und Tahiti. Wenn der SOI vom positiven in den negativen Bereich wandert, könnte ein »El Niño« bevorstehen.

Nähere Informationen zu diesem Thema finden Sie auf der »El Niño Page« der NOAA (www.elnino.noaa.gov).

Neuseeland und weiter

Spätestens auf dem **Törn nach Neuseeland** wird die Schwerwetterkleidung wieder hervorgeholt. Von »barfuß« ist auf dieser Strecke keine Rede mehr, und man hat sogar gute Chancen, in einen richtigen Sturm zu geraten.

Über Australien entstehen Hochdruck-Zellen, die etwa im Zehn-Tage-Rhythmus nach Osten wandern. Zwischen den Hochs wandern die Fronten von Tiefdruck-Rinnen ebenfalls nach Osten. Diese Frontensysteme bedeuten in der Regel Starkwind oder Sturm.

Das Wetter auf dem Weg von Tonga nach Neuseeland ist das Thema, das wochenlang alle Gespräche und Funkrunden beherrscht. Es gibt zahllose Tipps und Taktiken, wie man diesen Fronten entgehen könnte. Man soll ein »Wetterfenster« abwarten, wissen ganz Schlaue.

Die Kunst ist das richtige Timing: An der Westseite eines gerade durchgezogenen Hochs in Tonga zu starten, ist nicht verkehrt. Winde mit nördlicher Komponente sollten uns in Richtung Neuseeland blasen. Aber in der Regel sind die Fronten doch schneller als ein kleines Boot. Und dann wird es ungemütlich.

Dieses Wettergeschehen ist im südlichen Sommer harmloser. Also könnte man dazu tendieren, später in Tonga zu starten, etwa im Dezember, gegen Weihnachten. Das hat aber einen kleinen Haken: Die Wirbelsturmsaison beginnt spätestens im Dezember, und wie wir selbst erlebt haben, kann ein Zyklon schon im November Schrecken verbreiten.

Also: Später Start bedeutet hohe Zyklon-Gefahr, aber moderate, sommerliche Segelbedingungen bei Neuseeland. Früher Start bedeutet geringe Zyklon-Gefahr, aber

*Die **Jahreszeiten auf der Südhalbkugel** sorgen manchmal für Verwirrung:*
*Die **Sommermonate** sind Dezember, Januar und Februar.*
*Die **Wintermonate** sind Juni, Juli und August. Dementsprechend beginnt im September der Frühling, und zu Weihnachten haben neuseeländische Schulkinder Sommerferien.*

gute Chancen, noch in einen kernigen Frühjahrssturm zu geraten.

Auf dem Rückweg von Neuseeland in die Tropen muss man umgekehrt denken: Wenn man spät startet (April), kann es schon heftige Herbststürme geben. Wer früher startet, hat in Neuseeland moderate Bedingungen, kann aber weiter nördlich in einen verspäteten Zyklon geraten.

Am 29. April 1997 starten Ganesh und Tanamera von Neuseeland in Richtung Fidschi. Ihre Berichte auf dem Netz von Russell Radio machen uns Sorgen: 35 Knoten Wind aus Osten, ein Tief entwickelt sich bei Neukaledonien. Abends wird das Netz plötzlich durch ein starkes Signal unterbrochen: »All ships, all ships, this is Taupo Radio. Tropical Cyclone »June« 990 hPa is moving SE, winds 50 knots increasing«

Die Wetterkarte zeigt sehr enge Isobaren zwischen »June« und dem Neuseelandhoch. Und genau da sind unsere Freunde. Sie müssen abdrehen und laufen nach drei Tagen völlig geschafft wieder in Neuseeland ein.

Beim Törn nach **Australien** bleibt man in tropischen Breiten, wenn man von Vanuatu oder Neukaledonien aus die Gegend um Brisbane ansteuert. Trotzdem kann auch das ein windiger Törn werden. Die australischen Segler, die diese Strecken schon mehrfach gesegelt waren, hatten großen Respekt vor dem Heimweg.

Entlang der australischen Ostküste nach Norden hat man oft starke südöstliche Winde. 30 Knoten sind keine Seltenheit. Trotzdem ist diese Strecke purer Segelspaß: die Windrichtung stimmt, und im Schutz des Great Barrier Reef ist der Seegang moderat.

Über die **Wetterbedingungen des Indischen Ozeans** auf der Strecke Australien – Chagos – Madagaskar hatten andere Segler nichts Gutes zu berichten: Viel Wind, raue See.

Wir wählten 1999 die Strecke von Darwin/Australien nach Indonesien. Hier muss man mit leichten Winden, vielen Flauten sowie extremer Hitze rechnen. An Bord von KAYA waren es oft 38 Grad im Schatten, ohne einen Hauch Wind!

Südlich von Singapur überquerten wir zum zweiten Mal den Äquator. Die Winde in Äquatornähe waren sehr wechselhaft, der Himmel meist wolkenverhangen. Hier erlebten wir häufige schwere Gewitter. Sie brachten nicht nur starken Wind, sondern auch sintflutartigen Regen.

Heute ist wegen der Piratengefahr nicht mehr daran zu denken, die **Route durch das Rote Meer** zu nehmen (siehe S. 35). Trotzdem geben wir an dieser Stelle ein paar Hinweise zu den Wetterbedingungen, für den Fall, dass sich die Lage am Horn von Afrika doch wieder normalisiert.

Um Weihnachten sammelte sich in Phuket/Thailand die Yachtie-Flotte, um auf gute Wetterbedingungen zu warten für den Törn über den Indischen Ozean in Richtung Sri Lanka – Malediven – Rotes Meer. Der Startzeitpunkt will genau bedacht sein. Je früher man das Rote Meer erreicht, desto weiter nach Norden reicht der ersehnte Südwind. Aber wenn man schon im Dezember startet, erhöht sich das Risiko, einen verspäteten Zyklon (April bis Dezember) zu erwischen. So feiert man besser in Phuket noch Silvester. Dann geht es los, der Nordost-Monsun sorgt für guten Segelwind.

An der Südküste des Jemen wird der Nordost-Monsun abgelenkt und weht im Januar/Februar meist aus östlicher Richtung. Im Bab El Mandeb, dem Eingang zum Roten Meer, bläst der Wind aus Südost bis Süd mit oft beachtlicher Stärke. Häufig sind es 25 bis 30 Knoten und mehr. Die entstehenden Seen sind sehr steil und unangenehm.

Für das **Rote Meer** braucht man Geduld, Nerven und etwas Glück. Das hatten wir, als uns der Südwind bis in den Sudan schob. Dann allerdings stellte der andauernde Nordwind unsere Geduld oft auf die Probe. Aber nach jedem Nordwind kommt auch mal wieder ein Südwind ... Und dann kann es sogar vorkommen, dass man für kurze Zeit unter Passatbesegelung nach Norden rauscht.

Wetter im Internet

Im Internet gibt es hervorragende Möglichkeiten, sich mit den Wetterbedingungen eines Seegebietes (sowie den Themen »Hurrikane« und »El Niño«) vertraut zu machen. Es gibt jede Menge Quellen, die Wetterkarten zur Verfügung stellen.

Hier eine Übersicht über die wichtigsten Internet-

Adressen. Wir haben uns auf die »langlebigen« Adressen der offiziellen Stellen beschränkt.

Wichtige Wetter-Links:

National Oceanic and Atmospheric Administration (NOAA):
www.noaa.gov
Website der US-Behörde mit einer Fülle von Informationen.

National Weather Service:
www.nws.noaa.gov
Wetterprognosen, Warnungen, Satellitenbilder.

National Hurricane Center:
www.nhc.noaa.gov
Alle Hurrikan-Informationen für die Karibik und den Ost-Pazifik bis 140 Grad West.
»El Niño Page«:
www.elnino.noaa.gov

Bureau of Meteorology (BoM) Australien:
www.bom.gov.au/
Umfassende Wetterkarten, Satellitenbilder und Prognosen.

www.australiasevereweather.com
Hervorragende Übersicht der Zyklone von 1906 bis heute.

Weitere aktuelle Wetter-Links finden Sie auf unserer Website: www.sy-kaya.de

Sicherer Platz für die Hurrikan-Saison: Yachten in Trinidad.

4. Routenplanung

Nicht zu viel planen!

Gute Vorbereitung ist natürlich wichtig. Wer seinen Törn sorgfältig plant, kann sich viel Ärger ersparen. Aber wer zu genau plant, nimmt sich wieder einen Teil des Vergnügens: nämlich die Möglichkeit, spontan zu handeln und zu entscheiden.

Ideal wäre es, alle Voraussetzungen in Form von Seekarten, Handbüchern und Papieren an Bord zu haben und dann vor Ort zu entscheiden: Wollen wir zu den Kapverdischen Inseln oder nach Dakar? Zum Karneval nach Trinidad oder nach Brasilien?

Manchmal trifft man unterwegs jemanden, der von einem bestimmten Ort schwärmt. Oder man hört bei einem Gespräch in der Funkrunde zu, liest einen Reisebericht oder Artikel und denkt: Da möchte ich gerne hin.

Fast das Schönste am Seglerleben ist die Freiheit, nicht nur so zu denken, sondern auch so zu handeln: Inseln an-zusteuern, die gar nicht eingeplant waren, an anderen Orten dafür vorbeizusegeln, Aufenthalte spontan zu verlängern oder zu verkürzen.

Um diese Freiheit zu haben, muss man sich zunächst von der Gewohnheit verabschieden, feste Termine zu setzen. Statt zu sagen: »Nächstes Jahr laufen wir Mitte März in Martinique ein, Anfang April geht's dann weiter nach Antigua«, heißt es dann: »Nächstes Frühjahr sind wir wahrscheinlich in der Karibik ...«

Natürlich ist es verlockend, allen Verwandten und Bekannten zum Abschied zu sagen: »Besucht uns doch mal!« Aber dann ist es vorbei mit der Möglichkeit, spontan und offen zu planen. Im Nu ist der Kalender voll mit festen Terminen. Oft genug haben wir miterlebt, wie eine Yacht überstürzt aufbrechen musste, um eine Verabredung in einem fernen Hafen einhalten zu können.

Für den Besuch, der seinen Urlaub Monate im Voraus

planen muss, ist eine offene Zeitplanung aber vielleicht nicht möglich. Versuchen Sie, einen Kompromiss zu finden. Der könnte zum Beispiel so aussehen: Der Besuch bucht schon lange vorher einen Langstreckenflug zu einem günstigen Urlaubsziel, etwa nach Martinique oder Tobago. Den Anschlussflug innerhalb der Karibik bucht er dann ganz kurzfristig, eventuell erst vor Ort, wenn Sie telefonisch durchgesagt haben, auf welcher Insel Sie auf ihn warten.

Das optimale Timing

Die Segeltörns über den Atlantik oder rund um den Globus plant man entsprechend der jeweiligen Wirbelsturmsaison. Das unentbehrliche Handbuch für die Routenplanung ist Jimmy Cornells *Segelrouten der Welt*.

Bei der **Nordatlantik-Umrundung** liegen sowohl der Zeitplan als auch die Route relativ fest. In der Karibik segelt man meistens von Süden nach Norden. Einzige Variation: Der Absprung zu den Azoren kann von Antigua erfolgen, aber auch Abstecher nach Bermuda oder an die Ostküste der USA sind möglich.

Wenn Sie weiter **auf der Barfußroute nach Westen** segeln, ist es sinnvoller, die Inselkette der Karibik von Norden nach Süden zu erkunden. Viel Zeit bleibt dafür allerdings nicht: Im März sollten Sie schon durch den Panama-Kanal gehen, um die kurze Segelsaison im Pazifik auszunutzen. Nicht einmal zwei Monate für die Karibik ... Eigentlich müssten Sie hier zum ersten Mal ein Jahr »dranhängen«, um wenigstens einen Teil der Inseln zu sehen.

Im Pazifik wird die Zeit noch knapper. Die als sicher geltende Segelsaison dauert von Mai bis Oktober – und das

für ein Revier, das fast den halben Globus umfasst.

Wer die »klassische« dreijährige Weltumsegelung unternimmt, hat für die Zyklon-Saison zwei Möglichkeiten: Neuseeland oder Australien.

Wir fanden es ideal, ein zusätzliches Jahr im Pazifik zu verbringen und beides zu kombinieren. In der ersten Segelsaison besuchten wir Französisch Polynesien, die Cook Islands, Samoa und Tonga. Von dort segelten wir nach Neuseeland, wo wir sechs Monate blieben.

Die zweite Segelsaison verbrachten wir in Fidschi und Vanuatu und segelten von dort weiter nach Australien, wo wir wieder sechs Monate »Wirbelsturm-Pause« einlegten.

Der letzte Abschnitt, **von Australien zurück nach Europa**, wird am schnellsten zurückgelegt.

1 Jahr Nordatlantik-Umrundung:

August bis Oktober:	*von Gibraltar zu den Kanaren*
ab November:	*Atlantiküberquerung ab Las Palmas (November/Dezember = Ende der Hurrikan-Saison)*
Dezember/Januar:	*Ankunft in der Karibik, z.B. Barbados*
bis März:	*von S nach N über Grenadinen, Martinique, Antigua*
April bis Mai:	*Kurs Azoren (Mai = Beginn der Hurrikan-Saison)*
Juni bis August:	*Rückkehr nach Europa*

3 Jahre Weltumsegelung

November/Dezember (1. Jahr):	*Atlantiküberquerung ab Las Palmas*
Dezember/Januar:	*Ankunft in der Karibik, z.B. Martinique*
bis Februar:	*von N nach S über Grenadinen nach Venezuela*
März:	*Panama-Kanal*
März bis April:	*über Galapagos zu den Marquesas*
Mai bis Juli:	*Marquesas, Tuamotus, Gesellschaftsinseln*
August bis Oktober:	*Cook-Inseln, Tonga, Fidschi*
November (2. Jahr):	*Törn nach Neuseeland oder Australien (November = Beginn der Zyklon-Saison)*
Dezember bis März:	*Aufenthalt/Landreisen*
April bis August:	*über die Torres-Straße nach Darwin*
September– Dezember:	*über den Indischen Ozean nach Durban*
Januar/Februar:	*Kap der Guten Hoffnung*
April/Mai:	*Kurs Azoren*
Juni/Juli:	*Rückkehr nach Europa*

Auf der Südafrika-Route kommt es darauf an, den optimalen Zeitpunkt für die schwierigste Seestrecke von Durban nach Kapstadt zu wählen. Im Südsommer, also Januar oder Februar, ist die Wahrscheinlichkeit für einen schweren Sturm am Kap der Guten Hoffnung am geringsten.

Die **Route durch das Rote Meer** sollte aktuell (Stand Ende 2013) und wohl auch in der näheren Zukunft auf keinen Fall von Yachten befahren werden.

Die INTERNATIONAL NAVAL COUNTER PIRACY FORCES, ein Zusammenschluss internationaler Seestreitkräfte, haben im Oktober 2013 ein »Yachting Piracy Bulletin« mit der unmissverständlichen Warnung herausgegeben:

»All sailing yachts under their own passage should remain out of the High Risk Area (HRA) or face the risk of being hijacked and held hostage for ransom (Alle Segelyachten … sollten das Hochrisikogebiet meiden, da sie sonst riskieren, entführt und als Geisel genommen zu werden, um Lösegeld zu fordern).«

Die High Risk Area, das Hochrisikogebiet, erstreckt sich über den gesamten nördlichen Indischen Ozean: vom Suez-Kanal und der Straße von Hormuz nach Süden bis 10 °S und nach Osten bis 78 °E.

Die einzige Alternative, wenn Sie nicht den weiten Weg um Südafrika nehmen wollen, ist der Transport der Yacht auf einem Frachter. Ein Anbieter hat bereits eine regelmäßige Yachttransport-Verbindung von Thailand ins Mittelmeer eingerichtet (www.sevenstar-yacht-transport. com). Da sich immer mehr Yachten für diese Möglichkeit entscheiden, ist davon auszugehen, dass es in Zukunft noch mehr solche Angebote geben wird.

Wohin in der Wirbelsturm-Saison?

Jahrelang ging man in der Karibik mit diesem Thema eher sorglos um. Die große Lagune von St. Martin galt als gut geschützter, sicherer Platz. Aber dann kam 1995, das »Jahr der Hurrikane«. Etwa 1400 Yachten suchten in St. Martin Schutz, bevor Hurrikan »Luis« über die Insel fegte. Aus der Traum vom »Hurricane hole«: 1000 Yachten sanken oder wurden völlig zerstört, die restlichen wurden zum Teil schwer beschädigt.

Seitdem haben fast alle Yachtversicherer eine so genannte »Hurrikan-Klausel« in ihre Bedingungen aufgenommen: Wer in der gefährlichen Zeit von Juni bis November nicht das Revier verlässt, verliert seinen Versicherungsschutz. Seit 1995 lässt es sich nicht mehr schönreden: Wer in der Hurrikan-Saison in der Karibik bleibt, riskiert sein Schiff.

Wohin also? Die erste Möglichkeit: nach Norden in die **USA**. Wirklich außerhalb der Gefahrenzone ist man allerdings nicht. Das Seegebiet ab der Chesapeake Bay nach Norden galt zwar lange als sicher, aber die Hurrikane »Irene« im Jahr 2011 und »Sandy« im Jahr 2012 setzen hier für die Zukunft ein deutliches Fragezeichen. Außerdem bedeutet der Weg in die USA viele Meilen unter Motor auf dem »Intracoastal Waterway« oder ein langes Stück »außen herum«.

Die zweite Möglichkeit: man segelt südlicher als 12° 40' N. Das ist die Breite, die das Ende des Hurrikan-Gebietes markiert. Dort hat man die Wahl zwischen **Trinidad** und **Venezuela**. Beide Länder haben sich auf die Flotte der Yachties eingestellt. Es gibt große Marinas mit Liegeplätzen und Stellplätzen an Land und alle Arten von Ausrüstern und Dienstleistungen rund ums Boot.

Wohin man geht, hängt letztlich von den persönlichen Vorlieben ab. Venezuela lockt mit niedrigeren Preisen, Trinidad mit seinem fantastischen Karneval und karibischem Flair.

In beiden Ländern scheint die Kriminalität inzwischen ein ernstes Problem zu sein. Allerdings mit einem Unterschied: Während es sich in Trinidad meist um »normalen« Straßenraub handelt, häufen sich in letzter Zeit Berichte aus Venezuela, in denen von bewaffneten Überfällen auf Yachten die Rede ist.

In der westlichen Karibik bieten sich weitere Möglichkeiten. Vor allem der vor Wind und Seegang geschützte Rio Dulce in Guatemala ist ein beliebtes Ziel für amerikanische Yachten. Von dort hört bzw. liest man allerdings sehr unterschiedliche Berichte hinsichtlich der Kriminalität. Auch Panama und Kolumbien sowie die ABC-Inseln liegen außerhalb des Hurrikan-Gebietes.

Bevor Sie sich entscheiden, wo Sie die Hurrikan-Saison verbringen wollen, sollten Sie unbedingt **aktuelle Informationen** einholen. Da sehr viele amerikanische Yachten in der Karibik segeln, finden sich immer wieder Berichte in den SSCA-Bulletins (siehe S. 57). Jimmy Cornells Website (www.noonsite.com) bietet eine Fülle von aktuellen Informationen, und im Heft des Trans Ocean e.V. (TO) und auf dessen Website finden Sie Berichte von deutschen Yachten. In Funknetzen (siehe Kapitel 10) bietet sich darüber hinaus die Möglichkeit, direkt mit Yachten in dem jeweiligen Revier zu sprechen.

Im **Südpazifik** werden Sie sich wahrscheinlich zwischen Neuseeland und Australien entscheiden. Beide Länder bieten optimale Versorgungs- und Reparaturmöglichkeiten. Die Frage ist eher, welches Reiseziel Sie mehr reizt,

Das »schwimmende Seglerdorf« in Whangarei/Neuseeland.

denn Sie werden während der Zyklon-Saison monatelang Zeit haben, im Land umherzureisen.

In **Neuseeland** gibt es zwei Anlaufpunkte: Ganz im Norden die Bay of Islands, ein herrliches Segelrevier mit zahllosen Inseln und Ankerbuchten. Viele Yachten bleiben dort und schwärmen von der landschaftlichen Schönheit der Ankerplätze.

Weiter südlich liegt Whangarei, eine gemütliche kleine Stadt mit guten Einkaufsmöglichkeiten. Das schwimmende »Seglerdorf« im Hafenbecken ist auch ein guter Ausgangspunkt für Landreisen.

In **Australien** steuern die meisten Yachten die Gegend um Brisbane an. Vor dem Botanischen Garten von Brisbane liegt man an Dalben mitten in der Millionenstadt. Wer den Komfort einer Marina bevorzugt, hat reichlich Auswahl. Am beliebtesten ist die Marina von Mooloolaba.

Wenn Sie den windigen Törn nach Neuseeland scheu-

en oder einfach mehr Zeit für die Südseeinseln haben wollen, können Sie Ihr Schiff auch während der Wirbelsturmsaison in Fidschi eingraben lassen. Sie haben richtig gelesen. Die Schiffe werden fast bis zur Seereling im Boden versenkt, so kann sie auch der stärkste Sturm nicht umwerfen. Was allerdings passiert, wenn der Mast umherfliegenden Gegenständen im Weg steht, möchten wir uns lieber nicht vorstellen.

Seekarten und Handbücher

Wenn Sie **elektronische Seekarten** einsetzen wollen, müssen Sie sich entscheiden zwischen Karten für einen **Kartenplotter** oder Karten für den PC bzw. das Notebook.

Die Entscheidung ist endgültig: Karten für das eine System laufen nicht auf dem anderen. Der Kartenplotter (bzw. das Multifunktionsdisplay) ist ein eigenständiger kleiner Computer mit einem eigenen Betriebssystem. Dieses Be-

»Eingebuddelt« in Fidschi.

triebssystem ist leider kein Windows- oder Mac-Betriebssystem, sondern das des jeweiligen Geräteherstellers. Die gekauften elektronischen Karten, die als Dateien auf einer Speicherkarte ausgeliefert werden, können nur von dem Geräte-Betriebssystem gelesen werden, für das sie gemacht wurden. Daher muss bei der Bestellung der elektronischen Karten stets angegeben werden, auf welchem Gerät die Karten eingesetzt werden sollen.

Es hat keinen Sinn, hier auf die Vielfalt der Kartenpakete der verschiedenen Anbieter einzugehen. Wichtig ist nur, dass Sie mit Ihren Karten an bestimmte Geräte gebunden sind. Wenn das Gerät unterwegs nichts anzeigt, weil die Bordelektronik versagt, müssen Sie fernab eines Schiffsausrüsters oder Elektronikspezialisten leider ohne Seekarte auskommen ...

Entscheiden Sie sich dagegen für ein **PC-System**, was für kleine Yachten durchaus sinnvoll sein kann, dann laufen diese Karten auf verschiedenen Navigationsprogrammen (wie z.B. MaxSea oder Fugawi), leider auch nicht auf allen. Aber jedes dieser Navigationsprogramme läuft auf jedem einigermaßen modernen PC oder Notebook. Wenn dann Ihr Navigationsprogramm streikt oder das Notebook sich grußlos verabschiedet, dann holen Sie ein meist vorhandenes Zweitnotebook aus dem Schapp, installieren die Software neu, und schon ist das Problem gelöst.

Bei der Auswahl der elektronischen Karten ist noch ein Unterschied zu bedenken: Die so genannten **Raster-Karten** sind nichts anderes als hoch aufgelöste Farb-Scans, also Bilder der offiziellen Seekarten. Wie bei jedem Bild auf dem PC kann man so lange hineinzoomen, bis die Details »verpixeln«, also z.B. Treppenkanten zeigen. Dafür kann man sich aber sicher sein, dass diese Karten bis ins allerfeinste Detail mit den amtlichen Karten übereinstimmen.

Bei den so genannten **Vektor-Karten** muss das nicht unbedingt der Fall sein. Bei diesen Karten ist jede Linie, jede Farbe, jedes Detail auf dem Bildschirm das Ergebnis einer Berechnung, die der Kartenplotter ausführt. Und zwar mit Hilfe der in einer Datei abgelegten Kartendaten. Man muss sich also darauf verlassen, dass bei der Übernahme der Kartendaten von der amtlichen Seekarte in das Programm erstens keine Fehler gemacht und zweitens wirklich alle Details übernommen wurden.

Andererseits haben diese Vektorkarten etliche Vorteile: Sie sind sehr komfortabel zu bedienen (zum Beispiel kann man wählen, welche Details ein- oder ausgeblendet werden) und sind leicht mit Updates zu versehen.

Elektronische Seekarten sind ein wundervolles Hilfsmittel und erleichtern die Törnplanung und Navigation ungemein. Aber wir würden uns nie allein auf elektronische Seekarten verlassen. Jede Elektronik an Bord ist störanfällig und wird irgendwann versagen, auch der Plotter oder der Computer. Eine Papierkarte kann vielleicht nass und schmutzig werden, aber sie ist immer noch lesbar.

Deshalb steht für uns fest: Ohne ausreichende **Papier-Seekarten** als Backup würden wir nie auf Langfahrt gehen. Aber welche Papier-Seekarten braucht man? Nicht nur das Angebot, auch die Preise sind schwindelerregend.

Der ideale Maßstab, um einen Ankerplatz oder Hafen anzusteuern, ist 1:150 000. In Verbindung mit einem guten »Cruising Guide« und in Gegenden, die nicht mit Riffen oder Untiefen gespickt sind, genügt aber auch eine Seekarte im Maßstab 1:300 000.

Welche Karten man wählt, ist nicht zuletzt auch eine Geldfrage. Betrachten wir als Beispiel die Kanarischen Inseln. Man kann sie mit drei deutschen Seekarten im Maßstab 1:175 000 und 1:200 000 abdecken. Oder mit zwei britischen im Maßstab 1:300 000. Wer es ganz genau haben möchte, wählt spanische Karten: 17 Karten im Maßstab 1:50 000.

Doch nicht immer entscheidet der Maßstab über die Genauigkeit einer Seekarte.

Unterwegs in Indonesien, auf dem Weg nach Singapur. Neben uns segelt die deutsche Yacht Birka. Plötzlich ruft uns Hartmut über UKW: »Kaya, Kaya, Ihr segelt genau auf ein Riff zu!« Blitzartig legen wir Ruder, hart Steuerbord. Kurz danach sehen wir dicht an Backbord braune Korallenköpfe unter der Wasseroberfläche. Das war knapp! Später vergleichen wir die Seekarten: Auf Birkas deutscher Karte, Maßstab 1:300 000, ist das Riff deutlich verzeichnet. Unsere indonesische Karte, Maßstab 1:125 000, zeigt nur freies Wasser.

Am günstigsten sind die amerikanischen Seekarten

(DMA-Charts). Sie basieren meist auf den britischen Karten, sind allerdings im Erscheinungsbild etwas gewöhnungsbedürftig.

Da es für amerikanische Seekarten kein Copyright gibt, kann man sie ganz offiziell auch als Kopien beziehen. Der Vorteil ist, dass man von den neuesten, berichtigten Karten Kopien in guter Qualität und auf stabilem Papier erhält, und das zu einem sehr günstigen Preis. Zwei Firmen in den USA, Bellingham Chart Printers und Bluewater Books & Charts, bieten sowohl Original-DMA-Karten als auch Kopien an (Adressen siehe Anhang).

Das **Kopieren** von Seekarten greift um sich, sobald man Europa verlässt. In den größeren Häfen sieht man immer wieder Grüppchen von Seglern mit großen Rollen unter dem Arm in Richtung Copyshop wandern.

Allerdings erreichen unsere selbst gemachten Kopien nie die Qualität der gekauften aus den USA. Denn die Vorlagen waren zum Teil sehr alt und mit unzähligen Kurslinien und Wegpunkten verziert.

Das **Tauschen** von Seekarten scheidet auf der Barfußroute meistens aus, da alle Yachten in die gleiche Richtung segeln. Wir hatten in Gibraltar das seltene Glück, eine Yacht zu treffen, die gerade von den Kanaren kam. So konnten wir unsere Spanien-Karten gegen Madeira und die Kanarischen Inseln eintauschen, und auch die passenden Handbücher wechselten den Besitzer.

Auf der Barfußroute, anders als zum Beispiel auf der Ostsee, müssen Seekarten nicht brandaktuell sein. Die Vermessungen der meisten Karten stammen noch aus dem 18. Jahrhundert, mit entsprechender Ungenauigkeit von bis zu 3 Seemeilen. Daran ändert auch eine Berichtigung nichts, es sei denn, das Gebiet wird völlig neu vermessen. Ansonsten gilt: ein Riff bleibt ein Riff, auch ein Hafen bleibt auf seiner Position. Auf die Leuchtfeuer oder Tonnen, wenn es sie überhaupt gibt, verlässt man sich im Zweifelsfall sowieso nicht. Vielleicht hat ja der letzte Tropische Wirbelsturm gerade die gesuchte Ansteuerungstonne versetzt.

Ein guter **Revierführer**, englisch Cruising Guide, ist fast ebenso wichtig wie die Seekarten. Besonders gut gefielen uns die englischsprachigen Führer von *Imray*. In ihnen wird wirklich jeder Hafen und Ankerplatz aufgeführt, meist sogar mit Luftbild. Und die Kartenausschnitte sind so genau, dass man ohne weiteres auf Detailkarten zur Ansteuerung verzichten kann.

Nach dem Auslaufen aus Gibraltar liefen wir in eine Front mit starkem Westwind. Das Sicherste war, nach Cadiz abzudrehen. Aber wir hatten von der spanischen Atlantikküste nur einen Übersegler, auf dem Cadiz nicht mehr war

als ein kleiner Punkt. Ohne den Imray-Führer Atlantic Spain and Portugal *hätten wir auf See bleiben müssen.*

Die Imray-Bücher werden alle drei bis vier Jahre neu aufgelegt. Es lohnt sich also, mit der Anschaffung *des Southeast Asia Cruising Guide oder East Africa Pilot* zu warten, bis Sie in Neuseeland oder Australien sind.

Für die viel besuchten Karibik-Reviere können wir die Bücher von Chris Doyle empfehlen (siehe Anhang). Wir lernten Chris Doyle in Tobago kennen. Nach zwei Wochen gemeinsamen Segelns und Feierns können wir sagen: Chris übt seinen Beruf wirklich mit Hingabe aus. Er besegelt »the islands« in jeder Saison von oben nach unten und wieder zurück, um die Revier-Infos in seinen Büchern auf dem neuesten Stand zu halten. Wo ist die beste Bar für den Sundowner? Schmeckt die »curried conch« in »Mama's kitchen« immer noch so gut? Dafür ist ihm kein Weg zu weit und kein Rumpunsch zu stark ...

Die Doyle-Bücher gibt es auf den Inseln fast in jedem Laden zu kaufen. Wer nicht so lange warten will, bestellt sie am günstigsten über Amazon in den USA (www.amazon.com) oder bei HanseNautic in Hamburg. (www.hansenautic.de).

Für den **Pazifik** existiert leider noch kein Imray-Guide. Stattdessen gibt es für jede Inselgruppe einen anderen Segelführer, in sehr unterschiedlicher Ausstattung und Qualität. Im Anhang finden Sie eine Übersicht über die Bücher, die wir empfehlen können.

Da jeder Autor nur die Plätze beschreiben kann, die er selbst besucht hat, ist kein Segelführer für den Pazifik wirklich vollständig. Die Inselgruppen sind zu vielfältig und liegen zu weit verstreut. Deshalb ist es auf jeden Fall ratsam, auch die offiziellen Seehandbücher an Bord zu haben. Die *British Admirality Pilots* sind wesentlich teurer, aber auch umfassender als die amerikanischen *Sailing Directions*.

Beide Werke sind für die Großschifffahrt gedacht, nicht für Yachten. Die Hinweise auf Ankerplätze, manchmal mit Wassertiefen von 30 bis 40 Metern, nützen oft wenig. Aber die Pilots enthalten umfassende Informationen über Untiefen, Strömungen, Riffpassagen etc. Und sie sind vollständig: Jede Huk, jede Bucht, jeder vorgelagerte Felsen wird genau beschrieben.

Anstelle der **Tidentafeln** gibt es heute die verschiedensten Computerprogramme (zum Beispiel WXTide, als Freeware erhältlich unter www.wxtide32.com). Die benötigten Tidentabellen kann man sich mit dem Programm vor dem Törn ausdrucken.

Oft findet man aber auch preiswerte Tidenkalender in den Anglergeschäften vor Ort.

5. Risiken und Gefahren

Nach unseren Dia-Vorträgen drehte sich der erste Schwall von Fragen fast immer um die Gefahren, nicht um die schönen Momente der Reise. »Hattet ihr Sturm?« – »Seid ihr Piraten begegnet?« – »Seid ihr mal gekentert?«

Eine Langfahrt ist immer mit Risiken und Gefahren verbunden. Aber das heißt nicht, dass man die Gefahr sucht. Im Gegenteil. Man wird in jeder Situation versuchen, die Risiken minimal zu halten.

Wenn es doch zu Problemen, zu Havarien oder sogar Notsituationen kommt, ist nach unseren Erfahrungen und nach allem, was wir von anderen Seglern gehört haben, meist einer der folgenden Punkte beteiligt:

■ **Unkenntnis**

»Wir freuen uns schon darauf, endlich wieder schwimmen zu können!« Der Segler, der dies über Funk verkündete, bereitete sich nach der langen Wirbelsturm-Pause in Australien gerade auf den Törn nach Norden vor. Was er nicht wusste: Wegen der Salzwasserkrokodile ist das Schwimmen dort lebensgefährlich. Von den Krokodilen hatten wir gelesen. Aber von den Giftschlangen im Urwald Venezuelas wussten wir nichts, als wir dort barfuß ein Bachbett erkundeten.

Sie können Gefahren nur ausweichen, wenn Sie diese kennen. Bevor Sie ein Gebiet besegeln, sollten Sie daher so viele Informationen wie möglich einholen.

■ **Nachlässigkeit**

Vor unserer schlimmsten Nacht vor Anker (siehe Kapitel 8 »Ankergeschirr«) waren wir zu sorglos, denn wir ankerten zu dicht an den Korallen am Ufer. Man sollte auch nie aus Bequemlichkeit etwas unterlassen, von dem man weiß, dass man es eigentlich tun sollte: ein Reff einbinden, eine Kontrolle im Rigg durchführen, das Dingi an Bord nehmen ...

Mit Sprüchen wie »Das hält schon!« oder »Der Wind dreht ja nicht« betrügt man sich nur selbst und geht ein unnötiges, weil vermeidbares Risiko ein.

■ **Zeitdruck**

Bei Chartertörns ist Zeitdruck der größte Risikofaktor. Der Wetterbericht verheißt nichts Gutes, aber man läuft trotzdem aus, weil der Übergabetermin naht.

Auch auf Langfahrt gerät man zuweilen unter Termindruck, weil auf der nächsten Insel Besuch wartet, weil man schon ausklariert hat oder weil die Wirbelsturmsaison naht. Vor allem der schwierige Neuseeland-Törn wird oft unter Zeitdruck unternommen. Das Boot oder die Crew sind nicht bereit oder das Wetter passt nicht. Trotzdem heißt es: »Wir müssen jetzt aber!«

Stürme

Sturm beginnt nach der Beaufort-Skala erst ab Windstärke 8 bis 9. Aber diese Angabe über die Windstärke sagt wenig aus über die Situation an Bord.

Denn für das »Sturmgefühl« an Bord ist letztlich nicht nur die Windstärke entscheidend, sondern auch das Windgeräusch, der Seegang und die Schiffsbewegungen. Und das Wetter: Bei grauem Himmel und Kälte fühlt sich alles viel bedrohlicher an als bei Tropenwärme und Sonnenschein.

Die **Windstärke** wird in den meisten Fällen zu hoch angegeben. Um das Gefühl bei der Beurteilung der Windstärke auszuschalten, liest man gern die auf zwei Nachkommastellen genaue Anzeige eines digitalen Windmessgeräts ab. Aber dieser Wert lässt sich mit den offiziellen Windangaben der Wetterämter nicht vergleichen. Die beziehen sich nämlich auf den Mittelwert eines längeren Zeitraums, unsere an Bord gemessenen Spitzenwerte lagen meist weit darüber.

Sicherlich werden Sie versuchen, Stürmen nach Möglichkeit aus dem Wege zu gehen. Auf langen Passagen bedeutet das, die beste Jahreszeit zu wählen. Die *Pilot Charts* (siehe S. 26) geben für jeden Monat Mittelwerte für Windrichtung, Windstärke sowie die mittlere Häufigkeit von Sturm- und Flautentagen an.

Informieren Sie sich über diese Wetterverhältnisse schon lange vorher. Studieren Sie die *Pilot Charts* und die *Segelrouten der Welt*, doch beobachten Sie auch das tatsächliche Wettergeschehen auf dem Atlantik und im Pazifik schon zu Hause vor dem Start. Das Internet macht es möglich (siehe Kapitel 3: »Wetter im Internet«).

So gut Sie sich auch vorbereiten mögen: Wenn Sie mit einem Segelboot einen Ozean überqueren, müssen Sie damit rechnen, irgendwann in einen Sturm zu geraten. Wir hatten ein paar Mal Wind in Sturmstärke, zum Glück nie sehr lange. Unser erster Sturm erwischte uns in der Nähe der Kapverdischen Inseln. Auszug aus Gabys Tagebuch:

Nordwest Stärke 8, Böen bis 9 Bft. Wir fallen ab, Kurs Süd. Die Rollfock wird immer weiter weggerefft, bis nur noch ein kleiner Zipfel übrig ist. Die Seen werden immer höher. Gischt weht, Wellen brechen sich. »Ich habe Angst«, sage ich zu Rüdiger.

Der Ausläufer eines Hurrikans erreicht Trinidad. Am Steg ist jetzt kein guter Liegeplatz ...

In den ersten Stunden steuern wir die Wellen von Hand aus, wechseln uns ab. Aber dann stellen wir fest, dass unsere Windpilot ebenso gut steuert wie wir. Unter Deck, in der warmen Kajüte, wirkt alles viel weniger bedrohlich.

So ähnlich erlebten wir auch die wenigen Stürme im Südpazifik. Besondere Sturmtaktiken waren nicht erforderlich, *Kaya* segelte mit einem winzigen Vorsegeldreieck, die Windsteueranlage hielt Kurs. Nur selten mussten wir von Hand eingreifen (siehe auch Kapitel 8: »Selbststeuerung«).

Einen richtig schweren Sturm haben wir auf See zum Glück nicht erlebt. Deshalb kennen wir die verschiedenen **Sturmtaktiken** nur aus Büchern. Natürlich hatten wir uns Gedanken gemacht, welche Taktik für unser Boot die richtige wäre: Beidrehen? Ablaufen vor Topp und Takel? Liegen vor Treibanker? Leinen nachschleppen? Ein schwerer Langkieler kann beidrehen und liegt dann vielleicht ganz ruhig. Bei unserem leichten Boot mit geringem Lateralplan funktionierte das nicht.

Besonders interessant waren für uns die Erfahrungen von Wilfried Erdmann. Für seine erste Nonstop-Weltumsegelung, die ihn durch alle stürmischen Regionen führen sollte, entschied er sich ganz bewusst für einen leichten Kurzkieler. In seinem Buch *Segeln mit Wilfried Erdmann* schreibt er dazu: »Zunächst experimentierte ich mit der brandneuen *Kathena Nui* im Skagerrak und im Englischen Kanal. Mit Beidrehen, Treibenlassen und Ablaufen vor Topp und Takel. In der Kap-Region probierte ich bei schwerem Wetter eine neue Technik aus: mit Sturmsegeln gegen Wind und Wellen. Das Schiff machte gute Fahrt, vibrierte aber wahnsinnig und hämmerte heftig mit dem Bug in die See.« Und er kommt zu dem Schluss: »Mein Boot verhält sich am besten, wenn es mit raumem Wind unter Segel abläuft.«

Ein heraufziehender Sturm auf See wirkt beängstigend. Aber durch entsprechende Vorbereitungen können Sie ihm einen Teil seines Schreckens nehmen:

- Machen Sie das Boot »sturmfest«.
- Legen Sie Schwerwetterkleidung bereit.
- Kochen Sie einen Eintopf auf Vorrat.

Viel häufiger wird Ihnen die folgende Situation begegnen: Ihr Boot liegt vor Anker oder in einer Marina. Der Wetterbericht meldet das Herannahen eines Sturms. Jetzt müssen Sie Vorsorge treffen, um Ihr Schiff optimal zu schützen.

31. August 1995. Das Satellitenbild zeigt »Luis«, einen Hurrikan von bedrohlichem Ausmaß. Noch ist er weit draußen auf dem Atlantik. Am nächsten Tag wird klar, dass »Luis« auf Trinidad zuläuft. Auf allen Schiffen gibt es nur eine Frage: Wohin? Jetzt können wir den geringen Tiefgang

von Kaya ausspielen: mit aufgeholtem Schwert verholen wir uns in einen flachen Seitenarm der Bucht, geschützt wie ein Ententeich. »Luis« dreht dann doch ab nach Norden und zerstört 1000 Boote in der Lagune von St. Maarten. Wenige Tage später nimmt Hurrikan »Marilyn« Kurs auf Trinidad.

Aber so ein »Schlupfloch« ist natürlich die Ausnahme. Deshalb stellt sich beim Herannahen eines schweren Sturmes oder sogar eines Hurrikans die große Frage, wo das Schiff am sichersten liegt.

In einer **Marina**? Das kann die schlechteste aller Möglichkeiten sein, auch wenn ein fester Steg auf den ersten Blick Sicherheit suggeriert. Während ein Schiff vor Anker immer mit dem Bug in den Wind zeigt, liegt es in der Marina in einer festen Position und wird dem Wind von verschiedenen Seiten preisgegeben sein. Unter Umständen bietet der Steg gar keinen Halt: es gibt genügend Berichte darüber, wie ganze Stege sich aus ihrer Verankerung rissen und mit allen festgemachten Booten auf Drift gingen.

Soll man in ein so genanntes **»Hurricane hole«**, einen rundum geschützten Ankerplatz, flüchten?

Oktober 1995. Der tropical storm »Pablo« bewegt sich genau auf uns zu. Wir steuern »El Saco« an, ein rundum geschütztes »Hurricane Hole« auf Isla Coche, Venezuela. Da liegen schon einige Boote, die uns Neuankömmlinge nicht unbedingt willkommen heißen. Denn jeder möchte möglichst ohne Nachbarn viel Platz zum Schwojen haben.

Juni 1997 in Fidschi. Wir flüchten vor Zyklon »Keli« in ein »Hurricane hole« zwischen den Inseln Ovalau und Moturiki. Diesmal sind wir es, die mit Sorge beobachten, dass ein Neuseeländer viel zu dicht neben uns seinen Anker fallen lässt. Da hilft nur eins: wir holen unser gesamtes Ankergeschirr noch mal auf und legen uns an eine Stelle mit genügend Platz.

Die bekannten »Hurricane holes« sind bei Sturmwarnung sofort überfüllt. Nicht nur mit Fahrtenyachten, sondern auch mit einheimischen Ausflugsschiffen, Tauch- und Fischerbooten. Auch wenn der eigene Anker hält: die größte Gefahr sind umhertreibende Boote.

Oder legt man sich in einen Flussarm mit **Mangroven**? Wir haben es nicht ausprobiert, aber das scheint nach allen Berichten der sicherste Platz zu sein. Die Mangroven sollen guten Schutz gegen Wind und Seegang bieten und sind unglaublich stark und biegsam, sodass sie auch unter großem Zug nicht brechen. Wenn der Sturm eine Yacht gegen die Mangroven presst, wird sie davon nicht wesentlich beschädigt.

Seegang

Der hohe Seegang eines Sturms bildet sich erst nach einigen Stunden. Und der Seegang ist die Hauptschwierigkeit, mit der eine kleine Yacht im Sturm zu kämpfen hat.

Mit der **Wellenhöhe** verhält es sich wie mit der Windstärke. Auch hier neigt das individuelle Empfinden zu »mehr«. Man macht sich etwas vor, wenn man glaubt, exakte Höhen angeben zu können.

Aber die Wellenhöhe in Metern ist gar nicht der entscheidende Punkt. Zum Beispiel haben wir auf dem Atlantik richtig hohe Wellen erlebt. Aber die waren völlig harmlos, denn sie waren sehr langgezogen. Es sieht beeindruckend aus, wenn das Boot sich im Tal befindet, sich ringsum Wasserberge türmen und die Kimm (und natürlich auch die Großschifffahrt) nicht zu sehen ist. Und dann rollt der nächste Berg von achtern an, das Boot wird hochgehoben, jetzt hat man freien Rundumblick. Wie gesagt, es ist harmlos, solange nicht eine steile Windsee den lang gestreckten Wellen überlagert ist.

Im Mittelmeer, das verglichen mit dem Atlantik nicht mehr als eine Badewanne ist, sind die Wellen viel kürzer und steiler. Wenn im Golf de Lion der Mistral pfeift, bauen sich schnell Seen auf, die bis zu zehn Meter Höhe haben können. Zehn Meter und steil – das sind haushohe senkrechte Wände, die eine echte Gefahr bedeuten. Jedes Jahr gehen im Golf de Lion einige Yachten verloren.

Ein gegen den Wind setzender Strom erzeugt besonders unangenehmen Seegang. Auf der Barfußroute spielt dieses Phänomen zum Glück kaum eine Rolle. Aber alle Segler, die um Südafrika segeln, fürchten die »Kaventsmänner« vor der afrikanischen Ostküste, wo der Agulhas-Strom gegen den Nordwind setzt.

Aber auch Unterwassergebirge, die so genannten »**sea mountains**«, können zu unangenehmen, teilweise gefährlichen Wellenbildern führen.

Von Gibraltar zu den Kanaren. Unser allererster »Langtörn«. Die Nächte sind lang und noch aufregend. Wir haben viel Wind. Die hohen Wellen rollen schräg von hinten an, unsere Windpilot leistet ganze Arbeit. Aber irgendwann in der Nacht läuft Kaya plötzlich aus dem Ruder. Die Wellen sind unangenehm steil und kommen jetzt fast von der Seite, obwohl sich die Windrichtung nicht geändert hat. Der Blick auf die Seekarte zeigt, dass wir gerade eine Stelle passieren, wo der Meeresgrund von 1000 Metern auf 100 Meter ansteigt. Erst nach einigen Stunden ist die See wieder normal.

Noch deutlicher erlebten wir die Auswirkungen der sea mountains auf dem Weg von Neuseeland nach Fidschi. Aus Rüdigers Tagebuch:

19.05.1997. Strahlewetter, aber raue See. Noch 200 Seemeilen bis zum Minerva-Riff. Am Nachmittag wird der Seegang immer höher. Ob es vielleicht daran liegt, dass wir einen sea mountain passieren, der 30 Seemeilen östlich von uns mit nur 850 Meter Tiefe aufragt? Eine steile, brechende Welle dreht Kaya um 90 Grad. Sie legt sich so auf die Seite, dass die Reling ins Wasser eintaucht und das Relingskleid zerrissen wird. Gaby wird kopfüber von ihrem Platz am Kartentisch katapultiert, beim Landeanflug in der Pantry holt sie sich eine Beule am Kopf. Ich versuche, Gegenruder zu geben. Dabei bricht ein Schäkel in der Seilführung der Windpilot. Gaby will abfallen oder beidrehen, aber ich möchte keinesfalls die mühsam erkämpfte Höhe aufgeben. Und ganz plötzlich hat sich die See wieder beruhigt, obwohl der Wind nicht nachgelassen hat. Es muss tatsächlich der sea mountain gewesen sein.

Nur etwa 50 Seemeilen weiter westlich segelten zwei andere deutsche Yachten. Sie hatten keinen ungewöhnlichen Seegang bemerkt.

Auf dem Törn von Curacao nach Panama waren auf der Seekarte keine sea mountains zu erkennen. Aber der Kurs führte relativ nahe an der kolumbianischen Küste entlang, wo der Meeresgrund von über tausend Meter Tiefe auf nur 200 Meter ansteigt.

In dieser Nacht fahren wir richtig Achterbahn. Ein winziger Rest Genua zieht uns noch mit sechs Knoten. Am Morgen legt der Wind noch einmal zu, das Rigg gibt ein pfeifendes Geräusch von sich. Die Wellenberge, die von schräg hinten heranrauschen, sehen beängstigend aus. Aber mit jedem dieser Ungetüme wächst unser Vertrauen in Kaya. Sie wird von den Seen hochgehoben und surft mit oft totaler Schräglage den Berg hinunter. Oft laufen auch Wellen von der Seite durch. Das Schwert ist eingeholt, ohne Lateralplan schwimmt Kaya wie ein Korken.

Es lohnt sich, die Seekarten genau zu studieren und einen möglichst großen Abstand zu den sea mountains oder flachen Küstenbereichen zu halten. Aus den gleichen Gründen sollte man versuchen, sich Neuseeland bei nicht allzu rauen Bedingungen zu nähern (meist bleibt es allerdings bei dem Versuch). Denn auf dem Festlandssockel, der ganz plötzlich von einigen tausend Metern Tiefe auf einige hundert Meter ansteigt, bilden sich bei Starkwind sehr unangenehme Seen.

Tsunamis, die Flutwellen, die von Erdbeben oder Seebeben verursacht werden, sind seit den Katastrophen in Thailand und Japan ein bekanntes Phänomen. Im Jahr 1996 hatten wir noch nichts von Tsunamis gehört. Ihre Existenz und die Gefahr, die von ihnen ausgeht, wurde uns erst bewusst, als wir selbst davon betroffen waren.

Am 9. Juni 1996 laufen wir abends in den Hafen von Hiva Oa auf den Marquesas ein. Am nächsten Tag wollen wir das Grab von Paul Gaugin besuchen. Aber daraus wird nichts. Gegen 23.00 Uhr, wir schlafen schon tief und fest, klopft es aufgeregt an die Bordwand. Der Hafenmeister rudert von Boot zu Boot und fordert die Yachten auf, den Hafen schnellstens zu verlassen. Ein Fax aus USA meldet die Ankunft eines Tsunami aus Alaska. Wenn das Wasser in der engen Hafenbucht in kurzer Zeit steigt und wieder fällt, schweben die Schiffe im Hafen in höchster Gefahr. Binnen Minuten sind wir draußen in der schwarzen Nacht, überall sieht man die Positionslichter von etwa 20 kreisenden Yachten.

Am 17. Juli 1998 erreichte uns die Nachricht von einem Tsunami an der Nordküste von Papua Neuguinea. Eine sieben bis zehn Meter hohe Flutwelle raste kilometerweit ins Landesinnere, zerstörte ganze Dörfer und forderte viele Opfer. Wir sorgten uns um unsere Segelfreunde, die die nördliche Route um Papua Neuguinea gewählt hatten. Aber zum Glück stellte sich heraus, dass sie schon auf dem Weg nach Bali waren.

Beruhigend: Ein Tsunami ist nur im Hafen oder am Ankerplatz gefährlich für eine Yacht. Auf See wird man ihn wahrscheinlich gar nicht bemerken.

Blitzeinschlag

Ein paar Mal wurden wir in den Tropen von plötzlichen, schweren Gewittern überrascht. Besonders heftig erlebten wir sie in der Malakkastraße vor der Küste Malaysias. Rüdigers Tagebuch:

»Komm mal schnell hoch!«, weckt Gaby mich aus der Freiwache. Wir laufen auf eine rabenschwarze Wand zu. Der Wind beginnt zu heulen, und während die ersten Blit-

ze zucken, reißen wir die Segel herunter. Keinen Moment zu früh, der Zeiger des Windmessers steht auf 40 Knoten und mehr. Es schüttet aus allen Rohren, gleißend helle Blitze zucken. Die Donner grollen nicht, sie knallen. Kaya treibt beigedreht stark krängend. Wir rechnen jeden Moment mit einem Einschlag.

Wenn sich ein Gewitter nähert, also schon eine ganze Weile, bevor das Blitz-Donner-Regen-Inferno losgeht, herrschen hohe elektrische Feldstärken. In trockener Gebirgsluft merkt man das daran, dass einem wie dem »Struwwelpeter« die Haare abstehen.

Auf See ist dieser Effekt weniger zu spüren. Die hohen Feldstärken können aber das isolierte Achterstag, beim GFK-Schiff sogar das gesamte Rigg statisch aufladen. Die entstehende Überspannung kann zur Zerstörung der Funkanlage, insbesondere der Tuner-Elektronik oder des Empfänger-Eingangs führen.

Was passiert, wenn ein Blitz einschlägt?

Bei einem Blitzeinschlag wird sich sehr wahrscheinlich eine Überspannung auf dem Bordnetz ausbreiten, die für die gesamte **Elektronik** tödlich ist. Wir kennen mehrere Yachten, die nach einem Gewitter alle Geräte austauschen mussten.

Ein möglicher **Schutz** ist das völlige Abhängen der Geräte. Sie dürfen mit keinem Draht mehr verbunden sein, weder Plus noch Minus oder Masse. Je nach Art des Einbaus ist das aber nicht immer zu realisieren. An Bord von *Kaya* waren UKW, SSB, PC, PACTOR und Autopilot so installiert, dass sie mit wenigen Handgriffen elektrisch »in der Luft hingen«, d.h. die Stecker von Antenne, Spannungsversorgung und Erdung ließen sich leicht entfernen.

Bei einem **GFK-Boot** ist bei einem Blitzeinschlag aber nicht nur die Elektronik, sondern auch der Rumpf in Gefahr. In Bali sahen wir eine Yacht am Kai liegen, deren Rumpf und Deck nach einem Blitzeinschlag schwere Schäden zeigten. Dagegen hatten wir es in unserem **Metallboot** vergleichsweise gut. Wir saßen optimal geschützt in einem Faraday-Käfig.

Bei einem Blitzeinschlag fließt ein extrem hoher Strom von einigen Tausend bis Hunderttausend Ampere (die Angaben der Experten schwanken stark) meist von der Mastspitze über den Rumpf ins Meer.

Entscheidend ist, welchen Weg der Strom ab dem Mastfuß nimmt. Bei einem Metallboot fließt er harmlos über die gut leitende Außenhaut. Beim GFK-Boot kann man seinen Weg beeinflussen: Wenn der Mastfuß eine gut leitende Verbindung zum Wasser hat, kann man hoffen, dass der Strom nicht durch das GFK fließt. Denn hier würde er die immer enthaltene Feuchtigkeit explodieren lassen, das GFK wird dabei regelrecht zertrümmert.

Es gibt viele Vorschläge, wie man diese gut leitende Verbindung herstellen kann. Leider lässt sich nicht systematisch testen, welche Maßnahmen bei einem Blitzeinschlag wirklich funktionieren. Zumindest aus physikalischer Sicht macht die folgende Anordnung Sinn:

Kupferkabel, die bei Bedarf von den Wanten bzw. vom Mastfuß ins Wasser gelassen werden, sind eine gute Ergänzung zur Kielverbindung von Mast und Wanten, wenn sie folgende Bedingungen erfüllen:

- Sie dürfen am Mast und an den Wanten nicht zu niedrig angebracht sein, damit sie ohne allzu enge Bögen (also induktionsarm) ins Wasser führen.
- Sie müssen an Mast bzw. Want mit flächiger Kontaktgabe angeschraubt sein; die Klemmen der Starthilfekabel reichen dazu nicht aus.
- Kontakt-Platten an den Enden im Wasser verringern dort den Übergangswiderstand.

Es gibt keine Maßnahme, um einen Blitzeinschlag wirklich zu verhindern. Man kann nur versuchen, die Folgeschäden gering zu halten. Tröstlich ist dabei die Tatsache, dass trotz der häufigen Gewitter doch nur relativ wenige Boote vom Blitz getroffen werden.

Gefahren im Wasser

Bei diesem Stichwort denkt jeder sofort an **Haie,** speziell an den weißen Hai. Wir sind ihm nicht begegnet. Die Haie, die man als Segler oft zu sehen bekommt, sind die kleinen, völlig harmlosen Riff-Haie.

Nur einmal, in den San Blas Inseln, begegneten wir einer Haiart, die als gefährlich gilt. Diese Haie (»lemon sharks«) gebärdeten sich aufdringlich und zogen enge Kreise um uns. Zum Glück waren wir nicht weit von der nächsten Insel entfernt, denn die Haie verfolgten uns bis ins flache Wasser direkt am Strand.

Andere Segler berichteten aus Suworow, einem Atoll in den Cook Islands, dass es dort in der Lagune von Haien wimmelte. So sehr, dass sie sich gar keine Gedanken über die Art oder Gefährlichkeit machten, sondern einfach keinen Fuß ins Wasser setzten.

Haie reagieren auf zwei spezielle Reize: Zappeln und Blut. Bei der Jagd mit der Harpune ist es daher ratsam, die Beute über der Wasseroberfläche zu transportieren, damit der zappelnde und blutende Fisch nicht die Haie anlockt.

Aber so groß ist die Gefahr nun auch wieder nicht: Wir haben während der ganzen Reise nie von einer Hai-Attacke auf einen Segler gehört.

Die gefährlichsten Tiere im Wasser sind sicher die **Salzwasserkrokodile.** In Australien stehen sie seit 1971 unter Schutz, seitdem nimmt ihre Zahl ständig zu. Schätzungsweise 100 000 »Salties«, wie sie von den Australiern genannt werden, bevölkern die Küsten Nord-Australiens. Aber Salzwasserkrokodile gibt es auch in den Salomonen, in Vanuatu und in Teilen Indonesiens. Nur dass sie dort nicht geschützt sind und von den Einheimischen gejagt werden.

Was die Krokodile so gefährlich macht, ist ihr unvorhersehbarer, plötzlicher Angriff, bei dem das Opfer kaum eine Chance hat. Der Hai zeigt sich wenigstens offen und dreht noch einige Runden um seine Beute. Das Krokodil lauert dagegen bewegungslos und unsichtbar unter der Wasseroberfläche und schnappt dann blitzschnell zu.

Wir hatten zwar von den Krokodilen gehört und in Segelbüchern gelesen, aber richtig informiert waren wir nicht. Das hätte schief gehen können. Denn wir waren der Meinung, dass Krokodile nur in der Nähe von Mangroven leben.

In der Bucht von Bamaga, einem kleinen Ort im Norden Australiens, ist das Wasser glasklar. Ringsherum nur Steine und Sand. Kayas Unterwasserschiff ist wieder einmal bewachsen, und so taucht Rüdiger unters Boot, um zu schrubben. Ganz wohl ist uns dabei allerdings nicht. Später sehen wir im Ort einen Gedenkstein für den Dorflehrer: »He was taken by a crocodile in 1982«.

Da können wir noch frotzeln, aber einige Tage später wird aus der Gefahr schrecklicher Ernst:

Bei der abendlichen Funkrunde auf Kurzwelle hören wir eine schwache Stimme: »Fritz ist von einem Krokodil gefressen worden!« Wir können es zuerst nicht glauben und fragen nach. Aber es ist wahr. Ein Schweizer Segelfreund hatte in einer Bucht in den südlichen Salomon-Inseln geankert und ging ins Wasser, um den Anker zu überprüfen. Seine Frau hörte ihn noch »Krokodile« rufen, dann verschwand er.

Die Schilderungen von Krokodilangriffen sind vielfältig und nicht immer glaubwürdig. Als gesichert gilt:

- Krokodile bevorzugen als Lebensraum Flussmündungen und Mangroven. Sie halten sich aber auch in Felsbuchten, an Sandstränden oder im offenen Wasser auf.
- Tagsüber liegen Krokodile gern an Land, um sich in der Sonne aufzuwärmen.
- Sie sind so gut getarnt, dass sie im Wasser wie an Land oft nur schwer zu erkennen sind.
- Krokodile beobachten eine mögliche Beute und merken sich ihr Verhalten. Deshalb sollte man z.B. vermei-

Ankerplatz in Gove/Australien: Baden auf eigene Gefahr!

Krokodil-Spuren in den Wessel Islands.

den, immer an der gleichen Stelle aus dem Dingi zu steigen oder auf der Heckplattform das Geschirr abzuwaschen.

Lebensgefährlich sind auch die **Stinger**, auch »Box Jellyfish« genannt. Das sind giftige Quallen, die an der australischen Ost- und Nordküste vorkommen. Überall an den Stränden warnen Schilder vor der tödlichen Gefahr, und Essigflaschen liegen für die erste Hilfe bereit. Im Meeres-Aquarium in Sydney sahen wir schreckliche Fotos von Menschen, die mit einem Stinger in Kontakt gekommen waren.

Sehr gewöhnungsbedürftig fanden wir die **Schiffshalter**. Diese bis einen Meter langen Fische umkreisen in ganzen Rudeln das Boot und fressen alles, was über Bord geht. Bevorzugt das, was aus dem Toilettenventil kommt. Oben auf dem Kopf haben sie eine Saugplatte, mit der sie sich an einem Wirt festsaugen können. Es ist ein sehr ungutes Gefühl, wenn diese Aasfresser einen Schwimmer bedrängen und Anstalten machen, sich am Körper festzusaugen. Wir sind in ihrer Nähe, wenn überhaupt, nur im Neopren-Anzug schwimmen gegangen.

Im Ashmore Riff zwischen Australien und Indonesien wimmelt es von **Seeschlangen**. Die relativ kleinen, schwarz-weiß geringelten Tiere schlängeln überall herum, auch dicht unter der Wasseroberfläche. In regelmäßigen Abständen tauchen sie auf, um Luft zu holen.

Sie sind zwar hochgiftig, aber nicht wirklich gefährlich. Denn Seeschlangen greifen den Menschen nicht an, sondern verteidigen sich nur, wenn sie sich bedroht fühlen. Ein guter Rundumblick mit der Taucherbrille verhindert, dass man ihnen zu nahe kommt.

Beim Thema »Schlangen« machen wir einen kurzen

Exkurs an Land: **Giftschlangen** an Land sind gefährlicher. Auch sie sind nicht wirklich aggressiv, sondern wehren sich nur, wenn sie sich bedroht fühlen. Aber sie sind gut getarnt, leicht kann man ihnen aus Versehen zu nahe kommen. Wir wussten, dass Australien eine beeindruckende Artenvielfalt an Giftschlangen hat. Auf unserer Landreise durch Australien waren wir uns dieser Gefahr immer bewusst. Aber in Venezuela waren wir noch völlig ahnungslos.

San Francisco Bay, der erste einsame Ankerplatz nach dem Trubel von Trinidad. Dichter Urwald reicht bis an den Strand. Pelikane stürzen sich auf der Jagd nach Fischen in das grün spiegelnde Wasser. Mit dem Dinghi setzen wir zum Strand über, um die Umgebung zu erkunden. Da ist ein Bachbett, barfuß waten wir ein Stück in den sonst undurchdringlichen Urwald hinein. Erst viel später hören wir, dass eine Seglerin genau in diesem Bachbett von einer Schlange gebissen wurde und daran starb.

Wir können Ihnen also nur empfehlen, sich genau über die örtlichen Gegebenheiten eines Landes oder einer Region zu informieren. Dabei sollten Sie bedenken, dass Einheimische aus den verschiedensten Gründen Gefahren verharmlosen. »No problem« ist eine sympathische Redewendung, aber hier ist sie mit Vorsicht zu genießen.

Die größte Gefahr beim Schnorcheln oder Tauchen ist unsichtbar: die Strömung. Gaby erlebte eine Situation, die ihr heute noch unter die Haut geht.

Speyside, Tobago. Rüdiger fährt mit dem Tauchboot hinaus, ich bleibe allein am Strand zurück, weil ich Probleme mit den Ohren habe. Aber das Meer sieht so einladend aus ... Weiter draußen brandet ein Riff. Ich ziehe Flossen und Taucherbrille an, lasse mich vom warmen Wasser trei-

San Francisco Bay, die »Schlangenbucht«.

ben und wundere mich, wie schnell ich draußen bei dem Riff bin. Das Riff entpuppt sich als Felsen, Fehlanzeige. Also zurück. Aber was ist das? Plötzlich durchfährt mich ein eisiger Schrecken. Beim Blick nach unten kann ich sehen, dass ich rückwärts über den Meeresboden treibe, obwohl ich voraus schwimme. Ziemlich schnell sogar. Mehr Kraft. Zwecklos. Alle Kraft. Hoffnungslos. Eine starke Strömung hat mich erfasst und zieht mich in Richtung offene See. Panik, Herzklopfen bis zum Hals.

Zum Glück hatten wir im Tauchkurs gelernt, wie man sich in dieser Situation verhalten soll: Niemals gegen die Strömung ankämpfen! Auch wenn es der stärkste Impuls ist, auf direktem Wege zum Land zurückzuschwimmen, es wäre vollkommen sinnlos. Stattdessen muss man seitwärts aus der Strömung herausschwimmen. Das geht immer, denn die Strömung kann nicht überall gleich stark sein.

Mann über Bord

Es war uns schon zu Beginn der Reise klar: Die größte Gefahr, die immer mitfährt, ist »Mann oder Frau über Bord.« Bei 30 Knoten Wind und hohem Seegang, möglichst noch in schwarzer Nacht, haben die Notfallmanöver, die man brav in jedem Segelkurs lernt, allenfalls noch theoretischen Wert. Da ist keine mehrköpfige Crew, die sich um Boot, Segel und Maschine kümmert, während einer den im Wasser Treibenden lehrbuchmäßig im Auge behält.

Unsere größte Angst aber war, dass einer von uns unbemerkt über Bord gehen könnte, während der andere schläft. Eine schreckliche Vorstellung, aus der Freiwache aufzuwachen und niemand antwortet auf die Frage »Na, alles in Ordnung?«

Deshalb gab es zwischen uns ganz klare Absprachen:

- Bei stärkerem Wind trägt die Wache einen Lifebelt und pickt sich ein, wenn sie die Kajüte verlässt.
- Die Wache bewegt sich nicht außerhalb des Cockpits, ohne den anderen zu wecken.
- Bei jeder ungewöhnlichen Situation wird die Freiwache geweckt.

Das Versprechen, nicht das Cockpit zu verlassen, führte oft zu seglerischen Kompromissen. Dann wurde eben nicht ausgerefft, dann stimmte der Holepunkt der Genua eben nicht ganz. Der ungestörte Schlaf des Partners war wichtiger als das bisschen verschenkte Geschwindigkeit.

Natürlich hatten wir auch für den undenkbaren Notfall vorgesorgt: Die Schwimmwesten waren zusätzlich mit je einer Blitzleuchte und einem sechsschüssigen Nico-Signal ausgestattet (siehe auch Kapitel 9). Verabredet war, beides erst in Betrieb zu nehmen, wenn der andere den Unfall bemerkt hatte bzw. wenn ein Boot in Sicht war.

Heute würden wir zusätzlich einen S.A.R.T. (Search and Rescue Transponder) verwenden (siehe S. 91).

Kollision

Die Kollision mit einem Wal oder einem im Wasser treibenden Gegenstand ist eine ganz reale Gefahr. Nach der Lektüre einiger Unglücksberichte verwarfen wir die Idee, ein Waarship aus Sperrholz zu bauen.

Das Tückische ist: eine Kollision kann man nicht verhindern. Im Gegensatz zu einem Wirbelsturm kann man dieser Gefahr nicht aus dem Wege gehen. Auch nicht durch ständiges, sorgfältiges Wache gehen. Denn ein tief im Wasser liegendes Hindernis, etwa ein treibender Container, ist im Seegang erst im letzten Moment zu erkennen.

Bei Nacht überhaupt nicht.

Wir laufen unter vollen Segeln mit sechs Knoten im Südpazifik, Kurs Marquesas. Herrliches Wetter, Gaby liest im Cockpit und lässt den Blick routinemäßig den Horizont entlang wandern. »Komm mal schnell hoch, da vorne ist was Komisches!« Mit einem Satz ist Rüdiger oben. Wir sehen eine Art Plattform mit einer Antenne auf uns zukommen, die wir in etwa zwei Schiffslängen Abstand rasch passieren. Während wir noch verdutzt raten, was das denn nun war, wird Kaya langsamer, und unsere stabile Angelleine reißt mit einem Knall ab.

Erst jetzt wird uns der Ernst der Situation bewusst: Eine massive Plattform, schätzungsweise 3 mal 3 Meter groß. Die Frage »Was war das?« wird verdrängt durch die bange Frage »Was hätte passieren können?« Selbst unser stabiler Metallrumpf hätte bei einer direkten Kollision sicher Schaden genommen. Plötzlich sehen wir die Frage »Wie groß ist die Wahrscheinlichkeit, in der Weite des Pazifiks auf einen treibenden Gegenstand zu treffen?« in einem ganz anderen Licht.

Genauso verhält es sich mit anderen **Schiffen**. Wenn abseits der Schifffahrts-Routen tagelang kein Schiff zu sehen ist, macht sich manchmal das Gefühl breit: »Hier ist niemand.« Der regelmäßige Rundumblick bei Tag und bei Nacht wird nur noch halbherzig verrichtet. Und dann, wenn man schon gar nicht mehr damit rechnet, ist plötzlich doch ein Schiff da. Aus dem Nichts. Deshalb war es für uns eine Selbstverständlichkeit, rund um die Uhr Wache zu gehen (siehe Kapitel 17).

Schiffbruch

Die erhebliche Anzahl von Wracks, die wir entlang der Barfußroute sahen, machte nachdenklich. Auch über Funk hörten wir immer wieder von Yachten, die strandeten oder auf ein Riff liefen. Einmal waren wir sogar direkt am Ort des Geschehens.

In der Nacht zum 22.05.1997 laufen wir mit stark gekürzten Segeln auf das Minerva-Riff im Südpazifik zu. Wir dürfen nicht zu schnell sein, damit wir das Riff nicht schon bei Dunkelheit erreichen. Strom versetzt uns offensichtlich in Richtung Riff. Ständig muss der Kurs korrigiert werden. Erst aus 1,5 sm Entfernung sehen wir die Brecher und hören das Grollen der Brandung. In der Morgensonne laufen wir durch die enge Riff-Passage und suchen uns in der geschützten Lagune einen Ankerplatz. Nicht allzu weit vor Kayas Bug donnern die Brecher mit schäumender Gischt auf das Riff.

*Im Morgengrauen des nächsten Tages trauen wir unse-*ren Augen nicht: *Einige hundert Meter vor unserem Bug liegt eine Yacht mit wehenden Segeln in der Brandung. Der Albtraum jedes Fahrtenseglers ist Realität geworden. Sofort läuft die Rettungsaktion an. Zusammen mit zwei anderen Yachten machen wir die Dingis klar, bergen die Besatzung und verständigen die Küstenfunkstelle in Neuseeland. Es werden aufregende Tage. Und immer wieder fragen wir uns, wie es zu diesem Schiffbruch kommen konnte, fragen uns, ob es uns hätte passieren können.*

Natürlich hätte uns das auch passieren können. Ein Fehler bei der Navigation der morgendlichen Ansteuerung hätte genügt, oder wenn Rüdiger bei seiner Hundewache eingeschlafen wäre.

War es dem amerikanischen Skipper vielleicht so gegangen? Hatte er übermüdet einen Fehler gemacht? Genaues ließ sich den traurigen Erzählungen später nicht entnehmen. 14 Jahre war die Familie mit zwei Kindern schon unterwegs. Vielleicht hatte die Routine der langen Jahre sie zu sorglos werden lassen.

Wieder lernten wir dazu. Von da an schlief bei einer kritischen Ansteuerung keiner von uns. Zwei Augenpaare sehen mehr, und wenn beide mit der Navigation vertraut sind, wird ein Fehler des einen mit großer Wahrscheinlichkeit vom anderen entdeckt.

Piraterie

Moderne Piraterie hat nichts mit Seeräuber-Romantik zu tun. »Die Pest der Meere« titelte die Zeitschrift YACHT schon im Jahr 2002. Berüchtigte Piraten-Gegenden waren damals vor allem das Südchinesische Meer und die Sulu-See um die Philippinen, aber auch das Horn von Afrika und der Eingang zum Roten Meer.

Inzwischen hat sich die Situation dramatisch verschärft. Die **Piraterie am Horn von Afrika** hatte 2011 ein solches Ausmaß erreicht, dass von einer »florierenden Industrie« mit »Managern« die Rede war (Handelsblatt im Mai 2011). Zeitweise waren mehr als 20 Schiffe und über 500 Geiseln in der Gewalt der Somalischen Piraten, es flossen Hunderte Millionen Dollar an Lösegeldern.

Auch Yachten waren betroffen, zum Teil mit tödlichem Ausgang. Drei Überfälle auf Yachten machten 2011 Schlagzeilen:

Die amerikanische Yacht *QUEST* segelte im Indischen Ozean, als sie in die Gewalt von somalischen Piraten geriet. Alle vier Crewmitglieder wurden erschossen. Kurz danach ereignete sich der Überfall auf die dänische Yacht *ING* vor der Küste Somalias. Die Familie mit drei Kindern wurde gekidnappt und verbrachte 195 Tage in der Gewalt

Der Alptraum jedes Fahrtenseglers.

Begegnungen auf See – die meisten sind harmlos.

der Piraten, bevor sie gegen ein Lösegeld in unbekannter Höhe freigekauft wurde. Vor der Küste des Jemen wurde der französische Katamaran *Tribal Kat* überfallen. Die Piraten töteten den Skipper und kidnappten seine Frau, die nach einer Suchaktion und einem Feuergefecht von europäischen Marineschiffen befreit werden konnte.

Im Jahr 2012 wurden keine Vorkommnisse gemeldet. Daraus nun zu schließen, dass die Gefahr vorüber ist, wäre naiv. Denn ein Jahr nach so tragischen Ereignissen wird wohl kaum eine Yacht die gefährliche Route genommen haben.

Aktuell (Ende 2013) ist ein Rückgang der Piratenaktivitäten am Horn von Afrika feststellbar. Das ist nach offiziellen Angaben vor allem auf die verstärkten Militäraktionen vor Somalia zurückzuführen, darunter auch der Einsatz der EU-Mission »Atalanta«. Die Angriffe der Piraten in der Region richten aber nach wie vor beträchtliche Schäden an.

Die Berufsschifffahrt hat keine Wahl, Handelsware und Öl müssen durch dieses Seegebiet transportiert werden. Deshalb lassen die Reedereien ihre Frachter und Tanker inzwischen von schwer bewaffneten Sicherheitsleuten begleiten. Für Yachten gibt es keine Möglichkeit, sich gegen die Bedrohung zu schützen.

Die Warnung der INTERNATIONAL NAVAL COUNTER PIRACY FORCES ist entsprechend klar und eindeutig: Das Hochrisikogebiet, das den gesamten nördlichen Indischen Ozean und das Rote Meer umfasst, sollte von Yachten auf keinen Fall befahren werden (siehe auch Kapitel 4).

Auch entlang der Barfußroute gibt es kritische Gebiete. Vor den Küsten Südamerikas, besonders in Brasilien, Venezuela und Kolumbien muss man mit Überfällen rechnen.

Eine samtweiche karibische Nacht. KAYA nimmt Kurs auf Los Testigos, eine winzige Inselgruppe 70 Meilen vor der Küste Venezuelas. Leichter Wind, funkelnder Sternen-himmel, friedlicher kann man sich eine Nacht nicht vorstellen. Bis sich von Achtern die Positionslampen eines Schiffes nähern. Rot und Grün gleichzeitig, das Schiff hält also genau auf uns zu. Rüdiger ändert routinemäßig deutlich den Kurs nach Steuerbord. Jetzt müsste bald Rot verschwinden und nur noch Grün zu sehen sein. Aber das Schiff folgt unserer Kursänderung. Und kommt immer näher. 90 Grad Kursänderung. Das Schiff folgt wieder. Das Radar zeigt nur noch einen Abstand von 100 Metern, aber in der schwarzen Nacht sind nur die Positionslichter zu sehen. Rüdiger macht den 60-Watt-Halogenscheinwerfer klar und leuchtet das Schiff an. Dicht neben uns sehen wir einen heruntergekommenen Holzkahn, von dem etliche Gestalten zu uns herüberstarren. Rüdiger setzt einen Funkspruch auf UKW ab: »All ships, all ships, this is sailing yacht KAYA, position (...). Unknown ship is following and approaching, very close ...«. Er wiederholt den Ruf mehrfach und laut in der Hoffnung, dass er auch drüben gehört wird. Nach bangen Minuten dreht das Schiff plötzlich ab. Wir löschen sofort alle Lichter, auch die Positionslampen. In dieser Nacht ist an Schlaf nicht mehr zu denken.

Wir können nur spekulieren, welcher Art diese ungemütliche Begegnung war. Waren es nur neugierige Fischer? Waren es Fischer, die sich gern mal in Piraten verwandeln, wenn sich eine günstige Gelegenheit bietet? Warum haben sie uns dann nicht angegriffen? Hat sie der Funkspruch abgeschreckt? Oder konnten sie uns in der Dunkelheit, geblendet von unserem starken Scheinwerfer, nicht genau erkennen und vermuteten ein größeres Schiff mit mehr Besatzung? Wir werden es nie erfahren, aber wir haben uns wohl einigermaßen richtig verhalten.

Vor allem die amerikanischen Yachten organisieren sich gern in Konvois, wenn sie ein unsicheres Gebiet befahren, zum Beispiel auf dem Weg durch die Malakka-Straße. So ein Konvoi kann tatsächlich ein Schutz sein in Gegenden, wo man nur der harmloseren Variante der »Gelegenheitspiraten« begegnet, zum Beispiel armen Fischern, die eine günstige Gelegenheit nutzen, um eine einzelne Yacht mit zahlenmäßig unterlegener Crew zu überfallen und auszurauben. Aber der Konvoi setzt voraus, dass die Yachten wirklich in Sichtweite bleiben, was bei unterschiedlichen Bootsgrößen und Segeleigenschaften nicht immer gelingt.

Bei schwer bewaffneten und professionell agierenden Piraten kann auch ein Konvoi nicht vor Überfällen schützen.

Ob und wo es Piraten gibt, hängt auch davon ab, inwieweit Behörden oder das Militär eingreifen. Die Situation ändert sich laufend, weitergehende Angaben an dieser Stelle wären daher sinnlos.

Auf den Funknetzen breiten sich aktuelle Informationen sofort aus, auch die »Buschtrommeln« der Yachties melden jeden Vorfall bis in die abgelegenste Ankerbucht.

Aktuelle Informationen über die Situation am Horn von Afrika finden Sie unter anderem beim Maritime Security Centre Horn of Africa, kurz MSCHOA (www.mschoa.org, Zugang über »High Bandwidth«) oder bei der European Union Naval Force Somalia, kurz EU NAVFOR (www.eunavfor.eu).

Waffen an Bord?

»An Bord sind ein russisches Kalaschnikow-Maschinengewehr, eine automatische Pumpgun, mit der Kugeln und Schrot geschossen werden können, sowie eine Offizierspistole der Schweizer Armee«, erzählte ein Schweizer Segler in einem Interview.

Kein anderes Thema wird unter Yachties so kontrovers diskutiert wie die Frage, ob man Waffen an Bord haben sollte. Ungezählte Artikel in Zeitschriften und Büchern behandeln das Thema. Egal, was man liest, die Standpunkte wiederholen sich:

Gegner von Waffen
- fürchten die Eskalation bei einem Überfall,
- halten den Gegner im Umgang mit Waffen für überlegen,
- verzichten lieber auf Besitz als auf ihr Leben oder ihre Gesundheit,
- haben keine Lust auf den bürokratischen Ärger bei der Deklarierung der Waffen.

Befürworter von Waffen
- haben ein besseres Gefühl, wenn sie sich wehren können,
- bauen auf den Abschreckungseffekt der Waffen.

Sicher ist, dass eine Waffe an Bord Dauerstress mit den Behörden bedeutet: Die Waffe wird beim Einklarieren meist unter Verschluss genommen. Man kann das Land entweder nur von diesem Hafen aus verlassen oder die Überführung der Waffe zum Ausklarierungshafen kostet Zeit, Nerven und Geld.

Ganz abgesehen davon, dass die Waffe gerade da nicht verfügbar ist, wo sie am ehesten gebraucht wird: zum Beispiel beim Törn entlang der Venezolanischen Küste. Auf hoher See ist die Gefahr eines Überfalls viel geringer.

Manche Segler geben ihre Waffe deshalb gar nicht an. Ein hohes Risiko, denn eine nicht deklarierte Waffe an Bord kann zur Beschlagnahmung der Yacht führen. Und eine Waffe, die so gut versteckt ist, dass sie bei einer Kontrolle nicht gefunden wird, hätte man im Notfall auch nicht schnell genug zur Hand.

Wir haben uns gegen das Mitführen einer Waffe entschieden. Aus den oben angeführten Gründen, aber auch, weil uns der Umgang mit Waffen sowieso fremd ist. Ein Zustand, den wir auch gerne beibehalten wollen.

Trotzdem ist es ein beruhigendes Gefühl, sich im Notfall wehren zu können. Pfefferspray ist extrem wirksam, ebenso wie ein spezielles, sehr starkes Reizgas. Den Umgang damit sollte man allerdings üben, denn sonst setzt man sich sehr leicht selbst außer Gefecht.

Eine Signalpistole muss in der Regel deklariert werden, wird von den Behörden aber nicht unter Verschluss genommen. Ersatzweise ist auch das »Nicosignal« mit sechs Schuss sicher eine wirksame Notwehrwaffe. Gegenüber der Signalpistole hat es den Vorteil, dass es weder von den Behörden noch von einem Angreifer als mögliche Waffe erkannt wird.

Kriminalität

In europäischen Gewässern sind Segler keinem besonders hohen Kriminalitäts-Risiko ausgesetzt, abgesehen von dem gelegentlichen Einbruch in eine Yacht, dem auf der Straße entrissenen Rucksack oder dem gestohlenen Fahrrad. So etwas kommt eben vor, unterwegs wie zu Hause.

In Las Palmas wurden an unserem Steg verschiedene Boote aufgebrochen. Und auch wir blieben nicht ungeschoren: direkt vor einem Ausrüsterladen wurde eines unserer Klapp-Fahrräder gestohlen. Wir waren eben noch zu unvorsichtig.

Auf der anderen Seite des Atlantiks, speziell in Mittel- und Südamerika, war dann aber höchste Vorsicht angesagt. In Venezuela und Panama gewöhnten wir uns bald an den Anblick schwer bewaffneter Wachmänner. Sie

Nicht ohne Risiko: Karneval in Trinidad.

standen nicht nur in den Vorhallen der Banken, sondern auch im Kassenbereich der Supermärkte, an öffentlichen Plätzen und belebten Straßenecken.

Unsere Methoden, das Risiko eines Überfalls gering zu halten, scheinen funktioniert zu haben. Hier unsere Tipps:

- Seien Sie immer wachsam, sodass ein Angreifer nicht das Überraschungsmoment ausnutzen kann. Achten Sie darauf, ob Ihnen jemand folgt.
- Meiden Sie abgelegene Gassen. Oft werden die Einheimischen Sie vor bestimmten Ecken warnen. Mit der Zeit entwickeln Sie aber auch eine Art »siebten Sinn« für die Umgebung.
- Tragen Sie alte Kleidung, keinen Schmuck, keine teure Armbanduhr.
- Tragen Sie nach Möglichkeit keine Taschen oder Rucksäcke. Selbst die Plastiktüten aus dem Supermarkt waren in Panama eine begehrte Beute.
- Winken Sie im Zweifelsfall das nächste Taxi herbei. Vor den Supermärkten in Venezuela und Panama standen immer Taxis bereit, und unter den Augen der Wachmänner konnte man unbehelligt einsteigen.
- Am meisten gefährdet sind Sie nach dem Verlassen einer Bank. Denn wer aus der Bank kommt, hat sehr wahrscheinlich Bargeld bei sich. Der Dollar für das Taxi ist jetzt gut angelegt.

In kritischen Gegenden sollten Sie bei Einbruch der Dunkelheit an Bord sein. Oder Sie unternehmen den abendlichen Landgang in einer größeren Seglergruppe. Denn der Heimweg zum Liegeplatz führt meist durch einsames Gelände. Oft werden Segler direkt vor dem Tor einer Marina oder eines Yachtclubs überfallen.

Die erste brenzlige Situation, in die wir gerieten, war mitten im Karnevalstrubel in Trinidad. Weil wir dringend Bargeld brauchten, hatten wir wider besseres Wissen einen Abstecher zum Geldautomaten gemacht und uns dann wieder unters Volk gemischt. Aus Rüdigers Tagebuch:

Mitten im Karnevals-Trubel fallen mir immer wieder die gleichen Typen um mich herum auf. Ich bin gerade etwas abseits von unserer Gruppe, als die Typen auf mich zutanzen. Einer legt den Arm um meine Schulter. Aber nicht freundschaftlich, ich spüre sofort, dass hier dicke Luft ist. Als ich mich aus der Umarmung befreie, merke ich, dass sie mich festhalten wollen. Ich kann gerade noch nach unten wegtauchen, Sekunden später hätten sie mich gefilzt, keiner hätte es in dem Krach bemerkt. Aus dem Rinnstein greife ich mir zwei Glasflaschen und schlage sie gegeneinander. Jetzt bin ich bewaffnet. Im nächsten Moment sind die Typen verschwunden.

Ein Amerikaner, der schon lange in Panama lebt, gab uns dort den Tipp, ein schweres Werkzeug gut sichtbar in der Hand zu tragen. Ein Schraubenschlüssel oder Hammer ist keine Waffe, bringt einen also nicht mit dem Gesetz in Konflikt. Aber man signalisiert damit die Bereitschaft, sich aktiv zu wehren. Die »bösen Buben« sind nicht daran interessiert, in der Öffentlichkeit Aufsehen zu erregen. Sie wollen schnelle, leichte Beute und suchen sich dafür möglichst ein wehrloses Opfer.

Bei einem bewaffneten Überfall hätten wir so natürlich keine Chance gehabt. Auch nicht in einer ganz dunklen Ecke. Aber am helllichten Tage und auf offener Straße hat die Methode gut funktioniert.

Aber lassen Sie sich von diesen Geschichten nicht abschrecken. Es lohnt sich unbedingt, nach Trinidad oder Panama zu gehen. Um Venezuela würden wir heute vielleicht einen Bogen machen, denn die Geschichten von bewaffneten Überfällen auf Yachten häufen sich in den letzten Jahren.

Aber auch hier gilt, dass man die genauen Umstände kennen muss. Von Ferne stellt sich alles meist schlimmer dar, als es vor Ort dann ist.

Hier noch zwei Tipps für den Ankerplatz, die wir sehr kreativ finden:

- Reißzwecken auf Deck schützen vor nächtlichen Besuchern an Bord.
- eine Tonaufnahme von Hundegebell, die per Bewegungsmelder abgespielt wird,, schreckt unerwünschte Besucher schon von weitem ab.

Hinter Panama können Sie sich von all dem Stress entspannen. Denn im Südpazifik war die Kriminalität kein Thema mehr. Wir haben uns noch nie im Leben so sicher gefühlt wie in den Polynesischen Inseln, in Neuseeland und in Australien.

6. Papiere und Formalitäten

Pässe und Visa

In den meisten Ländern werden Segler wie normale Touristen behandelt. Als Deutscher bzw. EU-Bürger ist man in der glücklichen Lage, fast überall willkommen zu sein.

Die Voraussetzung ist natürlich ein gültiger Reisepass für jedes Crewmitglied. Achten Sie darauf, dass Ihr Pass nicht während der Reise abläuft. In den meisten Ländern muss der Pass bei der Einreise noch mindestens sechs Monate gültig sein. Und er sollte noch viele freie Seiten haben für die Stempel, die Sie unterwegs sammeln werden. In unseren für die Reise neu ausgestellten Pässen war am Ende wirklich kein Quadratzentimeter mehr frei.

Die **Einreiseformalitäten** lassen sich in drei Kategorien einteilen:

1. Bei der Einreise wird ein Touristen-Visum erteilt, das je nach Land ein bis drei Monate Gültigkeit hat und bei Bedarf auch verlängert werden kann.

2. In einigen Ländern muss man im Voraus ein Visum beantragen. Auf unserer Route war das nur in Venezuela und Australien der Fall. Auch für die Einreise in die USA wird ein Visum benötigt. Die Antragstellung kann in der Regel per Internet erfolgen, ein Gang zur Botschaft entfällt.

3. In die dritte Kategorie fallen Länder, die Segler nicht wie Touristen, sondern wie normale Seeleute behandeln. In Oman wurde uns kein Visum, sondern ein »seaman's shore pass« ausgestellt, mit dem wir uns tagsüber an Land bewegen durften. Ab 22 Uhr hatte der Seemann bzw. die Seefrau dann an Bord zu sein.

Auch im Paradies wird gestempelt.

Mann trägt Rock: Polizisten in Fidschi.

Für solche Fälle ist es nützlich, einen Vorrat an Passbildern bereit zu halten. Allerdings verpasst man dann die spannende Suche bei glühender Hitze quer durch Suva (Fidschi) oder Port of Spain (Trinidad) nach einem Foto-Laden, die anschließende Wartezeit in einem einheimischen Restaurant und am Ende des Tages das gute Gefühl, eine schwierige Aufgabe erfolgreich gelöst zu haben ...

Die meisten Probleme gibt es immer dann, wenn ein **Crew-Wechsel** stattfindet. Die Mitnahme von Chartergästen ist in fast allen Ländern verboten, und so erzeugt jede An- oder Abreise von Gästen das Misstrauen der Behörden.

Sogar der eigene **Heimflug** kann problematisch sein. Wenn die Yacht im Land zurückbleibt, muss sie für die Dauer der Abwesenheit meist unter Zollverschluss genommen werden. Um späteren Ärger mit dem Zoll zu vermeiden, sollte man sich die genauen Modalitäten vor der Ausreise genau erklären lassen.

Beim Rückflug von Frankfurt nach Panama wollte uns die Fluglinie in Frankfurt nicht einchecken, obwohl wir gültige Linienflugtickets hatten. Die Begründung: nach Panama dürfe man nur mit einem Rückflug- bzw. Weiterflugticket einreisen. Alles Debattieren half nichts. Der Fall, dass jemand ins Ausland auf seine Yacht zurückkehrt, war in den Bestimmungen nicht vorgesehen. Um den Flug nicht zu verpassen, kauften wir schließlich entnervt ein Linienflug-Ticket für den Weiterflug von Panama nach Costa Rica, das wir zum Glück in Panama wieder stornieren konnten.

Die **Visa- und Einreisebestimmungen** ändern sich laufend. Die aktuellen Bestimmungen für jedes Land finden Sie zum Beispiel auf folgenden Websites:
www.auswaertiges-amt.de (unter »Reise & Sicherheit«)
www.noonsite.com (unter »countries«)

Wenn Sie einen Crew-Wechsel oder einen Heimflug planen, sollten Sie sich direkt bei dem jeweiligen Konsulat erkundigen. Lassen Sie sich die Bestimmungen am besten schriftlich geben, damit Sie im Zweifelsfall auch die Frau oder den Mann am Flughafen überzeugen können.

Manchmal wird zusätzlich zum Visum auch ein **Cruising Permit** verlangt, eine schriftliche Erlaubnis zum Befahren der Gewässer. Das Cruising Permit wird bei der Einreise erteilt und kostet eine zusätzliche Gebühr.

Schiffspapiere

Für Yachten unter deutscher Flagge gibt es zwei Möglichkeiten der amtlichen Registrierung: die Eintragung ins Seeschiffsregister oder das so genannte Flaggenzertifikat.

Der **Eintrag ins Seeschiffsregister** ist verpflichtend für Schiffe über 15 Meter Länge; kleinere Schiffe können sich freiwillig registrieren lassen. Die dazu notwendige amtliche Vermessung kostet Gebühren, ebenso der Register-Eintrag beim zuständigen Amtsgericht. Insgesamt fallen etwa 200 Euro Gebühren an. Aber dafür ist diese Art der Registrierung ein amtlicher Eigentumsnachweis, vergleichbar dem Eintrag einer Immobilie ins Grundbuch. Das Schiffszertifikat ist unbegrenzt gültig. Ein Verzeichnis der Amtsgerichte mit Seeschiffsregister erhalten Sie beim Bundesamt für Seeschifffahrt und Hydrographie (BSH) in Hamburg (www.bsh.de unter »Schifffahrt – Sportschifffahrt – Sportbootvermessung«).

Für Schiffe unter 15 Meter Länge, die nicht ins Seeschiffsregister eingetragen werden, stellt das BSH ein amtliches **Flaggenzertifikat** aus. Dieses Papier berechtigt zum Führen der deutschen Flagge und dient gleichfalls als Eigentumsnachweis. Es wird direkt beim BSH beantragt. Die Gebühr beträgt derzeit 75 Euro, die Gültigkeit acht Jahre.

Der manchmal empfohlene Internationale Bootsschein (IBS) ist kein amtliches Papier, sondern nur »staatlich anerkannt«. Er wird vom Deutschen Seglerverband DSV und inzwischen auch vom ADAC ausgestellt, die Gültigkeitsdauer beträgt zwei Jahre. Gegenüber dem Flaggenzertifikat hat er entscheidende Nachteile: Es ist nicht sicher, dass er wirklich in allen Ländern als Bootsdokument anerkannt wird. Auch die Gültigkeitsdauer von 2 Jahren entspricht nicht den Gegebenheiten einer längeren Reise.

Unabhängig von der Art der Registrierung benötigen Sie unbedingt einen **Nachweis über die gezahlte Mehrwertsteuer**. Denn mit großer Wahrscheinlichkeit werden Sie vor der Küste Frankreichs, Spaniens oder Portugals eine Szene wie diese erleben:

Kaya läuft auf die Hafeneinfahrt von Sète an der südfranzösischen Küste zu. Die Mole liegt schon in Sichtweite, als ein großes Zollboot direkt Kurs auf uns nimmt. Trotz des Seegangs kommt das graue Boot ganz dicht an uns heran, ein großer Käscher wedelt auffordernd zu uns herüber. Bald ist klar, was die Männer vom Zoll sehen wollen: Die Schiffspapiere und einen Mehrwertsteuer-Nachweis. Zum Glück haben wir die Original-Rechnung an Bord. Die wertvollen Papiere wandern in den Käscher, beschwert mit einem Badeschlappen. Alles in Ordnung. Enttäuscht dreht das Zollboot ab ...

In europäischen Gewässern gilt: Wenn für eine EU-Yacht in ihrem Heimatland noch keine Mehrwertsteuer entrichtet wurde, kann jedes andere EU-Land bei der Einreise die Steuer erheben. In Frankreich sind das stolze 19,6 Prozent. Kein Wunder, dass die Franzosen Jagd auf die deutschen Yachten machen, die vielleicht noch unversteuert in ihren Gewässern kreuzen.

Bei einem Neukauf wie in unserem Fall reicht für den Nachweis die Rechnung des Händlers mit ausgewiesener Mehrwertsteuer. Beim Kauf einer gebrauchten Yacht ist der Fall komplizierter. Falls die Original-Rechnung nicht mehr vorhanden ist, sollte man in den Kaufvertrag eine Bestätigung des Verkäufers aufnehmen, dass das Schiff versteuert wurde.

Falls noch keine Mehrwertsteuer gezahlt wurde, muss die Yacht nachversteuert werden. Und zwar in dem EU-Land, in dem sie ihren Liegeplatz hat oder in die EU einreist. Als Grundlage für die Berechnung der Steuer wird der Zeitwert ermittelt. Schiffe, die vor 1985 gebaut wurden und seitdem auch ihren Liegeplatz in der EU hatten, sind von der Steuer befreit.

Das nächste **Mehrwertsteuer-Problem** bei einer **Langfahrt:** Wenn eine Yacht länger als drei Jahre außerhalb der EU unterwegs war, muss sie bei der Rückkehr ein zweites Mal versteuert werden. Das klingt absurd, aber so schreibt es das EU-Recht vor. Nach drei Jahren »verliert eine Ware den Gemeinschaftscharakter« und muss erneut eingeführt, das heißt verzollt und versteuert werden. Um das zu verhindern, müsste die Yacht vor Ablauf der Drei-Jahres-Frist nachweislich EU-Gebiet anlaufen.

Bisher ist allerdings noch kein Fall bekannt, in dem die Mehrwertsteuer tatsächlich ein zweites Mal bezahlt werden musste.

Die Schiffspapiere sollten an Bord sicher verstaut werden, auf keinen Fall »griffbereit« im Kartentisch. Wer auf Nummer sicher gehen will, deponiert an Bord und zu Hause noch je eine beglaubigte Kopie.

Segelscheine und Funkzeugnisse

Wir Deutschen glauben an Scheine. Ohne den Sporthochseeschifferschein (früher C-Schein) sollte man sich nicht an eine solche Reise wagen, so denken die meisten. Dabei sind diese Scheine auf der eigenen Yacht nicht vorgeschrieben. Man braucht sie höchstens, um ein Boot zu chartern oder bei Überführungstörns die eigene Kompetenz nachzuweisen. Auf See zählt aber nicht der Schein, sondern das Können bzw. die Kenntnisse, die man sich ohne Weiteres auch selbst aneignen kann.

Diesen Schein brauchen Sie aber in jedem Fall: Der amtliche **Sportbootführerschein See** (SBF See) ist für die deutschen Küstengewässer vorgeschrieben. Alle weiteren Scheine, Sportküstenschifferschein (SKS), Sportseeschifferschein (SSS) und Sporthochseeschifferschein (SHSS), sind freiwillig.

Seit 2003 gibt es neue Funkzeugnisse, die von den Verbänden (DSV, DMYV) ausgegeben werden.

Das **Allgemeine Funkbetriebszeugnis** LRC (Long Range Certificate) berechtigt zum Betrieb aller DSC-Sprechfunkanlagen (d.h. UKW- und Kurzwellenfunkgeräte). Das **beschränkt gültige Funkbetriebszeugnis** SRC (Short Range Certificate) berechtigt zum Betrieb eines DSC-UKW-Funkgeräts. Beide Prüfungen enthalten einen englischsprachigen Prüfungsteil, die Funkzeugnisse sind weltweit und zeitlich unbegrenzt gültig.

Die bisherigen Seefunkzeugnisse verlieren nicht ihre Gültigkeit. Für den Betrieb von GMDSS-Funkanlagen (siehe Kapitel 10) muss allerdings eine Zusatzprüfung abgelegt werden.

In den 34 Ländern, die wir entlang der Barfußroute besucht haben, hat nie jemand nach einem Funkzeugnis gefragt. Auf den Formularen war stets nur anzukreuzen, ob UKW- und SSB-Geräte an Bord waren.

Anders ist es beim Amateurfunk. Hier gibt es strenge Vorschriften, die rund um den Globus sehr ernst genommen werden. Voraussetzung für den Betrieb eines Amateurfunkgeräts ist die **Amateurfunklizenz**. Die Prüfung ist deutlich schwerer als für die oben genannten Funkzeugnisse, sie setzt vor allem umfangreiche Technik-Kenntnisse voraus. Die größte Hürde ist allerdings gefallen: seit 2003 muss man keine Morseprüfung mehr ablegen.

Nach bestandener Prüfung wird ein persönliches Rufzeichen (call sign) zugeteilt. Man meldet sich immer mit diesem Rufzeichen, zum Beispiel DJ9UE (Rüdiger) oder DL2FDZ (Gaby). Das »DJ« bzw. »DL« am Anfang sagt dem Funkpartner, dass wir Deutsche sind.

Im Internationalen »call book« sind alle Rufzeichen mit Namen und Adressen aufgeführt, sodass jeder Zuhörer die Richtigkeit der Angaben überprüfen kann. Wer ohne Lizenz unter einem falschen Rufzeichen sendet, bringt damit auch seinen Funkpartner in Schwierigkeiten. (Mehr zum Thema »Funk« in Kapitel 10.)

Sonstige Papiere

Es gehört zum Segler-Alltag, sich unterwegs gelegentlich ein Auto zu mieten. Nicht nur zum Sightseeing, sondern auch, um Diesel von einer entfernten Tankstelle zu holen, die Gasflaschen zu füllen oder den Proviant für einige Monate zu transportieren.

Der **Internationale Führerschein** wird in Deutschland von der Fahrerlaubnis-Behörde ausgestellt. Wir hatten lediglich unsere deutschen Führerscheine, die aber auch überall akzeptiert wurden.

In Australien und Neuseeland kauften wir jeweils ein Auto, das wir nach einigen Monaten wieder verkauften. Das ging dort sehr einfach und unbürokratisch. Beim Abschluss der Haftpflicht-Versicherung wurden wir nach einer **Versicherungs-Bestätigung** über unfallfreie Zeiten gefragt. Lassen Sie sich die unfallfreien Jahre von Ihrer heimischen KFZ-Versicherung auf Englisch bescheinigen.

Insbesondere bei unterschiedlichen Nachnamen sollten Sie eine **internationale Heiratsurkunde** an Bord haben, um sich im Ernstfall bei Botschaften, Ämtern oder Kliniken als Ehepartner ausweisen zu können. Das Dokument stellt das Standesamt der Gemeinde aus, in der Sie Ihren Hauptwohnsitz haben.

Vielleicht wollen Sie erst unterwegs heiraten? In den deutschen Standesämtern gibt es ein Verzeichnis aller Länder und der jeweiligen Vorschriften. Geheiratet wird immer nach dem Recht des Gastlandes, die Ehe wird anschließend von Deutschland anerkannt.

Unsere Hochzeit auf einer kleinen Fidschi-Insel war ein echter Höhepunkt unserer Reise. Das »certificate of marriage« aus Yalobi, Waya (Fidschi) sorgt allerdings immer wieder für Verwirrung bei deutschen Behörden ...

Einklarieren und Ausklarieren

Die Prozedur verläuft in jedem Land unterschiedlich und mehr oder weniger kompliziert. Einfach und unbürokratisch ist es vor allem dort, wo man an durchreisende Yachten gewöhnt ist und sich auf sie eingerichtet hat. Das beste Beispiel hierfür sind die Kleinen Antillen in der östlichen Karibik. Zahllose Charter- und Privatyachten kreuzen im Revier zwischen Antigua und Grenada, und da fast jede Insel ein eigener Staat ist, gehört das Ein- und Ausklarieren zur täglichen Routine.

Ganz anders in Kuba, wo Yachten noch eine Seltenheit sind. Die Einklarierung dauert Stunden, und wer von Havanna in eine Nachbarbucht segeln will, muss erst aus- und dann wieder einklarieren.

Auch im Südpazifik gibt es große Unterschiede. In Französisch Polynesien werden deutsche Segler wie Franzosen behandelt. Sie können nach der Ankunft in Tahiti ganz entspannt zur Hafenbehörde schlendern und ihre Papiere zeigen. Die hohe Kaution, die wir 1996 bei der Einreise noch hinterlegen mussten, entfällt für Yachten aus EU-Staaten.

Am anderen Ende der Skala steht ein Land wie Australien, das sich gleichermaßen vor illegalen Einwanderern wie vor eingeschleppten Schädlingen fürchtet. Hier wird man schon bei Annäherung von den Flugzeugen der Coast

»*Barbados, wir kommen!*«

Guard überflogen und über UKW angerufen. Zum Einklarieren legt man sich an die Pier und wartet auf die Beamten von Zoll, Immigration und Gesundheitsbehörde. Erst wenn alle Behördenvertreter von Bord gegangen sind, darf die Crew das Land betreten.

Und dann gibt es Länder, in denen der ganze Vorgang eine mehrstündige Prozedur darstellt, die man nur mit Hilfe eines Agenten bewältigen sollte. Venezuela gehört zum Beispiel dazu, ebenso Sri Lanka oder der Jemen. Auch wenn das Ganze wie eine sinnlose, teure Arbeitsbeschaffungsmaßnahme erscheint – als Segler muss man sich zähneknirschend darauf einlassen. Es sei denn, man beherrscht die Landessprache fließend und hat die Nerven für stundenlange Wartezeiten.

Die Bestimmungen variieren von Land zu Land und dort sogar von Hafen zu Hafen. Die beste Quelle, um sich einen Überblick zu verschaffen, ist die schon mehrfach erwähnte Noonsite (www.noonsite.com). Sie bietet eine Fülle von Informationen zu allen Ländern rund um den Globus.

Noch aktueller sind natürlich die Informationen, die man unterwegs von anderen Seglern oder über Funk erhält. So mancher heiße Tipp ist dabei, der vielleicht nur kurze

Im Jemen braucht man einen Agenten – oder viel Geduld und gute Nerven.

Die vorbereitete **Crewliste** sollte die folgenden englischsprachigen Überschriften mit den entsprechenden Daten enthalten:
Yacht:
Name of Vessel   Port of Registry
Registration Number   Call Sign
Crew:
Name   First Name   Date of birth   Place of birth
Nationality   Passport No.   Function on board
Hier werden alle Personen an Bord aufgelistet. Oben steht der Skipper oder die Skipperin mit der Funktion »Captain«; bei den anderen schreibt man einfach »Crew«.

Zeit gültig ist: »Der neue Hafenkapitän in Galapagos ist viel netter als der alte, zwei Wochen darf man bleiben«, oder »Vorsicht, macht einen großen Bogen um Hurghada – wer dort einläuft, zahlt 100 Dollar Gebühr!«

Bei der **Annäherung an den Einklarierungshafen** sollte die gelbe Q-Flagge gesetzt sein (siehe »Flaggenführung«, S. 55). Am besten ruft man die Behörden über UKW an. Dann erfährt man aus erster Hand, ob man zunächst an einer gelben Quarantäne-Tonne oder an der Pier festmachen soll oder direkt vor Anker gehen kann.

Nach Möglichkeit sollte man vermeiden, außerhalb der regulären Dienstzeiten anzukommen. Die Behörden arbeiten auch nach Feierabend oder am Wochenende, dann aber zu saftigen Gebühren. »Overtime« heißt das Stichwort dazu.

Manchmal ist es möglich, sich über Nacht oder sogar über das Wochenende vor Anker zu legen und erst am nächsten Morgen bzw. am Montag regulär einzuklarieren. In diesem Fall sollte man aber wirklich nicht von Bord gehen und auch keinen Besuch empfangen.

Unabhängig davon, ob Sie an Bord oder an Land, allein oder mit einem Agenten einklarieren, die folgenden Papiere sollten in einer Mappe griffbereit sein:
- Bootspapiere (Schiffs- oder Flaggenzertifikat),
- vorbereitete Crewlisten,
- Pässe aller Crewmitglieder,
- Impfpässe,
- Ausklarierung des letzten Hafens (Customs Clearance).

Meist durchläuft man drei Stationen: Einwanderungsbehörde (Immigration), Gesundheitsbehörde (Health) und Zoll (Customs).

Bei der **Immigration** werden die Pässe gestempelt und Crewlisten ausgefüllt. Der **Health** Officer kommt manchmal an Bord, um den restlichen Frischproviant zu beschlagnahmen.

Der **Customs** Officer interessiert sich vor allem für Alkohol, Tabakwaren und Waffen. Antworten Sie ehrlich! Das kann recht mühsam sein, wenn zum Beispiel die Alkohol-Vorräte an Bord verplombt werden müssen oder die Pistole unter Zollverwahrung genommen wird. Aber die Strafen, wenn jemand mit nicht deklarierten Zollgütern oder sogar Waffen erwischt wird, sind gewaltig.

Ein mahnendes Beispiel (aus der Zeitschrift *Cruising World* vom August 2003): Ein amerikanischer Segler hatte sich in Kuba mit Rum und Zigarren eingedeckt, diese beim Einklarieren in den Cayman Islands aber nicht angegeben. Der Zoll durchsuchte die Yacht und fand die »heiße Ware«. Das Schiff wurde beschlagnahmt, und der Skipper musste eine Geldstrafe zahlen und sein Schiff vom Zoll zurückkaufen. Insgesamt zahlte er rund 25 000 Dollar – für nicht deklarierte Waren im Wert von nur 250 Dollar! Titel der Geschichte: »The $ 25 000 Smoke« ...

Vor der **Ausreise** geht man zu den gleichen Behörden, um auszuklarieren. Der Zeitraum, wie lange man nach dem Ausklarieren noch bleiben darf, bevor man wirklich das Land verlässt, ist eine echte »Grauzone«. Manchmal klarieren Yachten schon am Freitag aus, obwohl sie erst sonntags auslaufen wollen, um die Wochenend-Overtime-Gebühren zu sparen. Oder das Auslaufen verzögert sich, und der Skipper will nicht wieder einklarieren, weil er schon auf dem Absprung ist. Um Ärger zu vermeiden, sollte man sich bei revierkundigen Yachties umhören, wie eng oder locker die Behörden den Zeitraum betrachten.

Das Papier vom Zoll, die so genannte »**Customs Clearance**«, ist das wichtigste Dokument für den nächsten Landfall. Es führt die an Bord befindlichen zollpflichtigen Waren und eventuell mitgeführte Waffen auf. Und es gibt Auskunft, von wo die Yacht in welcher Zeit gesegelt ist. Wer zum Beispiel ohne Einklarierung in den San-Blas-Inseln herumtrödelt, sollte bei der Ankunft in Panama eine Antwort parat haben, warum er für die 600 Seemeilen von Curacao drei Monate gebraucht hat ...

Umgang mit Behörden

Einklarieren in Galapagos: Auf der einen Seite der langen Theke ein stattlicher Ecuadorianer in einer schneeweißen, goldbesetzten Uniform. Der Scheitel sitzt korrekt, die schwarzen Schuhe glänzen. Und auf der anderen Seite kommt ein Yachtie im typischen Outfit durch die Tür: zerknitterte Shorts, darüber ein verschwitztes T-Shirt, Sandalen an den bloßen Füßen.

Kein Einheimischer würde sich so zu einer Behörde begeben. Es sei denn, er ist bettelarm. Und da Segler nicht als arme Leute angesehen werden, wird ihr schlampiges Auftreten als Missachtung empfunden, vielleicht sogar als Beleidigung.

Beim Ein- und Ausklarieren sollten Sie **korrekte Kleidung** tragen: lange Hosen, ordentliche Schuhe, ein sauberes Hemd. Auch ein Tennishemd mit kurzen Ärmeln ist bei Männern akzeptabel. Frauen sollten auf jeden Fall Schultern und Beine bedecken. Der Anblick von nackten Schultern oder Oberschenkeln wird in vielen Ländern als anzüglich empfunden. Am besten reservieren Sie einen Satz Kleidung speziell für solche Anlässe.

Leicht unterlaufen einem **Fehler mit der Bürokratie**. Ein Schriftstück oder ein Stempel von der letzten Ausklarierung fehlt, oder die Yacht liegt vor Anker, obwohl man erst längsseits an der Pier hätte festmachen sollen.

Solche Situationen sind kritisch. Der Beamte fühlt sich möglicherweise in seiner Funktion nicht ernst genommen. Wenn der Skipper jetzt herrisch auftritt und auf irgendein Recht pocht, hat er schon verloren. Denn der Beamte sitzt eindeutig am längeren Hebel. In diesem Land gelten nur seine Gesetze, so unverständlich oder unsinnig sie uns auch erscheinen mögen. Aus solchen Situationen entstehen meist die Geschichten von böswilligen Schikanen, stundenlangen Wartezeiten, überhöhten Gebühren oder Bußgeldern.

Wie gehen Sie nun richtig mit einer solchen Situation um? Oft haben es Frauen leichter, die Situation zu entschärfen. Wenn hinter dem Schalter ein Mann steht, siegt meist der Kavalier über den strengen Gesetzeshüter.

Von Mann zu Mann entsteht dagegen leicht die »Hahnenkampf-Situation«. Und die können Sie nur mit einer deutlichen »Unterwerfungsgeste« beenden: Sie gestehen Ihren Fehler ein und entschuldigen sich dafür. Und dann bitten Sie den Beamten um Rat, wie das Problem zu lösen sein könnte. So erkennen Sie seine Autorität an, und er kann nun Kompetenz und Größe zeigen, indem er eine Lösung sucht.

Der »Einklarierungs-Knigge«:

- *In angemessener Kleidung erscheinen.*
- *Höflich und bescheiden auftreten.*
- *Bitten oder fragen, niemals fordern.*
- *Freundlichkeit erwidern.*
- *Schmiergeld (»Bakschisch«) nach Möglichkeit vermeiden.*
- *Und vor allem: Geduld haben.*

Besonders der letzte Punkt fällt uns Deutschen schwer. Wir sind es gewohnt, unsere Zeit bis auf die letzte Minute zu verplanen. Und sind deshalb ständig in Eile. Von beidem müssen (besser: dürfen) Sie sich außerhalb von Europa verabschieden. Entdecken Sie die Langsamkeit ...

Flaggenführung

Wenn eine Yacht in den Hafen oder am Ankerplatz einläuft, gilt spätestens der zweite Blick der **Nationalflagge** am Heck. Sie sagt nicht nur den Behörden, sondern auch den anderen Seglern, wer man ist. Auch die deutschen Yachten, die sich im überfüllten Mittelmeer oft keines Blickes würdigen, begrüßen sich umso freudiger, je ferner sie der Heimat sind ...

Der Zustand des »Adenauers« sollte nicht zu schäbig sein. Starkwind und vor allem das UV-Licht setzen auch der besten Stoffqualität so sehr zu, dass man einige Reserve-Flaggen mitführen sollte. Eine Nationale in Bettlaken-

Gastlandflaggen, selbst genäht.

Das vorschriftsmäßige Einholen der National- und Gastlandflaggen bei Sonnenuntergang haben wir dagegen meistens »vergessen«, ebenso wie die gesamte Fahrtensegler-Flotte ... Darüber hat sich aber nie jemand beschwert.

Manchmal sieht man unter der Backbord-Saling eine weitere kleine Nationalflagge wehen. Das bedeutet, dass der Skipper oder ein Crewmitglied aus diesem Land kommen. Und dann ist da noch meterweise Platz für Club- und Vereins-Stander, zum Beispiel von TO und SSCA (siehe S. 57).

Krankenversicherung

»Und wie habt Ihr das mit der Krankenversicherung geregelt?« Wenn wir irgendwo auf der Welt deutsche Urlauber kennen lernten, kam fast immer diese Frage.

Amerikanern oder Australiern ist solches Sicherheitsdenken fremd. Die meisten sind auch an Land, im normalen Berufsleben nicht krankenversichert. Amerikanische Segler haben meist eine Art »self insurance«: Sie legen jeden Monat einen festen Betrag beiseite, im Fall einer Krankheit zahlen sie die Kosten dann aus diesem Topf.

Welche Möglichkeiten gibt es, wenn man sich lieber richtig versichern will?

Die günstige Gruppenversicherung für TO-Mitglieder gibt es leider nicht mehr. Die Firma Preuss Yachtversicherungen (www.preuss-yachtversicherungen.de, Adresse siehe Anhang) bietet aber weiterhin eine Auslandsreise-Krankenversicherung für Segler an.

Auch der ADAC hat ein entsprechendes Angebot (www.adac.de unter »Auslands-Krankenschutz Langzeit«).

In der Regel wird das viel günstiger sein, als die deutsche Krankenversicherung weiterlaufen zu lassen. Vorausgesetzt, Sie segeln wirklich ganzjährig, denn die Auslands-Krankenversicherung schließt nur einen kurzen Heimataufenthalt in Deutschland mit ein.

Dann stellt sich die Frage, ob Sie Ihre bisherige Krankenversicherung ruhen lassen oder kündigen wollen. Klären Sie mit Ihrer Krankenkasse im Voraus die genauen Bedingungen ab: Können Sie nach einer Kündigung später wieder eintreten? Kann der Vertrag ruhen? Mit welchen Kosten ist das verbunden?

Wir ließen unsere private Krankenversicherung während der Reise ruhen. Das kostete für uns beide rund 50 Euro pro Monat, aber dafür blieb bei der Rückkehr das ursprüngliche Eintrittsalter und damit der monatliche Beitrag erhalten.

Sinnvoll erschien uns außerdem eine Rückhol-Versicherung, die nach einem Unfall oder im Fall einer notwendigen Operation den Transport nach Hause bzw. in ein

Größe wirkt befremdlich. Meist sind es amerikanische Yachten, die zu solcher Selbstdarstellung neigen. In arabischen Ländern werden die US-Flaggen dann allerdings immer kleiner ... *Kayas* Nationale erschien uns mit 30 mal 45 cm gerade passend für eine kleine Yacht.

Unter der Steuerbord-Saling fährt man die **Gastland-Flagge** des betreffenden Landes. Sie sollte deutlich kleiner als die eigene Nationalflagge sein, die übliche Größe ist ca. 20 mal 30 cm. Gastlandflaggen sind nur wenige Wochen oder Monate im Einsatz, daher kann man sie ohne weiteres selbst nähen. Mit etwas Geschick und Phantasie macht das sogar Spaß und spart eine Menge Geld. Auf *Kaya* gehörte das Nähen der Flaggen zu den Vorbereitungen auf den nächsten Reiseabschnitt.

Die gelbe **Q-Flagge** setzt man nur bei der Ankunft in einem neuen Land. Sie wird direkt unter der Gastlandflagge in der Steuerbord-Saling gesetzt und bedeutet: »Alles gesund an Bord, wir bitten um Einklarierung«. Die Beamten nehmen dieses Signal sehr ernst, denn die Einklarierungsprozedur endet fast immer mit den Worten: »You can take your yellow flag down!« (Sie können die gelbe Flagge einholen) – was man dann auch gleich tun sollte.

Land mit einem vergleichbaren medizinischen Standard übernimmt.

Bootsversicherungen

Eine **Haftpflichtversicherung** müssen Sie abschließen. Nicht nur wegen der Luxusyacht, die wegen einer kleinen Schramme auf Ihre Kosten neu lackiert werden soll. In der EU gibt es neuerdings eine Versicherungspflicht für Wassersportfahrzeuge. Einige Länder, darunter Spanien, führen auch Kontrollen durch. Lassen Sie sich von Ihrer Versicherung die »Blaue Internationale Versicherungskarte« ausstellen.

Bei der **Kaskoversicherung** gehen die Meinungen auseinander, denn sie ist teuer: Die Prämien für weltweite Fahrt liegen bei etwa zwei Prozent der Versicherungssumme, bei einer hohen Selbstbeteiligung (in der Regel um 5000 Euro pro Schadensfall). Viele Fahrtensegler vertreten daher den Standpunkt: »Ein guter Anker ist die beste Versicherung.«

Aber Yachten gehen nicht nur durch zu leichtes Ankergeschirr verloren. Ein unerwarteter schwerer Sturm oder ein Seebeben kann das Schiff kosten, sogar wenn es vermeintlich sicher in einer Marina liegt. Angesichts der immer häufiger auftretenden extremen Wetterlagen werden Sie Ihr Schiff vielleicht doch gegen Totalverlust versichern wollen.

Das Angebot für eine Yacht-Kaskoversicherung wird für außereuropäische Gebiete individuell erstellt. Hier drei Yachtversicherer bzw. Versicherungsmakler, die grundsätzlich bereit sind, Yachten auf Blauwasserfahrt zu versichern:

- Pantaenius Yachtversicherungen (www.pantaenius.de)
- Preuss Yachtversicherungen (www.preuss-yachtversicherungen.de)
- NAUTIMA, Mannheimer Versicherungen (www.mannheimer.de)

TO und SSCA

Das Kürzel TO steht für **Trans-Ocean**, Verein zur Förderung des Hochseesegelns e.V. (Adresse siehe Anhang). Fast jede deutsche Fahrtenyacht fährt den schwarz-weiß-roten Stander in der Saling.

Für den Jahresbeitrag von 30 Euro (Stand 2013) erhält man viermal jährlich das »TO-Heft« mit Törnberichten und aktuellen Informationen sowie Standortmeldungen der Yachten auf Langfahrt. Der Standerschein kostet noch einmal 15 Euro und muss alle drei Jahre neu beantragt werden.

Das wichtigste sind aber die ca. 200 TO-Stützpunkte rund um die Welt. Die ehrenamtlichen Stützpunktleiter betreuen die TO-Segler und nehmen Postsendungen in Empfang. Da sie vor Ort leben, können sie unzählige wertvolle Tipps geben, zum Beispiel bei Reparaturen oder der Suche nach Ersatzteilen.

Auf der TO-Website finden Sie eine Liste aller Stützpunkte zum Download (www.trans-ocean.eu unter »Revierinfo/Stützpunkte«).

Seven Seas Cruising Association (kurz: SSCA) heißt die amerikanische Segler-Vereinigung. SSCA-Mitglieder erkennen sich an einem blauen oder roten Stander (engl. Burgee) in der Saling. Ein roter Burgee bedeutet, dass man »Commodore« ist, ein Status, den man erst nach längerer Bewährungszeit und mit Unterstützung von »Sponsoren« erreicht. Aber auch als einfaches Mitglied mit blauem Burgee wird man Teil der großen SSCA Community, einer Gruppe mit beeindruckendem Gemeinschaftssinn.

Die Mitgliederzeitschrift (SSCA Bulletin) erscheint monatlich und bietet einen riesigen Fundus von Informationen. Mitglieder können die Bulletins auch online erhalten. Der Mitgliedsbeitrag mit Online-Option beträgt 55 US-$ (bei Postzustellung nach Europa 30 US-$ mehr).

Näheres finden Sie auf der SSCA-Website: www.ssca.org

*Zwölf Meter Stahl:
Solides Fahrtenschiff
mit viel Platz.*

Teil 2: Boot

7. Das Boot

Gibt es die »ideale« Fahrtenyacht?

Unendlich viel ist zu dieser Frage schon geschrieben worden. Dabei lässt sie sich ganz kurz und bündig beantworten: Nein, die ideale Fahrtenyacht gibt es leider nicht! Denn zu verschieden sind die Anforderungen während einer Langfahrt, auch auf der Barfußroute.

Wenn Sie bei rauer See ein Gefühl von Sicherheit und Geborgenheit suchen, werden Sie sich in einer hochbordigen Yacht mit Mittelcockpit wohl fühlen, am besten noch umgeben von Relingskleidern und fester Sprayhood. Wenn Sie bei leichter Brise gern die Beine über die Reling baumeln lassen und sich vor Anker am liebsten im Wasser tummeln, werden Sie sich auf einem Boot mit niedrigem Freibord und großer Heckplattform wohler fühlen.

Wenn Sie hoch am Wind allen davon segeln wollen, brauchen Sie ein Boot mit viel Tiefgang. Wenn Sie jeden kleinen Hafen als Schlupfwinkel nutzen und jede einsame Lagune anlaufen möchten, brauchen Sie dagegen ein Boot mit möglichst wenig Tiefgang.

Eine Familie mit Kindern braucht eine andere Yacht als ein Paar oder ein Einhandsegler.

Das Alter, die Vorlieben und Erfahrungen spielen eine Rolle – und die persönlichen Ziele, die jeder mit dem Boot bzw. der Reise verfolgt. Die Yachten, die man auf den Ankerplätzen und in den Häfen rund um den Globus trifft, sind ebenso individuell und verschieden wie die Menschen an Bord.

Wer im Oktober oder November über die Außenmole im Hafen von Las Palmas spaziert, bekommt einen guten Überblick über die Vielfalt der Möglichkeiten. Am Kai liegen Yachten in allen Größen und Formen, alte und neue, rassige und plumpe. Alle wollen über den Atlantik segeln. Und alle werden ihr Ziel mit großer Wahrscheinlichkeit auch erreichen. Wenn auch unterschiedlich schnell – manche brauchen 14 Tage, andere 30 – und mit unterschiedlichem Komfort.

Ein schweres Stahlschiff, breit und behäbig, viel Platz unter Deck. In der gemütlich eingerichteten Kajüte meterweise Bücher und Souvenirs aus den bereisten Ländern.

und Ausrüstung

Ein solide verschweißter Aluminiumrumpf schafft Vertrauen.

»Wohnmobile« nennt ein Segler mit sportlichem Ehrgeiz diese Yachten abfällig. Und wie segelt so ein »Wohnmobil«? Auf unsere Frage antwortet der Eigner: »Tja, wer segelt schon gern?« Und beißt genüsslich in ein Stück Streuselkuchen mit Schlagsahne ...

Ein leichter Trimaran war das schnellste Schiff, das wir auf unserer Reise trafen. Dieser Segelspaß hatte aber seinen Preis: An Bord wurde mit jedem Gramm gegeizt. Die Inneneinrichtung war zweckmäßig, aber spartanisch. Kein Bücherregal lud zum Schmökern ein. Auch Ausrüstung, Kleidung und Proviant waren auf das nötigste beschränkt. Der Skipper meinte mit Blick auf unsere eingekochten Vorräte: »Gläser kommen bei mir nicht an Bord!«

So unterschiedlich die Yachten auch sind: Fast jeder Eigner schwört auf sein Schiff. Deshalb wird auch jeder Autor im Brustton der Überzeugung sein Schiff als die »ideale Fahrtenyacht« herausstellen. Wolfgang Hausner und neuerdings auch Bobby Schenk werden Sie von den Vorzügen eines Katamarans überzeugen wollen, Lin und Larry Pardey von einem Holzboot ohne Motor. Heide und Erich Wilts vertrauen ihrer schweren Stahlyacht, und Wilfried Erdmann ließ sich für seine härtesten Törns einen leichten Kurzkieler aus Aluminium bauen.

Vielleicht haben Sie Ihr Traumschiff schon gefunden. Oder Sie haben schon eine ganz bestimmte Vorstellung, wie es aussehen soll. Letztlich werden Sie die Entscheidungen für Ihr Schiff wahrscheinlich »aus dem Bauch heraus« treffen. Weil Sie ganz einfach eine Vorliebe für eine Rumpfform oder ein Baumaterial haben. Oder weil Sie eines Tages ein Boot besichtigen und plötzlich wissen: »Das ist es.«

So war es bei uns. Wir hatten zunächst nur eine vage Vorstellung, was wir eigentlich suchten. Wilfried Erdmanns Überlegungen zum Bau seiner *Kathena Nui* hatten uns überzeugt. Also ein Aluminiumboot sollte es sein, nicht zu groß. Aber welches? Die deutschen Werften waren für unser Budget unbezahlbar, ein Gebrauchtmarkt für Aluyachten existierte fast nicht, und für den Selbst-Ausbau eines Kaskos fehlten uns Zeit, Gelegenheit und Erfahrung.

Zwei Jahre vor unserem Start. Wir gehen durch die Messehallen der Interboot, sehen uns Yachten an. Plötzlich stehen wir vor einer Alu-Yacht, die uns auf Anhieb gefällt. Ovni 30 aus Frankreich, noch nie gehört ... Neugierig steigen wir die Treppe hinauf. Und es ist Liebe auf den ersten Blick. Ein stabiler Rumpf, funktionale Beschläge. Ein freundlicher Salon, viel helles Holz, viel Licht. Wir sind uns schnell einig: unser Schiff soll eine Ovni sein.

Das ist nun lange her. Unser »Traumschiff« hat uns sicher rund um die Welt getragen, wir haben 32 000 See-meilen darin zurückgelegt und jahrelang in der kleinen Kajüte gelebt.

Bei den folgenden Betrachtungen gehen wir daher hauptsächlich von unserem Boot aus. Ganz einfach, weil wir es kennen. Weil wir seine Vorzüge, aber auch die Nachteile erfahren haben.

Bootsgröße
»Big boat – big problem«

Diesen Spruch hörten wir oft von Seglern. Und zwar von denen, die ein großes Boot ihr Eigen nannten. Ein großes Boot hat ganz einfach mehr Systeme, die gewartet werden müssen. Oft sind diese komplizierter. Zum Beispiel werden bei der kleinen Ovni 30 Schwert und Ruder mit einfachen Taljen bedient, die größeren Ovnis haben stattdessen hydraulische Pumpen. Ein großes Boot hat mehr Räume und mehr Flächen, die zu reinigen und zu streichen sind. Und es ist weniger überschaubar, wenn es um die regelmäßige Wartung und Inspektion geht.

Yachties mit kleinen Booten haben ganz einfach mehr Zeit, um schnorcheln zu gehen, Ausflüge zu machen oder Land und Leute zu entdecken. Auf den entlegenen Ankerplätzen trafen wir oft die kleineren Boote, während die großen noch im letzten Hafen lagen, auf Ersatzteile warteten oder Reparaturen ausführen mussten.

Acht Meter sind genug: Die schwedische BARINA segelte ohne Probleme um die Welt.

»Big boat – big money«

In der Karibik hörten wir diesen Spruch zum ersten Mal. Von den so genannten »boat boys«, die sofort von uns abließen, wenn sich eine größere Yacht näherte. Ob »big money« bei Ihnen nun zutrifft oder nicht, mit einem großen Boot werden Ihnen die Einheimischen überall auf der Welt mit dieser Erwartung begegnen. Das schafft Distanz.

Zumindest bei einem neuen Boot stimmt die Regel: Je größer das Boot ist, desto höher sind die **Anschaffungskosten**. Der Preis steigt dabei nicht im gleichen Verhältnis wie die Bootslänge, sondern schnellt mit jedem Meter überproportional in die Höhe.

Zuerst erschien uns die Ovni 30 zu klein. Aber dann besichtigten wir eine Ovni 32, betrachteten den zusätzlichen Meter, der vor allem mehr Fußraum in der Toilette bedeutete, und fragten uns: Brauchen wir das wirklich? Einen Meter mehr für soviel Geld? Die 36er bot dann zwar deutlich mehr Platz, aber sie war fast doppelt so teuer wie die 30er.

Aber auch bei gebrauchten Yachten ist die Größe ein entscheidender Kostenfaktor. Denn beim Ausrüsten geht es weiter: Das Rigg, die Segel, das Ankergeschirr, alles wird erheblich teurer mit jedem Meter Bootslänge. Blättern Sie daraufhin einmal den Katalog eines Ausrüsters durch. Ähnlich verhält es sich mit Liegeplätzen, Slipkosten und dem jährlichen Antifouling-Anstrich. Sicher ist: Wer seine Bordkasse im Blick haben muss, weil sie sich nicht unbegrenzt wieder auffüllt, hat mit einem kleinen Boot deutlich weniger Sorgen.

In puncto **Seetüchtigkeit** hatten wir keine Bedenken, mit einem Neun-Meter-Boot auf große Fahrt zu gehen. Wilfried Erdmanns *Kathena Nui* ist nur zehn Meter lang. Er segelte mit ihr auf den schwierigsten Routen und unter den härtesten Bedingungen, während wir in warmen, gemäßigten Breiten blieben.

Aber ein kleines Boot hat auch **Nachteile**, die wir Ihnen nicht vorenthalten wollen. Ein kleines Boot segelt langsamer. Die maximale Geschwindigkeit, die so genannte Rumpfgeschwindigkeit, ist abhängig von der Länge der Wasserlinie. Daher kommt der Spruch: »Länge läuft.«

Kayas Rumpfgeschwindigkeit beträgt 6,8 Knoten. Unser durchschnittliches Etmal, also die Strecke, die wir in 24 Stunden zurücklegten, lag zwischen 110 und 120 sm. Unser Rekord-Etmal von 155 sm bedeutete äußerst unbequemes Segeln mit angespannten Nerven.

Größere Yachten segeln dagegen ganz bequem Etmale von 170 sm und mehr. Man kann es mit Autofahren vergleichen: bei 120 km/h hebt ein Kleinwagen schon fast ab,

in einer großen Limousine gleitet man dagegen bei 180 km/h noch völlig entspannt dahin.

Ein kleines Boot hat weniger Stauraum, muss aber die gleiche Grundausrüstung an Bord haben wie ein großes: Ersatzteile, Werkzeug, Proviant für mehrere Monate. Es ist mühsam, diese Dinge sinnvoll zu stauen. Und noch mühsamer, sie bei Bedarf wieder zu finden.

Das Dingi passt weder aufgebaut an Deck noch zusammengelegt in die Backskiste. Wir fuhren unser Schlauchboot zusammengerollt an Deck. Der einzig mögliche Platz war vor dem Mast, an der Stelle, wo viele Yachten einen Container mit der Rettungsinsel fahren.

Viele Segler bevorzugen ein größeres Boot. Mindestens 12 Meter ist heute die gängige Größe für eine Fahrtenyacht.

Material

Wer heute vor der Anschaffung einer Fahrtenyacht steht, wird sich wohl die Frage stellen: Kunststoff (GFK), Stahl oder Aluminium?

Jedes dieser Materialien hat seine Vor- und Nachteile, und jedes hat seine Anhänger. Die Entscheidung trifft man letztlich, indem man seine persönlichen Prioritäten setzt.

GFK oder Metall?

GFK ist das am häufigsten verwendete Material. Auf dem Neu- und Gebrauchtmarkt stehen zahllose Yachten zur Auswahl.

Viele davon sind Leichtbauten, die zwar schöne und schnelle Charteryachten abgeben, aber für die rauen Bedingungen einer Langfahrt nicht geeignet sind. Im Fahrtenseglerjargon heißen sie etwas abschätzig »Joghurtbecher«.

Beim Gang über die Bootsmessen wundern wir uns immer wieder über die filigranen Ruder-Konstruktionen. Ein befreundetes italienisches Seglerpaar, das mit einem nagelneuen »Joghurtbecher« auf Weltumsegelung ging, verlor mitten auf dem Pazifik sein Ruder (siehe S. 129).

Solider sind die schweren, im Handauflegeverfahren gebauten Schiffe aus Skandinavien. Hallberg-Rassy-Yachten sind leicht zu erkennen an ihrem blauen Streifen; man sieht sie am häufigsten auf großer Fahrt. Die Eigner sind fast durchweg mit ihrem Boot zufrieden.

GFK ist pflegeleicht. Bis zu dem Tag, an dem sich Bläschen am Unterwasserschiff zeigen und die Diagnose lautet: Osmose. Jedes GFK-Boot kann nach einigen Jahren davon befallen werden.

An der Mittelmeerküste bietet inzwischen fast jede Werft eine Osmose-Behandlung an. Auf den Stellplätzen rund um die Yachthäfen stehen reihenweise Kunststoffyachten aller Fabrikate aufgebockt, das Gelcoat am gesamten Unterwasserschiff abgeschält. Denn die erste Stufe der Behandlung ist das Austrocknen der Bläschen, das dauert mehrere Monate.

In Europa hat man das Problem wohl im Griff. Aber in den Tropen? Wer das Pech hat, ein Osmose-Schiff zu kaufen, kann seine Reise dort fürs erste beenden. Bei 90 % Luftfeuchtigkeit und den sintflutartigen tropischen Regenfällen wird schon das Austrocknen zum fast unlösbaren Problem.

Im Hinblick auf die Sicherheit würden wir ein Metallschiff vorziehen. Während unserer Reise hörten wir etliche Berichte, dass Schiffe auf ein Korallenriff liefen oder strandeten. Einen Schiffbruch mit Totalschaden erlebten wir hautnah im Minerva-Riff (siehe S. 46). Eine Yacht aus GFK hat dann kaum eine Chance. Viele Metallschiffe wurden dagegen schon von Riffen gezogen, zwar verbeult, aber noch intakt. Auch einer Kollision mit einem Wal oder einem treibenden Container wird ein Metallschiff eher standhalten.

Ein Gewitter bedeutet für eine GFK-Yacht eine echte Gefahr. Schwedische Freunde machten an Bord ihrer GFK-Yacht schon die Rettungsinsel klar, als sie in Indonesien mitten in ein Blitz-Inferno gerieten. Denn ein Blitzeinschlag kann erhebliche Schäden am Rumpf zur Folge haben (mehr zu Blitzeinschlag und Blitzschutz in Kapitel 5).

Wir erlebten ähnlich schwere Gewitter. Aber ein Metallschiff ist ein Faraday-Käfig. Unsere einzige Sorge war, ob wir ohne Sicht vor Topp und Takel treibend genügend Seeraum hatten.

Viele Blauwassersegler entscheiden sich aus diesen Gründen für ein Boot aus Metall. Und da stellt sich die nächste Frage: **Stahl oder Aluminium?**

Stahl hat für Fahrtensegler einige Vorteile. Das Material ist preiswert und sehr stabil. Stahl ist problemlos (ohne Schutzgas) zu schweißen. Daher sind viele Selbstbau-Yachten aus Stahl. Reparaturen können unterwegs fast überall ausgeführt werden.

Trotzdem ist auch Stahl kein ideales Bootsmaterial. Stahl ist schwer. Stahlyachten sind oft behäbig und laufen erst ab vier Windstärken unter Segeln. Bei kleinen Yachten wirkt sich das hohe Materialgewicht noch ungünstiger aus. Die Mindestgröße für eine vernünftig segelnde Stahlyacht liegt daher eher bei zwölf als bei zehn Metern.

»Wenn Ihr wüsstet, was ein Stahlschiff für Arbeit macht ...«, diesen Stoßseufzer hörten wir von einem Yachtie, nachdem er sein Boot gerade glücklich verkauft hatte.

Unterwegs konnten wir schon an unseren Gasflaschen beobachten, dass Stahl in den Tropen schneller rostet, als der Lack trocknet. Jede Roststelle muss geschliffen, grundiert und zweimal lackiert werden. Eigner von gepflegten Stahlyachten sieht man daher auf Deck fast immer mit dem Pinsel in der Hand. Weniger gut gepflegte Stahlyachten erkennt man leicht an den »Rost-Tränen«.

Ein Stahlschiff rostet auch dann unaufhaltsam weiter, wenn es am Steg liegt oder an Land steht. Verschiedene Yachties, die mit Stahlschiffen auf Langfahrt waren und den Kampf gegen den Rost unterwegs gut im Griff hatten, waren anschließend damit überfordert. Deshalb wird ein Stahlschiff am Ende einer Langfahrt meist wieder verkauft. Auf dem Gebrauchtmarkt gibt es eine große Auswahl an gut ausgerüsteten Fahrtenyachten aus Stahl, oft zu sehr günstigen Preisen.

Auf den ersten Blick ist **Aluminium** das ideale Material. Denn anders als bei einem Stahlschiff braucht sich der Eigner einer Aluyacht über abgeplatzte Farbe keine Sorgen zu machen. Seewasserbeständiges Aluminium schützt sich selbst durch eine Oxidschicht, die Farbe bzw. Lackierung dient nur der Verschönerung. Oft sieht man Aluyachten, die gar nicht lackiert sind, das stumpfe graue Deck ist allerdings Geschmackssache. Auf *Kaya* war nur die Bordwand »Alu natur«, Deck und Fußreling waren weiß lackiert. Wenn der Lack im Gebrauch beschädigt wurde – durch scheuernde Leinen, Schäkel oder die Ankerkette kam das ständig vor – mussten wir nicht gleich zum Pinsel greifen, sondern konnten ganz entspannt bis zum nächsten Werftaufenthalt warten.

Aber das ist nur die halbe Wahrheit. Auch ein Aluminiumrumpf macht Arbeit und hält die Crew auf Trab. Denn

Aluminium hat einen großen Nachteil: wirksames Antifouling ist kaum zu bekommen. Die heutigen Yacht-Antifoulings enthalten als Wirkstoff fast alle Kupferoxid, und da gilt die einfache Regel: Je höher der Kupfergehalt, desto wirksamer ist das Antifouling.

Für Aluminiumyachten ist Kupfer aber tabu. Alle paar Wochen hieß es daher für uns »Boot schrubben« (mehr zum Thema »Antifouling« in Kapitel 13).

»Und die **Elektrolyse?**« fragt jeder, noch bevor das Wort »Aluminiumboot« verklungen ist. Elektrolyse lässt sich verhindern, wenn man konsequent vorgeht. Hier kurz die wichtigsten Maßnahmen:

- Es darf keine galvanische (leitende) Verbindung zwischen Aluminium und anderen Metallen (insbesondere Niro!) bestehen. Hierzu dienen Hülsen und Scheiben aus Teflon für jeden, aber wirklich jeden Bolzen. Niro-Gewindeschrauben werden mit Teflonband isoliert.
- Die Niro-Antriebswelle wird über eine flexible, isolierende Kupplung gegen die Maschine isoliert. Auch die Relingstützen und die Ankerwinsch werden isoliert montiert.
- Das Bordnetz wird zweipolig isoliert verlegt. Ein Masse-Relais trennt die Motor-Masse vom Netz, die Leitung vom Startschloss zum Anlasser läuft über eine Diode.
- Die Erdleitungen von Funk- und Radargerät sind mit Hilfe eines induktionsarmen Kondensators galvanisch unterbrochen.
- Ausreichend gute Isolation des Bordnetzes ist vorhanden, wenn ein Amperemeter zwischen dem Pluspol der Batterie (nicht an der Schalttafel!) und dem Rumpf weniger als 0,1 Milli-Ampere (100 Mikro-Ampere) anzeigt.
- Kritische Stellen werden mit Zinkanoden geschützt. Zusätzliche Anoden aus Magnesium, an Drahtseilen über Bord gehängt, schützen das Boot im Hafen oder vor Anker.

Das hört sich alles komplizierter an, als es ist. Dem Eigner bleibt allerdings nichts anderes übrig, als sich gründlich in die Materie einzuarbeiten.

Bei einem werftneuen Schiff sollten Sie sich nicht auf die fehlerfreie Verarbeitung verlassen. Wir mussten etliche Isolationsmängel beheben, zum Beispiel durch den nachträglichen Einbau einer isolierenden Kupplung zwischen Welle und Getriebe. Diese ist auch aus mechanischen Gründen sinnvoll (Vibration), war der Werft aber offenbar zu teuer.

Tiefgang

Ein **tief gehender Kiel** sorgt für Stabilität und gute Am-Wind-Eigenschaften. Aber er ist auf der anderen Seite ein ständiges Handicap. Wir können auf Anhieb eine ganze Reihe von Plätzen aufzählen, wo *Kayas* geringer Tiefgang ein echter Vorteil war. Zwei Beispiele:

In Trinidad konnten wir uns in eine flache, von Mangroven geschützte Seitenbucht flüchten, als Hurrikan »Luis« herannahte.

Der Pass in die Lagune von Aitutaki ist nur bis maximal 1,60 m Tiefgang befahrbar. Außer uns lagen nur zwei Yachten im geschützten Hafenbecken. Vielleicht macht gerade das den Reiz dieser Insel aus.

Kaya ist ein so genannter **Integralschwerter.** Das Aluminium-Schwert dient nur als Lateralplan, der eigentliche Ballast sitzt fest in der Bilge. Das hat den Vorteil, dass das relativ leichte Schwert wie bei einer Jolle mit zwei Taljen geholt und gefiert wird und damit weniger störanfällig ist als die Hebevorrichtung eines Hubkielers. Nach zehn Jahren haben wir vorsichtshalber die Taljen erneuert, sie waren völlig intakt.

Und die **Segeleigenschaften**? *Kaya* ist mit 3,20 sehr breit für ein 9,50 Meter langes Boot. Vor dem Wind segelten wir relativ bequem und angenehm, von dem oft beklagten Rollen blieben wir weitgehend verschont. Wie bei einer Jolle holten wir auf Vorwindkurs das Schwert auf.

Im Roten Meer, wo wir fast nur gegenan segeln mussten, erlebten wir dann allerdings auch die Nachteile unserer »Hochsee-Jolle«. Da *Kaya* bei Krängung schnell luvgierig wird, mussten wir sehr früh reffen. Bei Windstärken um

Nur 60 cm Tiefgang: Kaya mit aufgeholtem Schwert und Ruder.

5 Beaufort liefen wir nur schlecht Höhe und stampften uns immer wieder in den kurzen, steilen Wellen fest. Ein schlanker, schwerer Langkieler aus Stahl war hier in seinem Element, er segelte uns einfach davon. Allerdings lagen wir auch viel zu tief im Wasser, denn für das Rote Meer hatten wir unser Schiff mit Proviant und Diesel völlig überladen.

Oft werden wir nach der **Seetüchtigkeit eines Schwertbootes** gefragt. Kann ein Boot ohne Ballastkiel nicht kentern? Über praktische Erfahrungen, ob und wann sich das Boot wieder aufrichtet, können wir zum Glück nicht berichten.

Die Theorie besagt: Wie ein Stehaufmännchen, das ja auch nicht umzuwerfen ist, obwohl es keinen Kiel hat, sollte sich die Ovni wieder aufrichten, auch wenn sie mit dem Mast auf dem Wasser liegt. Sogar dann noch, wenn der Mast in das Wasser eintaucht. Das von der Werft zur Verfügung gestellte Diagramm, in dem das aufrichtende Moment in Abhängigkeit von der Krängung dargestellt ist, kommt dem einer Kielyacht sehr nahe.

Auch beim Thema Kiel bzw. Tiefgang gilt: Sie müssen entscheiden, was Ihnen wichtig ist und welche Nachteile Sie dafür in Kauf nehmen wollen. Viele Barfußrouten-Segler betrachten einen festen Kiel mit höchstens 1,60 Meter Tiefgang als den besten Kompromiss.

Rigg

Einmaster oder Zweimaster? Schoner oder Yawls sieht man kaum noch unter den Fahrtenyachten. Aber relativ viele Boote sind als **Ketsch** getakelt.

Was spricht für eine Ketsch? Der zweite Mast, der Besan, wird von den Eignern oft als idealer Platz für die Radar-Antenne und für den Windgenerator gepriesen. Auf den tropischen Ankerplätzen haben wir außerdem stets bewundert, wie schön sich das Sonnensegel zwischen beiden Masten aufspannen lässt.

Aber im Ernst: lohnt sich dafür ein zweiter Mast? Mit all den Wanten, Stagen und Spannern, den damit verbundenen Kosten und Wartungsarbeiten?

Kaya ist eine hochgetakelte **Slup**, das einfachste und häufigste Rigg. Noch lieber hätten wir ein Kutterrigg mit zwei hintereinander liegenden Rollreffanlagen gehabt.

Aber der Platz auf *Kayas* Vorschiff reicht nicht aus, um den nötigen Abstand zwischen erstem und zweitem Vorstag einzuhalten. Ein weiterer Grund, der für ein etwas größeres Boot spricht. Denn alle Yachties, die ein Kutterrigg fahren, sind davon begeistert.

Deck und Cockpit

Blauwasseryachten erkennt man in der Regel daran, dass sich auf ihrem **Deck** allerlei Ausrüstung türmt. Wasser- und Dieselkanister, Segelsäcke, Dingi, Surfbrett, Fenderbrett, Fahrräder, Gasflaschen, Holzkohlen-Grill ...

Einen Regattasegler schaudert es bei diesem Anblick. Denn das ideale Deck ist aufgeräumt und funktional. Es bietet freie Bahn für alle Manöver und guten Halt für die Crew. Es gibt keine Hindernisse oder Gegenstände, an denen sich ein Fall oder eine Schot verfangen könnte.

Wunsch und Wirklichkeit ... Viele Dinge finden unter Deck einfach keinen Platz. Auch Ihr Deck wird nicht frei bleiben. Aber bleiben Sie kritisch und vermeiden Sie unnötiges Gerümpel an Deck.

In den Tropen sollte das **Deck möglichst hell** sein, damit es sich bei der extremen Sonneneinstrahlung nicht unnötig aufheizt. Weiß ist unter diesem Aspekt die ideale Farbe. Ob ein weißer Decksbelag für eine Fahrtenyacht praktisch ist, ist eine ganz andere Frage. Da wir nicht ständig das Deck schrubben wollten, entschieden wir uns für ein helles Grau..

Am schönsten ist zweifellos ein **Teakdeck**. Aber in den Tropen ist es nicht ideal, da die UV-Strahlung sowohl dem Holz als auch der Dichtmasse sehr zusetzt. Es wird dringend empfohlen, ein Teakdeck täglich mit Salzwasser zu benetzen. Aber das erfordert eiserne Disziplin, die in den Tropen unweigerlich nachlässt.

Das Cockpit ist auf der Barfußroute der gefragteste Lebensraum. Das wichtigste Element sind die Sitzbänke. Sind sie lang genug, um sich bequem darauf auszustrecken? Wahrscheinlich werden Sie viele Nachtwachen dort verbringen, mit dem Blick nach oben in den unendlichen Sternenhimmel. Und viele Tage, unter dem Sonnensegel liegend, dösend oder lesend.

Sie werden Ihre Mahlzeiten im Cockpit einnehmen, oft auch mit Gästen. Wie sitzen Sie auf den Bänken? Sind die Rückenlehnen bequem? Kaufen Sie gute, möglichst strapazierfähige Auflagen und Rückenkissen für die Cockpit-Bänke. Sie werden ständig in Gebrauch sein. Das gleiche gilt für den Cockpit-Tisch. Ein Klapptisch, der jedes Mal erst aus der Backskiste geholt werden muss, ist auf die Dauer viel zu mühsam. Ideal ist ein fest montierter Tisch an der Steuersäule, der bei Bedarf einfach hochgeklappt wird.

Inneneinrichtung

Je größer ein Boot ist, umso mehr Möglichkeiten gibt es bei der Innenaufteilung. In Yachten von 14 oder 15 Meter Länge wird geradezu verschwenderisch mit Platz umgegangen. Stehhöhe im ganzen Schiff, großzügige Sitzecke, Gästekojen, eine geräumige Pantry und komfortable Nasszellen sind selbstverständlich. Ein Boot von neun bis zehn Meter Länge stellt die Werft dagegen vor die viel anspruchsvollere Aufgabe, den vorhandenen Platz optimal auszunutzen.

In *Kayas* Kajüte wurde wirklich kein Zentimeter verschenkt. Das stellten wir jedes Mal fest, wenn wir über Änderungen nachdachten. Ein zusätzliches Regal? Dann lässt sich das über Eck liegende Schapp nicht mehr öffnen. Die Salonkojen verbreitern? Dann klappt der Tisch nicht mehr hoch. Die Toilette höher setzen, um darunter einen Tank zu montieren? Dann reicht die Kopfhöhe nicht mehr, um bequem zu sitzen. Und so weiter. Natürlich wünschten wir uns manchmal mehr Spielraum für eigene Ideen, gleichzeitig waren wir aber immer wieder fasziniert von den bis ins kleinste durchdachten Details.

Das Innenleben unseres Schiffs betrachten wir als »Minimalversion« für eine Langfahrt. Wirklich gefehlt hat uns nichts. Aber jedes Schapp, jede Sitz- oder Ablagefläche, jeder freie Fuß- oder Kopfraum wurde gebraucht. Weniger wäre nicht gegangen. Erweiterungen könnten wir uns dagegen gut vorstellen: zum Beispiel eine größere Pantry mit mehr Arbeitsfläche. Oder eine größere Doppelkoje im Vorschiff. Vor allem aber: mehr Stauraum.

Worauf kommt es bei der Inneneinrichtung an? Die Punkte, die uns nach den Erfahrungen des Bordlebens besonders wichtig erscheinen, sind folgende:

Die **Stehhöhe** in der Kajüte sollte für jedes Crewmitglied ausreichen. Nicht unbedingt im ganzen Schiff, aber in den am meisten genutzten Teilen: In der Pantry, im WC und im Bereich des Niedergangs bzw. im vorderen Teil des Salons. Für uns war *Kayas* Kajüte gerade hoch genug. Aber ein 1,90-Meter-Mann hätte überall den Kopf einziehen müssen.

Der **Niedergang** sollte so beschaffen sein, dass man auch bei Seegang leicht und schnell zwischen Cockpit und Kajüte hin und her wechseln kann. Das wichtigste sind gute Haltegriffe und breite Stufen mit rutschfestem Belag. Sehr vorteilhaft erschienen uns die Wände (von Toilette und Achterkajüte) zu beiden Seiten von *Kayas* Niedergang. Sie gaben bei Seegang hervorragenden Halt.

Ein Paar auf der Bootsmesse. Die beiden bleiben vor ihrem hoch aufgebockten »Traumschiff« stehen, erklimmen schließlich die Treppe, schlüpfen in die Filzpantoffeln. Der erste Weg führt in die Kajüte. Er nimmt am Kartentisch Platz, sie bestaunt die geräumige Pantry und öffnet den Kühlschrank-Deckel. Was stellen die beiden sich dabei wohl vor? Sicher nicht das:

Komfortabel auf Langfahrt: Toilette mit Fenster und Achterkajüte.

Auf der Überfahrt von Neuseeland nach Fidschi. Kaya rollt heftig in den unangenehm steilen Seen. Gaby hat sich in Schrittstellung in der Pantry verkeilt. Linkes Knie nach vorne gegen den Türrahmen, rechter Fuß nach hinten gegen den Schwertkasten. Sie braucht beide Hände, um den Topf auf dem wild hin und her schlingernden Kocher zu halten. Rüdiger hat sich hinter dem Kartentisch verkeilt. Er hält sich am Handlauf über seinem Kopf fest, um nicht mit einem Kopfsprung in der Pantry zu landen.

Plötzlich ein Schlag. Kaya wird von einer brechenden See auf die Seite geworfen. Der Inhalt eines Schranks ergießt sich auf den Fußboden: Besteck, Haushaltsgeräte, Musik-CDs ...

Viel Raum unter Deck sieht bei der Besichtigung auf der Messe großzügig aus. In schwerem Wetter auf See ist er gefährlich. Spannend wird es vor allem dann, wenn man bei »Achterbahnwetter« versucht, sich durch die Kajüte zu bewegen.

In Schulterhöhe müssen gute **Handläufe** angebracht sein. So viele und so dicht, dass man wirklich überall Halt findet und sich daran »entlanghangeln« kann, indem man den nächsten schon greift, während man sich am letzten noch festhält.

Die **Pantry** muss auch bei schwerem Wetter benutzbar sein. Am Herd braucht man festen Halt, damit man beide Hände zum Kochen frei hat. Viele Yachten haben einen Einpick-Gurt vor dem Herd montiert, auf *Kaya* bietet der Schwertkasten Halt, um sich nach hinten abzustützen.

Die ideale Position für die Pantry ist in der Nähe des Niedergangs. Hier ist bei Seegang der ruhigste Punkt des Schiffes. Aber auch bei freundlichem Wetter oder am Ankerplatz ist es ein Vorteil, wenn die Pantry möglichst dicht am offenen Niedergang liegt. Dunst und Hitze können beim Kochen direkt abziehen, bei Tropenhitze ein entscheidender Faktor. Und die Speisen lassen sich bequem ins Cockpit reichen.

Der **Salon** wird auf der Barfußroute viel weniger genutzt, als man sich das zu Hause vorstellt. Am Ankerplatz, wenn das große Sonnensegel aufgespannt ist, verlagert sich das Bordleben nach draußen ins Cockpit. Wenn doch einmal jemand unter Deck Platz nimmt, ist die Beanspruchung der **Polster** enorm. Denn in den Tropen kommen die Gäste leicht bekleidet, meist in Badekleidung. Salz, Schweiß und vor allem Sonnenmilch sind die natürlichen Feinde der Sitzbezüge, die beim Kauf noch so schön aussahen ...

Auf vielen Yachten sieht der Salon deshalb wenig gemütlich aus: sämtliche Sitzflächen und Rückenlehnen sind mit Frotteehandtüchern verhängt, die natürlich immer verrutschen. Praktischer und schöner ist es, die Polster mit abnehmbaren, waschbaren Bezüge zu schützen, die man bei Bedarf erneuern kann.

Die **Toilette** sollte möglichst nicht im Vorschiff liegen, wie es bei kleineren Yachten üblich ist. Zum einen, weil man sonst jahrelang buchstäblich mit dem Kopf im Klo schläft, mit dem entsprechenden Duft um die Nase. Gerade in der Tropenhitze ist es angenehm, wenn die Toilette durch eine Tür abgetrennt ist und ein eigenes Fenster zum Lüften hat.

Aber noch wichtiger ist, dass die Toilette auf See gut erreichbar und möglichst ruhig gelegen ist. *Kayas* Toilette liegt neben dem Niedergang in Schiffsmitte und ist auch bei schwerem Wetter gut benutzbar. Das Vorschiff wäre dann denkbar ungeeignet. Man müsste sich durch das ganze Schiff nach vorne hangeln, eventuell mit nasser Kleidung. Und man müsste sich auf dem gar nicht »stillen Örtchen« mehr um Halt bemühen als um das eigentliche Anliegen.

Aus dem gleichen Grund konnten wir auf See nicht im **Vorschiff** schlafen. Den Platz auf der Doppelkoje nutzten wir stattdessen, um sperrige Gegenstände griffbereit zu lagern: Taschen mit Wäsche, Ölzeug und warmer Kleidung. Dazwischen lagerte unterwegs auch der empfindliche Teil des Frischproviants: Äpfel, Tomaten, Gurken, eine große Stiege mit Eiern, alles gut zwischen Kissen gepolstert. Vor Anker dagegen war das Vorschiff der angenehmste Platz

Kayas *Salon*: In der Mitte der Schwertkasten.

zum Schlafen. Bei aufgestelltem Vorluk war es dort luftiger als in der Achterkajüte.

Unterwegs auf See braucht man gute **Seekojen**. Unser Schiff verfügte über eine geräumige Koje in der Achterkajüte. Laut Angaben im Prospekt soll das eigentlich eine Doppelkoje sein, doch Papier ist geduldig. Die »Koje« unter dem Cockpit wäre zum Schlafen viel zu niedrig, wir nutzten diesen Teil als zusätzlichen Stauraum.

Da wir abwechselnd Wache gingen, genügte uns auf See die Einzelkoje in der Achterkajüte. Mit Decken und Schlafsäcken rundum gepolstert, schliefen wir hier bei jedem Wetter tief und fest. Der große Vorteil der Achterkajüte: wenn die Tür geschlossen ist, kann man sich während der Nachtwache frei im Salon bewegen. Das heißt, die Wache kann Licht machen, in der Pantry mit Töpfen klappern oder das Funkgerät benutzen, ohne den Schlafenden zu stören.

Eine Nasszelle mit **Dusche** haben wir auf der Barfußroute kein einziges Mal vermisst. Bei tropischen Temperaturen macht es keinen Sinn, im Schiffsinneren zu duschen und sich damit zusätzliche Feuchtigkeitsprobleme einzuhandeln. Wer nicht auf warmes Wasser verzichten mag, kann im Cockpit oder auf der Heckplattform unter einer 5-Liter-Campingdusche schwelgen. Ein schwarzer Sack aus der Campingabteilung (»Solar Shower«) liefert, wenn er eine Weile der Sonne ausgesetzt ist, richtig heißes Wasser. Viele Serienschiffe haben inzwischen standardmäßig eine Cockpitdusche.

Vor neugierigen Blicken schützen Relingskleider und die heruntergelassenen Seitenteile des Sonnensegels. Oder man wartet einfach, bis es dunkel wird. In den Tropen geht schließlich schon um 18 Uhr die Sonne unter.

Erst chartern, dann kaufen!

Eine gute Möglichkeit, den Wohnkomfort Ihres Traumschiffes zu testen, ist ein Chartertörn. Chartern Sie genau diesen Bootstyp, in Ihrer Wunschgröße. Nutzen Sie die Zeit, um so viel wie möglich zu segeln, auch bei mehr Wind, und planen Sie auch mindestens eine Nachtfahrt ein. Finden Sie unter Deck überall Halt, wenn das Boot auf der Seite liegt? Wie gut können Sie bei Seegang kochen, essen, schlafen?
Machen Sie möglichst einen Bogen um Marinas. Versuchen Sie, statt dessen zu ankern, und verbringen Sie auch die Abende an Bord. Denn Sie wollen ja herausfinden, ob Sie wochenlang auf diesem Boot leben können, ohne dass Ihnen »die Decke auf den Kopf fällt«.

Ein Blick auf den Gebrauchtmarkt

Wenn Geld für Sie keine Rolle spielt, haben Sie die freie Auswahl. Aber wenn Sie mit einem begrenzten Budget auf die Reise gehen, ist die Frage, wie viel davon Sie in Ihr Boot investieren.

Ein gebrauchtes, älteres Boot kann ein guter Kauf sein. Wenn Sie Glück haben, bekommen Sie »viel Schiff« für relativ wenig Geld. Aber vergessen Sie dabei nicht die Folgekosten!

Als wir *Kaya* einmal in einer französischen Werft überholten, stand neben uns eine Moorings 50. Eine ausgemusterte **Charteryacht**, die zwei Jahre lang vergessen an Land stand. Die neuen Eigner, ein älteres französisches Paar, entdeckten sie dort und konnten sie günstig kaufen. Zuerst freuten sie sich über das »Schnäppchen«. Aber dann fielen sie von einem Schrecken in den nächsten: Neue Segel! Neue Maschine! Neue Rollfockanlage! Bei einem 50-Fuß-Schiff kostet das richtig Geld ...

Ein **eignergepflegtes Schiff**, das vielleicht nur drei Wochen im Jahr gesegelt, aber jedes Jahr im Winterlager gründlich überholt wurde, ist sicher ein besserer Kauf als ein ehemaliges Charterboot. Denn ein Charterboot läuft etliche Wochen im Jahr und geht dabei durch viele, nicht immer sachkundige Hände.

Ein Schiff, das im Mittelmeer liegt, ist sehr wahrscheinlich »tropentauglicher« ausgerüstet als ein Schiff an der Nord- oder Ostsee. Gut ausgerüstete Yachten im Norden haben eine Heizung und eine »Kuchenbude«, die das Cockpit vor kaltem Wind und Regen schützt. Beides werden Sie hoffentlich so bald nicht brauchen ... Eine gut ausgerüstete Mittelmeer-Yacht hat dagegen eine Badeleiter, ein Bimini-Top und eine Sprayhood mit zu öffnender Frontscheibe.

Oder Sie kaufen eine **Blauwasseryacht**, die gerade von einer Atlantiküberquerung oder Weltumsegelung zurück-

gekehrt ist. Der Vorteil: Dieses Boot hat sich schon bewährt. Sehr wahrscheinlich hat der Eigner unterwegs die meisten »Kinderkrankheiten« beseitigt. Eine Blauwasseryacht ist schon komplett ausgerüstet mit allem, was man für die Langfahrt braucht. Wenn eine gute Windsteueranlage, eine stabile Sprayhood, gutes Ankergeschirr und ein robustes Dingi an Bord sind, sparen Sie eine Menge Geld.

Auf die elektronische Ausrüstung sollten Sie allerdings nicht zu viel geben: die modernen Geräte werden für eine Lebensdauer von etwa fünf Jahren gebaut. Wenn sie nicht unterwegs schon erneuert wurden, überdauern sie keine zweite Langfahrt.

Womit wir bei den Nachteilen wären. Das Schiff hat viele tausend Seemeilen auf dem Buckel. Rigg, Segel, Motor und die gesamte Ausrüstung waren jahrelang im Dauereinsatz. Sehr wahrscheinlich brauchen Sie einen Satz neue Segel und eine gründliche Überholung des Motors.

Gebrauchtboot-Anzeigen finden Sie in den Yachtzeitschriften und im Internet, zum Beispiel unter:

www.boot24.com
www.boatshop24.com
www.boots-boerse.de.

Tipps zum Neukauf

Der Lieferumfang einer werftneu ausgelieferten Yacht nennt sich in der Regel »segelfertig«. Was aber nicht bedeutet, dass Sie mit dieser Yacht gleich lossegeln können. Die Navigationsinstrumente sind meist nicht im Lieferumfang enthalten, es macht aber Sinn, sie gleich von der Werft einbauen zu lassen.

Vor allem aber sollten Sie sich nicht darauf verlassen, dass alle Installationen auf dem schönen neuen Boot sachgerecht ausgeführt sind.

Nach der Auslieferung müssen Sie unterscheiden zwischen Mängeln in der Verarbeitung und nicht seegerechten

Wollen Sie das Schiff wieder verkaufen?

Vielleicht überrascht Sie diese Frage, weil Sie denken: »Darüber kann ich mir doch nach der Reise Gedanken machen!« Sie sollten es aber jetzt schon tun, denn beim Kauf einer Yacht stellen Sie auch schon die Weichen für später.

Es gibt Schiffe, die auf dem Gebrauchtmarkt sehr gesucht sind und kaum an Wert verlieren. Dazu gehören zum Beispiel bewährte skandinavische Yachten wie Hallberg Rassy oder Najad. Auch für solide Fahrtenyachten aus Stahl gibt es immer einen Markt, vor allem, wenn der Rumpf in einer renommierten Werft gebaut wurde. Alu-Yachten sind gebraucht kaum erhältlich, deshalb haben sie einen hohen Wiederverkaufswert.

Konstruktionen. Ersteren begegnen Sie, indem Sie bei der Auslieferung eine Restzahlung einbehalten und dann das Boot akribisch nach Fehlern absuchen. Die nicht seegerechten Konstruktionen haben Sie bei der begeisterten Besichtigung auf der Bootsmesse übersehen. Einige werden Sie noch vor der großen Reise entdecken und beseitigen, andere werden Ihnen erst nach und nach unterwegs auffallen.

Wenn man eine Yacht neu kauft, kann man in der Regel Einfluss auf die Ausrüstung nehmen. Hier zahlten wir Lehrgeld, da wir uns nur auf die von der Werft gelieferten Zubehörteile verließen. Grundsätzlich gilt: Die Werft wird keine schlechten Segel, Winschen oder Pumpen verwenden. Aber sie versucht, die Kosten niedrig zu halten, dimensioniert meist knapp und wählt aus dem Angebot ihrer Großlieferanten.

Bei *Kaya* sind zum Beispiel die Schotwinschen kleiner als die Fundamente, auf denen sie montiert sind. Gegen einen geringen Aufpreis hätten wir größere Winschen bekommen. Auch versäumten wir, auf einer Wärmeisolierung des Rumpfes zu bestehen. Auf der Barfußroute war das kein allzu großes Problem, aber schon beim Überwintern im Mittelmeer spürten wir die Nachteile. Für eine nachträgliche Isolierung müssten alle Holzeinbauten herausgerissen werden ...

Sie können sich unnötige Kosten ersparen, wenn Sie solche Details vorher mit der Werft absprechen.

Selbstbau

Einen alten Spruch der Häuslebauer kann man gut auf Boote übertragen: »Das erste Boot baut man für einen Feind, das zweite für einen Freund und das dritte für sich selbst.«

Schöner und besser als eine Werft wird man als Anfänger nicht bauen können. Billiger auch nicht, wenn man realistisch rechnet. Und am Ende hat man ein Schiff, das nur schwer wieder verkäuflich ist.

Wenn Sie trotzdem mit dem Gedanken spielen, selbst zu bauen oder auszubauen, sollten Sie versuchen, einen Platz in einer Halle zu finden. Unser Schiff stand vor der Reise eine Weile auf einem Platz am Altrhein. An vielen Wochenenden konnten wir wegen Kälte oder Regen nicht arbeiten, sogar im Sommer fielen etliche Tage buchstäblich ins Wasser. Dabei wollten wir nicht bauen, sondern nur das Unterwasserschiff beschichten. Das dauerte nicht Tage, wie geplant, sondern Wochen. Aus einem Bauprojekt, das ein Jahr dauern soll, können unter diesen Bedingungen leicht mehrere Jahre werden.

Trotzdem sieht man unterwegs viele deutsche Selbstbau-Yachten. Meist sind es Stahlyachten, gebaut nach den Plänen des deutschen »Selbstbau-Papstes« Kurt Reinke.

Aber noch öfter liest man im Kleinanzeigenteil des *Palstek*: »Kasko zu verkaufen.« Hinter jeder dieser Anzeigen stecken etliche Jahre Arbeit, viel Geld und ein geplatzter Traum ...

Wer sich all diesen Ärger ersparen will, der kauft sich besser ein segelfertiges neues oder gebrauchtes Boot und macht es mit ein paar Änderungen und der entsprechenden Ausrüstung »langfahrttauglich«. Davon handelt das folgende Kapitel.

8. Ausrüstung für Langfahrt

Da liegt es nun am Steg, das neue oder gebrauchte Boot, das in nicht allzu ferner Zukunft auf die große Reise gehen soll. Wo soll man anfangen mit der Ausrüstung für die Langfahrt? Beim Gang über die Bootsmesse oder beim Stöbern in den Katalogen der verschiedenen Ausrüster wird die Wunschliste immer länger. Das Angebot ist unendlich. Aber was braucht man wirklich?

Den entscheidenden Tipp gleich vorneweg: Verfallen Sie nicht in den »Messe-Kaufrausch«, sondern lassen Sie sich Zeit. Sie müssen das Boot nicht »überkomplett« ausrüsten, bevor Sie die Leinen loswerfen. Ausrüster und Baumärkte gibt es überall auf der Welt, und oft kauft man anderswo sogar viel günstiger als in Deutschland.

Natürlich wollen Sie nicht ohne Log, Echolot oder UKW-Funkgerät losfahren. Diese Dinge kaufen Sie frühzeitig, um sie noch in Ruhe einbauen zu können. Mit anderen Dingen können Sie bis zuletzt warten. Vielleicht wird der kleine Hand-GPS noch kurz vor der Abreise billiger, weil ein neues Modell auf den Markt kommt. Kaufen Sie auch die Rettungsinsel erst kurz vor dem Start, um den ersten Wartungstermin möglichst weit nach hinten zu schieben.

Den Kauf von Dingen, die auf Ihrer Wunschliste mit einem Fragezeichen versehen sind, können Sie auf später vertagen. Denn erst, wenn Sie eine Weile unterwegs sind, wissen Sie, was Sie wirklich brauchen. Und Sie hören, was andere für Erfahrungen damit haben.

Ausrüsten unterwegs

Für die großen amerikanischen und englischen Ausrüster ist es Routine, weltweit innerhalb von wenigen Tagen per DHL oder FedEx zu versenden. Bestellt wird per E-Mail, bezahlt wird per Kreditkarte oder PayPal. Fordern Sie noch zu Hause die Kataloge der wichtigsten Ausrüster an (siehe Anhang), sie gehören auf einer Langfahrt unbedingt an Bord.

Die Frachtkosten werden meist ausgeglichen durch die Möglichkeit, die Waren zollfrei in Empfang zu nehmen. Aber Vorsicht: Der Umgang mit dem Zoll kann in manchen Ländern hohe Gebühren und viel Ärger bedeuten. Fragen Sie ortskundige Yachties, bevor Sie eine Bestellung aufgeben!

Wir entschlossen uns zum Beispiel erst in Gibraltar, *Kaya* mit Radar und Watermaker auszurüsten. Das Radargerät kam aus England, den Watermaker bestellten wir in den USA. Die Pakete konnten wir problemlos direkt am Flughafen abholen.

Wenn Sie bisher noch keine Erfahrungen mit amerikanischen Firmen gesammelt haben, werden Sie staunen über die Schnelligkeit und Freundlichkeit, mit der Ihre Bestellungen bearbeitet werden. Mit West Marine (www.westmarine.com) haben wir die besten Erfahrungen gemacht. Dieser große amerikanische Ausrüster hat zwar nicht unbedingt den billigsten Discount-Preis, ist aber unübertroffen in puncto Service und Kulanz.

Aber auch in der »Servicewüste Deutschland« gibt es inzwischen Hersteller und Händler, die sich auf die Bedingungen einer Langfahrt einstellen. Sie werden Ihnen die verfügbaren Service-Unterlagen beschaffen und Sie später aus der Ferne mit Rat und Ersatzteilen versorgen. Versuchen Sie, solche Händler zu finden.

Die Adressen von Firmen, mit denen wir gute Erfahrungen gemacht haben, finden Sie im Anhang.

Das Rigg

Ist das Rigg stark genug dimensioniert? Was tun, wenn ein Want oder Stag bricht? Bleibt der Mast oben, wenn das Schiff durchkentert?

Durchkentern werden Sie auf der Barfußroute hoffentlich nicht. Aber ein Bruch ist bei den dauernden Belastungen, denen eine Blauwasseryacht ausgesetzt ist, jederzeit möglich. Daher sollten Sie Ihrem Rigg ganz besondere Aufmerksamkeit widmen.

Die Stärke der **Wanten und Stage** ist ab Werft oft zu filigran. Meist ist es ein Unterwant oder Vorstag, das bricht. Wenn Sie nicht alle Drähte verstärken wollen, dann vielleicht nur diese. So haben wir es nach langen Überlegungen gemacht: Auf *Kaya* waren ab Werft alle Drähte 6 mm stark, wir haben das Vorstag und die Unterwanten auf 7 mm verstärkt.

Vielleicht waren wir ja übertrieben vorsichtig. Aber die Investition hat sich gelohnt. Auf der ganzen Reise mussten wir keinen einzigen Draht auswechseln. Und mit dem gleichen Rigg würden wir ohne Bedenken auch ein zweites Mal um die Welt segeln.

Zu sehr sollte man das Rigg aber nicht überdimensionieren. Das Topgewicht erhöht sich mit jedem Millimeter Drahtstärke. Und: die maximale Bruchlast der Drähte sollte die Bruchlast der Püttings nicht übersteigen.

Auch wenn Sie das Vorstag nicht erneuern, sollten Sie oben und unten je ein **Toggle** einbauen. Diese kardanischen Gelenke machen sich bezahlt, denn sie verringern

Mit Maststufen ist der Ausguck schnell in der Saling.

die Schraubterminals selbst, ganz ohne fremde Hilfe oder spezielle Maschinen, montieren. So ist im Ernstfall ein Draht auch im einsamsten Südseeatoll schnell ausgewechselt.

Nach dem gleichen Prinzip funktionieren die **Isolatoren**, die man in das Achterstag einbaut, um eine stabile Antenne für das SSB-Funkgerät zu erhalten (genauere Hinweise in Kapitel 10).

Ein **zweites Vorstag** ist einfach nachzurüsten und bietet jede Menge Vorteile: Bei Sturm bringt es zusätzliche Sicherheit, weil es das Vorstag entlastet. Man kann daran eine Sturmfock setzen. Oder eine Arbeitsfock, die wesentlich besser steht als eine halb eingerollte Genua. Im Passat bietet es die Möglichkeit, eine zweite Genua zu fahren. Und es erleichtert die Wartung bzw. Reparatur der Rollreff-Anlage, denn das zweite Vorstag sichert den Mast, während die Anlage demontiert wird. Das zweite Vorstag ist dünner (auf *Kaya* 5 mm) und kann mit einem Rad-Spanner mit Pelikanhaken bei Bedarf schnell gesetzt werden.

Maststufen sind für eine Fahrtenyacht ein Muss. Zum einen, weil sich so Wartungs- und Reparaturarbeiten im Masttop schnell und bequem durchführen lassen. Natürlich hätte man in einer Marina auch Zeit, einen Bootsmannsstuhl zu benutzen. Aber weil Maststufen viel bequemer sind, führt man mit ihnen eben doch öfter Kontrollen des Riggs im Masttop durch. Zum anderen sind Maststufen für die »Eyeball-Navigation«, also Ansteuerungen auf Sicht in Korallengewässern, äußerst hilfreich (siehe Kapitel 18).

Ideal sind Maststufen, die nicht aus dünnen Niro-Bügeln, sondern aus breiten Aluprofilen bestehen. Die Aluprofile sind zwar optisch nicht so ansprechend, aber man kann sie bequem barfuß besteigen. Auf der »Barfußroute« (jetzt wissen Sie, woher der Name kommt) werden Sie tatsächlich oft keine Zeit oder Lust haben, vor dem Hochklettern erst Ihre Schuhe zu suchen. Und man vermeidet eine Korrosion des Mastes, da sich Aluminiumstufen zusammen mit Monel-Nieten (siehe Kapitel 13) an einem Alumast elektrisch neutral verhalten.

Wie viele Maststufen braucht man? So wenig wie möglich, damit der Mast nicht unnötig durchlöchert wird. Aber der Abstand zwischen zwei Stufen darf nicht zu groß sein, damit man sicher, schnell und ohne große Anstrengungen in der Saling ist. Von einer Trittfläche zur nächsten sollte er ca. 45 bis 50 cm betragen. Die erste Stufe sollte von Deck aus gut erreichbar sein, aber nicht zu nah an den schon vorhandenen Beschlägen sitzen (Winschen, Austritt von Fallen, Großbaum-Befestigung). Bei der Berechnung müssen Sie außerdem beachten: Die Saling ersetzt eine Stufe.

die Wahrscheinlichkeit eines Vorstag-Bruchs erheblich. Wenn Sie einmal erlebt haben, wie stark das Vorstag bei Vorwindkursen arbeitet, dann sind Sie froh, wenn die ständigen Bewegungen nicht vom Draht, sondern von diesen Gelenken aufgefangen werden. Diese Entscheidung sollte vor der Installation einer Rollreff-Anlage getroffen werden, denn die Toggles beanspruchen Platz (bei uns je etwa 15 cm Länge).

Wenn Sie sich entscheiden, das Rigg zu verstärken, können Sie gleichzeitig überlegen, die Walzterminals durch Konus-**Schraubterminals** (z.B. Norseman) zu ersetzen. Diese sind zwar teurer, und auch wir brauchten eine ganze Weile, bis wir unseren Norseman-Terminals wirklich vertrauten. Aber sie haben sich bestens bewährt. Gegenüber gewalzten Terminals haben sie ganz entscheidende Vorteile: Man kann sie aufschrauben und die kritischen Stellen im Inneren kontrollieren. Und vor allem kann man

Arbeit im Masttop – nur für Schwindelfreie!

Für Arbeiten im Masttop liegen oben (ca. 1,20 Meter unter dem Masttop) zwei Stufen auf gleicher Höhe.

Damit sich kein Fall hinter den Maststufen verklemmen kann, sollten Sie Fallabweiser installieren. Auf *Kaya* hatten wir lange dünne Leinen im Zickzack zwischen Maststufen und Wanten verspannt. Das sah nicht unbedingt elegant aus, war aber sehr wirksam.

Früher war es Standard, zwei lange »Passat-Bäume« zum Ausbaumen der Doppelfock zu fahren. Seit es gute Selbststeueranlagen gibt, ist diese klassische Passatbesegelung aber »out«.

Aber einen **Spinnakerbaum** brauchen Sie auf der Passatroute auf jeden Fall. Auf *Kaya* war er ständig im Einsatz. Selten, um auf Vorwindkurs den Blister zu setzen, sondern meistens, um die Genua auszubaumen. Wir entschieden uns, allen Skeptikern zum Trotz, für einen Teleskop-Spinnakerbaum. Aus zwei Gründen: Wir wollten einen Baum, der variabel auf verschiedene Vorsegelgrößen einstellbar ist. Und einen langen Baum hätten wir nicht in der dafür vorgesehenen Halterung stauen können.

Wir wählten einen Baum der schwedischen Marke Selden, eine Nummer größer, als im Prospekt empfohlen. Denn wir wollten ihn aus Gründen der Stabilität nicht bis zum letzten Loch ausziehen. Der Baum hat sich bestens bewährt. Er war leicht zu handhaben und unter allen Bedingungen stark genug.

Die Segel

Ein Segel für eine Langfahrt muss völlig andere Anforderungen erfüllen als ein Regattasegel. An erster Stelle steht die Haltbarkeit. Am besten wählt man ein robustes, starkes Tuch mit dreifach genähten Nähten. Die **Rollgenua** braucht einen UV-Schutz gegen die Tropensonne.

Die Norm ist ein **Großsegel** mit Latten. Aber die Lattentaschen sind die Schwachstellen, an denen ein Segel zuerst kaputtgeht. Die Latten verfangen sich leicht am Mast bzw. im Rigg, und so lernt man in jedem Segelkurs, dass man das Boot in den Wind drehen muss, um die Segelfläche zu verändern.

Windstärke 7 mit hohen, brechenden Seen. Wenn Kaya die Wellenberge hinuntersurft, zeigt die Logge zeitweise 10 und mehr Knoten. Wir halten jedes Mal den Atem an, ob das Boot auf Kurs bleibt. Denn wir wollen auf keinen Fall quer zu den Wellen kommen. Höchste Zeit, noch weiter zu reffen!

In diesen Situationen haben wir uns manchmal einen DSV-Prüfer vorgestellt, der sein Boot schulmäßig in den Wind dreht, um die Segel zu reffen ...

Das Großsegel kann aber auch eine Ausführung ohne Latten sein, ein so genanntes »Schwedengroß«. Der Nachteil eines lattenlosen Großsegels liegt auf der Hand: Es fehlt Segelprofil, die Segeleigenschaften bei Am-Wind-Kursen sind deutlich schlechter. Aber: Der Am-Wind-Kurs ist auf der Barfußroute eher die Ausnahme. Der geringere Stress rechtfertigt (zumindest für unseren Geschmack) diesen Nachteil. Denn entgegen allen Segelschul-Regeln lässt sich ein lattenloses Groß problemlos vor dem Wind setzen, reffen und bergen.

Kayas Original-Segel waren aus dünnem Tuch. Sie hatten einfache Nähte, drei kurze Latten im Großsegel, keinen UV-Schutz an der Genua. Es machte Spaß, auf der Ostsee damit zu segeln. Aber für die Langfahrt erschienen uns diese Segel nicht geeignet.

Also beschlossen wir, für die Reise einen neuen Satz Segel anfertigen zu lassen. Nach Gesprächen mit verschiedenen Segelmachern entschieden wir uns für die Marke LEE Sails und für folgende Merkmale:

Großsegel: 18 m², »Schwedengroß« ohne Latten, Dacron 340 g/m², dreifach genäht, 3 Reffreihen.

Rollgenua: 26 m², Tuchgewicht 260 g/m², dreifach genäht, mit aufgenähtem UV-Schutz.

Dazu einen 60 m² großen Blister mit Bergeschlauch.

Wir wurden nicht enttäuscht: Wir hatten während der ganzen Reise (33 000 Seemeilen) keinen einzigen Segelschaden und mussten keine einzige Naht nachnähen. Nur der UV-Schutz der Genua wurde in Neuseeland erneuert.

Der **Blister** wurde selten benutzt. Der Bereich, in dem er einen echten Vorteil brachte, war ganz eng: 5 bis 10 Knoten Wind. Wenn wir dann die rot-weiße Blase aus ihrem Sack ließen, ging spürbar ein Ruck durchs Schiff und *Kaya* machte gute Fahrt.

Unter 5 Knoten wahrem Wind wollte auch der Blister nicht stehen, bei der immer vorhandenen Dünung fiel er dann ein und machte Anstalten, sich ums Rigg zu wickeln. Bei stärkerem Wind erforderte der gesetzte Blister unsere dauernde Aufmerksamkeit. Nachts setzten wir ihn deshalb fast nie, denn *Kaya* lief bei Windstärken ab 10 Knoten unter vollem Schmetterling fast ebenso schnell.

Wirklich nötig war der Blister nicht, wir benutzten ihn aus purem Segelspaß. Auf den Bergeschlauch hätten wir dabei nicht verzichten wollen.

Ein **Trysegel** hatten wir nicht, und wir haben es auch nicht vermisst. Das dritte Reff im Großsegel funktionierte auch bei Starkwind. Auf Vorwindkursen haben wir das Groß bei Sturm ganz geborgen. Dann rollten wir auch die Genua fast ein und waren nur mit einem winzigen Vorsegeldreieck meist noch zu schnell. Die Frage, ob das Setzen der Sturmfock die Rollgenua schonen würde, stellten wir uns in solchen Situationen nicht mehr.

Die 7 m² große **Sturmfock** blieb die ganze Reise über ungenutzt in ihrem Sack. Allerdings war es beruhigend, sie

Der Blister bringt puren Segelspaß.

für den Notfall an Bord zu haben. Falls im Sturm die Genua gerissen oder das Vorstag gebrochen wäre, hätten wir am zweiten Vorstag jederzeit die Sturmfock setzen können.

Auch eine zusätzliche Normalfock mit Stagreitern blieb meist in Reserve. Nur zu Anfang, als wir bei der Atlantiküberquerung mit »poor man's twins« experimentierten, setzten wir sie als zweites Vorsegel ein (mehr dazu in Kapitel 17).

Die **Reffeinrichtungen** sollten einfach zu handhaben sein, möglichst auch von einer Person. *Kayas* Großsegel hatte ein ganz konventionelles Binderreff. Beim Reffmanöver wird das Großfall vom Cockpit aus bedient, aber zum

Einhängen des Reffauges und zum Durchsetzen der Reffleinen muss man nach vorne zum Mast. Eine Reffeinrichtung, die komplett vom Cockpit aus bedient werden kann, wäre eine große Erleichterung.

Übrigens: *Kaya* hat keine Mastreling, die beim Reffen Halt gibt. In Erinnerung an Klettertouren in den Bergen lehnten wir uns in den ganz kurz eingepickten Lifebelt und hatten so Halt nach hinten. Der Einpick-Punkt am Mast ist ein starker Tampen, der in Brusthöhe um den Mast geknotet ist.

Inzwischen haben sich **Genua-Rollreffanlagen** auf Blauwasseryachten durchgesetzt. Nur wenige »Puristen« sind noch mit einem ganzen Satz von Vorsegeln unterwegs, und einige von ihnen denken schon laut über die Anschaffung einer Rollreffanlage nach.

Kaya war ab Werft mit einer französischen Facnor-Anlage ausgerüstet. Diese machte unterwegs nur wenig Ärger. Aber bald nach unserer Rückkehr wunderten wir uns über kleine dunkle Bröckchen auf dem Vorschiff: Das untere Kugellager hatte sich in Rostkrümel aufgelöst. Augenblicklich bewegte sich an der Anlage nichts mehr. Totalschaden. Ein neues Lager hätte fast so viel gekostet wie eine ganz neue Anlage.

Nun hatten wir die Qual der Wahl: Furlex oder ProFurl. Das sind die beiden Anlagen, die sich auf Fahrtenyachten bewährt haben. Wir entschieden uns schließlich für die ProFurl »Classic«. Sie ist einfach zu montieren, günstig im Preis und wurde uns von vielen Yachties empfohlen.

Die Reffleine wird über Umlenkrollen an den Relingsstützen geführt. Wichtig ist der letzte Umlenkpunkt vor der Trommel. Er muss so positioniert sein, dass die Reffleine genau rechtwinklig zum Vorstag in die Trommel läuft. Im Cockpit hatten wir eine zusätzliche, kleinere Winsch montiert, über die die Reffleine geführt wurde. So konnten wir die Genua einrollen oder reffen, wenn noch etwas Winddruck im Segel war. Damit vermieden wir das Killen des Segels. Und es bestand nicht die Gefahr, dass die Reffleine versehentlich ausrauscht.

Die **Genua-Schotwinschen** sollten selbstholend und nicht zu knapp dimensioniert sein. Der Holepunkt der Genua sollte leicht zu verstellen sein, auch unter Belastung. Ganz oben auf unserer Wunschliste steht ein System, das vom Cockpit aus zu bedienen ist, nicht nur aus Bequemlichkeit, sondern auch aus Gründen der Sicherheit. Denn es war immer ein kritischer Moment, wenn einer auf die Schot treten musste, um die Last herauszunehmen und den Schlitten zu verschieben. Besonders bei stärkerem Wind und Seegang, wenn das Boot Lage machte.

Selbststeuerung

Aus Gabys Tagebuch:

»Der Windmesser pendelt zwischen 7 und 8 Beaufort. Bloß jetzt nicht quer zu den immer steiler werdenden Wellen kommen! Von Hand steuern – erst jetzt wird mir bewusst, was das bedeutet: Während der Wache draußen im Nassen sitzen und das Rad umklammern, dabei ständig auf den erleuchteten Kompass starren. Nach einer Weile schmerzen die Arme und Schultern, der Hals wird steif, die Beine müde vom Abstützen. Wir wechseln uns im Stundenrhythmus ab, länger hält keiner von uns durch. Was gäbe ich dafür, drei Stunden am Stück in Ruhe schlafen zu können ...!«

Diese Nacht vor der Küste Kolumbiens war eine der wenigen Situationen, wo wir einmal von Hand steuern mussten. Denn die Wellen waren so kurz und steil, dass der Rudergänger vorausschauend Ruder legen musste. Das konnte die beste Selbststeueranlage nicht leisten.

Es gibt Segler, die mit stolz geschwellter Brust berichten, dass sie freiwillig einen Blauwassertörn ohne Selbststeueranlage absolviert und dafür sogar eine Medaille bekommen haben. Jedem das seine ...

Für uns kommt ein Törn zu zweit nur mit einer zuverlässigen Selbststeueranlage in Frage. Einer von uns geht immer und überall Wache, hält in regelmäßigen Abständen im Cockpit Ausschau und beobachtet den Horizont. Dazwischen kann er oder sie unter Deck in die Seekarte schauen, den Kurs eintragen, Logbuch schreiben, lesen und dazu einen Kakao kochen. Die Vorstellung, statt dessen stundenlang von Hand steuern zu müssen, lockt uns wirklich nicht.

Windsteueranlage oder Autopilot?

Hier gehen die Meinungen auseinander. Aus unserer Erfahrung würden wir sagen: Eine Yacht auf großer Fahrt braucht beides. Denn die beiden Systeme konkurrieren nicht, sondern sie ergänzen sich.

Eine Windsteueranlage verbraucht keine Energie. Sie ist ein mechanisches System und damit von vornherein einfacher und überschaubarer als ein elektronisches System. Sie ist leichter zu warten und zu reparieren und verbraucht keinen Strom. Im Idealfall braucht sie nicht viel mehr als alle paar tausend Seemeilen ein Stück Leine oder einen neuen Schäkel.

Die Windsteuerung hält einen festen Kurs zum Wind. Bei einer Winddrehung kann das zwar einen Umweg bedeuten. Aber es ist in jedem Fall sicherer als ein fester Kompasskurs: Auf Vorwindkurs, mit ausgebaumten Segeln, besteht keine Gefahr einer Patenthalse.

Die Windpilot steuert auch bei hohem Seegang.

Eine gute Windsteueranlage ist teuer in der Anschaffung. Aber wenn man bedenkt, wie viel von ihr abhängt und wie oft sie im Einsatz ist, dann ist sie ihr Geld wert.

Es gibt verschiedene Windsteuersysteme. Jedes System erfordert eine andere Halterung, die Konstruktion ist aber auch sehr individuell vom Bootstyp abhängig. Die Halterung sollte unbedingt größere Kräfte vertragen, als die Windsteueranlage im normalen Betrieb erzeugt. Besonders, wenn die Anlage mit einem Pendelruder arbeitet, sollte eine stabile Verbindung mit dem Rumpf gewährleistet sein. Blumigen Hinweisen an Messeständen, die Anlage könne z.B. auch an der Badeleiter montiert werden, sollte man ein gesundes Misstrauen entgegen bringen.

Stattdessen muss eine vorhandene Badeleiter eventuell versetzt werden. Davits für das Dingi lassen sich in der Regel nicht mit einer Windfahne kombinieren.

Der »Klassiker« unter den Windsteueranlagen ist die Aries. Wer sie hat, schwört darauf: Wilfried Erdmann segelte gar nicht *Allein gegen den Wind*, sondern mit einer Aries. Inzwischen hat eine modernere Windsteueranlage die Aries weitgehend vom Markt verdrängt: die deutsche Windpilot. Auch wir hatten uns für sie entschieden, für das Modell Windpilot »Pacific«.

Die Windpilot-Anlage ist einfach zu montieren, da sie an einem zentralen Flansch befestigt wird. Von diesem lässt sie sich auch mit wenigen Handgriffen abmontieren und unter Deck stauen – zum Schutz vor Beschädigungen, etwa im Panama-Kanal, oder vor Diebstahl bei längeren Landausflügen.

Der stolze Preis der Anlage schreckte uns zunächst ab. Aber nachdem wir eine wesentlich günstigere französische Anlage skeptisch untersucht hatten, erschien uns diese zu zerbrechlich. Der solide Alu-Guss der Windpilot war einfach Vertrauen erweckender.

Auch diese Investition hat sich gelohnt: unsere Windpilot erwies sich als stark und zuverlässig. Mit Starkwind und hohem Seegang wurde sie spielend fertig. Wir staunten immer wieder, wie gut sie ihren Kurs durch die Wellen steuerte. Unermüdlich und mit viel mehr Kraft, als ein Rudergänger auf Dauer aufbringen könnte.

Ohne nennenswerte Pannen steuerte sie uns rund um die Welt. Eine befreundete Yacht hatte besagte französische Anlage am Heck. Schon auf dem Atlantik fiel die Anlage aus, und die zweiköpfige Crew musste fast die ganze Überfahrt von Hand steuern. Sicher mit ein Grund, warum diese Weltumsegelung schon in der Karibik beendet war.

Mit zwei Situationen kann die Windsteueranlage nicht gut umgehen:

1. Mit sehr böigem Wind. Bei plötzlich zunehmender Windstärke luvt sie an, bei plötzlich abnehmender Wind-

Am Ankerplatz wird sie einfach hochgeklappt.

stärke fällt sie ab. Bei starken Böen mussten wir manchmal von Hand eingreifen, um das Anluven zu verhindern.

2. Mit sehr leichtem achterlichem Wind. Wenn das Boot Fahrt macht, ist der scheinbare Wind kaum noch spürbar. Da die Windsteueranlage aber nur auf den scheinbaren Wind reagiert, stößt sie hier an ihre Grenzen.

Bei Flaute oder bei Fahrt unter Motor kann eine Windsteueranlage gar nicht steuern. Dann kam bei uns der **Autopilot** zum Einsatz, dann war er sogar unverzichtbar. Ruder gehen, wenn das Boot unter Maschine läuft, ist auf die Dauer einfach nervtötend. Und Ruder gehen, wenn das Boot in der Flaute dümpelt, ist schlichtweg zermürbend.

»Warum dann überhaupt noch Ruder gehen?«, werden Sie jetzt vielleicht fragen. Wir konnten uns die Situation nicht vorstellen, bevor wir sie selbst erlebt hatten. Das Boot dümpelt fast bewegungslos auf spiegelglatter See. Aber nur fast – es liegt nicht wirklich still, sondern driftet noch mit einem Knoten Fahrt irgendwohin. Wenn das Ruder fest belegt ist, dreht sich das Boot dabei um die eigene Achse. Natürlich will man mit dem bisschen Fahrt in die richtige Richtung driften. Und so versucht man immer wieder, das Boot trotz der flappenden Segel auf Kurs zu bringen.

Unser Autopilot, ein Autohelm 3000, war uns von einer Yacht empfohlen worden, die damit um die Welt gesegelt war. Ohne Windsteuerung. Wir fragen uns heute noch, wie das möglich war. Bei spiegelglatter See oder leichter Dünung steuerte unser Autohelm einwandfrei. Aber im Seegang rutschte bei jeder größeren Welle der Antriebsriemen durch. Als wir den Riemen versuchsweise fester spannten, riss er bei der nächsten großen Welle glatt durch.

Eines der Hauptthemen auf den Funknetzen war das »Autopilot-Malheur«. Viele Yachten führten zwei Autopiloten mit. Trotzdem kam es nicht selten vor, dass beide Geräte streiken.

Rüdiger hat unterwegs verschiedene Modelle repariert. Meist war die Steuerelektronik durchgebrannt. Das passiert, wenn das Ruder schon am Anschlag ist, während der Autopilot versucht, weiter Ruder zu geben.

Ankergeschirr

Am 7. August 1997 ankern wir in der Lagune von Mana/Fidschi. Gegen Morgen, noch in der Dunkelheit, wachen wir vom Stampfen des Bootes auf.

Es bläst mit 25 Knoten aus Süden genau in die Lagune hinein. Kaya hat sich um 180 Grad gedreht und zeigt nun mit dem Bug auf die See hinaus, nur geschützt vom Außenriff. Als es hell wird, steht der Windmesser konstant auf 40 Knoten, zeitweise pendelt er sich nahe 50 Knoten ein. Sicht Null, infernalischer Lärm, Regen und Gischt waagerecht. Inzwischen ist Hochwasser, die Seen laufen über das Riff und brechen sich neben uns. Wir haben die gesamten 60 Meter Kette draußen. Mit Maschinenhilfe versuchen wir, unsere wild auf und nieder tanzende Kaya mit dem Bug im Wind zu halten. Die Korallen des Uferriffs sind nur noch wenige Meter hinter dem Heck. Keine Chance, in dieser Situation Anker auf zu gehen. Jetzt muss der Anker halten ...

Erst gegen Abend dreht der Wind zurück nach Nordost. Unser Bügelanker hat gehalten.

Welcher Anker ist der beste?

Wir können nur über unsere Erfahrungen berichten: An zahllosen Ankerplätzen, oft unter schwierigen Bedingungen, hat sich unser deutscher Bügelanker bestens bewährt. Er hält exzellent. Und zwar auf allen Ankergründen. In weichem Sand oder Schlamm hält fast jeder Anker. Aber der häufigste Ankergrund auf der Barfußroute ist harter Korallensand oder Geröll, und erst da zeigen sich die Unterschiede.

Zuerst war unser Hauptanker ein 16 kg schwerer **CQR**. Den gleich schweren Bügelanker hatten wir als Zweitanker gekauft, weil er überall gelobt wurde. Zunächst lagerte er unbenutzt in der Backskiste. Bis wir in die Karibik kamen. Auf dem harten Korallenboden wollte der CQR einfach

Mit dem Heck zum Uferriff, bei 40 Knoten und mehr. Jetzt muss der Anker halten!

nicht greifen. Wir zogen ihn beim Einfahren immer wieder über Grund und fuhren jedes Ankermanöver mehrmals. Schließlich tauschten wir versuchsweise die beiden Anker aus. Und staunten: der Bügelanker hielt auf Anhieb.

Der **Bügelanker** war von nun an unser Hauptanker. Er hat gegenüber dem CQR noch weitere Vorteile: Er hat keine beweglichen Teile, in denen man sich die Hände einklemmen könnte. Der Bügel lässt sich gut greifen, sodass man den Anker auch daran tragen oder unter Wasser freibekommen kann.

Unser Erlebnis in Mana war beängstigend. Aber nichts gegen das, was andere Yachten 1994 im Minerva-Riff im Südpazifik erlebten. Im TO-Heft vom April 1995 berichtet die Crew der deutschen Yacht *Antaia*:

»Am zweiten Tag unseres Aufenthaltes verschlechterte sich das Wetter sehr schnell. Der Wetterbericht am Spätnachmittag sagte schweren Sturm voraus, an ein Auslaufen aus dieser Mausefalle war nicht mehr zu denken. Der Wind nahm stetig zu und blies in der Nacht mit 45 bis 50 Knoten, in Böen bis 60, Windstärke 12, Orkan. (...)

Die zweite Nacht brachte Winde von Orkanstärke und darüber, eine Yacht maß 70 Knoten, als der Windmesser davonflog. Besonders bei Hochwasser waren die Schiffsbewegungen unvorstellbar (...) Mehrere Male musste Werner auf das überspülte Vorschiff, um mit Maschinenunterstützung den Haken der Sicherungsleine wieder einzuhängen, da sonst der gesamte Zug auf die Ankerwinsch kam. Im Höhepunkt des Sturms wurde selbst das zu gefährlich, da die Gefahr bestand, von Deck gespült zu werden ...«

Wie durch ein Wunder hielt ihr Anker. Es war ... ein Bügelanker!

Welche Anker haben sich sonst noch bewährt? Der **Delta-Anker** ähnelt in der Form dem CQR, aber ohne dessen bewegliches Gelenk. Auch er war dem CQR auf Korallengrund deutlich überlegen. Mehrere Yachten fuhren ihn als Hauptanker und waren mit ihm sehr zufrieden.

Egal, für welchen Anker Sie sich entscheiden: Sie sollten Ihr Ankergeschirr auf maximale Belastung dimensionieren. In den Tabellen der Ausrüster-Kataloge wird das Ankergeschirr entweder nach der Bootslänge oder dem Bootsgewicht bemessen. Das allein sagt aber noch nicht viel aus. Denn auch der Windwiderstand des Bootes spielt eine erhebliche Rolle: ein hoher Aufbau, zum Beispiel ein Deckshaus, belastet den Anker erheblich mehr als ein flaches, windschnittiges Boot.

Nicht vergessen: Das Boot wird viel schwerer sein, als im Prospekt der Werft angegeben. Addieren Sie zum Leergewicht des Bootes Ihren maximalen Diesel- und Wasservorrat. Das können schon 1 bis 2 Tonnen mehr sein. Und dann noch eine Zuladung von mindestens einer Tonne für Ausrüstung, Werkzeug und Proviant. Wählen Sie den Anker dann mindestens eine Nummer größer als die Empfehlung im Katalog.

In den amerikanischen und englischen Ausrüster-Katalogen werden Maße nicht metrisch (in Kilogramm und Meter) sondern in pound und foot bzw. inch angegeben. Die wichtigsten Maße finden Sie im Kasten auf Seite 77.

Ebenso wichtig wie der Anker ist die Kette. Die Standard-**Ankerkette** ist 8 mm stark, große Yachten nehmen 10 mm. Der Unterschied im Gewicht ist gewaltig: Die 8-mm-Kette wiegt rund 1,4 kg pro Meter, die 10-mm-Kette schon 2,3 kg.

Ideal wäre eine Kettenlänge von 100 Metern für den Hauptanker, aber so viel Gewicht kann kaum ein Boot am Bug tragen. 60 Meter Kette für den Hauptanker sollten es aber mindestens sein, zusätzlich ein Kettenvorlauf von 10 bis 20 Metern für den Zweit- oder Heckanker. Unsere Ankerkette »Made in Germany« (oder war es doch etwas weiter östlich?) löste sich in Panama in Rostkrümel auf, nachdem sie in Tobago zwei Monate lang über den Korallengrund gerutscht war.

Bevor wir in Panama eine neue Kette kauften, hörten wir uns unter erfahrenen Karibik-Seglern um. Ihr Tipp: Die Ketten des Herstellers Acco (USA). Etwas teurer in der Anschaffung, aber bei guter Pflege sehr lange haltbar (mehr dazu in Kapitel 13). Die Acco-Kette hat sich bestens bewährt.

Jedes System ist so stark wie sein schwächstes Glied.

Auf Ankerwirbel oder Kettenverbinder, die eine geringere Bruchlast haben als die Ankerkette, sollten Sie aus diesem Grund verzichten.

Wichtig ist dagegen eine Vorrichtung, die das harte Einrucken in die Ankerkette verhindert und den Zug von der Winsch nimmt. Diesen Zweck erfüllt die **Ankerkralle**. Sie greift in die Kette und hängt an einem Tampen, der auf der Bugklampe belegt ist. So wird der Zug elastisch von dem Tampen abgefangen. Auf *Kaya* verwendeten wir statt der Kralle einen Stopperstek (siehe Kapitel 18).

Ein 16 Kilo schwerer Bügelanker, ein solider Schäkel, 60 Meter Kette mit Zugentlastung auf beide Bugklampen – auf diese Kombination haben wir uns verlassen, egal ob wir *Kaya* allein am Anker zurückließen oder in Sturmnächten an Bord kaum ein Auge zumachten.

Wir hatten außerdem zwei 50 Meter lange **Ankerleinen** an Bord, um bei Bedarf weitere Anker auszubringen. Oder um die Kette des Hauptankers zu verlängern, falls 60 Meter Kette nicht ausreichten. Damit hatten wir gleichzeitig zwei der vorgeschriebenen vier 50-Meter-Leinen für den Panama-Kanal an Bord. Wichtig: Die Ankerleine darf nie den Boden berühren! Die Korallen würden sie in kürzester Zeit »durchnagen«. Deshalb sollte der Kettenvorlauf nicht zu kurz sein. Unsere Ankerleine mit eingespleißtem Blei-Vorlauf erwies sich aus diesem Grund als nutzlos. Ein typischer Messe-Fehlkauf.

Die **Ankerhalterung** am Bug ist die nächste Komponente, der Sie Beachtung schenken müssen. Ist die Ankerhalterung fest mit dem Deck verbunden? Ist der Beschlag selbst aus solidem Material (kein dünnes Blech)?

Bei fast allen Schiffen ist eine Änderung nötig. Die Halterung sollte passend zu dem verwendeten Anker konstruiert sein, deshalb müssen Sie sich zunächst entscheiden, welcher Anker Ihr Hauptanker werden soll. Auf großen Schiffen sieht man oft eine Halterung für zwei Anker, was sicher ein Vorteil ist.

Grundsätzlich sollte der Hauptanker so gelagert sein, dass er einerseits mit wenigen Handgriffen fallen kann (Notmanöver bei Ausfall der Maschine), andererseits sollte er so befestigt sein, dass er absolut fest sitzt, also auch in stürmischer See nicht klappern kann.

Auch der **Heckanker** sollte so gelagert sein, dass er schnell einsetzbar ist. Nützlich ist eine Rolle am Heck, nah an der Wasseroberfläche, über diese wird die Trosse bzw. Kette des Heckankers geführt. Die Rolle schont nicht nur den Lack, sondern auch den Rücken.

Eine gute **Ankerwinsch** dient nicht nur der Bequemlichkeit. Sie entlastet Rücken und Bandscheiben. Und in

Die häufigsten Maße für Anker und Ankerketten:	
pound (lb)	*1 lb = 454 g*
foot (ft oder ')	*1 ft = 12 in = 30,5 cm*
inch (in oder '')	*1 in = 2,54 cm*

Anker:	*Kette:*
25 lb = 11,4 kg	*5/16" = 7,9 mm*
35 lb = 15,9 kg	*3/8" = 9,5 mm*
45 lb = 20,4 kg	
60 lb = 27,2 kg	

Fällen, in denen man schnell Anker auf gehen muss, ist sie ein echter Sicherheitsfaktor.

Leider können wir keine Empfehlung geben. Die Ankerwinsch war unser größtes und ständiges Ärgernis an Bord. Die ab Werft gelieferte französische Handankerwinsch Marke »Goiot« war wohl nur für den Gebrauch in Süßwasser gedacht. Die innenliegende Kette löste sich nach kurzer Zeit buchstäblich in Rostkrümel auf. Unsere nächste, eine Lofrans »Royal«, hielt keine zwei Jahre, bevor sie völlig festsaß. Eine zweite Ankerwinsch gleichen Typs hielt trotz sorgfältiger Pflege auch nicht viel länger. Anderen Yachten erging es ähnlich.

Hier ist die Rede von manuellen Ankerwinschen, die an Deck einer kleinen Yacht ständig dem Seewasser ausgesetzt sind. Aber es ist schwer vorstellbar, dass eine elektrische Ankerwinsch unter solchen Bedingungen weniger Probleme machen sollte.

Wir können nur den Rat geben, beim Kauf eine Kopie der Wartungsunterlagen zu verlangen. Und eine Explosionszeichnung, die Aufschluss über die »inneren Qualitäten« gibt.

Dingi und Außenborder

Das Dingi ist auf Langfahrt einer der wichtigsten Ausrüstungsgegenstände. Außer auf See ist es fast täglich im Einsatz: um Landgänge zu machen, Diesel und Proviant zu bunkern, Ausflüge zu unternehmen oder andere Yachten zu besuchen. Mit Ihrem Dingi werden Sie weite Strecken zurücklegen und schwere Lasten befördern, manchmal gegen starken Wind ankämpfen oder ein anderes Mal eine einheimische Familie auf Ihr Schiff holen.

Das ideale Dingi ist groß genug, um vier Personen mit kompletter Tauchausrüstung zu transportieren. Es ist see-

Das Dingi ist auf Langfahrt ständig im Einsatz.

tüchtig, unkenterbar und unsinkbar. Es hat einen festen Boden, eine stabile Halterung für den Außenborder und kommt leicht ins Gleiten. Es lässt sich gut rudern. Der Rumpf ist unempfindlich gegen Korallen, Sand und Steine. Das Dingi ist federleicht und lässt sich spielend über weite Strecken tragen. An Bord lässt es sich auf Fendergröße zusammenfalten und verstauen.

Sie ahnen schon: Das ideale Dingi gibt es nicht! Deshalb müssen Sie sich, wie so oft, für den besten Kompromiss entscheiden.

Für eine kleine Yacht um 10 Meter Länge gibt es nur zwei Alternativen: ein Klappdingi oder ein Schlauchboot. Ein **Klappdingi**, z.B. das Banana-Boot, hat Vorteile, die auf den ersten Blick bestechend sind. Man kann es zusammengeklappt an der Reling stauen. Ein Klappdingi lässt sich viel schneller aufbauen als ein Schlauchboot, lässt sich besser rudern und mit Zusatzausrüstung sogar segeln. Korallen und scharfkantige Felsen können ihm kaum etwas anhaben.

Auf den zweiten Blick zeigen sich auch die Nachteile: Das Banana-Boot ist relativ kipplig, vor allem, wenn noch ein Außenborder hinten dran hängt. Für Tauch- oder Schnorcheltouren ist es nicht geeignet, da man nicht aus dem Wasser einsteigen kann. Auf See, an der Reling gestaut, bietet es eine zusätzliche Angriffsfläche für Wind und überkommende Seen.

Ein **Schlauchboot** liegt dagegen sehr stabil im Wasser. Zum Tauchen und Schnorcheln ist es ideal. Am Heckspiegel lassen sich auch starke Außenborder befestigen, schnelle Gleitfahrt ist möglich. Auf See kann das Schlauchboot zusammengerollt in der Backskiste verschwinden oder flach an Deck festgezurrt werden.

Die Nachteile eines Schlauchbootes: Es ist mühsam auf- und abzubauen. Das Material ist empfindlich gegen Berührung mit Korallen oder Steinen, aber auch gegen den unvermeidlichen Sand in den Ritzen. Die Tropensonne setzt dem Material extrem zu und zerstört vor allem die geklebten Nähte.

Unser erstes Schlauchboot, Marke »Narwhal«, zerfiel nach zwei Jahren buchstäblich in seine Bestandteile, übrig blieb nur der rote Schlauch. Andere Segler erlebten Ähnliches. Selbst die teuren »Zodiac«-Dingis hatten gegen die UV-Strahlung keine Chance. Offensichtlich sind die meisten in Europa verwendeten Kleber nicht tropentauglich. Die einzige Ausnahme schienen die englischen »Avon«-Dingis zu sein, von denen erstaunlich viele ältere Exemplare unterwegs waren.

In Venezuela kauften wir ein sehr stabiles Schlauchboot der Marke »AB«, fast baugleich mit dem kleinsten »Caribe«-Dingi. Beide Fabrikate sind unter Yachties sehr beliebt, und an den Ankerplätzen in der Karibik schwimmt fast hinter jedem Heck eines dieser hellgrauen Schlauchboote. Zu Recht: Unser »AB« zeigte auch nach vier Jahren Tropensonne noch keine erkennbaren Schäden.

Inzwischen werden »Caribe«-Dingis auch in Deutschland vertrieben (www.caribe-deutschland.de). Genaue Informationen zu den Modellen finden Sie auf der Website des Herstellers (www.caribenautica.com).

Wie soll ein Schlauchboot beschaffen sein? Das beste, aber auch teuerste Material ist Hypalon. »Tropentaugliche« Schlauchboote sind durchweg aus Hypalon gefertigt.

Die meisten Yachties wählen ein Schlauchboot mit Festboden, das auf dem Vorschiff gestaut wird. Auf *Kaya* war dafür leider kein Platz. Für uns kam daher nur ein Schlauchboot mit Rollboden in Frage. Bei der Frage nach der Größe wird vor allem die Größe der Yacht entscheiden. Unser »AB«, das kleinste Modell, war 2,50 Meter lang.

Die Seitenwülste sollten möglichst dick sein, auch bei einem kleinen Dingi mindestens 16'' (42 cm) im Durchmesser. Der Bug sollte deutlich hoch gezogen sein, damit das Dingi nicht zu viel Wasser nimmt.

Unser »Clou« war ein kleines, stabiles **Zweit-Dingi**, ein Schlauchboot mit den Abmessungen eines Kinderbootes. Das kleine Dingi hatte nur eine Kammer, war sehr leicht, ließ sich ganz klein zusammenlegen und sehr schnell aufbauen. Bei kurzen Zwischenstopps, wenn das Wasser ru-

Seltener Luxus: Dingi-Steg in der Karibik.

hig und die Entfernung zum Ufer nicht allzu groß war, hat es sich bestens bewährt. Es ließ sich auch von einer Person über Mangrovenwurzeln oder weite Strände tragen.

Die großen Vorteile des Zweit-Dingis: Bei längeren Liegezeiten, zum Beispiel beim »Übersommern« in Neuseeland, werden beide Schlauchboote zu Wasser gelassen. Dann kann jeder unabhängig an Land gehen. Und wenn irgendwo einmal ein Dingi gestohlen wird, ist das andere noch da.

Ein zuverlässiger **Außenborder** erleichtert das Bordleben ungemein. Auf den Ankerplätzen legt man oft weite Wege zurück, um an Land oder zu anderen Yachten zu kommen. Beim Landgang muss man oft gegen 5, manchmal auch gegen 7 Windstärken ankämpfen – bei noch mehr Wind bleibt man dann lieber an Bord.

Auch in einer einsamen Lagune sind die Wege, um eine Insel zu erkunden oder einen schönen Schnorchel- oder Tauchplatz zu erreichen, oft weit.

Auf der Bootsmesse in Düsseldorf, an einem Stand mit Yamaha-Außenbordern. Rüdiger fragt nach einem Wartungs-Handbuch. Der Verkäufer: »Den Motor können Sie nicht selbst warten«. Rüdiger bleibt hartnäckig: »Ich will aber auf große Fahrt gehen. Was mache ich, wenn er unterwegs streikt?« – »Dann bringen Sie ihn in die nächste Vertragswerkstatt!«

Schade, dass wir nicht erleben dürfen, wie der Verkäufer sich in einem Südsee-Atoll auf die Suche nach der nächsten Yamaha-Vertragswerkstatt macht.

Bestehen Sie beim Kauf Ihres Motors darauf, dass der

Händler Ihnen eine Kopie der Wartungs-Unterlagen beschafft. Nach dem Kauf werden Sie mit diesem Anliegen sehr wahrscheinlich wenig Erfolg haben.

Wie stark sollte der Außenborder sein? Da gehen die Meinungen weit auseinander. Viele Yachties entscheiden sich für 8 oder sogar 15 PS. Wir bevorzugten einen kleinen 2-PS-Motor. Damit konnte man zwar nicht in Gleitfahrt mit schäumender Bugwelle durch das Ankerfeld rasen, aber zum gemütlichen Tuckern reichte er aus.

2 PS sind immer noch stark genug, um bei 9 Beaufort zum Boot zurückzukommen, wir haben das (unfreiwillig) ausprobiert. Allerdings müssen wir zugeben, dass längere Dingi-Ausflüge mit so einem kleinen Motor recht mühsam sind.

Für uns gab wie bei vielen Dingen das geringe Gewicht den Ausschlag. Die Faustregel für die meisten Außenborder: 1 PS wiegt 5 kg. Der 2-PS-Yamaha wiegt 10 kg. Er ist leicht zu handhaben, Gaby konnte ihn ohne Hilfe am Dingi montieren oder wieder an Bord nehmen. Auch wollten wir auf See kein unnötiges Gewicht am Heckkorb fahren.

Wenn Sie einen stärkeren Außenborder bevorzugen: Achten Sie darauf, dass Sie das Dingi mit Motor zu zweit noch hochheben können. Denn Sie werden es oft tragen müssen. Manchmal nur ein paar Meter über den Strand, um es außerhalb der Brandungszone in den Schatten einer Palme zu legen. Manchmal auch ein größeres Stück über Steine, Korallen oder Mangrovenwurzeln. Schwere Dingis brauchen dafür ausklappbare Räder am Heck.

Je kleiner der Motor, umso diebstahlsicherer ist das Dingi. Jeder Dieb wird, wenn er die Wahl hat, zu einem größeren Motor greifen. Wir haben unser Dingi bei Landgängen nie am Steg angeschlossen.

Dazu noch ein Tipp: Dingi und Außenborder sollten nicht zu neu aussehen. Ein neuer Marken-Motor wird »diebstahlsicher«, wenn man ihm eine alte Haube überstülpt oder zumindest den aufgeklebten Marken-Namen entfernt. Auch wenn es schwer fällt, einen schön gestylten Motor so zu verunstalten ...

Bordelektronik und Navigation

Das Angebot an Bordelektronik ist unüberschaubar geworden. Manche Yacht ist heute mit so viel Elektronik ausgerüstet, dass ihre Navigationsecke an ein Flugzeug-Cockpit erinnert. Der Mensch an Bord schaut und staunt, während Log, Lot, elektronischer Kompass, Windmessanlage, Radar, GPS, Kartenplotter, Multimediamonitor, Ruderstandsanzeige und Autopilot sich über eine Bordnetzwerk miteinander verständigen. Schöne neue Seglerwelt ... Nur:

Ob dieses komplizierte System unter den extremen Bedingungen auf See auch immer zuverlässig funktioniert?

Für uns gilt das Prinzip: Elektronik ja, aber so einfach wie möglich. Die elektronischen Geräte sind sehr nützliche Helfer, aber die beste Schnittstelle, um die Daten auszuwerten, ist immer noch der Mensch.

Falls Sie sich mit dieser Idee nicht anfreunden mögen, überzeugt Sie vielleicht diese Erfahrung: Auf allen Schiffen, die wir auf unserer Weltumsegelung trafen, war fast jedes elektrische oder elektronische Teil irgendwann defekt. Auch auf *Kaya*, obwohl wir nur neue Geräte an Bord hatten. Als wir in Australien von einer Landreise zurückkamen, notierte Gaby im Tagebuch:

Der viele Regen in den letzten Wochen hat Folgen. Das UKW-Funkgerät bleibt stumm, das Radar zeigt kein Bild mehr und der Drucker druckt nicht. Der Bord-Ingenieur hat wieder mal richtig zu tun!

Der Spruch »Was man nicht selbst reparieren kann, das gehört nicht an Bord« stammt allerdings aus einer anderen Zeit. Denn die modernen elektronischen Geräte sind so kompliziert, dass es sich meist gar nicht mehr lohnt, sie zu reparieren. Im Reparaturfall tauscht die Herstellerfirma einfach die entsprechende Platine aus oder liefert gleich ein Ersatzgerät. Meistens gehen die Geräte aber dann kaputt, wenn gerade kein Postamt in der Nähe ist.

Trotzdem ist das kein Grund, auf die Annehmlichkeiten und die zusätzliche Sicherheit zu verzichten, die ein kleiner Hand-GPS, ein LCD-Radar oder ein Notebook bieten. Wir würden den Spruch so formulieren: »**Was man nicht selbst reparieren kann, das muss entbehrlich sein.**«

Übrigens: Ihre eigene Yacht muss im Gegensatz zu einer Charteryacht nicht unbedingt »idiotensicher« sein. Mit der Routine der Langfahrt werden Sie auch ein System sicher bedienen, das nicht doppelt abgesichert ist oder vollautomatisch funktioniert. Wenn Sie zum Beispiel statt »elektronischen Trenndioden« oder einer »automatischen Batterieumschaltung« einen simplen Handschalter einsetzen, haben Sie eine mögliche Störquelle gespart.

Elektronische Instrumente zur Anzeige von Geschwindigkeit und Tiefe sowie ein GPS sind heute auch auf den kleinsten Booten Standard.

Bei der Auswahl von **Log** und **Echolot** legen Sie sich für lange Zeit auf einen Hersteller fest. Denn die Geber, die das Anzeigeinstrument wahrscheinlich um ein Mehrfaches überleben, sind nicht kompatibel. Vergleichen Sie das ganze Sortiment der verschiedenen Fabrikate: Wie lässt sich das Display vom Steuer aus ablesen? Sind die Ziffern groß genug? Wie ist der Kontrast? Gibt es ein analoges Windanzeige-Instrument? (Auch wenn Sie auf dieses teure Gerät zunächst verzichten, vielleicht wollen Sie ja später noch »aufrüsten«).

Überlegen Sie gut, wo die Geber sitzen sollen. Wir konnten beim Einbau der Geber durch einen »Spezialisten« im letzten Moment verhindern, dass er die Löcher hinter dem Schwertkasten bohrte (da war die Bodenplatte gut erreichbar). Denn was nützt die Information, dass die Tiefe mittschiffs nur noch einen Meter beträgt, wenn der Bug schon auf dem Riff sitzt?

Ein stationärer **GPS** am Kartentisch, wo man bequem in der Karte arbeiten kann, ist heutzutage auf den meisten Schiffen eingebaut. Ein kleiner Hand-GPS ist inzwischen so preiswert, dass man auf jeden Fall noch ein Ersatz-Gerät an Bord haben sollte.

Neben dem GPS betrachten wir auch das **Radar** als wichtigen Teil der Navigationsausrüstung. Als Anfänger dachten wir zuerst nur an Nebel. Aber schon bald gewöhnten wir uns an den zusätzlichen Ausguck in der Saling. Besonders in stürmischer Nacht:

Navigation mit dem Hand-GPS: Die beste Schnittstelle ist immer noch der Mensch.

Auf der Strecke von Sri Lanka nach Oman befinden wir uns mitten in einer viel befahrenen Schifffahrtsroute. Böiger Starkwind, unangenehm hoher und konfuser Seegang, Gischt waagerecht. Immer wieder knallen Brecher seitlich an die Bordwand und schütten einen Schwall Wasser über das ganze Boot. Nicht sehr verlockend, im Cockpit nach den großen Schiffen Ausschau zu halten, die in dichter Folge um uns herum auftauchen und uns zum Teil sehr dicht passieren. Zumal sie bei dem hohen Seegang auch nur schwer auszumachen sind. Wir bleiben lieber unter Deck, alle Luken dicht, während sich Kaya unter ganz kleinen Segeln durch die Wellen kämpft. Auf dem Radarschirm können wir die vielen Echos um uns herum beobachten und die Kurse der Frachter verfolgen.

Unser kleines LCD-Radar von Furuno erfasste große Schiffe im Abstand von etwa acht bis zehn Meilen. Yachten waren allerdings erst auf ein bis drei Meilen zu erkennen. Der Stromverbrauch des Radargeräts, im Standby-Modus nur acht Watt, war deutlich geringer als der einer Positionslampe. Gesendet wurde nicht ständig, sondern nur routinemäßig alle 20 Minuten oder bei Bedarf.

Auch in Landnähe ist das Radar eine große Hilfe. Denn speziell im Pazifik, wo die Ungenauigkeit der Seekarten bis zu drei Seemeilen beträgt, nützt die genaue GPS-Position wenig. Mit dem Radar kann man einen genau definierten Abstand zur Küste fahren, um sich zum Beispiel von vorgelagerten Riffen frei zu halten. Auch in der Ankerbucht verrät das Radar die tatsächliche Position und den Abstand zum Ufer. Und es vermittelt das beruhigende Gefühl, dass man im Notfall auch nachts die Bucht verlassen könnte.

Die Radargeräte für Yachten kommen heute in völlig anderer Form daher, als wir das bis vor einigen Jahren kannten. Damals befand sich am Mast nur die Radarantenne. Eine dicke, vieladrige, und störanfällige Leitung führte zum eigentlichen Gerät am Kartentisch, wo die Signale dekodiert und angezeigt wurden.

Inzwischen befindet sich die gesamte Elektronik im Antennengehäuse am Mast. Die schon hier digital aufbereiteten Daten werden mit Hilfe des PC-Ethernet-Netzwerkstandards zu einem Display am Kartentisch übertragen. Die störanfällige Leitung zum Kartentisch entfällt, stattdessen genügt neben der 12V-Stromversorgung eine simple Netzwerkleitung. Das Netzwerk macht es möglich, dass auf dem hoch auflösenden und lichtstarken Multifunktions-Display das Radarbild, die elektronische Seekarte, die AIS-Signale, die GPS-Daten sowie Echolot- und andere Sensordaten angezeigt werden können.

Das klingt sehr verlockend. Das Risiko: Ein Fehler in der komplexen Vernetzung kann den Blackout für sämtliche navigatorischen Informationen bedeuten.

Wie oben schon ausgeführt, sind nach unseren Erfahrungen Fehler in der Bordelektronik nie auszuschließen. Korrodierte Kontakte der Steckverbindungen, Spannungsabfälle, Einstrahlungen aus dem Funkgerät, Hitzeschäden ... Es gibt eine Vielzahl möglicher Fehlerquellen.

Eigenständige, nicht auf Vernetzung angewiesene Geräte sind mit Sicherheit weniger störanfällig und fallen in der Regel auch nicht gleichzeitig aus.

AIS

Seit einigen Jahren hat das Radar eine Konkurrenz bekommen: Das Automatic Identification System, kurz AIS. Um es gleich vorwegzunehmen: AIS ist kein Ersatz für das Radargerät, aber es ist eine äußerst sinnvolle und beeindruckende Ergänzung.

Wie funktioniert AIS ?

Ein Schiff oder Sportboot, das mit einem AIS-Sender (Fachausdruck: AIS-Transponder) ausgerüstet ist, sendet im UKW-Bereich auf den Kanälen AIS-A (161,975 MHz) und AIS-B (162,025 MHz) fortlaufend und automatisch Informationen über sich aus.

Hinweise zur Montage der Antennen von UKW und Radar:

- Die **UKW-Antenne** erzielt eine größere Reichweite, wenn sie nicht auf dem Geräteträger, sondern oben im Masttop installiert wird.
- Die **Radar-Antenne** wird am günstigsten in Höhe der Saling montiert. Das kann bei starken Schiffsbewegungen zwar zu Aussetzern im Empfang führen (ein Schiff ist evtl. nicht bei jeder Antennenrotation zu sehen), aber die Reichweite der Antenne nimmt auch hier mit der Höhe zu. Außerdem ist nicht geklärt, inwieweit der Beschuss der Personen an Deck durch den Strahl einer niedrig montierten Radar-Antenne ein gesundheitliches Risiko bedeutet.

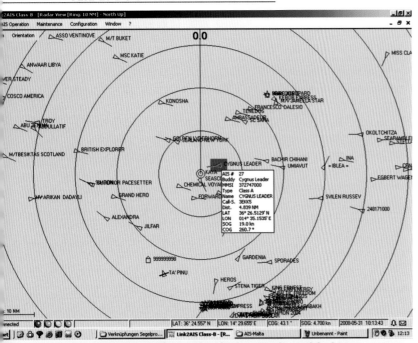

Die AIS-Darstellung ähnelt dem Radar-Bildschirm.

Die wichtigsten Informationen sind z.B. Position, Kurs, Geschwindigkeit und Schiffsname. Ein Schiff in der Nähe, das mit einem AIS-Empfänger (oder AIS-Transponder) ausgerüstet ist, kann nun diese Informationen nicht nur lesen, sondern auf einem Bildschirm darstellen.

Die Darstellung der Informationen auf dem Bildschirm des AIS-Empfängers ähnelt stark der Darstellung auf dem klassischen Radar-Schirm:

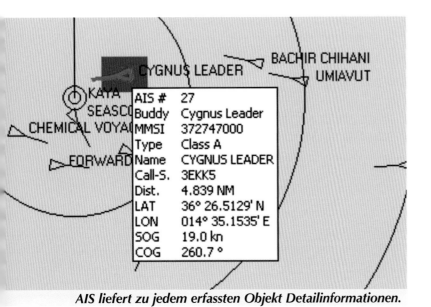

AIS liefert zu jedem erfassten Objekt Detailinformationen.

Rund um das Zentrum bzw. die eigene Position gruppieren sich die Positionen aller Schiffe, die AIS-Signale aussenden; die Abstände sind mit einem Blick über die konzentrischen Distanzkreise ablesbar. Zu jedem Schiff (hier im Bild die CYGNUS LEADER) lässt sich mit Mausklick ein Fenster öffnen, in dem die Informationen angezeigt werden.

Was ist der Unterschied zwischen Radar und AIS?

Radar ist grundsätzlich ein »Messsystem«. Es sendet einen sehr starken Radio-Impuls aus, lauscht in den Äther, ob es das Echo eines reflektierenden Objektes (target) empfängt und misst die Zeitdifferenz zwischen Aussendung des Messimpulses und Empfang des Echos. Aus der Zeitdifferenz und der Antennenrichtung kann das Radar sehr genau Entfernung und Richtung des Objekts berechnen und räumlich auf dem Bildschirm darstellen.

AIS ist grundsätzlich ein Informations- und kein Messsystem. Der AIS-Transponder sendet kein Messsignal aus. Stattdessen lauscht er auf die Aussendungen bzw. Informationen von Schiffen bzw. Objekten, die mit einem AIS-Sender ausgerüstet sind.

Aus diesem grundsätzlichen Unterschied beider Systeme ergibt sich auch der Unterschied in der Nutzung:

Das Radar erfasst auf seinem Bildschirm (wenn es nicht gerade kaputt ist) mit hoher Sicherheit jedes reflektierende Objekt, allerdings nur innerhalb eines maximalen Radius, der von der Leistung des jeweiligen Geräts abhängt. Also ein Fischerboot ebenso wie eine Tonne, den Uferstreifen oder einen Felsen, sogar einen Squall (Regengebiet mit sehr starken Windböen).

Das AIS-System stellt auf seinem Bildschirm alle AIS-Sender dar. Keine »passiven« Objekte, sondern nur die aktiv sendenden, diese aber auch in großer Entfernung (bis zu 200 sm). Der AIS-Empfänger benötigt nur minimale elektrische Energie und kommt ohne die störanfällige Mechanik einer drehenden Radar-Antenne aus.

Der Clou ist aber, dass AIS nicht nur Position und Geschwindigkeit des erfassten Objektes anzeigt, sondern darüber hinaus eine Fülle von Informationen: Name, MMSI, Call, Kurs, Kursänderung, Ladung, Zielhafen (letztere hier ausgeblendet) usw.

Ersetzt AIS das Radar?

Diese Frage wird immer wieder gestellt. Unsere Antwort heißt ganz klar »Nein«. Radar kann helfen, wenn Sie nachts eine von Felsen umgebene Ankerbucht verlassen müssen. Wenn Sie im Nebel auf ein Fischerboot ohne AIS-Sender oder einen unbetonnten Felsen zulaufen. Oder wenn Sie nachts 2 Seemeilen Abstand von einer mit Riffen gespickten Küstenlinie halten wollen. AIS hilft in all diesen Fällen nicht.

Und trotzdem: AIS ist eine tolle Ergänzung. Auf einer Segelyacht ist ein einfacher AIS-Empfänger (ohne Sendefunktion) völlig ausreichend. Die empfangenen AIS-Signale lassen sich problemlos per NMEA- oder Ethernet-Netzwerk über das Radarbild, auf den Seekartenplotter oder einfach auf das Notebook legen.

Der AIS-Empfänger, ebenso wie der AIS-Sendeempfänger (Transponder), ist auf sein eingebautes GPS angewiesen, er kann also prinzipiell nicht das bordeigene GPS benutzen. Daher braucht der AIS-Empfänger/Transponder zwingend eine eigene GPS-Antenne.

Für Sendung und Empfang ist keine teure Spezialantenne erforderlich, es genügt eine herkömmliche UKW-Sprechfunk-Antenne. Hier kann die UKW-Antenne im Masttop mitbenutzt werden, wenn AIS und UKW-Sprechfunk durch einen automatischen Antennenumschalter (Splitter) getrennt werden. Wenn man keinen Splitter verwenden will, kann auch eine zweite UKW-Antenne auf der Reling montiert werden. Der Stromverbrauch des AIS-Empfängers liegt in der Größenordnung 0,3–0,5 Ampere bzw. 3,5–6 Watt, fällt also kaum ins Gewicht.

Die komplette AIS-Anlage auf dem Karten-Tisch.

Mit einer RS-232 oder USB-Verbindung zum Notebook sowie einer einfachen Software (gehört in der Regel zum Lieferumfang) ist die Anlage bereits komplett.

Mehr zum Thema AIS finden Sie in Rüdigers Buch »AIS in Theorie und Praxis« und auf unserer Webseite (www.sy-kaya.de).

An vielen Fahrtenschiffen kann man einen quer über das Heck laufenden **Geräteträger** sehen. Dieser verändert das optische Gesamtbild des Schiffes erheblich und ist nicht jedermanns Geschmack. Der Geräteträger bietet aber den Vorteil, dass die elektronischen Geräte, die hier montiert werden, leicht zugänglich und damit leicht zu warten sind.

Für die Antennen von UKW und Radar ist der Geräteträger allerdings nicht der ideale Platz (siehe Kasten S. 81).

Trinkwasser und Watermaker

Die **Wasserversorgung** an Bord von Yachten reicht von der einfachen Fußpumpe bis zum vollautomatischen, druckgesteuerten System. Wir haben uns beim Besuch auf anderen Schiffen oft gefragt, warum sich jemand überhaupt mit einem komplizierten elektrischen Druckwassersystem belastet. Es ist nicht nur störanfällig, sondern nervt bei jedem Schluck Wasser aus dem Hahn mit lautem Brummen. Und es bedeutet eine enorme Wasserverschwendung gegenüber einer Fußpumpe, mit der man die Wassermenge genau dosieren kann. *Kaya* war mit nur zwei Fußpumpen ausgestattet: Eine für das Süßwasser aus dem Haupttank und eine für Salzwasser.

Während der ersten Tage zu Hause in Deutschland, nach sechs Jahren Bordleben, versuchte der rechte Fuß automatisch zu pumpen, wenn die Hand den Wasserhahn betätigte. Das Pumpen gehörte einfach dazu und wurde von uns überhaupt nicht als Unbequemlichkeit empfunden.

Der einzige Nachteil sei nicht verschwiegen: Besucher stolpern leicht über den Hebel, und auch wir kamen uns manchmal vor wie der Butler in »Dinner for One« ...

Der **Salzwasserhahn** sitzt direkt am Spülbecken in der Pantry. Wenn Sie erleben, wie sauber das Wasser auf den Blauwasser-Routen ist, werden auch Sie ihn nicht mehr missen wollen. Denn mit einem Salzwasserhahn haben Sie endlos fließendes Wasser. Hände, aber auch Früchte und Gemüse können mit reichlich Salzwasser gewaschen werden.

Das Seeventil für den Salzwasser-Einlass sollte in Fahrtrichtung unbedingt vor dem Toiletten-Auslass sitzen, in respektvollem Abstand ... Außerdem sollte das Seeventil leicht zugänglich sein. Denn in Häfen wird es vorsorglich geschlossen, damit man nicht durch einen falschen Tritt die Hafenbrühe ins Spülbecken pumpt.

Damit Sie den Salzwasserhahn auch wirklich nutzen können, darf das **Spülbecken** nicht zu klein sein. Günstig ist ein tiefes, rechteckiges Becken, in dem auch hohe Gefäße noch liegen können.

Kayas Original-**Wassertank** war aus Aluminium. Stabil, geschmacksneutral, nicht rostend. Auf den ersten Blick das ideale Material. Bis wir immer mehr weiße Bröckchen im Wasser entdeckten. Schließlich waren es so viele, dass der Wasserschlauch immer wieder verstopfte. Bald fanden wir auch die Ursache: Unser Tank begann, sich aufzulösen, die Wände waren schon völlig zerfressen.

Wir waren nicht die einzigen, denen es so erging. Denn es gibt eine sehr wirksame Methode, einen Alu-Tank zu zerstören: Die Zugabe von »Micropur« zum Trinkwasser. Die darin enthaltenen Silber-Ionen zerfressen das Aluminium. Leider stand in der »Micropur«-Gebrauchsanweisung davon kein Wort.

Unser zweiter Wassertank war aus geschmacksneutralem Kunststoff und machte keine Probleme. Kunststoff-Tanks kann man in vorgefertigten Größen kaufen oder gegen entsprechenden Aufpreis nach Maß anfertigen lassen.

Vor Anker in den San Blas Inseln. Ein Kanu mit zwei Männern nähert sich. Einer von ihnen hält Kokosnüsse und Zitronen hoch, offenbar bieten sie uns die Früchte zum Tausch an. Was können wir ihnen dafür anbieten, vielleicht Reis, Zucker oder Mehl? Nein, sie wollen etwas anderes: »Agua« – Wasser!

Sauberes Trinkwasser ist auf vielen Inseln entlang der Barfußroute ein Luxus. Die Einheimischen müssen oft weite Strecken zurücklegen, um von einem Fluss oder einer Quelle Wasser zu holen.

An Bord einer Yacht gibt es verschiedene Möglichkeiten, an **Trinkwasser** zu kommen. Am bequemsten, wenn vorhanden, ist natürlich der Schlauch auf dem Kai. Aber schon im Mittelmeer lernten wir, dem **Leitungswasser** zu misstrauen: Zum Beispiel war das, was im Hafen von Ibiza aus dem Schlauch floss, brackig und ungenießbar. Ein paar Schritte weiter gab es einen Trinkbrunnen, an dem Passanten ihren Durst stillen konnten. Dort füllten wir unsere Kanister mit bestem Wasser.

Die **Kanister**, mit denen Sie an Land Wasser holen, sollten einen stabilen Boden und bequeme Tragegriffe haben. Vor allem sollten Sie nicht zu groß sein, damit sie sich noch gut tragen lassen. Fünf und zehn Liter schienen uns die idealen Größen zu sein.

Das sauberste Wasser, das Sie in den Tropen finden können, kommt von oben: Während der heftigen tropischen Regengüsse können Sie mühelos die Tanks füllen.

Zum Auffangen des **Regenwassers** eignet sich das Sonnensegel am besten. In der Mitte wird ein Loch eingestanzt, durch das ein Plastik-Einfüllstutzen geführt wird. An diesem befestigt man bei Bedarf den Schlauch. Bevor Sie den Schlauch in die Kanister halten, sollten Sie warten, bis der Regen Dreck und Salz abgespült hat.

Der Trinkwasservorrat in *Kayas* eingebautem Tank betrug 100 Liter, dazu kamen noch 40 Liter in Kanistern. Bei einem Verbrauch von fünf Litern pro Tag konnten wir mit dem Vorrat 28 Tage auskommen. Im Notfall ließe sich diese Zeit sicher auf das Doppelte strecken. Aber um wirklich unabhängig zu sein, war das natürlich viel zu wenig.

Also entschlossen wir uns, *Kaya* mit einem **Watermaker** auszurüsten. Es gibt auf dem Markt verschiedene Fabrikate. Für eine kleine Yacht, die nur ihren Trinkwasserbedarf decken will, kommt eigentlich nur ein Gerät in Frage: der PUR Power Survivor 40E. Das Vorgängermodell, der Power Survivor 35, hat sich bei uns bestens bewährt. Er produziert pro Stunde fünf Liter Trinkwasser. Der Stromverbrauch von ca. 5 Ampere wird problemlos von Solar- oder Windenergie gedeckt.

Der Watermaker hat einen eigenen Borddurchlass, durch den er frisches Seewasser ansaugt. Er braucht etwa zehn Liter Salzwasser, um einen Liter Trinkwasser zu produzieren. Der Abwasserschlauch wurde bei uns ins Spülbecken geleitet, um ein weiteres Loch in der Bordwand zu vermeiden.

Wassereinlass und Abfluss sollten so weit auseinander liegen, dass der Watermaker nicht das gleiche Wasser umwälzt. Der Einlass sollte in Fahrtrichtung vor und in einigem Abstand von dem Auslass der Spüle liegen, damit die Membran des Watermakers nicht durch etwaige Fett- oder Spüli-Reste verunreinigt wird. Und schließlich sollte der Borddurchlass noch so tief unter der Wasserlinie angebracht sein, dass er bei Krängung oder Rollen des Schiffes keine Luft ziehen kann.

Das täglich frisch produzierte Trinkwasser floss bei uns nicht in einen fest eingebauten Tank, sondern direkt in Fünf-Liter-Wasserflaschen. Dadurch brauchten wir keine weitere störanfällige Pumpe. Und wir hatten die direkte Kontrolle, ob die produzierte Menge und die Qualität des Wassers noch stimmten.

Den Watermaker betrachten wir inzwischen als einen unentbehrlichen Teil der Ausrüstung. Er liefert bestes, wohlschmeckendes Trinkwasser. Er macht unabhängig von gechlortem oder bleihaltigem Leitungswasser. Und von zweifelhaften Wasserstellen und Zisternen, deren Wasser noch gefiltert oder abgekocht werden muss. Der Watermaker gibt kleinen Yachten die Freiheit, trotz geringer Wasservorräte lange an abgelegenen, einsamen Ankerplätzen zu verweilen. Auch wenn er teuer in der Anschaffung ist: die Vorteile, die ein Watermaker bietet, sind unbezahlbar.

Bleibt die Frage: Was tun, wenn der Watermaker streikt? Das hat er in all den Jahren nicht einmal getan. Er dankte uns die liebevolle Pflege, indem er sechs Jahre lang störungsfrei funktionierte (zur Wartung siehe Kapitel 13).

Aber auch ein Ausfall wäre kein echtes Problem. Denn der Wasservorrat im Tank wird praktisch gar nicht angetastet, solange der Watermaker den täglichen Bedarf deckt.

Gasanlage

Um die Frage »Kochen mit Gas oder Petroleum?« tobt immer noch ein heftiger Glaubenskrieg. Wir hatten uns für Gas entschieden und waren damit auch sehr zufrieden.

Installiert wurde unsere **Gasanlage** von einem vereidigten deutschen Fachbetrieb. Daran führt kein Weg vorbei, wenn man die obligatorische Sicherheitsplakette haben will. Mit Sicherheit hatte der silberne Aufkleber aber leider nicht viel zu tun. Der von der französischen Werft eingebaute Spezialschlauch wurde gegen ein dünnes, offen in der Backskiste verlegtes Kupferrohr ausgetauscht, so wie man es auch in einem Wohnmobil macht. Der selbstbewusste Monteur wollte sich nicht auf die leiseste Erörterung der Situation an Bord eines Schiffes einlassen. Zum Beispiel auf unseren Einwand, dass der in der Backskiste

Gas bekommt man überall. Manchmal allerdings unter abenteuerlichen Bedingungen.

gestaute Ersatz-Anker, sollte er sich bei Sturm losreißen, die schöne Leitung in kurzer Zeit zerlegen könnte.

Also: Wie der Fallschirmspringer für seinen Schirm ist auch der Skipper für seine Ausrüstung verantwortlich. Kaum hatten wir Deutschland verlassen, wurde die Leitung noch einmal neu verlegt. Ein »vorschriftsmäßiger« Absperrhahn, der in unseren Augen nur eine leckträchtige Unterbrechung darstellte, flog über Bord. Und ein wichtiges Zubehör, das echte Sicherheit bedeutet, wurde eingebaut: Ein **Fernschalter**, mit dem vom Herd aus die Flasche draußen im Cockpit abgesperrt wurde (siehe dazu auch Kapitel 13).

Kaya war mit zwei französischen Camping-Gas-Flaschen ausgerüstet. Der Steuersitz wurde von der Werft zentimetergenau um die beiden 3-Kilo-Flaschen herum konstruiert. Die blauen Stahlflaschen erforderten ständige Pflege, denn der Rost war immer schneller als der Pinsel. Viel lieber hätten wir Gasflaschen aus Aluminium gehabt, die passten aber nicht unter den Sitz.

Das Füllen der Flaschen ist rund um den Globus kein Problem. Vorausgesetzt, man hat die passenden Adapter auf alle möglichen Schraubgewinde dabei. Anschluss-Stücke und einen universellen Adaptersatz gibt es im Camping-Fachhandel.

Kühlschrank

Die meisten Yachten haben einen Kühlschrank an Bord. Wir hatten keinen. Nicht aus Überzeugung – es gibt in der Tropenhitze nichts Köstlicheres als ein kaltes Bier – sondern aus ganz praktischen Überlegungen.

Ein Kühlschrank braucht viel Strom. Unser Energiebedarf hätte sich mit ihm glatt verdoppelt (siehe Kapitel 11). Ein Kühlschrank braucht Platz. In einer kleinen Pantry ist das durchaus ein Faktor. An der Stelle, wo der Kühlkompressor eingebaut werden könnte, saß auf *Kaya* der Watermaker. Und vor allem: Ein Kühlschrank macht laufend Ärger. Wer das nicht glaubt, der möge nur einer einzigen Sundowner-Runde beiwohnen. Wer einen Kühlschrank an Bord hat, der hat immer etwas zu erzählen.

Wenn Sie sich einen Kühlschrank einbauen wollen, sollten Sie sich vor dem Kauf genauer mit den verschiedenen Systemen befassen.

Unsere Erfahrungen beschränken sich auf ein Gerät der schwedischen Marke »Supercool«, das mit einem Peltier-System ohne Kompressor arbeitet. Einer unserer Fehlkäufe. Das Gerät mag im schwedischen Sommer ausreichen, in den Tropen war es hoffnungslos überfordert und wurde nach kurzer Zeit stillgelegt.

Wenn Sie sich ein Leben ohne Kühlschrank vorstellen können: unsere Tipps dazu finden Sie in Kapitel 16.

Sanitäreinrichtungen und Pumpen

Der **Toilette** gilt ein besonderes Augenmerk. Wann Sie dieses wichtige Teil zum ersten Mal in seine wohlriechenden Bestandteile zerlegen, ist nur eine Frage der Zeit. Dann werden Sie froh sein, wenn Sie nicht irgendein exotisches Fabrikat Ihr Eigen nennen, sondern eine simple Toilette mit Handpumpe, die möglichst weltweit verbreitet ist. Unsere RM 69 gehörte in diese Kategorie. Der Ersatz-Dichtungssatz war rund um den Globus erhältlich.

Wenn Sie planen, in die Türkei oder die USA zu segeln, sollten Sie über den Einbau eines **Fäkalientanks** nachdenken. Hätten wir stolzen Besitzer eines nagelneuen Schiffes mit Fäkalientank doch nur unsere Gesichter fotografiert, als der Tank zum ersten Mal voll war (übervoll!) und wir überlegten, wie wir die Brühe da nun wieder rausbekommen ... Ein Fäkalientank sollte unbedingt so konstruiert sein, dass er sich einfach umgehen lässt und auch ohne amtliche Abpumpvorrichtung draußen auf See leergepumpt werden kann.

Die **Bilgepumpe** ist oft ein Teil, an dem die Werft spart. Hier lohnt sich die Investition in eine kräftige Pumpe mit langem Ansaugschlauch, mit dem man verschiedene Stellen der Bilge erreichen kann. Unsere elektrische Bilgepumpe Marke »Flojet« funktionierte über zehn Jahre lang bestens. Zusätzlich sollte eine kräftige handbetriebene Bilgepumpe installiert sein. Aus Gründen der Sicherheit am besten so, dass sie vom Cockpit aus zu bedienen ist.

Sprayhood und Sonnensegel

Eine stabile **Sprayhood** über dem Niedergang gehört unbedingt an Bord einer Blauwasseryacht. Sie schützt vor Wind und Wetter, Gischt und überkommenden Seen. Und sie schützt Ausrüstungsgegenstände, die griffbereit neben dem Niedergang abgelegt werden, vor dem Sprung über Bord. Zum Beispiel Fernglas, Kaffeetasse, Hand-GPS ...

Ideal ist eine Konstruktion mit fester Scheibe. Aber auch *Kayas* »weiche« Sprayhood war erstaunlich stabil. Das Alu-Gestänge erschien uns zunächst wenig Vertrauen erweckend. Aber wider Erwarten überstand es die ganze Reise gut und ist weiterhin einsatzfähig.

Natürlich setzt die UV-Strahlung dem Material sehr zu. Die Scheibenfolie mussten wir in Neuseeland erneuern, weil sie zuerst blind und dann brüchig wurde. Beim Stoff lohnt es sich, in ein festes, UV-beständiges Material zu investieren. Amerikanische Yachties schwören auf »Sunbrella« (inzwischen auch in Deutschland erhältlich).

Relingskleider schützen das Cockpit vor seitlich überkommendem Spritzwasser und Wind. Und sie vermitteln

Das Sonnensegel kann nicht groß genug sein.

auf See ein Gefühl von Geborgenheit. Am Ankerplatz geben sie einen guten Sichtschutz und damit etwas Privatsphäre – zum Beispiel, um schnell ein Kleidungsstück überzuziehen, wenn sich ein Boot nähert.

Kayas Relingskleider waren aus dem gleichen Material gefertigt wie die Sprayhood. Den aufgenähten Schiffsnamen hatten wir uns bei den englischen Yachties »abgeguckt«. Hauptsächlich, weil die leeren Stoffbahnen uns zu langweilig erschienen. Aber auch, weil wir uns selbst immer freuten, wenn wir den Namen einer anderen Yacht schon von weitem entziffern konnten.

Manchmal war es aber auch ein Nachteil, so leicht erkannt zu werden: Zum Beispiel, wenn wir noch nicht einklariert oder schon ausklariert hatten. Dann zogen wir es vor, ganz unauffällig ohne die markanten Buchstaben im Ankerfeld zu liegen.

Im grauen November haben Sie sicher schon von den sonnigen Tropen geträumt. Aber wenn Sie erst mal dort sind, werden Sie die Sonne oft als feindlich empfinden.

Ein Windsack aus Nylon fängt noch das kleinste Lüftchen ein.

Die schlimmste Zeit ist nicht nur über Mittag, wenn die Sonne senkrecht auf den Kopf brennt, sondern besonders am späten Nachmittag, wenn die flacher stehende Sonne von der Reflexion auf dem Wasser kräftig unterstützt wird.

In dieser »Brennglas«-Situation ist ein **Sonnensegel** besonders wichtig. Im Grunde braucht man zwei: ein großes Sonnensegel, das möglichst die ganze Schiffsbreite überspannt und Schatten auch für die Kajüte spendet. Variable Seitenteile, die man tief herunter ziehen kann, schützen auch noch bei sinkender Sonne.

Und ein kleines Sonnensegel, das beim Segeln gesetzt werden kann und nur das Cockpit beschattet. Es sollte möglichst wenig Windwiderstand bieten und muss natürlich den Blick auf die Segel frei lassen. Ideal, aber leider sehr teuer ist ein so genanntes **Bimini-Top**.

Kayas großes Sonnensegel wurde von zwei langen Kunststoffrohren aufgespannt. Gummistropps zur Reling und zum Achterstag sorgten für elastische Spannung und verhinderten, dass die Augen ausrissen. Die Seitenteile ließen sich mit Klettband nach Bedarf anbringen, je nachdem, wie das Boot in der Abendsonne schwojte. In der Mitte war ein Abfluss für Regenwasser eingenäht. Beim Abbauen bleiben die Kunststoffrohre in ihren Taschen, das Sonnensegel wird daran aufgerollt und als lange Rolle seitlich an Deck neben dem Spibaum gestaut.

Sicher gibt es elegantere Lösungen, aber bei nicht zu starkem Wind hat dieses auf der kleinen Bordnähmaschine genähte Sonnensegel gut funktioniert.

Wenn Sie sich an die Arbeit machen wollen, Sonnensegel oder Relingskleider selbst zu nähen, können wir das Buch *The Complete Canvasworker's Guide* empfehlen (siehe Anhang).

Lüftung

Die Lüftung ist nach dem Sonnenschutz das wichtigste Problem in tropischen Gewässern. Wenn Deutschland unter einer Hitzewelle leidet, wie zuletzt im Sommer 2013, messen wir in der heimischen Wohnung »nur« 30 Grad bei relativer Trockenheit. An Bord waren es in der Kajüte meist über 30 Grad, bei einer Luftfeuchtigkeit von 90 %. Zwischen Australien und Bali lasen wir bei Totenflaute sogar 38 Grad im Schatten ab – ohne Luftzufuhr ist das unerträglich!

Vor Anker mit etwas Wind funktioniert die Lüftung am einfachsten: man stellt die **Lukendeckel** hoch. Da der Bug immer im Wind liegt, streicht automatisch der Wind durchs Schiff. Vorausgesetzt natürlich, dass die Luken nach vorne öffnen. Schwieriger wird es bei Flaute oder am Steg, wenn das Boot nicht im Wind liegt. Abhilfe schafft ein **Windsack** aus Nylon. Er fängt noch das kleinste Lüftchen ein und kann in jede Richtung gedreht werden.

Sehr nützlich sind 12-V-**Ventilatoren**. Bei uns sind sie

im Campingbedarf oder in Computerläden erhältlich. In südlichen Ländern, z.B. in Spanien, gibt es sie auch im Kfz-Bedarf in allen Formen und Größen. Wichtiger als die Optik ist das Laufgeräusch und der Stromverbrauch. Am besten verteilt man mehrere kleine Ventilatoren im ganzen Schiff: am Kartentisch, in der Pantry, über jeder Koje ...

Auf See ist die Lüftung ein echtes Problem. Der Wind kommt meist von hinten. Zwar ist der Niedergang in der Regel offen, um schnell ein- und aussteigen zu können. Aber die Luken bleiben meist hermetisch geschlossen, weil doch immer wieder Wasser überkommt.

Der »Dampf« in der Kajüte ist wirklich gewöhnungsbedürftig ... Besonders während einer Schlechtwetterphase wird unter Deck alles klamm und muffig. Sobald die Sonne wieder scheint, wandern Bettlaken, Kleidung und Polster zum Trocknen nach draußen. Aber Vorsicht – die nächste Welle kommt bestimmt.

Transport

Irgendwo hatten wir vor unserer Reise gelesen, dass man auf einer Weltumsegelung unbedingt Fahrräder braucht. Noch ganz im »Messe-Kaufrausch« (vor dem wir Sie noch einmal eindringlich warnen wollen), kauften wir uns wunderschöne, sündhaft teure Niro-Klappräder. Das eine wurde schon auf den Kanaren gestohlen, das andere segelte fast unbenutzt um die Welt.

Nützlich für schwere Lasten: Die Handkarre.

Es stimmt: Fahrräder sind unterwegs nützlich. Aber unsere Erfahrung ist, dass man nicht unbedingt eigene braucht. Auf verschiedenen Südsee-Inseln mieteten wir Fahrräder und machten herrliche Touren. Unser eigenes Fahrrad sah das Land selten. Denn es war einfach zu mühsam, das sperrige Rad jedes Mal im Dingi an Land und wieder zurück an Bord zu transportieren. Und um es über Nacht an Land stehen zu lassen, war es zu wertvoll. Beim Werftaufenthalt in Neuseeland sah das ganz anders aus: das Fahrrad wurde direkt neben *Kaya* angeschlossen und diente täglich zum Einkaufen, Ersatzteile besorgen etc.

Unser Fazit: Für das Marinaleben oder einen Werftaufenthalt sind Klappfahrräder ideal. Auf großer Fahrt sind sie, zumindest für ein kleines Boot, zu sperrig und auch entbehrlich. Das sehen einige Segelfreunde ganz anders. Teilweise hatten sie richtig gute Mountain-Bikes an Bord und wollten auf diese keinesfalls verzichten.

Auf den großen Booten gibt man sich mit Fahrrädern erst gar nicht ab. Wir kannten ein Boot, bei dem sich am Heck das hydraulische Garagentor öffnete, und heraus fuhren zwei chromblitzende **Mini-Motorräder.** Das erwies sich allerdings bald als Flop. Auch der kleinste Inselstaat will respektiert werden, und so gibt es schnell Ärger, wenn man ohne einheimische Zulassung und Versicherung dort herumkutschiert.

Einen »Lastesel« braucht man unbedingt. Eine zweirädrige, zusammenfaltbare **Handkarre** tut gute Dienste, wenn es darum geht, Diesel oder Proviant herbeizuschaffen. Es gibt auf dem Markt ein Standard-Modell aus Aluminium. Im Schnäppchenregal eines Baumarktes kostet es erheblich weniger als beim Yacht-Ausrüster.

Nun werden Sie vielleicht sagen: »Zum Tanken fahre ich doch an den Tankstellen-Steg.« Leider sind Bootstankstellen ab den Kanaren nicht mehr so häufig. Und wenn es sie gibt, ist das, was aus ihren Zapfpistolen kommt, nicht unbedingt gut für die Maschine (siehe Kapitel 12). So kam es sehr oft vor, dass wir mit unserem mit Kanistern beladenen »Kartoffel-Mercedes« eine Auto-Tankstelle ansteuerten.

Für den Proviant-Einkauf haben sich stabile **Klappkisten** aus Kunststoff bewährt, die übereinander gestapelt und mit Gummi-Stropps auf die Karre geschnallt werden. Nach Gebrauch verschwinden die Kisten zusammengeklappt in der Backskiste.

Für unsere Landreisen hatten wir große Globetrotter-**Rucksäcke** an Bord. Diese leisteten auch gute Dienste bei den Proviant-Einkaufsschlachten, und ein vollgepackter Rucksack ließ sich gut mit der Handkarre transportieren.

9. Sicherheitsausrüstung

Bei viel Wind ist die Wache eingepickt.

Im Jahr 1994 ging ein Aufschrei der Empörung durch die Seglerwelt. Neuseeland hatte einen »Maritime Safety Act« erlassen, der für Yachten aller Nationen verbindlich war:

Jede Yacht, die Neuseeland anlief, musste sich einer Sicherheitsüberprüfung unterziehen. Diese Überprüfung kostete Geld und schrieb u.a. vor, dass eine EPIRB (Seenotfunkboje) an Bord sein musste. Der Grund waren die Ereignisse um »the bomb«, einen schweren Sturm, der die Blauwasserflotte im Juni 1994 zwischen Tonga und Neuseeland überrascht hatte. Viele Boote waren in Seenot geraten und mussten aufgegeben werden. Die neuseeländischen Rettungsmannschaften waren tagelang unter hohem Risiko im Einsatz, einige Retter kamen ums Leben. Verständlich, dass die Neuseeländer daraufhin von den Yachten, für deren Rettung sie in ihrem Seegebiet verantwortlich waren, eine bessere Sicherheitsausrüstung verlangten.

Viele Yachties boykottierten Neuseeland aus Protest gegen die Sicherheitsüberprüfung. Andere, darunter auch wir, knirschten zwar mit den Zähnen angesichts der saftigen Gebühr, wollten aber wegen ein paar Hundert Dollar nicht auf den Besuch verzichten.

Die Inspektion war für uns der Anlass, über das Thema »Sicherheit« einmal gründlich nachzudenken. Die 406 MHz EPIRB (siehe weiter unten), die wir daraufhin kauften, betrachteten wir dann als den wichtigsten Teil unserer Sicherheitsausrüstung.

Standards und Vorschriften

Jedes Land hat eigene Vorschriften über die Sicherheitsausrüstung einer Hochsee-Yacht. Für Yachten unter deutscher Flagge gelten die »Richtlinien für die Ausrüstung und Sicherheit seegehender Segelyachten«. Sie basieren auf den Anforderungen des ORC (Offshore Racing Council) für die Teilnehmer an Hochsee-Regatten.

Die Nachbarländer übertreffen uns in diesem Fall an Bürokratie. Schweizer Yachties müssen der heimischen Behörde regelmäßig einen Nachweis über die Inspektion ihrer Rettungsinsel schicken. In Frankreich gibt es ganz detaillierte Vorschriften, welche Ausrüstungsgegenstände für jedes Fahrtgebiet an Bord sein müssen. Die Yachtausrüster freut das natürlich: In jedem französischen Ausrüster-Katalog findet sich vorne ein Abdruck der Vorschriften. Neben der Liste stehen gleich die Hinweise auf die entsprechende Katalogseiten.

Unter französischer Flagge hätte *Kaya* gar nicht auf große Fahrt gehen dürfen. Denn die Zulassung für die Kategorie 1 (weltweite Fahrt bzw. Hochsee) erhalten grundsätzlich nur Yachten über 10 Meter.

Sicherheitsmerkmale der Yacht

Bei schwerem Wetter muss die kleine Nussschale, in der man sich den Elementen aussetzt, wirklich dicht sein. Deshalb lautet die wichtigste Frage: Wo könnte Wasser in das Boot eindringen?

Unser besonderes Augenmerk galt zunächst den **Öffnungen im Rumpf**. Luken bzw. Fenster müssen wie Topfdeckel konstruiert sein, sodass sie nicht eingedrückt werden können. Zu große Fenster machen ein Schiff verwundbar. *Kayas* Salon ragt flach und abgerundet über das Deck, durchgehendes, starkes Spezial-Plexiglas ist von außen auf die Fensteröffnungen genietet.

Aber die kleinen, nur von Plastikhebeln verschlossenen Seitenfenster genügen diesen Ansprüchen nicht. Für den Notfall fertigten wir passende Bretter an, je eins für innen und außen. Mit zwei Bolzen verschraubt, hätten sie ein eingedrücktes Fenster ersetzt.

Das klappbare Steckschott im Niedergang hätte einer brechenden See vermutlich nicht standgehalten. Wir versahen es mit zwei zusätzlichen Verschluss-Bolzen. Für alle Fälle lag ein Ersatz-Steckschott aus Sperrholz bereit.

Seeventile aus Metall vertragen sich nicht mit einem Alu-Rumpf, *Kayas* Seeventile sind daher aus Kunststoff. Ganz wohl war uns bei dem Gedanken nicht, denn ein Brand würde sie wahrscheinlich zum Schmelzen bringen. Für den Notfall lagen passende Holz-Stopfen bereit.

Das nächste Augenmerk gilt dem **Cockpit**. Wenn eine Welle einsteigt und das Cockpit überflutet, darf das Wasser keinen Weg in den Salon bzw. in die Backskiste finden. Ein Brückendeck schützt die Kajüte optimal.

Aus dem gefluteten Cockpit sollte das Wasser möglichst schnell wieder ablaufen können. Sind die Lenzöffnungen groß genug? Und sind sie bei Verstopfung gut erreichbar?

Auch wenn es schwer fällt: Stellen Sie sich vor, was passiert, wenn Ihr Schiff auf dem Kopf steht. Sind alle schweren Gegenstände so fixiert, dass sie sich nicht losreißen und wie Geschosse durch die Kajüte fliegen können? Insbesondere auch die schweren Blei-Batterien und der Sturm-Anker in der Bilge? Sinnvoll sind fest montierte Augbolzen, an denen Haltegurte verspannt werden können.

Sind Schapps und Schränke so gesichert, dass sich der Inhalt nicht in die Kajüte ergießen kann? Die Schiffsbewegungen katapultieren alles, was nicht wirklich fest ist, aus offenen Fächern und Regalen heraus. Wenn die Schranktüren nur mit Finger-Schnäppern gesichert sind, sollten Sie eine zusätzliche Verriegelung anbringen. Denn ein von innen gegen die Tür fliegender Gegenstand öffnet den Schnäpper mühelos.

Sind alle Boden- und Kojenbretter so fixiert, dass sie die darunter liegenden Gegenstände in jedem Fall festhalten? Hier gibt es ein Problem: Ein besonders gut gesichertes, z.B. fest angeschraubtes Bodenbrett verhindert den schnellen Zugang zur Bilge. Sämtliche mechanischen Sicherungen müssen einerseits fest, andererseits aber auch schnell zu öffnen sein.

Persönliche Rettungsmittel

Feststoff-Rettungswesten, wie sie zum Beispiel auf Charteryachten zu finden sind, sind auf Langfahrt völlig unbrauchbar. Zu sperrig, um sie zu stauen, zu unbequem, um sie zu tragen.

Die beste Lösung sind **Automatik-Rettungswesten** mit integriertem Sicherheitsgurt. Das wichtigste Kriterium beim Kauf ist der Tragekomfort. Je bequemer die Weste sitzt, desto öfter wird sie auch getragen. Probieren Sie die Weste nicht nur im Ölzeug, sondern auch im T-Shirt an, denn so werden Sie sie auf der Barfußroute fast immer tragen.

Trotzdem erfordert es Selbstdisziplin, die Rettungsweste unterwegs auch tatsächlich anzulegen. Wir machen uns daher immer wieder bewusst: Wenn einer von uns über Bord geht, ist er so gut wie tot! Auf *Kaya* lagen Lifebelts und Rettungswesten immer griffbereit. So etwa ab Windstärke 6 legten wir sie an, bei nächtlichen Manövern an Deck auch schon bei weniger Wind.

An jeder Weste war ein weißes Blitzlicht befestigt. In der eingearbeiteten Tasche jeder Rettungsweste steckte außerdem noch ein Nicosignal. Im Notfall hätte sich der im Wasser Treibende mit sechs roten Leuchtsignalen bemerkbar machen können.

Heute gibt es ein weiteres Rettungsmittel, das die Sicherheit ganz erheblich erhöht: den S.A.R.T. (Search and Rescue Transponder). Das ist ist ein kleiner AIS-Sender, der über seinen GPS-Empfänger die aktuelle Position empfängt

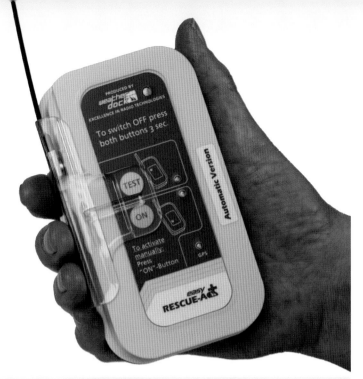

S.A.R.T. (Search and Rescue Transponder)

Kontrast zum hellen Decksbelag und zu anderen über Deck geführten Leinen (Schoten, Niederholer, Bullentalje) haben die Strecktaue eine dunkle Farbe. Wichtig: Diese Strecktaue dürfen wegen der Physik der Kräfte nicht straff gespannt sein.

Wer bei Seegang oder bei Dunkelheit das Cockpit verlassen muss, pickt sich mit den Sicherheitsleinen in die Strecktaue ein. Die Sicherheitsleinen sind gerade so lang, dass man eingepickt noch gehen kann, die Karabiner laufen dann am Strecktau mit.

Die »Rettungsinsel«

Der Name steht hier bewusst in Anführungszeichen, denn er klingt irreführend. Treffender wäre vielleicht »Not-Gummifloß«, denn um mehr handelt es sich dabei nicht.

In fast allen Seenotfällen, auch im schwersten Sturm, ist der sicherste Platz zum Überleben nicht in der Rettungsinsel, sondern im Inneren der Yacht. Es gibt eine ganze Reihe von »Überlebens-Geschichten«, die das eindrucksvoll belegen.

Es gibt nur zwei Gründe, eine Yacht zu verlassen und in die Rettungsinsel umzusteigen: Wenn die Yacht tatsächlich sinkt oder wenn sie in Flammen steht.

Vielen Langfahrtseglern ist diese so genannte Rettungsinsel ein Ärgernis. Teuer in der Anschaffung, sperrig an Deck, teuer in der Wartung, und der einzige wirklich »blinde Fleck« im ganzen Boot, den man nicht selbst auf Schäden oder Feuchtigkeit inspizieren kann. Und genau von diesem Teil soll im Ernstfall das Überleben abhängen.

In der Wartungsstation in Palma de Mallorca kommt die Stunde der Wahrheit: Vor uns ausgebreitet liegt unsere Rettungsinsel. Der Gummiboden ist von einem Pilz befallen und völlig morsch. Das teure Teil, das wir hier eigentlich in Zahlung geben wollten, ist reif für den Müll. Uns fährt nachträglich noch der Schreck in die Glieder: Wahrscheinlich sind wir das ganze letzte Jahr mit einer untauglichen Rettungsinsel gefahren. Über den Indischen Ozean und durch das Rote Meer!

Wie konnte das passieren? Die Rettungsinsel-Tasche war in einem speziell dafür vorgesehenen Fach im Heck gestaut, das zur Heckplattform hin öffnet. Bei hohem Seegang, wie wir ihn auf dem Indischen Ozean hatten, war dieses Fach wahrscheinlich völlig geflutet, sodass Salzwasser in die Packtasche eindringen konnte.

Unsere nächste Rettungsinsel war wieder eine Tasche, die wir nach den schlechten Erfahrungen nun aber unter Deck fuhren. Die Rettungsinsel durfte nicht zu schwer sein, da sie im Ernstfall mit einem Handgriff an Deck ge-

und diese nach der Aktivierung im Wasser laufend via AIS aussendet. Auch wenn die Restcrew auf der Segelyacht den Verlust eines Crewmitglieds erst Minuten oder sogar Stunden später bemerkt, hat sie sofort die metergenaue Position des Verunglückten und kann mit einem Blick auf den Monitor Entfernung und Richtung ablesen. Vorausgesetzt natürlich, die Yacht hat einen AIS-Empfänger an Bord (siehe Kapitel 8).

Die Wartung der Rettungswesten lässt sich problemlos selbst durchführen. Einmal im Jahr werden sie zerlegt und mit Süßwasser gereinigt (Vorsicht: vorher den Auslösering herausnehmen!). Die Dichtigkeit wird überprüft, indem man die Weste prall mit Luft gefüllt über Nacht liegen lässt. Einen Vorrat an Ersatz-Gaspatronen und Auslöseringen sollten Sie gleich mit der Weste kaufen.

Der integrierte Lifebelt soll zusammen mit der daran einzupickenden Sicherheitsleine das Überbordfallen verhindern. Dazu gehören aber auch sinnvoll platzierte, wirklich feste **Einpick-Punkte**. Auf *Kaya* haben wir mehrere klappbare Niro-Augen nach folgenden Gesichtspunkten montiert: das erste Einpick-Auge liegt am Niedergang und ist schon von innen erreichbar. Von jedem Sitzplatz im Cockpit ist ein Einpick-Auge gut erreichbar, ein weiteres am Heckkorb-Ausstieg sichert beim Betreten der Heckplattform.

Für die Arbeit an Deck hat sich folgende Anordnung bewährt: Vom Cockpit zum Bug laufen so genannte **Strecktaue**, extrem bruchfeste Dyneema-Leinen, die an beiden Enden in weitere Niro-Augen geknotet werden. Als

Rettungsinsel und Trinkwasser griffbereit im Salon.

bracht werden musste. Unsere 4-Personen-Insel ohne Notpack wog 25 kg, das war gerade noch akzeptabel.

Auf den optional angebotenen Notpack verzichteten wir und packten statt dessen einen eigenen Notcontainer, der zusammen mit Wasserkanistern griffbereit neben der Rettungsinsel-Tasche stand. Als Notcontainer eignen sich Plastikfässer mit O-Ring, wie sie im Kanu-Zubehör erhältlich sind. Notfass und Wasserkanister werden nur so weit gefüllt, dass sie noch schwimmen (ausprobieren!). Sie sind mit einer Sicherungsleine verbunden.

Die **Wartung** der Rettungsinsel ist ein ständiges Ärgernis. Die Liste der weltweiten Wartungsstationen ist lang. Aber nach unserer Erfahrung entspricht die Wartung nicht überall dem hohen technischen Standard, den man angesichts des stolzen Preises erwarten sollte.

Eine Wartungsstation in der Karibik. Die Wände sind mit sämtlichen Zertifikaten dekoriert. Und dann staunen wir: Die Halle, in der die verschiedensten Inseln aufgeblasen herumstehen, können wir unbehelligt in Straßenschuhen betreten. Türen und Fenster stehen weit offen, es gibt trotz einer Luftfeuchtigkeit von 90 % keine Klimaanlage.

Ein Mitarbeiter turnt gerade in unserer Insel herum, um sie mit Talkum einzustäuben. Er trägt Straßenschuhe; es fehlt nur noch die Kippe im Mundwinkel.

Welche **Alternativen** zur Rettungsinsel gibt es?

Wir haben uns lange umgesehen und nur eine einzige überzeugende Möglichkeit gefunden. Die englische Firma Tinker bot früher ein Schlauchboot an, das man mit einem Zusatzpaket zu einer Rettungsinsel umrüsten konnte. Zu dem Paket gehörten ein Dach, ein seitlicher Kenterschutz und eine automatische Aufblasvorrichtung mit CO_2-Zylinder. Der große Vorteil: Dieses System konnte man selbst warten und gelegentlich sogar ausprobieren. Leider wird das Tinker nicht mehr hergestellt.

Notsignale

Noch ein kostspieliger Teil der Ausrüstung, der an Bord ist, um möglichst nie benutzt zu werden ... Es gibt fertige Sets zu kaufen, die alle vorgeschriebenen Fallschirmraketen, Leuchtsignale und Handfackeln enthalten. Am Ende der Reise hatten wir die dreifache Mindestausstattung an Bord. Denn wir wollten nicht riskieren, mit abgelaufenen Seenotsignalen zu fahren. Andererseits gab es aber keinen Grund, die alten wegzuwerfen, weil sie wahrscheinlich noch jahrelang funktionieren.

Eine teure Signalpistole, für die man außerdem eine Waffenbesitzkarte braucht, hatten wir nicht an Bord. Denn als eigentlichen Lebensretter, mit dem wir im Seenotfall auf uns aufmerksam machen können, betrachteten wir das folgende Gerät:

EPIRB

Die Abkürzung steht für »**Emergency Position Indicating Radio Beacon**«. Im Wesentlichen ist das ein kleiner Notsender, der nach seiner Aktivierung auf einer festen Frequenz ein Notsignal aussendet.

Moderne EPIRBS senden ihr Notsignal auf 406,028 MHz an einen der COSPAS-SARSAT-Satelliten. Dieses System besteht sowohl aus geostationären als auch aus polumlaufenden Satelliten. Dadurch ist praktisch die Abdeckung der gesamten Erdoberfläche gewährleistet.

Das Notsignal enthält außer der aktuellen Position, die der in der EPIRB enthaltene GPS-Empfänger ermittelt, auch Registrierungsdaten wie die MMSI-Nummer und den Bootsnamen. Der nationale Rettungsdienst kann über die MMSI auf die Daten des in Seenot befindlichen Schiffes zugreifen. Bei den hinterlegten Telefonnummern wird zuerst nachgefragt, ob das Schiff tatsächlich in der Nähe der vorliegenden GPS-Position unterwegs ist, ob also die Möglichkeit eines Notfalls besteht. Bei Bestätigung werden die Rettungsstellen aktiviert.

Außer dem Notsignal sendet die EPIRB auch ein Peilsignal auf 121,500 MHz. SAR-Kräfte können dieses Signal im

Die EPIRB ist ein wichtiger Teil der Sicherheitsausrüstung.

Umkreis von einigen Seemeilen anpeilen.

Ein tragischer Fall hat vor Jahren die Wirksamkeit des Systems bestätigt: Bevor die deutsche Segelyacht OLE HOOP im Dezember 2002 vor Kap Hoorn spurlos verschwand, löste ihre EPIRB Alarm aus. Eine Suchaktion wurde gestartet. Schiffe und Flugzeuge, die sich in der Nähe befanden, nahmen Kurs auf die Position, auch die Chilenische Marine suchte nach der Yacht. Von der OLE HOOP und ihrer Crew fehlte jede Spur, aber die blitzende EPIRB wurde tatsächlich gesichtet.

Die Batterielebensdauer einer EPIRB beträgt in der Regel 5 Jahre. Geräte mit auswechselbarer Batterie sind deutlich teurer, sodass sich die Frage stellt, ob sich der Aufpreis lohnt. Denn es ist fraglich, ob eine 5 Jahre alte EPIRB noch dem Stand der Technik entspricht oder überhaupt noch zum aktuellen Satellitensystem passt.

Die anfangs gebräuchlichen 121,5 MHz-EPIRBs sind bereits veraltet, die Überwachung per Satellit wurde 2009 eingestellt.

Sonstige Ausrüstung

Ein guter **Radarreflektor** erhöht die Sicherheit beträchtlich. Da uns ein herkömmlicher steckbarer Radarreflektor zu sperrig war, kauften wir ersatzweise einen stabförmigen »Mobri«-Reflektor. Aber so ganz überzeugt waren wir von dem handlichen und platzsparenden Teil nicht: Auf dem Radarschirm einer anderen Yacht war bei einem Test mit oder ohne »Mobri« praktisch kein Unterschied feststellbar. Das mag aber auch daran liegen, dass ein Metallrumpf

selbst wie ein Radarreflektor wirkt. Auf *Kayas* kleinem Radarschirm gaben Stahlyachten stets ein gutes Echo, während GFK-Yachten auch auf kürzere Distanz kaum zu sehen waren.

Einen so genannten »aktiven Radarreflektor« (Radar-Transponder) halten wir für eine sehr sinnvolle Ergänzung der Sicherheitsausrüstung. Dieses kleine, aber teure Gerät reagiert auf den von einem anderen Schiff empfangenen Radarstrahl, indem es seinerseits ein Radarsignal aussendet. Dieses erscheint auf dem Schirm des anderen Schiffes natürlich stärker als ein simples Echo. Der Transponder gibt außerdem beim Empfang eines Radarstrahls ein Alarmsignal ab. (Ob das Gerät auch im Straßenverkehr funktioniert, ist leider nicht überliefert ...) Die fest stehende Antenne hat die Größe einer Weinflasche, der Stromverbrauch ist mit einem Watt (Standby) bzw. fünf Watt (Senden) minimal.

»Feuer an Bord« ist eine Gefahr, die nicht unterschätzt werden darf. Immer wieder gibt es Berichte von Yachten, die in Brand geraten, das prominenteste Beispiel ist die deutsche Yacht *Freydis*, die vor einer ihrer Antarktis-Expeditionen völlig ausbrannte. Die häufigste Ursache ist ein Kabelbrand. Für den Fall der Fälle sollten mindestens zwei gute **Feuerlöscher** griffbereit gelagert werden. Der eine in der Kajüte, der zweite außerhalb, zum Beispiel in der Backskiste. Mit der Handhabung der Feuerlöscher sollte sich jedes Crewmitglied vertraut machen. Außerdem gehört eine Feuerlöschdecke an Bord. Sie wird in der Nähe der Pantry gestaut, damit sie dort bei einem Brand (z.B. durch brennendes Fett) schnell einsatzbereit ist.

Ein guter **Wantenschneider** ist nicht nur ein universelles Werkzeug, z.B. bei der Montage von Norseman-Terminals, er gehört auch zur Sicherheitsausrüstung. Im Fall eines Mastbruches kann es entscheidend sein, die Wanten zu durchtrennen, bevor der treibende Mast den Rumpf zerschlägt.

Es sind auch andere Situationen denkbar, in denen ein Wantenschneider schnelle Nothilfe leisten könnte, etwa zum Durchtrennen eines Batteriekabels, das man bei einem Kurzschluss wegen Überhitzung nicht mehr lösen kann.

Ein **Halogen-Scheinwerfer** kann bei Such- und Rettungsaktionen zum Einsatz kommen, aber auch zum Anleuchten anderer Schiffe. *Kayas* 60-Watt-Halogen-Scheinwerfer stammte aus der Autozubehör-Abteilung eines Baumarktes. Er hat sich schon in den verschiedensten Situationen bewährt, zum Beispiel bei unserem »Piraten-Erlebnis« vor Venezuela (siehe Kapitel 5).

10. Funk und Kommunikation

Auf See oder am einsamen Ankerplatz: Amateurfunk verbindet.

Funk an Bord

»Funk an Bord« bedeutet für viele zunächst einmal das gute alte **UKW-Funkgerät**. Im Sprachgebrauch der Yachties heißt es »VHF« (gesprochen: »wie äitsch eff«). Das VHF (very high frequency) ist das Telefon von Schiff zu Schiff, auf hoher See wie auch am Ankerplatz.

Allerdings ist die Reichweite sehr begrenzt. Auf See beträgt sie etwa 30 Seemeilen, und es dauert nur ein oder zwei Tage, bis eine andere Yacht, mit der man gemeinsam ausläuft, aus der UKW-Reichweite verschwindet. In der Abdeckung von Land ist die Reichweite noch deutlich geringer.

Oft haben wir unterwegs auf Kanal 16 große Schiffe angerufen, die in unserer Nähe waren. Um uns bemerkbar zu machen, wenn wir auf Kollisionskurs liefen, oder um zu hören, wie sie uns auf dem Radarschirm sehen konnten.

Manchmal wurden auch wir auf Kanal 16 angerufen: Vom Patrouillenboot des französischen Zolls, vom Flugzeug der Australischen Coast Guard oder vom Wachboot der Israelischen Marine. All diese Begegnungen wären erheblich stressiger verlaufen, wenn wir nicht geantwortet hätten.

Und es gab auch Situationen wie diese

Die Sonne ist eben über die Kimm geklettert und lässt voraus Aitutaki aufleuchten. Mitten im Pazifik eine kleine grüne Insel! Wir segeln die Riffkante entlang und suchen den Pass. Gaby ruft auf UKW-Kanal 16 den Hafenmeister. »Aitutaki Harbour, Aitutaki Harbour, this is sailing yacht Kaya.« – »Kaya, Kaya, this is father Don. Welcome in Aitutaki«, kommt es nach einer Weile zurück. Der katholische Priester besitzt das einzige Funkgerät auf der Insel. Er erklärt uns den Weg durch den Pass und lädt uns gleich zum Mittagessen in sein Haus ein.

Inzwischen hat sich bezüglich Kanal 16 einiges geändert (siehe GMDSS, Kapitel 10).

Neben der offiziellen Kontaktaufnahme dient das UKW-Funkgerät auch als »Yacht-Telefon« von Boot zu Boot.

Sobald auf einem Ankerplatz ein paar amerikanische Yachten liegen, gründen Sie ein »VHF-Net« (UKW-Netz). Dort trifft man sich in der Regel morgens, um Neuigkeiten und Tipps aller Art auszutauschen. Unter »security problems« (Sicherheitsprobleme) wird zum Beispiel ein gestohlenes Dingi gemeldet, unter »treasures of the bilge« (Schätze aus der Bilge) kann man seine nicht benötigte Ausrüstung anbieten.

Das Netz ist mehr als nur die Haupt-Nachrichtenbörse der Yachties. Bei den zunehmenden Überfällen auf Yachten ist es auch ein echter Sicherheitsfaktor. An kritischen Ankerplätzen ist es sehr beruhigend, wenn andere Yachten auf Empfang sind.

Aber Funk an Bord bietet noch weit mehr Möglichkeiten als nur den UKW-Sprechfunk im Nahbereich. Ein **Kurzwellen-Funkgerät** (SSB) übernimmt für den Segler auf Langfahrt vor allem folgende Aufgaben:
- Die Versorgung mit Wetterdaten,
- das Senden und Empfangen von E-Mails sowie
- den Kontakt zu anderen Seglern im Umkreis von einigen hundert Seemeilen.

Spätestens, wenn sie Gibraltar hinter sich gelassen haben, bilden die Langfahrtsegler eine enge Gemeinschaft, die mit viel Hilfsbereitschaft zusammenhält und sich gegenseitig mit Tipps versorgt. Und die es, wie zu Hause auch, liebt, zu tratschen ...

Stellen Sie sich vor, Sie haben von Galapagos abgelegt. Erst nach 3000 langen Seemeilen wird wieder Land hinter der Kimm auftauchen. Nach einigen Tagen liegt das Land nicht nur in Seemeilen, sondern auch in Ihrem Bewusstsein weit hinter Ihnen. Ihr Tagesrhythmus wird nun bestimmt von Sonnenaufgang, Wachwechsel, einem Buch, Reffen der Segel beim Herannahen eines Squalls, Kochen bei hohem Seegang, dem Kampf einer Goldmakrele an der Schleppangel, Sonnenuntergang und sternklarer Nacht im frischen Passat. Vier Wochen sind Sie allein in der Weite des Meeres.

Nicht ganz allein. 400 Seemeilen voraus läuft die britische Yacht *Windsong*, die deutsche Yacht *Dakini* macht gerade Landfall in den Marquesas, die schwedische *Barina* ist in Panama ausgelaufen, und nur 30 Seemeilen querab zieht die kanadische *Cloud Seven* ihre Bahn. Davon wüssten Sie nichts, wenn Sie nicht wie jeden Morgen pünktlich zur vereinbarten Zeit das Kurzwellen-Funkgerät einschalten würden, um mit den Segelfreunden Positionen, aktuel-

le Wetterdaten sowie Freud und Leid des Bordalltags auszutauschen. Und heute gibt es eine besonders wichtige Nachricht: Die *Dakini* ist in Fatu Hiva gelandet und berichtet, dass man dort je nach Verhandlung mit dem Inselpolizisten eine Woche bleiben darf, auch wenn man noch nicht auf einer der größeren Inseln der Marquesas einklariert hat.

Nach etwa 15 Minuten ist die Funkrunde beendet. Zeit, um die neuesten Wetterdaten mit Hilfe von Kurzwellen-Funkgerät, Notebook und einem so genannten PACTOR-Controller (PTC) herunterzuladen. Auch das gehört auf hoher See zur Bordroutine.

Mit Hilfe von PACTOR können Sie auch gleich noch zwecks Beruhigung der Lieben eine E-Mail nach Hause senden, und auf dem gleichen Weg erfahren Sie, dass das bestellte Ersatzteil in Tahiti auf Sie wartet.

Zu bestimmten Zeiten können Sie per Amateurfunk Verbindung mit den Leitstationen von INTERMAR in Deutschland aufnehmen, um sich die neuesten Wetterprognosen aus dem Internet durchgeben zu lassen. Oder Sie kontaktieren eines der anderen weltweiten SSB-Netze, um vielfältigste Informationen zu erhalten (aktuelle Links finden Sie auf www.sy-kaya.de).

Beim Thema Funk teilt sich die Seglerwelt in drei Gruppen. Die erste Gruppe sagt: »Das Gequassel brauche ich nicht. Ich möchte auf dem Boot fern jeder Technik eins mit der Natur sein«. Die zweite Gruppe sagt zwar laut dasselbe, hört aber doch ganz neugierig die einschlägigen Frequenzen ab und ist immer bestens informiert. Die dritte Gruppe steht offen zu den Vorteilen, die Funk, speziell der Amateurfunk, an Bord bietet.

Wir gehören zur dritten Gruppe. Was nicht heißen soll, dass wir nicht gern naturverbunden segeln. Oder auch mal einfach unsere Ruhe haben wollen. Aber dafür gibt es ein ganz einfaches Mittel: Abschalten! Es kam vor, dass auf Kaya tagelang gar nicht gefunkt wurde. Oder die Funkzeit beschränkte sich auf die tägliche Morgen- oder Abendrunde.

Amateurfunk und Seefunk

Amateurfunker haben in der Öffentlichkeit nicht unbedingt das beste Image. »Das sind so Technik-Verrückte, die den Polizeifunk abhören« ... Tatsächlich sind Amateurfunker eine weltweite Gemeinschaft, deren Begeisterung für Funk- und Computertechnik, gepaart mit enormer Hilfsbereitschaft, nicht nur für Segler eine große Hilfe ist.

Amateurfunker definieren ihr Hobby unter anderem damit, dass sie per Funk Hilfe leisten, wo immer das möglich ist. Sie helfen bei Katastrophen, wenn die öffentlichen

Kommunikationssysteme zusammenbrechen. Und sie begleiten weltweit die Segler auf den maritimen Funknetzen. Entscheidend für uns Segler ist nicht nur ihre Hilfsbereitschaft, international als »ham spirit« (von »ham radio« = Amateurfunk) bezeichnet, sondern auch ihre fast lückenlose Präsenz auf den Bändern.

Egal, wo sich unsere Yacht befindet, wir werden immer und überall auf den Amateurfunkbändern eine Verbindung zu einer anderen Station herstellen. Diese kann dann weiter vermitteln, meist über Funk, manchmal auch per Telefon oder Internet.

Wenn Sie als Neuling in die Amateurfunk-Frequenzen hineinhören, werden Sie vielleicht etwas befremdet sein über das, was dort ausgetauscht wird: Technik-Chinesisch über die jeweilige Sendeleistung oder die Bauform der Antenne. Merkwürdige Ausdrücke wie »Ich habe starkes QRM«, »Bitte QSY!« oder »73 und 88 an die XYL«, denn die Amateurfunker haben ihre eigene Fachsprache. Es gibt langatmige Monologe, die an Selbstgespräche erinnern, oder hektische »contests« (Wettbewerbe), bei denen es darum geht, in kurzer Zeit möglichst viele Funkkontakte zu absolvieren.

Sie werden sich vielleicht fragen, was Sie als Segler hier zu suchen haben. Aber wenn Sie zu den Seefunkfrequenzen wechseln, herrscht dort meistens Schweigen. Allenfalls hören Sie fremde Sprachen, die Sie nicht verstehen.

Was tun, wenn Sie eine wichtige Nachricht absetzen wollen, sich vielleicht in einem abgelegenen Gebiet in einer bedrohlichen Situation befinden?

»QRZ von DJ9UE maritime mobile ...«

Auf der internationalen Amateurfunk-Frequenz ertönt eine laute deutsche Stimme. Da erläutert jemand in breitestem Kölner Dialekt die Unpässlichkeit seines Dackels. Die Gegenstation ist nur ganz schwach zu hören, sie erklärt lang und breit, dass ihr Hund nur Futter der Marke »Hundeglück« frisst.

Plötzlich eine aufgeregte Stimme, relativ leise: »Break break break, QRZ von Delta Juliet neun Uniform Echo Maritime Mobile, Segelyacht Kaya in Australien« – »Du Karl, QRX mal, ich glaub, da hat eine MM-Station gerufen. QRZ

Das Amateurfunkzeugnis (inoffiziell: Amateurfunk-Lizenz)

*Informationen zum Amateurfunkzeugnis finden Sie bei der Bundesnetzagentur unter www.bundesnetzagentur.de oder über den Direktlink auf **www.sy-kaya.de/Links/links.html***

Morsekenntnisse werden für die Amateurfunkprüfung nicht mehr verlangt.

Mit dem Amateurfunkzeugnis Klasse E ist weltweiter Funkverkehr im 20-m-Band nicht erlaubt.

Für den Blauwassersegler ist daher das Amateurfunkzeugnis Klasse A erforderlich, um an dem für Segler interessanten Funkverkehr im 20-m-Band teilnehmen zu können.

Der Deutschen Amateur Radio Club (DARC) bietet unter
www.darc.de/referate/ausbildung/ausbildung/
einen Fernlehrgang sowie sogar einen Online-Lehrgang für die Vorbereitung auf die Amateurfunkprüfung an.

*Literatur zur Prüfungsvorbereitung finden Sie unter **http://darcverlag.de/Ausbildung***

*Prüfungsfragen und interessante Links finden Sie unter **www.amateurfunkpruefung.de***

*Die Homepage des Deutschen Amateur Radio Club (DARC): **www.darc.de***

Auf die Seefunk-Lizenz gehen wir in Kapitel 6 ein.

Korrekt spricht man vom »Allgemeinen Funkbetriebszeugnis LRC« (für Long Range Certificate).

Klaus (DJ3CD), eine der Leitstationen von INTERMAR

die MM-Station, hier ist DA8LB (Rufzeichen fiktiv) auf Empfang« – »DA8LB, hier DJ9UE Maritime Mobile. Wir liegen am Cape York, Australien, und haben ein medizinisches Problem«. Schluss ist mit der Quasselei, der Funkverkehr mit der Yacht in Australien hat absolute Priorität. Die Kölner Station versucht nun, per Telefon einen Arzt auf das Band zu holen. Im Nu sind einige weitere Stationen auf der Frequenz, die bisher nur zugehört hatten. Der Arzt, auch Amateurfunker, meldet sich in die Runde. Aber er kann die Yacht in Australien nicht hören. Ein deutscher Funkamateur in Teneriffa hört beide Stationen sehr gut und übernimmt die Vermittlung: »DJ9UE in Australien, QSP von DL1FJ (Rufzeichen fiktiv) in EA8. Der Arzt fragt, ob Ihr Antibiotika an Bord habt.«

So ähnlich läuft der Funkverkehr auf den Amateurfunk-Frequenzen ab. Es gibt feste Regeln und eine spezielle Sprache mit vielen Kürzeln. Wer die Lizenzprüfung absolviert hat, kennt die Ausdrücke und weiß zum Beispiel, dass »QSP« bedeutet: »Ich vermittle«. Oder dass EA8 der Landeskenner der Kanaren ist.

Der Amateurfunk findet in Frequenzbereichen statt, in denen man nach internationalem Gesetz nur mit einer gültigen **Amateurfunklizenz** senden darf. Die Funkamateure achten selbst sehr genau darauf, dass diese Bestimmungen eingehalten werden.

Nach dem Ablegen der Lizenzprüfung wird ein persönliches Amateurfunk-**Rufzeichen** zugeteilt. Dieses Rufzeichen wird von jeder Station mindestens zu Beginn und Ende jeder Sendung genannt. Über das Rufzeichen lässt sich schnell feststellen, ob jemand eine gültige Lizenz hat, denn im »International Call Book« sind alle Rufzeichen mit Namen und Adressen aufgeführt.

Das Zuhören ist auch ohne Lizenz erlaubt. Die Informationen der anderen Segler oder des INTERMAR-Netzes sind damit jedem zugänglich, der einen SSB-Empfänger an Bord hat. In einem echten **Notfall** ist dagegen jede Art von Funkverkehr erlaubt. Wenn Sie in Seenot geraten oder dringend ärztliche Hilfe brauchen, können Sie auch ohne Lizenz die Hilfe der Funkamateure in Anspruch nehmen.

Beim Seefunk wird das **Rufzeichen** (amtlich: Unterscheidungssignal) nicht einer Person, sondern der Station, d.h. dem Schiff zugeordnet. In der Regel ist dieses Rufzeichen eine Folge von vier Buchstaben, die auch in die Schiffspapiere eingetragen wird. Das Rufzeichen wird von allen Personen benutzt, die von diesem Schiff aus funken.

In der Praxis meldet man sich auf den Seefunk-Frequenzen aber gar nicht mit diesem Rufzeichen, sondern nur mit dem Schiffsnamen. Auch die Küstenfunkstellen,

zum Beispiel Russell Radio in Neuseeland, rufen die Yachten unter ihrem Namen an.

Beim Funkverkehr wird ausschließlich das **Internationale Buchstabier-Alphabet** verwendet:

Alpha	Bravo	Charlie	Delta
Echo	Foxtrott	Golf	Hotel
India	Juliett	Kilo	Lima
Mike	November	Oskar	Papa
Quebec	Romeo	Sierra	Tango
Uniform	Victor	Whisky	X-ray
Yankee	Zulu		

Übrigens: es lohnt sich, bei der Wahl des Schiffsnamens auch zu überlegen, wie sich dieser buchstabiert.

»*This is sailing yacht Kaya, Kilo Alpha Yankee Alpha*« – das lässt sich bei schlechter Funkverbindung mühelos dreimal hintereinander wiederholen. Aber versuchen Sie das mal mit einem Schiffsnamen wie *Wappen von Warnemünde ...*

Funknetze

Funknetze finden auf einer festen Frequenz täglich zu einer bestimmten Zeit statt. Die Zeiten werden immer in Weltzeit angegeben, UTC (Universal Time Code) oder Z (gesprochen »Sulu«) genannt.

Eine Station leitet das Netz. Oft ist es eine Landstation mit einer besonders starken Anlage mit drehbarer Richtantenne, die auch die schwachen Signale der Yachten aus dem Rauschen herausfiltern kann. Die Leitstation nimmt die Positionen und Wetterdaten der Yachten entgegen und verbreitet die aktuellen Wetterdaten aus dem Internet.

Das Funknetz liefert nicht nur Informationen aller Art, es ist auch ein Treffpunkt, bei dem die Wahrscheinlichkeit sehr groß ist, eine andere Yacht per Funk zu erreichen. Das Netz dient dabei auch als »Relais«, das heißt, es vermittelt Nachrichten zwischen zwei Yachten, die sich gegenseitig wegen der Ausbreitungsbedingungen nicht hören können.

Deutsche und englischsprachige Netze unterscheiden sich sehr in ihrer Form. Das **deutsche Funknetz** INTERMAR auf 14.313 kHz arbeitet relativ formlos. Die Leitstation dreht die Antenne jeweils in die Richtung eines Seegebietes, gibt zuerst die Wetterprognose durch und nimmt dann Anrufe von dort entgegen. Dabei wird das eine oder andere private Wort zwischen der Leitstation und den Yachten gewechselt. Das gibt dem Netz eine sehr persönliche Note, strapaziert aber zuweilen auch die Geduld der Zuhörer, die dringend auf den Wetterbericht für ihr Seegebiet warten.

Auf den **englischsprachigen Netzen** geht es förmlicher zu. Beim Start des Netzes wird zunächst um Funkstille für »priority traffic« gebeten. Jetzt kann auch die schwächste Station zur Leitstation durchdringen, wenn sie eine wichtige Nachricht für das Netz hat.

Anschließend ruft die Leitstation alle Yachten auf, »roll call« nennt sich das. Der kurze Dialog beschränkt sich auf den Austausch von sachlichen Informationen. Die Yacht gibt ihre Position, Windverhältnisse und Seegang durch, die Leitstation die Wetterprognose für das Seegebiet.

Nach wenigen Minuten ist das Netz beendet, ohne dass private Gespräche geführt wurden. Und dann setzt ein wildes Rufen ein: Alle Yachten, die miteinander sprechen wollen, versuchen nun gleichzeitig, Kontakt aufzunehmen.

Das Kurzwellen-Funkgerät (SSB)

Erzählen Sie auf der Bootsmesse einem Händler, dass Sie sich mit dem Gedanken tragen, Ihr Boot mit »SSB« auszurüsten. Er wird Ihnen wahrscheinlich blumig ein sehr teu-

---

*Die **Funknetze** unterteilen sich in 2 Gruppen: Netze auf den Amateurfunkbändern werden als »**Ham-Nets**« bezeichnet; Netze auf den Seefunk-Frequenzen heißen »**SSB-Nets**«.*

Ham-Nets:

Das Deutsche Amateurfunknetz INTERMAR auf 14.313 kHz betreut mit viel Engagement weltweit deutsche Yachten
***Sendezeiten:** je nach Ausbreitungsbedingungen, 07:30/08:00/17:30 UTC*
http://www.intermar-ev.de
Das englischsprachige UK-Maritime-Net arbeitet auf 14.303 kHz
***Sendezeiten:** täglich ab 08:00 UTC*
Das Pacific-Island-Net arbeitet auf 14.135 kHz
***Sendezeiten:** täglich ab 02:00 UTC*

SSB-Nets:

Das Pacific-Island-Net arbeitet auf 18.125 kHz +/– 5kHz
***Sendezeiten:** täglich ab 02:00 UTC*
*Die private Station »**Russell Radio**« in Opua/Neuseeland begleitet Yachten auf dem Weg nach/von Neuseeland.*
Die Daten von Funknetzen sind leider kurzlebig. Eine öfter aktualisierte Zusammenstellung der Netze weltweit finden Sie auf www.sy-kaya.de unter »Links«.

Sprachverwirrung bei Funkgeräten:
*Gemeinsame Voraussetzung für Sprechfunk über größere Entfernungen, für Wetterinformationen und für E-Mails ist ein **Kurzwellen-Funkgerät**. Dieses Gerät kann ein offiziell zugelassenes SSB-Seefunkgerät oder ein Amateurfunkgerät sein.*
*Für das **Amateurfunkgerät** werden auch folgende Bezeichnungen verwendet: Deutsche Funkamateure sprechen vom Amateurfunk- oder SSB-Transceiver. Auf Englisch spricht man von »ham radio«. Weltweit kürzen Funkamateure den Begriff mit TRX bzw. SSB-TRX ab.*
*Für das zulassungspflichtige **Seefunkgerät** hat sich unter deutschen Yachties das schlichte, aber eigentlich ungenaue Kürzel »SSB« eingebürgert. Auf Englisch spricht man vom HF Radio oder vom SSB Marine Radio.*
Im Folgenden werden wir vereinfacht die Bezeichnungen »Amateurfunkgerät« oder »Seefunkgerät« verwenden. Wenn beide gemeint sind, sprechen wir schlicht vom »Kurzwellen-Funkgerät«.

res Seefunkgerät empfehlen: »Das entspricht den Vorschriften, ist seefest, kann alles ...« Er wird Ihnen nicht erzählen, dass in der Bordpraxis kein, aber wirklich kein einziges elektronisches Gerät verlässlich seefest ist. Und vor allem wird er Ihnen nicht erzählen, dass ein Gerät, das den engen europäischen Vorschriften entspricht, immer in seinen Funktionen eingeschränkt ist, während sich auf den Weltmeeren eigentlich niemand für diese Vorschriften interessiert.

Welches Gerät kommt also in Frage?

Seefunkgerät und Amateurfunkgerät senden grundsätzlich die gleichen SSB-Signale aus (SSB steht für »Single Side Band«). Und zwar in gleicher Qualität und ähnlicher Stärke: 100 Watt beim Amateurfunk, 150 Watt beim Seefunk. Das Seefunkgerät liefert aber nicht etwa die 1,5-fache, sondern nur die 1,2-fache Signalstärke.

Das **Seefunkgerät** arbeitet in der Regel auf den vorgeschriebenen, festen Frequenz-Kanälen, die Bedienung ist relativ einfach. Allerdings ist die Programmierung von nicht vorgesehenen Frequenzen meist umständlich.

Ein modernes Seefunkgerät ist der ICOM M-802 mit digitaler Signalaufbereitung. In Europa ist das Gerät nicht zugelassen.

Dagegen kann das **Amateurfunkgerät** auf beliebig frei wählbaren (und speicherbaren) Frequenzen arbeiten. Es hat eine Vielfalt von zusätzlichen Funktionen, die es dem Seefunkgerät überlegen machen, die aber ohne Detailkenntnisse leicht zu Fehlbedienungen führen. Deshalb macht es keinen Sinn, ein Amateurfunkgerät nur für den Notfall zusätzlich zum Seefunkgerät zu installieren. Die kompliziertere Bedienung des Amateurfunkgerätes lernt man nur durch ständigen Gebrauch.

Ein Beispiel für eine Minimal-Lösung mit besten Ergebnissen ist der Kenwood TS-50. Dieses Amateurfunkgerät begleitete uns an Bord von *Kaya* rund um die Welt und arbeitet nach fast zehn Jahren noch einwandfrei. Es hat die Größe eines Autoradios und erzeugt eine Sendeleistung von 100 Watt, die für weltweiten Funkverkehr völlig ausreicht. Der Anschluss des PACTOR-Modems ist allerdings umständlich (siehe www.sy-kaya.de unter »Knowhow«).

Das zur Zeit ausgereifteste Amateurfunk-Mobilgerät ist der Kenwood TS-480 HX mit 200W Sendeleistung. Die meisten seiner vielfältigen Funktionen werden direkt über Taster an der Frontplatte eingestellt, nicht wie bei anderen Geräten über umständliche Menus.

Kurzwellen-Antenne und Tuner

Jedes Kurzwellen-Funkgerät kann nur mit einer Kurzwellen-Antenne betrieben werden. Und diese Antenne ist

Antennenanschluss am Achterstag. Das Kabel ist mit Silikon abgedichtet.

Die Verbindung zwischen Tuner und Antenne sollte »frei schweben« und gut isoliert sein.

leider gar nicht so kurz, wie wir es im Zeitalter von Handys und Satellitenschüsseln gewöhnt sind: Sie sollte eine vertikale Länge von mindestens 7 Metern haben, besser sind ca.13 Meter. Eine genaue Angabe ist unsinnig, weil die optimale Antennenlänge für jede Frequenz anders ist.

An Bord einer Segelyacht sind eigentlich nur zwei Antennenformen geeignet: Die **Peitschenantenne** ist eine am Heck befestigte Fiberglasrute mit eingearbeitetem Antennendraht. Aus mechanischen Gründen ist ihre Länge begrenzt. Die **Achterstag-Antenne** entsteht durch den Einbau von zwei Isolatoren (z.B. von Norseman oder Stalock) in das Achterstag. Bei ausreichender Masthöhe kann die optimale Länge erreicht werden.

Vereinzelt gibt es auch Yachten, die einen Dipol verwenden. Diese Antennenform ist aber wenig geeignet, weil sie nur für eine Frequenz optimal funktioniert und auf einem kleinen Boot nicht installiert werden kann.

Zuweilen liest man im Internet oder in Zeitschriften die Behauptung, das Achterstag sei als Antenne weniger gut oder sogar schlecht geeignet. Dagegen spricht, dass unser Schiff rund um die Welt immer sichere Funkverbindungen nach Deutschland hatte und zu den Yachten mit den stärksten Signalen gehörte. Wenn Sie feststellen, dass Ihre Achterstag-Antenne schlecht funktioniert, sollten Sie davon ausgehen, dass die Installation der Antenne oder der Funkanlage einen Fehler enthält.

Bei der Achterstag-Antenne kommt es z.B. auf die Positionierung der Isolatoren an. Der Abstand der Isolatoren untereinander (plus die nicht geschirmte Zuleitung vom Tuner, siehe unten) ergibt die strahlende Antennenlänge. Egal, wie man sie wählt, sie stimmt nur für eine der vielen möglichen Sendefrequenzen optimal. Für alle anderen Frequenzen muss ein Tuner die Antenne anpassen.

Deshalb wählt man die Antennenlänge so, dass sie zu den Frequenzen optimal passt, auf denen der Fernverkehr stattfindet. Von den Seefunk-Frequenzen sind das die 12-MHz-Frequenzen, z.B. 12.369 kHz. Von den Amateurfunk-Frequenzen sind das die Frequenzen im 20-m-Band, also z.B. 14.313 kHz. In diesem Zusammenhang kommt es auf 100 kHz nicht an.

Wenn man die Lichtgeschwindigkeit 300 000 (in km/sec) durch die Frequenz (in kHz) teilt, erhält man die Wellenlänge in Metern: 24,25 m für 12.369 kHz bzw. 20,96 m für 14.313 kHz.

Die gängige Faustformel für die **Antennenlänge** ist 1/4 der Wellenlänge. Was nicht jeder weiß: Den optimal flachen Abstrahlwinkel, der für den weltweiten Funkverkehr günstiger ist, erhält man (für Peitsche bzw. Achterstag) bei einer Antennenlänge von rund 5/8 der Wellenlänge. Also bei einer Antennenlänge von 15 Meter für 12.369 kHz bzw. 13 Meter für 14.313 kHz.

In den meisten Fällen wird man diese Länge nicht realisieren können. Aber auch zwei bis drei Meter weniger sind kein echtes Problem. Der Tuner kann auch kürzere Antennen anpassen. Trotzdem sollte die Antennenlänge nach Möglichkeit zehn Meter nicht unterschreiten.

Die gleiche Rechnung führt z.B. bei der Seefunkfrequenz 4175 kHz zu einer Wellenlänge von 72 Metern, hier muss der Tuner seine Fähigkeiten zeigen.

In der Regel hat jeder Tuner mit einer bestimmten Frequenz Probleme. Meist ist das eine niedrige Frequenz. Durch geringfügiges Verändern der Leitungslänge zwischen Tuner und Achterstag kann man diese Problem-Frequenz in einen Bereich schieben, den man nicht benutzt, z.B. 5000 kHz.

Ein paar **Hinweise zur Installation:**
Der obere Isolator sollte möglichst weit vom Mast ent-

fernt sitzen. Das Drahtstück zwischen Isolator und Masttop sollte in jedem Fall mindestens einen Meter lang sein. Der untere Isolator sollte so weit wie möglich nach unten gesetzt werden, damit die Zuleitung zum Tuner (siehe unten) so kurz wie möglich wird.

Aus dem gleichen Grund sollte der Tuner unter Deck so nahe wie möglich am Antennenfuß sitzen. Yachten mit »Überrollbügel« können den sorgfältig abgedichteten Tuner auch auf den Geräteträger setzen, müssen dann aber für eine gute Erdleitung sorgen. Die Leitung vom Tuner zum Funkgerät kann fast beliebig lang sein, sollte aber nicht gerade 1/4 der Wellenlänge betragen. Man wählt diese Leitung etwas länger und wickelt sie direkt am Tuner mit ca. zehn Windungen (10 cm Durchmesser) zu einer Spule auf. Kabelbinder halten diese Spule in Form.

Die Verbindung zwischen Tuner und Antenne ist einadrig und darf nicht geschirmt werden. Sie ist Teil der strahlenden Antenne und sollte frei schwebend bzw. gut isoliert mit einem Abstand von mindestens 10 cm zum Rumpf oder dem Achterstag-Spanner installiert werden.

Ein gutes **Erdsystem** ist ebenso wichtig wie die Antenne selbst. Der Rumpf einer Metall-Yacht ist ein hervorragendes Erdsystem. Ein Boot mit massefrei verlegter Elektrik darf allerdings die Erdleitung nicht direkt mit dem Metallrumpf verbinden. Ein induktionsarmer Kondensator mit hoher Spannungsfestigkeit in der Erdleitung sorgt für galvanische Trennung.

Das Erdsystem auf einer GFK-Yacht hängt von so vielen Faktoren ab, dass es sich im Rahmen dieses Buches nicht sachgerecht beschreiben lässt. Eine gute Beschreibung der Problematik enthält das Begleitbuch des Smartuner von SGC (siehe unten) sowie Rüdigers Buch »Amateurfunk an Bord«). Geerdet wird nur der Tuner, nicht das Funkgerät!

Damit das Kurzwellen-Funkgerät mit der Antenne auf allen Frequenzen optimal zusammenarbeitet, ist ein Antennen-Anpassgerät, kurz **Tuner** genannt, unverzichtbar. Das Gerät passt die Antenne für die jeweilige Sendefrequenz an das Funkgerät an. Tuner gibt es in den verschiedensten Ausführungen, vom »Hand-Tuner« bis zum mikroprozessorgesteuerten »Automatik-Tuner«.

In das Funkgerät eingebaute Antennentuner sind schlicht untauglich. Denn der Tuner muss in jedem Fall getrennt vom Funkgerät und so nahe wie möglich am Antennenfuß positioniert sein. Das ist in der Regel das hinterste Ende der Achterkajüte, die Backskiste oder der Geräteträger. Aus diesem Grund sind auch die preisgünstigen, von Hand abgestimmten Tuner auf einer Segelyacht nur bedingt tauglich.

Automatik-Tuner sind relativ teuer. Manche arbeiten nur mit einem ganz bestimmten Gerät zusammen. Wenn das Funkgerät defekt ist, kann man es dann nur durch die gleiche Marke ersetzen. Empfehlenswert ist der amerikanische Smartuner SGC 230. Er arbeitet grundsätzlich mit allen Kurzwellensendern zusammen.

Obwohl ein guter Automatik-Tuner fast so viel kostet wie ein Amateurfunkgerät, sollten Sie an dieser Stelle nicht sparen. Denn es gibt an Bord oft genug Situationen, in denen Sie schnelle Frequenzwechsel brauchen und keine Zeit oder auch keine Hand frei haben, um die Antenne sauber abzustimmen.

Windstärke 7 auf dem Törn von Samoa nach Tonga. Hohe Seen, Achterbahn. Rüdiger hat sich in der Funkecke verkeilt, Neuseeland sendet gerade die neueste Wetterkarte auf 12 MHz. Gleich ist die Funkrunde Schiff-Schiff auf 4 MHz. Der Automatik-Tuner stellt die neue Frequenz in Sekundenbruchteilen ein. Da sind sie schon alle, aber Barina ist zu weit weg und auf 4 MHz kaum zu hören. »Barina, Barina, hier ist Kaya, Kaya. Frequenzwechsel auf 18 MHz, wenn es nicht geht, in einer Minute auf 12 MHz«.

Grundlage für den Funkverkehr auf Kurzwelle ist also ein perfektes und schnelles Zusammenspiel von Funkgerät, Tuner und Antenne. Dieses System fachgerecht an Bord einer Segelyacht zu installieren, sodass es in jeder Situation optimal funktioniert, ist nicht ganz einfach. Der Teufel steckt im Detail. Jede Yacht ist anders, die Kurzwellen gehen manchmal seltsame Wege und stören oft andere Systeme an Bord. Nur ein Fachmann mit viel Erfahrung wird eine solche Anlage optimal installieren.

Sie werden unterwegs bald feststellen: Die Frage nach der optimalen Antenne bzw. Funkanlage ist ein Dauerbrenner in den Funkrunden. Dass man »laut gehört wird« ist noch kein Beleg dafür, dass die Anlage optimal funktioniert. Bei guten Ausbreitungsbedingungen kann selbst der kleine Rest Hochfrequenz, den eine schlecht installierte Anlage aussendet, noch ein lautes Signal bei der Gegenstation erzeugen. Erst bei schwächsten Signalen im Fernverkehr trennt sich die Spreu vom Weizen.

Für die Überwachung von Antenne, Tuner und TRX sowie für die Fehlerdiagnose ist ein so genanntes **Stehwellenmessgerät** (z.B. DAIWA CN-101 L) eine große Hilfe. Es wird in die Leitung zwischen Kurzwellen-Funkgerät und Tuner geschaltet. Das Gerät misst die zur Antenne laufende Leistung sowie die von der Antenne reflektierte Leistung. Optimale Abstrahlung hat man, wenn die reflektierte Leistung Null ist, akzeptabel sind noch fünf bis zehn Prozent der vorlaufenden Leistung. Größere Reflexionswerte bedeuten, dass mit der Antenne oder dem Tuner etwas nicht stimmt. Wenn Ihnen diese Darstellung zu verkürzt ist, dann können Sie sich in »Rothammels Antennenbuch« vertiefen, erhältlich bei www.darcverlag.de.

Ausbreitung der Funkwellen weltweit

Die vom Kurzwellen-Funkgerät über die Antenne abgestrahlten Radiowellen können sich, anders als beim UKW-Sprechfunk, rund um die Erdkugel ausbreiten. Das ist möglich, weil die Kurzwellen von der Ionosphäre in ca. 250 km Höhe zur Erde zurückgespiegelt werden. Die Erdoberfläche, und besonders gut die Ozeane, reflektieren die Radiowellen ebenfalls, und so kann eine Welle im Zickzack um die ganze Welt laufen. Nur so ist es möglich, Funkstationen auf der anderen Seite der Erde zu erreichen.

Wie gut die Ionosphäre reflektiert, das heißt wie gut eine Funkverbindung ist, hängt von vielen Faktoren ab. Der Hauptfaktor ist die Sonneneinstrahlung. Die ist abhängig von den Tageszeiten an verschiedenen Orten der Erde, aber auch von der Jahreszeit. Außerdem werden verschiedene Wellenlängen bzw. Frequenzen unterschiedlich gut reflektiert.

Und schließlich spielt noch die so genannte Sonnenflecken-Aktivität eine Rolle. Im Sonnenflecken-Maximum sind die **Ausbreitungsbedingungen** (englisch: propagation) am besten, im Sonnenflecken-Minimum am schlechtesten. Die Sonnenflecken-Aktivität ändert sich in einem ungefähr elfjährigen Zyklus. Ein Sonnenflecken-Minimum lag im Mai 1996 und bescherte uns während unserer Reise durchweg schlechte Ausbreitungsbedingungen.

Wenn Sie wissen wollen, welche Bedingungen Sie erwarten: Auf www.sy-kaya.de (unter »Links«) finden Sie eine aktuelle Liste der Informationsquellen.

Weil Sie ohne längere Erfahrung und Detailkenntnisse gar nicht wissen können, welche Frequenz Sie zu welcher Tageszeit für eine Verbindung von A nach B bevorzugen sollen, können Sie auf ein nützliches Computerprogramm zurückgreifen, das Ihnen diese Überlegungen abnimmt. Die kostenlose Software »itsHFbc« berechnet die optimale Frequenz und Zeit für die Funkverbindung zwischen zwei gegebenen Standorten. Den Link zum Download der neuesten Version des Programms sowie die deutsche Bedienungsanleitung finden Sie auf unserer Homepage www.sy-kaya.de unter »Knowhow«.

Funkanlage und Computer

Die Möglichkeiten der Funkanlage werden durch ein **Notebook** beträchtlich erweitert. Das Notebook ist in der

Lage, über Kurzwelle empfangene Wetterkarten auf dem Bildschirm darzustellen. Es berechnet mit Hilfe eines Propagations-Programms (wie zum Beispiel itsHFbc, siehe S. 101) die günstigsten Zeiten und Frequenzen für eine Funkverbindung.

Die Decodierung von NAVTEX und anderen digitalen Sendungen ist mit geeigneten Programmen sehr einfach. Zusammen mit einem PACTOR-Controller (siehe unten) ermöglicht der Bordcomputer den Zugriff auf die verschiedensten digitalen Funkdienste.

Die **Stromversorgung des Notebooks** ist an Bord oft ein Problem. Das reguläre 230-V-Netzteil liefert je nach Notebook zwischen 15 und 22 Volt Gleichspannung bei einer Stromstärke von 3 bis 4 Ampere. Das bedeutet, man benötigt einen Spannungswandler (Inverter), der zunächst die 12-V-Bordspannung in 230-V-Wechselspannung umwandelt. Einfacher ist ein Kfz-Notebook-Adapter, der die 12-V-Bordspannung direkt in die höhere Notebook-Spannung umwandelt.

Leider führen elektronische Spannungswandler oft zu **Störungen** des Kurzwellen-Empfangs. Die Störsignale sind für den Laien nicht immer sofort erkennbar. Wenn einmal gar nichts geht: Am einfachsten und vor allem störungsfrei ist die Speisung des Notebooks aus dem internen Akku und das anschließende Wiederaufladen des Akkus.

Aber auch das Notebook selbst kann den Empfang stören. Stromversorgungsleitung und Schnittstellenkabel können wie die Antenne eines Störsenders wirken.

Die Beseitigung der genannten Störungen ist wiederum ein umfangreiches Thema, dessen Behandlung hier zu weit führen würde. In jedem Fall sollten Sie den Betrieb der Anlage möglichst frühzeitig testen, damit Sie sich Rat und Hilfe von einem Fachmann holen können.

Wetterinformationen an Bord

Mit die wichtigste Aufgabe der an Bord befindlichen Kommunikationsgeräte ist die Beschaffung von Wetterinformationen. Die Entwicklung ist hier rasant. Vieles, was auf unserer Reise in den Neunzigern galt, ist längst überholt. Aber nicht alles.

Endgültig vorbei sind die Zeiten, als wir gespannt den in schnellem Morse-Code gesendeten Wetterbericht von Madrid Radio oder Wellington/Neuseeland mitschrieben. Aber die Computerstimme von WWVH Honolulu/Hawaii bringt noch immer in der 48. bis 49. Minute jeder Stunde Sturmwarnungen für den Pazifik (auf 2,5 / 5 / 10 / 15 MHz). Für den Atlantik sendet entsprechend WWV Boulder/Colorado. Hier erhält man auch ein exaktes Zeitzeichen.

Gesprochene Wetterberichte werden immer weniger, viele Küstenfunkstellen schließen. Die Digitalisierung zeigt Wirkung, der Trend geht eindeutig hin zu den hervorragenden und vielfältigen **Quellen im Internet** (siehe Kapitel 3). Für den Segler bleibt allerdings noch die Frage, wie er sich diese Quellen erschließen kann, solange er noch nicht von Bord aus ins Internet kommt. Denn für die normale Bordkasse sind die zur Zeit verfügbaren Internet-Zugänge noch zu teuer.

Eine Möglichkeit sind die oben beschriebenen **Funknetze.** Die Leitstation des Netzes ist meist über mehrere Computer online und kann individuell die Wetterinformationen übermitteln. Hierbei sollten Sie allerdings immer genau wissen, ob es sich um unverändert weitergegebene »amtliche« Wetterdaten oder um bereits interpretierte Wetterprognosen handelt.

Eine Reihe von Wetterkarten und Prognosen für die verschiedensten Seegebiete kann man auch mit Hilfe von PACTOR aus dem WinLink-Netz (siehe unten) oder von einem Provider beziehen. Die Daten stammen aus den Internet-Quellen, die Behörden und Institute zur Verfügung stellen.

Zum Beispiel erreicht man über den Provider Buoyweather eine Vielfalt von hervorragenden Wetterdaten. Um diesen Dienst drahtlos vom Boot aus via Winlink, Sailmail oder Iridium nutzen zu können, muss man zuvor online bei BuoyWeather (www.buoyweather.com) einen per Kreditkarte bezahlten Account eröffnen. Dann kann man zum Beispiel über PACTOR eine E-Mail-Anfrage senden, die die Position des gewünschten Vorhersagegebietes enthält. Man erhält dann eine automatische Antwortmail mit den gewünschten Wetterdaten.

Auch das **Wetter-Fax** spielt immer noch eine Rolle. Weltweit senden eine ganze Reihe von amtlichen Stationen Wetterkarten und Satellitenbilder via Kurzwelle/SSB aus. Sende-Zeiten und Frequenzen finden Sie im Handbuch »British Admirality List of Radio Signals«. Unter http://metservice.com/marine/radio/zklf-radiofax-schedule finden Sie z.B. die FAX-Sendezeiten des neuseeländischen MetService.

Die Audio-Töne aus dem Kurzwellenempfänger werden der Soundkarte des Notebooks zugeführt und von diesem mit Hilfe eines Wetter-FAX-Programms in eine Wetterkarte auf dem Bildschirm umgewandelt.

Es gibt verschiedene Programme, die diese Aufgabe im Prinzip gleich gut erfüllen: z.B. das umfangreiche Programm MeteoCom6 oder das Shareware-Programm SeaTTY. Sie unterscheiden sich nur im Bedienkomfort.

Besonders beim Wetter-Fax machen sich Störungen durch andere Geräte an Bord sehr unangenehm bemerkbar. Regelmäßige schwarze Streifen können die Impulse des Autopiloten sein, der Spannungswandler macht ebenso wie die Lichtmaschine Schnee, usw. Hier lohnen sich ausgiebige Tests vor dem Törn. Abhilfe schaffen Entstörglieder.

PACTOR

Der PACTOR-Controller (kurz: PTC, er wird aber auch »PACTOR-Modem« genannt) ist ein eigenständiger kleiner Computer, der es in sich hat. Zwischen Notebook und Funkgerät geschaltet, ermöglicht er den Zugriff auf eine Vielfalt von digitalen Daten.

Der PTC empfängt Wetterkarten, Wetterprognosen, Satellitenbilder und Navtex-Warnmeldungen. Er dekodiert Morsezeichen und sendet und empfängt E-Mails. Und er kann laufend die aktuelle Position der Yacht aussenden. Nur das Surfen im Internet geht (noch) nicht.

Stand der Technik ist zur Zeit der P4dragon DR-7400 von SCS in Hanau bei Frankfurt. Die deutlich teurere Version P4dragon DR-7800 ist in der Übertragungsleistung identisch, verfügt aber über ein OLED-Display (nicht unbedingt nötig) und 2 TRX-Ports (nur für Landstationen interessant).

Das Übertragungsverfahren Pactor IV soll doppelt so schnell sein wie Pactor III. Um dies richtig einschätzen zu können, sollten Sie aber bedenken, dass Pactor IV mit 10.500 Bit/s bei reiner Textübertragung und 5.512 Bit/s bei Übertragung von binären Daten (z.B. Bildern) immer noch sehr langsam ist gegenüber einer ca. 5000-mal schnelleren WLAN-Übertragung mit 54 Mbit/s. Aus Sicht des Autors ist Pactor III völlig ausreichend, so lange nicht eine deutlich höhere Geschwindigkeitssteigerung möglich ist.

Außerdem scheinen bisher (2013) nur wenige Radio Message Server des Winlink2000-Systems Pactor IV zu »verstehen«. Daher dürfte weiterhin der meiste Datenverkehr auf Winlink2000 unter Pactor III laufen.

PACTOR III läuft auf dem PTC II ex ebenso wie auf dem PTC pro und ist lediglich eine Erweiterung der Betriebssoftware, die die Übertragungsgeschwindigkeit gegenüber Pactor II erheblich verbessert. Pactor IV ist dagegen nur mit den P4dragon-Geräten möglich. Die Anschlüsse der P4dragon-Geräte sind zu denen der älteren Geräte zu 100% kompatibel.

Die Installation des PTC und die PACTOR-Betriebstechnik wollen gekonnt sein. Eine Anleitung dazu finden Sie auf www.sy-kaya.de unter »Knowhow«.

Kayas Funkanlage (von unten nach oben): Amateurfunkgerät, PACTOR-Controller, Stehwellen-Messbrücke.

PACTOR-Dienste:

Segler mit Amateurfunklizenz haben es einfach. Sie loggen kostenlos per Funk bei den ca. 140 weltweit verteilten Radio-Stationen des **WinLink2000**-Systems ein, senden und empfangen hier ihre E-Mails und haben Zugriff auf ein umfangreiches Angebot an Wetterinformationen.

Die Betriebssoftware AIRMAIL bietet in Verbindung mit WinLink 2000 eine Funktion, die direkt der Sicherheit des Schiffes dient: Das Programm sendet bei jeder Verbindung zum WinLink-Netz automatisch die Position des Schiffes an das WinLink2000-System.

Voraussetzung ist nur, dass der PTC über die NMEA-Schnittstelle mit einem GPS verbunden ist (wenn nicht, können die Koordinaten auch von Hand eingegeben werden). Diese Positionsdaten werden im WinLink2000-System für einige Zeit gespeichert und können im Internet unter www.winlink.org/Maps/User Positions abgerufen werden.

Ein Freund zu Hause muss also nur Ihr call sign (Amateurfunk-Rufzeichen) kennen, um jederzeit über Ihre Position informiert zu sein. Im Notfall könnten diese Daten bei einer Suchaktion sehr hilfreich sein.

Den Link zum Download der neuesten Version von AIRMAIL sowie eine deutsche Bedienungsanleitung finden Sie auf www-sy-kaya.de unter »Knowhow«.

Für Segler ohne Amateurfunklizenz gibt es verschiedene andere Möglichkeiten:

SailMail (www.sailmail.com) ist ein E-Mail-Dienst, der weltweit per SSB in Verbindung mit einem PACTOR-Controller erreichbar ist. SailMail ist eine nicht kommerzielle Vereinigung von Yachties, die diesen Dienst gegen einen jährlichen Mitgliedsbeitrag von 250 US-Dollar zur Verfügung stellt. Eine Amateurfunklizenz ist für die Mitgliedschaft nicht erforderlich, da der Betrieb auf den Seefunkfrequenzen stattfindet.

Die Verbindungszeit ist auf 90 Minuten pro Woche begrenzt. Das reicht aus, um alle E-Mails abzurufen bzw. zu senden. Die E-Mails dürfen allerdings eine maximale Größe von 10 kByte (5 Textseiten) nicht überschreiten. Datei-Anhänge, z.B. Bilder, dürfen eine maximale Größe von 30 kByte haben. Auch Wetterinformationen können in Form von E-Mails abgerufen werden.

Zur Zeit (2013) gibt es 17 SailMail-Stationen weltweit. Die Stationen reagieren automatisch, wenn sie über Kurzwelle von einem SSB-PACTOR-Signal gerufen werden. Die nötige Software steht kostenlos als Download zur Verfügung.

Kielradio (www.kielradio.de) ist eine kommerzielle Küstenfunkstelle, die weltweite Vermittlung von Funkkontakten anbietet. Für den Segler ist vor allem die Kommunikation mit Kielradio via PACTOR interessant. Kielradio verwendet eine speziell modifizierte Firmware für den PACTOR-Controller. Dadurch arbeitet der PTC wie ein normales Telefon-Modem, d.h. jedes Betriebssystem, nicht nur Windows, kann verwendet werden. Die Firmware verschlüsselt die gesendeten Daten, dadurch können Dritte nicht mitlesen.

Bern Radio (www.swisscom.ch) in der Schweiz hat offenbar nur noch den Namen mit der früheren legendären Funkstelle gemeinsam.

GMDSS

Das weltweite maritime Sicherheits- und Notrufsystem **GMDSS** (Global Maritime Distress and Safety System) ist ein digitales Netz, das einerseits Warn- bzw. Seenot-Meldungen automatisch ausstrahlt und andererseits Seenotrufe automatisch empfängt und weiterleitet. Voraussetzung für die Teilnahme ist ein GMDSS-fähiges UKW- bzw. Kurzwellenfunkgerät mit **DSC** (Digital Selective Call) sowie ein amtliches Rufzeichen, verbunden mit entsprechenden monatlichen Kosten.

Dem Gerät wird die von der Behörde zugeteilte MMSI-Kennung (Maritime Mobile Service Identity) einprogrammiert, über die das Schiff identifiziert bzw. selektiv angewählt werden kann. Über die NMEA-Schnittstelle wird das Gerät mit einem externen GPS verbunden.

Bei einem **Notruf** – der heißt jetzt »Distress-Meldung« – ist dadurch die Position des Senders identifizierbar. Eine

in Panik befindliche Crew sendet also mit einem einzigen Tastendruck die beiden wichtigsten Daten des Notrufes aus: WER und WO.

Die in der Sender-Reichweite (bei UKW ca. 35 Seemeilen) befindlichen DSC-Controller von Schiffen oder Küstenfunkstellen reagieren auf die Distress-Meldung mit einem akustischen Alarm und senden automatisch eine digitale Bestätigung. Gleichzeitig schalten sie den Sprechfunkkanal 16 ein. Der Notruf wird so lange gesendet, bis eine digitale Bestätigung empfangen wird.

SOLAS-Schiffe (International Convention for the Safety of Life at Sea) sind nämlich seit 1999 verpflichtet, den (digitalen) DSC-Kanal 70 automatisch zu überwachen. Der Sprechfunk-Kanal 16 bleibt zwar weiterhin der Not- und Anrufkanal. Aber es gibt keine Verpflichtung mehr, Kanal 16 abzuhören!

Damit bedeutet DSC das Ende von Kanal 16. Jedenfalls so, wie wir es jahrelang gewohnt waren:

Das UKW ist eingeschaltet, im leisen Rauschen plötzlich eine vertraut klingende Stimme. »Mach mal lauter, das ist doch der Fritz von der PICO. Die müssen ganz in der Nähe sein!«

Mit DSC schweigt das Funkgerät, als wäre es kaputt. Es sei denn, jemand hat unsere Schiffskennung gewählt und will speziell uns sprechen. Oder eine Not- bzw. Warnmeldung wird an alle verbreitet. Küstenfunkstellen oder Schiffe können nur noch via DSC gerufen werden, auf Kanal 16 geht niemand mehr Hörwache. Fremde Schiffe, deren MMSI man natürlich nicht kennt, kann man nur mit einem DSC-Ruf »an alle« kontaktieren.

Allerdings: Hier bietet das moderne AIS (siehe S. 81 ff.) einen großen Vorteil. Dieses System zeigt auf seinem Display nicht nur die Position aller Schiffe in der Umgebung an, es teilt uns auch ein ganzes Bündel an Informationen über das jeweilige Schiff mit, u.a. die so wichtige MMSI und auch den Schiffsnamen. Somit können wir mit Hilfe von AIS jedes Schiff rufen (sofern es AIS-Daten sendet). Hier zeigt sich, dass es auch für eine Segelyacht sinnvoll ist, nicht nur einen AIS-Empfänger, sondern einen AIS-Transponder zu verwenden. So kann uns die Berufsschifffahrt problemlos via DSC rufen und ggf. warnen.

Beim Neukauf eines UKW-Funkgerätes würden wir ein GMDSS-Gerät empfehlen. Da das Gerät hauptsächlich im Küstenbereich verwendet wird, macht der Anschluss an GMDSS auch für eine Segelyacht Sinn. Für ein GMDSS-fähiges **Seefunkgerät mit DSC** muss man dagegen noch tief in die Tasche greifen. Amateurfunkgeräte sind nicht GMDSS-fähig.

Aus der Sicht des Fahrtenseglers würden wir uns aber trotzdem weiterhin für ein Amateurfunkgerät entscheiden. Denn eine Segelyacht ist auch ohne Kurzwellen-Funkgerät mit DSC-Controller an das GMDSS-System angeschlossen.

Wie das? Ganz einfach: auch die EPIRB (siehe auch Kapitel 9), die wir als den wichtigsten »Lebensretter« betrachten, ist Teil des GMDSS-Systems. Eine 406-MHz-GPS-EPIRB, die im Seenotfall aktiviert wird, sendet automatisch einen Seenotruf mit Angabe der genauen Position aus. Im Mittel wird ein solcher Ruf nach vier Minuten von einem Satelliten erkannt und sofort an die zuständige Rettungsleitstelle weitergeleitet.

Der Seenotruf über die EPIRB lässt sich praktisch in jeder Situation noch absetzen, also auch dann noch, wenn der Mast bereits verloren ist und keine Antenne mehr zur Verfügung steht, mit der man per SSB einen DSC-Notruf absetzen könnte.

Der einzige echte Nachteil einer Yacht ohne Kurzwellen-DSC-Controller ist, dass sie auf hoher See keine Warnmeldungen empfangen kann. Ob man allerdings in der Praxis alle automatischen Warnmeldungen überhaupt empfangen würde, ist die Frage. Denn auf einer kleinen Yacht wird, anders als auf einem Frachter, das Funkgerät gar nicht ständig eingeschaltet sein.

Ansonsten wird jede wichtige Information oder Warnung auf den Funknetzen verbreitet. Wenn eine Yacht, die an GMDSS angeschlossen ist, eine Warnung empfängt, wird sie die anderen umgehend informieren.

Auf dem Weg von Tonga nach Neuseeland wettern wir beigedreht eine nächtliche Front mit viel Regen ab. Trotz der Müdigkeit checken wir in der morgendlichen Funkrunde ein. Sofort sind wir hellwach, als wir die aufgeregte Stimme von unserem japanischen Segelfreund Massa hören, der sich weiter nördlich auf dem Weg zu den Marianen befindet: »Info, Info, Info: Tropical Storm has been upgraded to Tropical Cyclone, listen to Honolulu«. Wir schalten sofort auf die Frequenz von WWV-Honolulu. Die Computerstimme quäkt: »Tropical Cyclone Cyril located near 15 south 161 east, moving southeast 10 knots ...«

NAVTEX

Auch NAVTEX ist Teil des GMDSS. Über NAVTEX werden Sicherheitsinformationen für das jeweilige Sendegebiet verbreitet:
- Sturmwarnungen
- Warnnachrichten (z.B. Treibgut, Piratenüberfälle)
- Seenotmeldungen
- zeitlich begrenzte Sperrgebiete

Mit einem speziellen **NAVTEX-Empfänger** bzw. Decoder werden die Informationen ausgedruckt oder auf einem Display angezeigt. Auch das Notebook sowie der PACTOR-Controller (siehe oben) können NAVTEX decodieren. Das Notebook benötigt hierfür ein entsprechendes Programm – in der Regel das gleiche, das Sie für Wetterkarten-FAX verwenden (z.B. MeteoCom6 oder SeaTTY).

NAVTEX-Meldungen werden weltweit in englischer Sprache auf 518 kHz nach einem festen Sendeplan ausgestrahlt. Auf 490 kHz werden lokale Meldungen in der jeweiligen Landessprache gesendet. NAVTEX-Meldungen beziehen sich ausschließlich auf den küstennahen Bereich von maximal 250 Seemeilen. Dies ergibt sich schon aus der geringen Sendefrequenz auf Mittelwelle, deren Reichweite begrenzt ist. Deshalb ist es nicht verwunderlich, wenn Segler berichten, dass sie im Pazifik oder im Indischen Ozean keinen NAVTEX-Empfang hatten.

In den Tropen soll NAVTEX auf 4209,5 KHz (Kurzwelle) arbeiten. Allerdings ist auch die 4-MHz-Reichweite begrenzt. Diese Frequenz macht Sinn z.B. zwischen pazifischen Inseln, die einige 100 Seemeilen auseinander liegen, aber nicht für die 3000 Seemeilen Strecke zwischen Galapagos und den Marquesas.

Für den Empfang von NAVTEX muss der Empfänger ständig eingeschaltet sein oder zu bestimmten Zeiten eingeschaltet werden. Das kostet erstens Strom und ist zweitens lästig. Es gibt aber spezielle Geräte mit geringem Stromverbrauch, die durchgehend laufen können und die Meldungen bis zum Einschalten des Displays speichern.

Iridium

Iridium ist ein digitales Daten-Netz, das über Satelliten arbeitet. Das System verfügt über ca. 70 Satelliten, die die Erde auf polaren Bahnen in einer Höhe von ca. 800 km umkreisen. Für die Verbindung ist freie Sicht zum Satelliten erforderlich. Das Handgerät mit aufgesteckter Antenne hat etwa die Größe eines Handys. Es kann mit einer »Prepaid«-Karte, also ohne Vertrag, betrieben werden. So kann man praktisch von jedem Punkt der Erde Daten übertragen bzw. telefonieren.

Für die Übertragung von E-Mails benötigt man einen Datenadapter, der das Gerät über die USB-Schnittstelle mit dem Notebook verbindet. Nach der Installation der Treibersoftware erkennt das Notebook das Iridium-Gerät wie ein Modem. Vorbereitete E-Mails können nun mit jedem E-Mail-Programm verschickt werden.

Beschauliche Abendstimmung am Ankerplatz – aber nur, wenn kein Motor lärmt.

11. Stromversorgung

Stromverbrauch

Bevor Sie eine Entscheidung über die Größe und Anzahl Ihrer Batterien sowie die dafür nötigen Stromlieferanten treffen, müssen Sie sich über Ihren Stromverbrauch im Klaren sein. Und der hängt von vielen individuellen Faktoren ab: Beleuchten Sie Ihr Schiff nachts wie eine Fußgängerzone zu Weihnachten oder genügt Ihnen während der Nachtwache ein LED-Lämpchen am Kartentisch? Wie viel Zeit verbringen Sie am Computer oder am Funkgerät?

Bei der Kalkulation müssen Sie unterscheiden zwischen Kurzzeit- und Langzeitverbrauchern: Das SSB-Funkgerät zieht zwar in den Sprachspitzen 20 Ampere, gegen die ein Kühlschrank mit durchschnittlich zwei Ampere äußerst sparsam erscheint. Aber der Kühlschrank ist 24 Stunden in Betrieb, verbraucht am Tag also 48 Ampere-Stunden, während das Funkgerät seine Stromspitzen im Mittel nur während einiger Minuten erreicht und es so auf maximal 5 Ampere-Stunden pro Tag bringt.

Seit unserer Reise in den 1990ern sind die Schiffe, die auf Langfahrt gehen, immer größer geworden. Die Anzahl der elektrischen Verbraucher an Bord wächst mit und ist kaum noch überschaubar. Der Stromverbrauch einer Yacht wird auf Ratgeberseiten im Internet inzwischen mit 100 bis 200 Amperestunden pro 24 Stunden kalkuliert. Soviel Strom müssten Ihre Bordstromlieferanten (Solarzellen,

Windgenerator, Schlepp- oder Wellengenerator) mindestens liefern, wenn Sie nicht zusätzlich die Maschine laufen lassen wollen.

Berechnung des Stromverbrauchs

Jedes elektrische Gerät enthält in seinen technischen Daten eine Angabe über die Leistung in Watt (W) bzw. Volt-Ampere (VA). Teilen Sie diesen Wert durch 12 Volt, erhalten Sie annähernd die Betriebsstromstärke in Ampere (A).

Multiplizieren Sie die Betriebsstromstärke mit der Betriebszeit in Stunden (h), erhalten Sie die verbrauchte Strom-Menge in Amperestunden (Ah). In dieser Einheit wird auch die Kapazität bzw. das Fassungsvermögen der Batterie angegeben.

Diese Rechnung gilt nur für konstante Betriebsstromstärke, also z.B. nicht für einen Kühlschrank, der sich unregelmäßig ein- und ausschaltet.

Beispiel Radar (Standby-Betrieb):
Leistung 8 W (oder 8 VA)
Betriebsstromstärke 8 W : 12 V = 0,66 A
Betriebszeit 24 Stunden *0,66 A * 24 h =* **16 Ah**

Moderne monokristalline Solarmodule sind sehr leistungsfähig.

Der Windgenerator liefert auch nachts unermüdlich Strom.

Vor allem eines hat sich in den letzten Jahren geändert: die Beleuchtung an Bord. Von der Leselampe am Kartentisch bis zum Toplicht im Mast, praktisch jedes Leuchtmittel gibt es inzwischen auch mit modernen LEDs. Diese sogenannten »Leuchtdioden« bzw. »light-emitting diodes« setzen den Strom fast komplett in Licht um, sie werden daher kaum warm. Der Stromverbrauch einer mit LEDs ausgestatteten Lampe beträgt bei etwa gleicher Lichtstärke nur etwa 10–20 % der vergleichbaren Glüh- bzw. Halogenlampen. Die Lebensdauer von LEDs ist fast unbegrenzt, u.a. weil sie anders als herkömmliche Glühfadenlampen vibrationsfest sind. LED-Lampen sind zwar teurer, und über die Gemütlichkeit des eher kalten LED-Lichts kann man sich streiten, aber die Vorzüge von LEDs an Bord sind unverkennbar. Und niemand wird Sie hindern, am Ankerplatz eine gemütliche alte Petroleumlampe zu benutzen.

Sicher ist, dass die Energiebilanz auf jedem Schiff anders aussieht. Die meisten deutschen Fahrtensegler, die wir trafen, kamen mit so wenig Strom aus, dass sie nur selten die Maschine zum Laden benutzten, während so gut wie alle amerikanischen Boote pünktlich abends zum Sundowner die Maschine anwarfen. Wo liegen die Unterschiede?

Viele amerikanische Yachten sind mit einem »Freezer«, einer Tiefkühltruhe ausgerüstet. Und das, obwohl auf einem Boot mittlerer Größe schon der Kühlschrank unverhältnismäßig viel Strom verbraucht, nämlich zwischen einem Drittel und der Hälfte des gesamten Energiebedarfs. Dahinter rangieren Beleuchtung, Autopilot und Navigationsinstrumente.

Woher kommt nun der Strom?

Sind Sie bereit, alle ein bis zwei Tage die Maschine oder einen Generator anzuwerfen, um die Batterien zu laden? Dann ist die Frage für Sie fast schon beantwortet.

Für uns kam das nie in Frage. Einen Generator hatten wir nicht an Bord, und die Maschine lief nur, wenn sie wirklich gebraucht wurde. Das Motorengeräusch und die Vibrationen des Rumpfes passen für uns einfach nicht zur Stimmung eines Hochseetörns oder eines idyllischen Ankerplatzes. Deshalb versuchten wir, sparsam mit unserer Energie umzugehen und den gesamten Energiebedarf aus Solarzellen und Windgenerator zu beziehen.

Solarzellen

Gute **Solar-Module** sind zwar immer noch teuer, aber deutlich leistungsfähiger als zu Beginn unserer Reise. Bei der Auswahl zählt nicht nur die Leistung, sondern auch die mechanische Stabilität, die Seefestigkeit und besonders die tatsächliche Leistung bei Erwärmung. Mit »kristallin« werben alle Anbieter. Sie sagen Ihnen aber nicht, dass »monokristalline« Zellen leistungsfähiger sind als »polykristalline« Zellen.

Unsere beiden flexiblen Solarmatten Marke »Unisolar« hatten sich sehr gut bewährt, ließen sich perfekt auf der Sprayhood fahren, waren aber mit je 22 Watt zu schwach.

Später überzeugte uns das monokristalline Siemens M55 mit 55 Watt, auf dem der Verkäufer auf dem Messestand sogar herumspazierte. Der Seefestigkeit wurde an einigen Stellen mit Sikaflex nachgeholfen. Wasserdichte Steckverbindungen liefert die Firma Philippi, Serie 694. Für eine 2-polige Verbindung benutzten wir 2 mal 2 Kontakte eines 4-poligen Steckers, um die Kontaktsicherheit zu erhöhen. Diese modernen Solar-Elemente liefern bei Sonne meist genug Strom. Aber besonders in der Konvergenzzone der Tropen lässt sich die Sonne oft tagelang nicht blicken.

Windgenerator

Wenn man bei bedecktem Himmel und knackigem Wind vor Anker liegt, ist ein **Windgenerator** ideal: Er liefert unermüdlich und rund um die Uhr Strom für Watermaker, Notebook und Funkgerät. Auf Vorwindkurs bei mäßigen achterlichen Winden leistet der Windgenerator dagegen nur wenig, weil der scheinbare Wind zu schwach ist.

Die Auswahlkriterien bei der Anschaffung sind Geräusch, Leistung und Gewicht, für uns auch in dieser Reihenfolge. Das Kriterium »Geräusch« wird den meisten erst bewusst, wenn es zu spät ist: wenn nämlich die schnittig aussehenden Flügel des neuen Windgenerators schon das leiseste Lüftchen mit nervendem Zischen quittieren und ab 20 Knoten einer Luftschutzsirene Konkurrenz machen.

Wir erinnern uns zum Beispiel an einen »lauschigen« Abend in der Karibik, im Cockpit einer großen amerikanischen Yacht: Neon-Flutlicht, Generatorbrummen, und dazu das Geräusch eines startenden Düsenjets ... (letzteres stammte von einem häufig anzutreffenden amerikanischen Windgenerator).

Unser Aerogen 3 hatte sich mit Leistung und Laufruhe bei relativ geringem Gewicht bestens bewährt. Moderne Windgeneratoren sind deutlich leistungsstärker, weil es inzwischen möglich ist, stärkere Permanentmagneten bei geringerem Volumen zu bauen.

Seien Sie misstrauisch, was die Lautstärke anbetrifft: Jeder Verkäufer auf der Messe wird seinen »flüsterleisen« Windgenerator preisen. Glauben Sie niemandem, der Ihnen etwas verkaufen will! Haben Sie lieber auf dem nächsten Chartertörn oder beim Gang durch Yachthäfen ein weit offenes Ohr für Windgeneratoren aller Marken. Aber 15–20 Knoten Wind sollten es dabei schon sein.

Ein Tipp zur **Montage**: Die drehenden Flügel des Generators sind sehr gefährlich, deshalb sollten sie außerhalb der Reichweite von Kopf oder fliegenden Haaren drehen. Andererseits sollte es möglich sein, die Flügel bei Sturm ohne großen Aufwand festzubinden. Eine eingebaute induktive Bremse ist ja ganz nett, setzt aber voraus, dass der Schleifkontakt auf dem Rotor bzw. die Elektronik richtig arbeitet.

Kayas Windgenerator war gerade so hoch montiert, dass wir darunter ohne Gefahr auf die Cockpitbank steigen konnten. Das Winken mit erhobenem Arm war dann allerdings verboten ... Um den Generator stillzulegen, griffen wir nach der Schnur, die an der Heckflosse des Windgenerators befestigt war, und drehten ihn aus dem Wind. Sobald die Flügel standen, wurden sie mit einem Bändsel festgebunden.

Ostern 1994 liegen wir am Kai in Andraitx/Mallorca. Ein mächtiges Sturmtief sorgt für Windstärke 9. Gegen Morgen legt eine Hammerbö Kaya *auf die Seite, es tut einen heftigen Schlag. Augenblicklich sind wir an Deck. Der Windgenerator schlingert furchterregend auf seinem Mast. Die schwere Holzplanke, die als Gangway dient, ist hochgewirbelt worden und in den Propeller geraten. Ein Flügel ist abgebrochen, die Unwucht droht nun, den Windgenerator abzureißen.*

Es ist also nicht verkehrt, mindestens ein Paar Ersatzflügel (die Flügel sind paarweise ausgewuchtet) an Bord zu haben.

Solar-Module und Windgenerator dürfen nur über einen **Regler** (am besten einen IUoU-Regler, siehe unten) mit sorgfältig eingestellter Ladeschluss-Spannung an die Batterien angeschlossen werden. Anderenfalls besteht die Gefahr, dass die Batterien überladen werden und gasen.

Schlepp- und Wellengenerator

Ein **Schleppgenerator** wird über einen Propeller angetrieben, der über eine lange biegsame Welle durch das Wasser gezogen wird. Eigentlich eine praktische Konstruktion. Allerdings gibt es auf See immer wieder Situationen, in denen man nicht gern etwas hinter sich her schleppt. Sei es der plötzliche Stress durch einen heftigen Squall, sei es das dichte Passieren eines Fischtrawlers oder seines Netzes. Und der Schleppgenerator kostet auch noch Geschwindigkeit.

Ein **Wellengenerator** wird über einen Riemen von einem Rad angetrieben, das auf der Antriebswelle sitzt. Damit diese Anordnung funktioniert, muss also die Antriebswelle beim Segeln mitlaufen. Das kann auf die Dauer dem Getriebe schaden, und es macht außerdem (zumindest auf *Kaya*) ein nerviges Geräusch. Deshalb blockierten wir beim Segeln immer die Welle. Und zwar mit Hilfe einer Markierung in der idealen Position: so, dass der zweiflüglige Propeller senkrecht stand. Dann lag er in einer Linie mit dem Skeg und der Wasserwiderstand war minimiert.

Batterien und Batterieladung

Auch wenn das Thema nicht Ihr Spezialgebiet ist, haben Sie sicher einiges darüber gehört: dass Säure-Batterien auf einem Schiff problematisch sein sollen, dass man zwischen Starter- und Verbrauchsbatterien unterscheidet, dass Gel-Batterien teuer, aber auch nicht das Nonplusultra sind. Dass es neuerdings auch AGM-, SpiralCell- und Lithium-Ionen-Batterien gibt, »dass letztere aber brennen können«.

Halten wir uns einfach an die Fakten: Abgesehen von den neuen und sehr teuren Lithium-Ionen-Batterien sind praktisch alle Batterien, die im maritimen Bereich verwendet werden, Bleibatterien. Ob Kfz-, Starter-, Bordnetz-, Säure-, Gel-, AGM-Batterie, ob wartungsfrei oder versiegelt, immer stecken Bleiplatten darin. Genauer gesagt, es wird immer ein Satz von Bleiplatten von einem Haltegitter in einer Säure gehalten.

Der Unterschied zwischen den einzelnen Batterie-Typen besteht lediglich im Aufbau und in der Anordnung dieser Komponenten: Sind die Bleiplatten dick oder dünn? Sind die Gitter grobmaschig, feinmaschig, legiert? Ist die Säure flüssig oder in Gel gebunden? Mit welchen Zusätzen ist das Blei legiert?

Mit der Batterie ist es wie mit dem Schiff, es gibt keinen Idealtyp. An Bord werden die unterschiedlichen Anforderungen auf zwei verschiedene Batterien verteilt: Die **Starterbatterie** wird praktisch immer voll gehalten und muss nur beim Start hohe Stromstärken (bis zu 500 Ampere) liefern. Die Bordnetz- oder **Verbrauchsbatterie** versorgt 24 Stunden lang sämtliche Geräte und Lampen an Bord. Die Stromstärke bewegt sich hier im Bereich um zehn Ampere. Sie muss im 24-Stunden-Rhythmus zwischen voll und leer pendeln können. Und sie muss klaglos hinnehmen, wenn sie im Winterlager monatelang nicht geladen wird.

Jede Bleibatterie, also auch die Gel- oder AGM-Batterie, verliert mit jeder Tiefentladung an Lebensdauer. Es schadet jeder Bleibatterie, wenn sie auf weniger als auf 20 % ihrer Kapazität entladen wird, wenn sie nicht stets wirklich voll geladen wird, wenn sie überladen wird oder wenn sie halb voll gelagert wird. Und die Lebensdauer jeder Batterie ist durch eine bestimmte Anzahl von Ladezyklen begrenzt. Bei soviel »wenn« hat man schon bald keine Lust mehr, eine Batterie zu kaufen ...

Was bedeutet das in der Praxis? Jede Batterie lebt am längsten, wenn sie immer »randvoll« geladen und auch voll gelagert wird. »Randvoll« heißt, sie muss so lange am Ladegerät hängen, bis sie fast ihre Gasungsspannung (Ladeschlussspannung) erreicht hat. Die Ladeschlussspannung liegt deutlich über 12 Volt, nämlich zwischen 12,75

Wind- oder Solarenergie? Am besten beides!

und 15 Volt. Der korrekte Wert hängt von der aktuellen Temperatur der Batterie, aber auch vom Batterietyp ab: Wenn es 50 °C heiß ist, muss das Ladegerät bei einer herkömmlichen Säure-Batterie schon bei 13,5 Volt Ladeschlussspannung abschalten, bei Frost um 0 °C darf bis 15 Volt geladen werden. Für AGM- und Gel-Batterien gelten je nach Hersteller andere Werte.

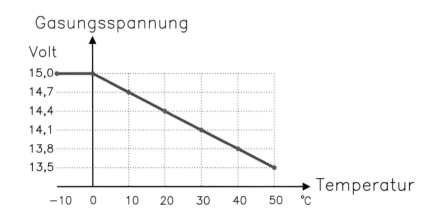

Die in Yachten verwendeten Lichtmaschinen verhalten sich aber leider oft wie Kfz-Lichtmaschinen: Sie beenden die Ladung stur bei 13,8 V, was bedeutet, dass sie die Batterie eigentlich nur bei etwa 40 °C richtig laden. Wenn es heißer ist (das ist in den Tropen im Motorraum der Yacht oft der Fall), beginnt die Batterie zu gasen. Wenn es kühler ist, wird die Batterie nicht richtig voll.

Der Lichtmaschinen-Regler (bzw. das Ladegerät) sollte also die Temperatur der Batterie und möglichst auch den Batterietyp kennen und dann entsprechend reagieren. Ein normaler Kfz-Lichtmaschinen-Regler kann das nicht. Hochwertige Lichtmaschinen-Regler bzw. Ladegeräte verfügen über Temperaturfühler, die über ein Kabel am Batteriegehäuse befestigt werden, sowie über ein spezielles »Ladeprogramm«, das den Batterietyp berücksichtigt.

Das Schlagwort für intelligente Ladung lautet: »temperaturkompensierte **IUoU-Kennlinie**«. Es gibt spezielle Regler für die Lichtmaschine mit dieser Kennlinie. Ein solcher Regler lädt nicht nur, bis die Ladeschlussspannung erreicht ist, er lädt mit konstanter Spannung noch eine bestimmte Zeit weiter, bevor der Ladevorgang endgültig beendet wird. Ein separater Temperaturfühler wird an der Batterie angebracht. So wird die Ladeschlussspannung der Batterietemperatur angepasst.

Der IUoU-Regler kann aber noch mehr als nur »wirklich voll« laden: Er schaltet nach der Beendigung des Ladevorgangs auch auf »Erhaltungsladung« um. Noch ein Begriff!

Wird eine Batterie über längere Zeit nicht benutzt, verliert sie ihre Ladung durch Selbstentladung. Es reichen 2 bis 3 Monate, um die Batterie vollkommen zu entleeren, dann stirbt sie den Tod der Dauertiefentladung. Das passiert leicht, wenn man sein Boot zu lange allein lässt. Wenn die Batterie aber in der Obhut eines IUoU-Reglers zurückgelassen wird, sorgt dieser dafür, dass ständig die Ladung, die durch Selbstentladung verloren geht, nachgeliefert wird.

Bei einem Lichtmaschinen-Regler spielt die Erhaltungsladung eine untergeordnete Rolle, weil die Maschine meist nicht lange läuft. Eher schon beim Solarregler und besonders beim Ladegerät, das mit dem Landstrom verbunden ist.

Welche Batterie soll es sein?

Die **Gel-Batterie** ist auch nichts anderes als eine Bleibatterie, bei der aber die flüssige Schwefelsäure in das zähe Gel gebunden ist. Damit ist die Gel-Batterie auslaufsicher. Sie hat eine weit geringere Selbstentladung als eine herkömmliche Säure-Batterie und kann deshalb monatelang ohne Nachladung allein gelassen werden, ohne Schaden zu nehmen. Eine Gel-Batterie darf aber nicht überladen werden bzw. darf nicht gasen, weil sonst das Gel-Säure-Gemisch austrocknet und die Batterie Schaden nimmt. Die Gel-Batterie muss also genau nach den Vorschriften des Herstellers geladen werden. Dann, aber nur dann, ist die Batterie praktisch wartungsfrei.

Die Gel-Batterie verträgt keine allzu hohen Stromstärken, dafür aber weit mehr Ladezyklen. Sie sollte daher nicht als Starterbatterie, sondern als Verbrauchsbatterie eingesetzt werden.

Die **AGM-Batterie** bindet die Säure bzw. den Elektrolyt in Glasfaservlies. Sie ist kippsicher und vibrationsfest. Sie kann sogar liegend verbaut werden, denn es gibt keinen Säureaustritt. Sie ist ebenfalls wartungsfrei, allerdings empfindlich gegen Tiefentladung. Deshalb sollte sie nicht als Verbrauchsbatterie dienen.

Die AGM-Batterie ist außerdem empfindlich gegen höhere Temperaturen. Sie gehört daher nicht in den Motorraum, obwohl sie wegen ihrer hohen Maximalstromstärke als Starterbatterie einzusetzen ist. Der offizielle VARTA-Katalog rät: »Laden Sie niemals Batterien mit einer Temperatur über 40 Grad Celsius«.

Die **SpiralCell-Batterie** ist nur eine andere Bauform der AGM-Batterie. Sie soll höhere Temperaturen vertragen und noch erschütterungsfester sein.

Die preisgünstige **Nass-Batterie** (also die herkömmliche Säurebatterie) verfügt je nach Bauart über weniger Ladezyklen als Gel- und AGM-Batterien. Wie bei allen Batterien muss die Ladeschlussspannung des Reglers genau eingestellt sein und der Batterie-Temperatur folgen.

Sie können diese preiswerte Batterie, die Sie auch in Drittweltländern problemlos bekommen, auch weiterhin einsetzen, wenn sie nur Zeit und Lust haben, diese Batterien wirklich gewissenhaft zu pflegen. Das heißt: nie überladen, nie tief entladen und regelmäßig den Säurestand kontrollieren bzw. destilliertes Wasser nachfüllen. Von Letzterem sollten Sie auf Langfahrt einen Vorrat an Bord haben, denn in unterentwickelten Ländern können Sie nicht sicher sein, dass das »destillierte Wasser« wirklich destilliert ist. Regenwasser geht notfalls auch, es darf aber beim Auffangen nicht verunreinigt werden.

Schließlich sei noch die **Lithium-Ionen-Batterie** erwähnt. Sie punktet mit sehr vielen Ladezyklen und schneller Wiederaufladung. Außerdem ist sie leichter als eine vergleichbare Bleibatterie. Es gibt nur ein Argument, das gegen sie spricht: Sie ist sehr teuer.

Begriffe

Ladezyklus

Ein voller Ladezyklus ist mit Entladen von 100 % auf 20 % der Kapazität definiert.

Geringere Entladung bedeutet nur einen »Teil-Ladezyklus«.

Mehrere Teil-Ladezyklen ergeben einen vollen Ladezyklus.

Eine Batterie, die mit 100 Ladezyklen angegeben ist, verträgt also etliche Tausend Auf- bzw- Entladungen, wenn die Entladung jeweils nur gering ist (z.B. Starterbatterie).

Aus diesem Grund sollte also auch die Verbrauchsbatterie nicht zu tief entladen bzw. ständig nachgeladen werden (Solar, Windgenerator).

Zyklenfest

»Batterie A ist zyklenfester als Batterie B« bedeutet: Batterie A verträgt mehr Ladezyklen als Batterie B.

Tiefentladung

Starke Entladung auf weniger als 20 % der Kapazität gilt als »Tiefentladung« und schädigt die Batterie.

Gasungsspannung

Während der Ladung steigt die Spannung zwischen den Polen der Batterie. Ab einem bestimmten Spannungswert, der von der Bauart der Batterie abhängt, entsteht Gas, das auch bei versiegelten Batterien durch ein Überdruckventil entweichen kann, damit die Batterie nicht platzt.

Diese kritische Spannung heißt »Gasungsspannung«.

Ladeschlussspannung

Damit tatsächlich kein Gas entweicht, muss der Ladevorgang kurz vor dem Erreichen der Gasungsspannung gestoppt werden.

Die Spannung knapp unter der Gasungsspannung heißt »Ladeschlussspannung«.

Ruhespannung

Die Spannung direkt an den Batterieklemmen. Sie wird nach einigen Stunden gemessen, wenn die Batterie während dieser Ruhezeit definitiv nicht geladen und nicht entladen wurde.

Die an Bord vorgesehenen zwei Batterien – eine für das Bordnetz, eine für den Start der Maschine – sind für eine Langfahrt zu wenig. In der Regel werden weitere Batterien nachgerüstet.

Für diese muss ein Platz gefunden werden, der folgenden Bedingungen genügt: Verträglichkeit mit dem Trimm des Bootes, möglichst kurze Leitungsführung und schwerwettergerechte Befestigung oberhalb des Wasserspiegels (bei möglichem Wassereinbruch). Batterien sollten leicht zugänglich sein, damit sie oft kontrolliert bzw. gewartet werden können und damit im Notfall der Stromkreis schnell unterbrochen werden kann. Wegen möglicher Knallgasentwicklung sollten sie gut belüftet sein.

An Bord von KAYA waren als Starter- und Verbrauchsbatterie zwei sogenannte »Marine-Batterien« (Säure, wartungsfrei) mit je 66 Ah. Außerdem zwei Billig-Batterien aus der Autoabteilung eines Baumarkts, die das SSB-Funkgerät versorgten. Bis auf die Starterbatterie, die im Roten Meer ersetzt werden musste, hielten alle Batterien bis zum Ende der Reise durch.

Obwohl theoretisch beim Gasen nur Knallgas (explosives Gasgemisch aus Wasserstoff und Sauerstoff: H_2/O_2-Mischung) entstehen sollte, waren die Tücher, mit denen wir unsere beiden Billig-Batterien abdeckten, stets nach einiger Zeit zerfressen. Die Batterien wurden regelmäßig mit destilliertem Wasser nachgefüllt.

Eine »wartungsfreie« Batterie gibt dagegen keine säurehaltigen Dämpfe ab, sie ist also sicherer. Wenn allerdings beim Überladen Wasser durch das Sicherheitsventil entweicht, kann man nicht mehr nachfüllen, die Batterie nimmt dann Schaden. Deshalb brauchen wartungsfreie Batterien unbedingt die »intelligente« IUoU-Ladung, damit die Gasung und damit auch der Wasserverlust vermieden werden.

Beim Einbau von mehreren Batterien ist zu beachten, dass diese höchstens beim Laden, aber ansonsten nicht dauernd parallel geschaltet werden sollten. Dafür gibt es mindestens drei Gründe:

1. Beim Starten der Maschine sollte nur die Starterbatterie mit dem hohen Startstrom belastet werden, die Verbrauchsbatterie könnte durch den hohen Startstrom Schaden nehmen.

2. Die Verbrauchsbatterie sollte aus Sicherheitsgründen keinen Strom aus der Starterbatterie entnehmen.

3. Wenn bei mehreren parallel geschalteten Batterien eine (z.B. durch Plattenschluss) ausfällt, besteht die Möglichkeit, dass sich die »gesunden« Batterien (evtl. unter Hitzeentwicklung) über die defekte Batterie entladen.

Trenndioden sind keine besonders gute Lösung. Nachteilig ist der Spannungsabfall längs der Dioden, denn bei Verwendung einfacher Lichtmaschinenregler verhindert er, dass die Batterien voll geladen werden.

Eine umfassende, aber teure Lösung bietet ein »**intelligentes Lichtmaschinen-Batterieladegerät**«

Dieses Gerät kann ohne Veränderungen der bestehenden Verkabelung angeschlossen werden. Der Standardregler der Lichtmaschine muss nicht abgebaut werden, er dient als zusätzliches Not-Ladesystem. Das Gerät ist einstellbar auf Blei-Säure-, Gel- und AGM-Batterien. Und es berücksichtigt, ob die Lichtmaschine den Erregerstrom gegen Plus (P-Regler) oder gegen Minus (N-Regler) regelt. Der YANMAR 2GM20 verwendet zum Beispiel einen N-Regler.

Die Ladekennlinie wird über einen Batterietemperatursensor gesteuert, die Spannungsmessung erfolgt über eine spezielle Messleitung direkt an den Batterieklemmen. Die beiden getrennten Batterieausgänge für Starter- und Verbrauchsbatterie machen Trenndioden überflüssig.

Das klingt vielversprechend. Trotzdem sollten Sie Ihre Energieversorgung auf Langfahrt nicht allein von einer derart komplexen Anordnung abhängig machen. Auch hier gilt: Elektronik ist eine tolle Sache. Aber nur, wenn sie funktioniert. Wenn nicht, sollte sie durch einige Handgriffe ersetzbar sein.

Am einfachsten ist eine Anordnung, wie wir sie auf Kaya hatten: Mit einem Hand-Schalter werden die Batterien parallel geschaltet, wenn die Lichtmaschine läuft. Und nach dem Ausschalten der Maschine ebenso wieder getrennt. Die einzige Gefahr dabei ist, dass man versehentlich bei stehender Maschine die volle Starter- und die leere Verbrauchsbatterie parallel schaltet. Das wäre dann für die volle Batterie ein Quasi-Kurzschluss, für die leere Batterie ein viel zu hoher Ladestrom, also für beide ein Sargnagel. Also: auf Schalterstellung »I« die Maschine starten, dann erst den Schalter auf »I+II«. Und nicht vergessen, nach dem Stopp der Maschine den Schalter zurück auf »II« (Bordnetz) zu schalten.

Der **Ladezustand** der Batterien muss ständig überwacht werden. Dafür gibt es »Batteriewächter«, die Spannung, Stromstärke und verbleibende Kapazität anzeigen. Wenn Sie ein weiteres teures und kompliziertes elektronisches Gerät vermeiden wollen, tut es auch ein einfaches Digitalvoltmeter. Vergleichen Sie dessen Anzeige wenigstens einmal mit einem hochwertigen Multi-Instrument, denn es kommt hier auf zwei Nachkommastellen an.

Messen Sie direkt an den jeweiligen Batterieklemmen (nicht an der Schalttafel!). Messen Sie erst nach einer mindestens zweistündigen Ruhezeit (keine Ladung/Entladung). Und messen Sie wirklich genau. Nicht, weil es auf ein halbes Prozent Ladezustand ankommt, sondern weil die Spannung über den gesamtem Ladebereich der Batterie um nur ca.1 Volt variiert, wie Sie an der folgenden Tabelle sehen können:

Ladezustand %	Ruhe-Spannung V
100	12,65
75	12,45
50	12,25
25	11,65
leer	kleiner 11,4

In der Praxis genügt es, wenn Sie sich merken, dass die Ruhe-Spannung nach längerer Zeit nicht unter 12,25 Volt absinken sollte, damit die Batterie nicht unter 50 % ihrer Kapazität entladen wird.

Die oben stehende Tabelle gilt für eine herkömmliche Säure-Batterie. Informieren Sie sich beim Hersteller Ihrer Gel- oder AGM-Batterie über die verbindlichen Werte.

Übrigens: Kritische Stimmen behaupten, dass die Spannungsüberwachung keine genaue Auskunft über den Ladezustand gibt. Das ist richtig. Nur stellt sich die Frage, wie genau Sie den Ladezustand kennen müssen. Ob der Spannungswert 12,25 V nun wirklich 50 % oder vielleicht nur 45 % repräsentiert, spielt sicher keine allzu große Rolle. Stoppen Sie den Verbrauch bei 12,3 Volt, wenn Sie sicher gehen wollen.

Einer Batterie mit 100 Ah Kapazität sollte man also maximal 50 Ah entnehmen. Beim Laden muss stets mehr in die Batterie hineinfließen, als später entnommen werden kann. Als Faustregel gilt der Faktor 1,4. Man muss in diesem Fall also 50 mal 1,4 Amperestunden laden, das sind 70 Ah. Zwei Solarmodule mit jeweils 3,5 A schaffen das in zehn Stunden, natürlich nur, wenn die Sonne scheint.

Alle genannten Zahlen sind nur Richtwerte, denn der tatsächliche Zustand der Batterie bzw. ihre Kapazität hängt davon ab, wie die Batterie vorher behandelt wurde. Aber für die Praxis genügen diese Werte allemal.

Genaueres zu diesem Thema finden Sie auf www.sy-kaya.de unter »Knowhow«.

Ladegerät und Inverter

Landstrom ist für den Fahrtensegler ein seltener Luxus. Trotzdem sollten Sie ein gutes **Ladegerät** mit IUoU-Kennlinie (siehe oben) an Bord haben, das dafür sorgt, dass die Batterien nicht überladen werden. Unser schwedisches 15A-LEAB funktionierte störungsfrei; die vorsorglich auf die Reise mitgenommenen Ersatzteile waren völlig überflüssig. Das Gerät trennt auch das 230-V-Landnetz galvanisch vom 12-V-Bordnetz, wichtig für ein Alu-Schiff.

Der **Inverter** wandelt die 12-Volt-Spannung der Bordbatterie in 230 Volt Wechselspannung um, die dann an einer normalen Steckdose zur Verfügung steht. Diese Anschaffung war zu Beginn ein Streitpunkt an Bord von *Kaya.* »Der Inverter ist nun wirklich nicht nötig. Wenn wir Strom brauchen, gehen wir in eine Marina!«, meinte Gaby.

Es gab dann aber etliche Situationen, wo die große Bohrmaschine und die Flex fern von jeder Marina am einsamen Ankerplatz gute Dienste leisteten. Ebenso wie die Nähmaschine, der Elektrorasierer, der elektrische Pürierstab und der PC-Drucker.

Unsere Wahl fiel auf den Prowatt-850 aus USA. Modernste Technik, federleicht. »Müssen es denn unbedingt 850 Watt sein?« Ja, denn der hohe Anlaufstrom der Flex erfordert mindestens diese Leistung.

Akkus

Sehr häufig werden an Bord kleine Batterien vom Typ Mono, Baby und Mignon (AA) benötigt. Für etliche Taschenlampen, für den Handscheinwerfer, die Blitzboje, den mp3-Player und, und, und ... Schnell amortisieren werden sich NiMH-Akkus mit ihren bis zu 1000 Ladezyklen.

Verwenden Sie ein modernes, »intelligentes« Ladegerät mit 12V-Eingang, damit Sie es auch auf See am Bordnetz betreiben können.

Regeln für die Behandlung von Batterien

- *Nie tiefentladen.*
- *Möglichst nicht unter 50 % bzw. 12,25 Volt Ruhespannung.*
- *Nicht entladen lagern.*
- *Einmal im Monat voll aufladen.*
- *Hohe Ladeströme schaden der Batterie.*
- *Gut ist 1/5 der Kapazität.*

12. Rund um den Motor

Auch auf kleinen Schiffen sollte der Motor von allen Seiten leicht zugänglich sein.

Unsere persönliche Meinung ist: ohne einen zuverlässigen Motor (allerdings nur einen ...) würden wir auf keinen Fall lossegeln. Der Motor ist ein wesentlicher Sicherheitsfaktor. Denn auf Blauwasserfahrt gibt es eine ganze Reihe von Situationen, in denen die besten Segelkünste nichts nützen: Auf Legerwall, nach einer Winddrehung am Ankerplatz, in einer Riffpassage bei Gegenstrom, vor dem Bug eines Frachters bei Totenflaute ...

Damit der Motor auch zuverlässig arbeitet, sollten Sie sich mit seiner Funktion und Wartung so weit wie möglich vertraut machen. Auch dann, wenn Sie kein begeisterter Auto- oder Motorradbastler sind. Denn in vielen Situationen werden Sie unterwegs auf sich allein gestellt sein.

Es gibt gute Bücher, die einen Einstieg in die Thematik vermitteln (siehe Anhang). Und unterwegs werden Sie von den »alten Hasen« unter den Yachties noch viel dazulernen.

Welche Maschine?

VOLVO, YANMAR, BUKH oder PERKINS? Einkreis- oder Zweikreiskühlung? Zwei, drei oder vier Zylinder? Wie viel PS?

In den meisten Fällen müssen Sie sich über diese Fragen gar keine Gedanken machen. Denn wenn Sie ein Boot kaufen, egal ob gebraucht oder neu, haben Sie bezüglich des Motors meist gar keine Wahl zwischen den Herstellern oder Modellen. Trotzdem ist es interessant, sich in dem Buch von Isenberg/Korp über die verschiedenen Dieselmotoren zu informieren.

Die OVNI 30 ist mit einer Maschine der Marke YANMAR ausgerüstet. Mit dem Modell 2GM20: Zwei Zylinder, 18 PS, Einkreiskühlung.

18 PS sind auf den ersten Blick erstaunlich wenig, um eine vier Tonnen schwere Yacht zu bewegen. (Rüdigers Motorrad hat 75 PS ...) Aber im Vergleich mit der Faustregel »3 PS pro Tonne« ist *Kayas* Motor sogar noch großzügig dimensioniert. Er hat sich auch in allen Situationen als ausreichend stark erwiesen.

Trotzdem hat es Vorteile, wenn die Maschine etwas kräftiger dimensioniert ist. Sie hat dann im Notfall mehr Reserven und wird im Dauerbetrieb weniger beansprucht. Manchmal wünschten wir uns einen 3-Zylinder, der wesentlich ruhiger und gleichmäßiger läuft als unser laut »nagelnder« 2-Zylinder.

Wenn Sie die Wahl zwischen verschiedenen Motoren haben: Prüfen Sie vor allem die Dichte des weltweiten Ser-

»Und wenn dieser stinkende Eisenklotz absolut nicht will, dann geht's auch ohne ihn!«, lautete das Fazit von Ursel und Friedel Klee, die mit ihrer *Vagant* von 1976 bis 1979 um die Welt segelten. Segel-Puristen wie sie werden sich vielleicht über unsere Einschätzung »Ausfall der Maschine bedeutet Gefahr für das Schiff« amüsieren.

Auf der anderen Seite gibt es die »Motor-Freaks«, denen die Maschine gar nicht groß und kräftig genug sein kann. Hans-G. Isenberg schlägt in dem sonst sehr empfehlenswerten Buch *Bootsmotoren* tatsächlich vor, in eine 10-Meter-Yacht gleich zwei Motoren einzubauen – mit je 35 PS!

YANMAR-Ersatzteile sind problemlos überall erhältlich.

Höchste Zeit für den Filterwechsel!

vice-Netzes. Wenn irgendwann eine neue Lichtmaschine oder ein neues Getriebe fällig ist, sparen Sie viel Zeit, Geld und Ärger, wenn Sie sich die Ersatzteile nicht um die halbe Welt, sondern aus der nächsten großen Hafenstadt schicken lassen können. Wenn Sie mit einem Motor einer sehr seltenen Marke auf Langfahrt gehen, handeln Sie sich mit großer Sicherheit Ärger ein.

In diesem Punkt waren wir mit unserem YANMAR sehr zufrieden: Ersatzteile waren überall auf der Welt problemlos erhältlich. Die fast in jedem Hafen zu findenden YANMAR-Service-Stationen mussten wir zum Glück nicht in Anspruch nehmen, da Rüdiger alle Wartungsarbeiten selbst ausführte. Aber die Tatsache eines dichten Service-Netzes war trotzdem beruhigend.

Hier ist *Kayas* »Pannen-Statistik« während unserer Weltumsegelung:

- Verstopfte Dieselleitung. Die Ursache war ein verdreckter Tank und die (ab Werft) falsche Verlegung der Diesel-Zufuhr-Leitung.
- Verstopftes Seewasser-Einlassventil. Ursache war das Herbstlaub in den französischen Kanälen.
- Gebrochener Gaszug. Ursache war wahrscheinlich die Verlegung mit zu engem Radius.
- Ausfall der Maschinen-Elektrik. Ursache war ein Kontaktfehler in der Verlängerung des Kabelbaums.

Das ist erstaunlich wenig für sechs Jahre. Aber das mag auch daran liegen, dass wir mit einem nagelneuen Motor losfuhren. 6000 Betriebsstunden sollte ein Bootsdiesel mindestens durchhalten, bevor der richtige Ärger beginnt. In der zweiten Halbzeit muss man dann wahrscheinlich mit mehr Pannen und Problemen rechnen.

Störungen und Ersatzteile

Auch wenn Sie sich vor dem großen Start scheuen, die gut funktionierende Maschine anzurühren, die wichtigsten Arbeiten wie das Wechseln von Impeller, Filtern, Anoden und Keilriemen sowie das Einstellen der Ventile müssen Sie unterwegs in jedem Fall beherrschen.

Dass die Ersatzteile passen, wissen Sie wirklich erst, wenn Sie diese selbst eingebaut haben. Der hilfsbereite YANMAR-Händler, der uns in Koblenz mit Ersatzteilen ausstattete, hat bestimmt nicht mit Absicht in die falsche Kiste gegriffen. Aber als wir in Trinidad den Impeller der Wasserpumpe wechseln wollten, war es nicht der für den 2GM20, sondern der für den 2GM30 ...

Natürlich können auf jedem Schiff andere Maschinen-Probleme auftreten. Aber die im Folgenden beschriebenen Fehler und Ausfälle sind nach unserer Erfahrung die häufigsten und wahrscheinlichsten.

Die häufigste Ursache für den Ausfall der Maschine ist die Unterbrechung des Diesel-Zuflusses durch Verstopfung der Zuleitung oder durch Zusetzen des Filters (selten durch eine defekte Förderpumpe). Diese Situation werden auch Sie garantiert erleben. Daher lohnt es sich, den Filterwechsel bzw. das Entlüften des Kraftstoff-Systems einmal in aller Ruhe am sicheren Marina-Steg durchzuspielen. Und nicht erst dann, wenn die Maschine röchelnd stehen geblieben ist. Das tut sie nämlich garantiert in einem Moment, in dem Sie keine Zeit zum Üben haben ...

Das **Entlüften** des Kraftstoff-Systems ist in der Praxis viel einfacher, als im Werkstattbuch beschrieben.

Nach unserer ersten Motorpanne auf dem Rhein. Kaya liegt festgemacht an einer Spundwand. Die Verstopfung in der Kraftstoff-Leitung ist beseitigt, nun muss noch entlüftet werden. Rüdiger liest gerade im Werkstattbuch nach, als der erfahrene Schiffer vom Nachbarboot herüberkommt. Sofort krempelt er die Ärmel hoch und zeigt uns, wie das in der Praxis geht: »Ei, do muss mer dricke, bis die Brieh leeft ...« Will heißen: den Hebel der Förderpumpe so lange betätigen, bis an der Entlüftungsschraube das Zischen der Luft dem Sprudeln des Diesels weicht.

Dass die Maschine selbst ganz plötzlich den Geist aufgibt, wenn z.B. eine Ventilfeder bricht oder die Ölpumpe streikt, kommt relativ selten vor. Meist sind es Ausfälle von Aggregaten, Bedienelementen oder der Elektrik.

Noch 50 Seemeilen bis zur Australischen Ostküste, nach einer stürmischen Nacht herrscht plötzlich Flaute. Draußen auf dem Ozean würden wir jetzt auf Wind warten. Aber hier in Landnähe sind wir ungeduldig. Wir wollen ankommen, zumal der nächste Starkwind schon angekündigt ist. Also Maschine an – Nichts! Kein Pfeifen, keine Kontrollleuchte, kein Anlassergeräusch.

Auf diese Situation sind wir vorbereitet. Vorsorglich befindet sich direkt am Startkontakt von Kayas Anlasser ein 20 cm langes Kabel mit einem Bananenstecker. Dieser Stecker kommt jetzt zum Einsatz: Er wird an den dicken Plus-Kontakt des Batteriekabels gehalten. Zack! Das Ritzel rastet ein, der Anlasser dreht, die Maschine läuft. Die Kontaktunterbrechung, irgendwo im Kabelbaum oder am Kontrollpanel, wird so ohne lange Fehlersuche schnell umgangen.

Übrigens: Echte Motor-Tüftler machen so etwas einfach mit einem Schraubenzieher statt mit dem Kabel. Aber bei Seegang ist dabei die Gefahr groß, dass man Plus statt mit dem Anlasser mit Masse verbindet, Feuerwerk inklusive ...

Auch sonst bietet die Motorelektrik noch jede Menge Möglichkeiten für Störungen. »Die Ladekontrolllampe geht nicht aus«, ist ein beliebtes Problem. Eine Anleitung würde hier zu weit führen. In jedem Fall lohnt es sich, die Verdrahtung des Motors in Ruhe zu studieren, den Verlauf der Leitungen zu markieren und sich von einem Fachmann die Funktion der **Lichtmaschine** erklären zu lassen.

Noch ein Wort zur Lichtmaschine: Einem »alten Hasen« wird es kaum passieren, dass er versucht, die Maschi-

ne zu stoppen, indem er wie beim Auto den Zündschlüssel zurück dreht. Aber spätestens, wenn Gäste an Bord sind, passiert es eben doch. Dann sind in der Regel die Gleichrichterdioden in der Lichtmaschine kaputt. Davor schützt eine so genannte Zenerdiode (ohne »h«!).

Immer wieder spannend: Die Maschine läuft rund, und plötzlich kommt trotz hoher Drehzahl kein Schub mehr. Oder die Maschine flüstert im Leerlauf trotz »Hebel auf dem Tisch«. Im ersten Fall ist sehr wahrscheinlich der **Getriebezug**, im zweiten Fall der **Gaszug** gebrochen.

Natürlich müssen die entsprechenden Züge als Ersatzteile an Bord sein. Aber hier ist meist auch schnelle Reaktion gefragt. Also sollten Sie das Planspiel »Was tun, wenn der Gas- oder Getriebezug bricht« üben, bevor es passiert. Das Getriebe kann direkt an seinem Gehäuse von Hand bedient werden, der Gaszug kann in Sekundenschnelle durch eine Zug-Leine ersetzt werden.

Der **Ausfall der Wasserpumpe** kündigt sich meist schon vorher durch Leckage und Laufgeräusch an. Wichtige Ersatzteile sind der Simmerring der Pumpenwelle und das Lager. Wer es sich leisten kann, führt eine komplette Wasserpumpe als Ersatz mit. Er wäre dann im Falle eines Falles binnen Minuten wieder manövrierfähig.

Unverzichtbares Ersatzteil ist auch der **Impeller**. Diesen sollten Sie vorher schon einmal in aller Ruhe (mit Erfolg!) gewechselt haben.

Der **pfeifende Warnton** beim Ausfall der Wasserpumpe kommt leider spät, nämlich erst dann, wenn die Maschine schon zu überhitzen beginnt, weil sie kein Kühlwasser bekommt. Dieser Pfeifton muss natürlich nicht bedeuten, dass die Wasserpumpe kaputt ist. Die häufigste Ursache für einen Kühlwassermangel ist ein **verstopfter Seewasser-Eingang** (hier ist die Rede vom Einkreis-Kühlsystem). Durch eine treibende Plastiktüte, durch Seegras oder, wie in unserem Fall, durch Laub auf der Wasseroberfläche.

Nicht immer ist es möglich, zu tauchen. Oft hilft dann der »Blasebalg-Trick«: das verstopfte Seeventil wird von innen mit kräftigen Hüben des Dingi-Blasebalgs »freigepustet«. Für den Fall, dass auch das nichts hilft, haben wir den Schlauch von der Wasserpumpe zum Seewasser-Einlass so lang dimensioniert, dass er mit wenigen Handgriffen auf das in der Nähe befindliche Seeventil des Waschbeckens umgesteckt werden kann. So sind wir innerhalb von Minuten wieder manövrierfähig.

An der Maschine gibt es verschiedene spezielle **Kühlwasser-Schläuche**. Da sich so ein Schlauch leicht durchscheuern kann, wird der passende Ersatzschlauch als Meterware mitgeführt.

Ganz wichtig ist ein **Seewasserfilter**, das zwischen Seewasser-Einlass und Wasserpumpe gehört und serienmäßig nicht unbedingt vorhanden ist. Dieses Filter fängt vor allem gröbere Teile wie Seegras, Muscheln und Sand auf. Es schützt den Impeller der Wasserpumpe vor Beschädigung, vor allem aber auch die Kühlkanäle im Motorblock vor Verstopfung.

Sollte die Maschine trotz aller Vorsichtsmaßnahmen längere Zeit überhitzen, ist die **Zylinderkopfdichtung** in großer Gefahr. Wenn sie nur an einer winzigen Stelle durchbrennt, kann eine Verbindung zwischen Kühl- und Ölkreislauf entstehen, die Folge ist Wasser im Öl. Das erkennt man an weißem Schaum am Öl-Einfülldeckel.

Das Wechseln der Zylinderkopfdichtung ist aber kein Drama, ebenso wie das dann nötige Einstellen der Ventile, wenn man vorgesorgt hat:

- Die Zylinderkopfdichtung ist als Ersatzteil an Bord und
- ebenso ein **Drehmomentschlüssel** mit dem passenden Drehmomentbereich der Zylinderkopfschrauben.
- Man kennt die richtigen Drehmomentwerte (Werkstattbuch).
- Zum Einstellen der Ventile braucht man eine **Fühlerlehre**.

Eine geplatzte Öldruckleitung legt die Maschine nachhaltig lahm. Die Leitung ist als Ersatzteil nicht sehr teuer und leicht zu stauen. Das gleiche gilt für die **Druckleitungen** von der Einspritzpumpe zu den Düsen.

Relativ oft berichteten andere Segler von einem durchkorrodierten **Mixer**. Das ist der Krümmer am Ausgang des Zylinderkopfes, in dem das Kühlwasser mit den Abgasen gemischt wird. Diesen Mixer führten wir als Ersatzteil mit, haben ihn aber nie gebraucht.

Immer wieder hört man auch, dass eine Maschine »abgesoffen« ist. **Salzwasser in der Maschine**, ein Albtraum. Ursache ist meist ein verstopfter Belüfter (im Seglerjargon auch »Schnüffelventil« genannt). Wenn die Maschine (genauer gesagt: die Auspuff-Ventile) unterhalb der Wasserlinie liegen, muss sofort nach jedem Ausschalten der Maschine das Seewasser-Einlassventil geschlossen werden. Oder der über der Wasserlinie liegende Belüfter muss dafür sorgen, dass bei stehender Maschine kein Wasser in den Auspuff-Wassersammler laufen kann. Kalk und Dreck können dieses Ventil aber lahm legen, dann ist die Katastrophe fast sicher. Dann können nur noch etliche Ölwechsel die Maschine retten. Wer auf der sicheren Seite sein will, schließt grundsätzlich nach jedem Maschinenstopp das Seeventil für den Kühlwasser-Einlass.

Vorsicht ist auch geboten, wenn man die Maschine zu lange mit der Handstart-Kurbel betätigt, ohne dass sie anspringt. Die Wasserpumpe fördert dann, ohne dass Wasser von den Auspuffgasen zum Auspuff hinaus gedrückt wird. Der Wassersammler wird voll und voller, bis das Wasser schließlich durch die Auslassventile in die Zylinder eindringt.

Nur die korrekte Funktion der **Einspritzdüsen** garantiert einen optimalen Lauf der Maschine. Die Einspritzdüsen geben ihren Dienst nicht plötzlich auf, sondern nach und nach. Nämlich dadurch, dass die Austrittsöffnung am Brennraum verkohlt und durch Wasser korrodiert. Mit der Zeit lässt auch der Federdruck nach. Ein Ausbau der Einspritzdüsen und deren Kontrolle auf dem Prüfstand empfiehlt sich also in gewissen Zeitabständen.

Aber in welchen? *Kayas* Düsen wurden erstmals nach 3000 Betriebsstunden »abgedrückt«, zeigten kaum Korrosion und nur leichte Verkohlung. Der Öffnungsdruck war um ca. 20 % unter Soll abgefallen, die Maschine machte im Betrieb noch keine Probleme.

Die **Düsen-Einsätze** (Nozzles) hatten wir als Ersatzteil an Bord. Mit einer komplett justierten Düseneinheit im Ersatzteilschapp ist ein auftretendes Problem noch schneller lösbar.

Bei Problemen mit der Maschine ist es äußerst beruhigend, wenn das **Werkstattbuch** an Bord ist. Meist ist das ein dicker DIN-A4-Ordner, in dem z.B. die korrekten Werte für die Drehmomente oder das Ventilspiel stehen, die richtige Reihenfolge für das Anziehen der Zylinderkopfschrauben usw. Das Werkstattbuch ist einfach unverzichtbar. Auch dann, wenn Sie sich nicht selbst an die Maschine trauen: Ein Helfer wird es zu schätzen wissen.

Dieses Buch ist normalerweise nur den Händlern zugänglich. Mit etwas Verhandlungsgeschick bekommt man aber eine Kopie.

Für unseren YANMAR war außer dem Werkstattbuch der so genannte **parts catalogue** sehr hilfreich. In diesem dicken Buch sind alle noch so kleinen Teile als Explosionszeichnung dargestellt und mit den wichtigen Teile-Nummer versehen. Sehr praktisch ist es, wenn auch eine Kontaktperson zu Hause über eine Kopie des Zubehörkatalogs verfügt. Ersatzteilbestellungen sind dann wesentlich einfacher.

Wartung der Maschine

Die wichtigste Wartungsarbeit ist der regelmäßige **Öl- und Filterwechsel**. Dabei müssen wir unweigerlich an folgende Geschichte denken:

Flaute auf dem Atlantik. Die meisten Yachten werfen die Maschine an und motoren Richtung Karibik. Aber wir sind nicht die einzigen, die dümpeln und auf Wind warten: Über Funk meldet sich der Skipper einer großen Luxus-Ketsch. Der Motor hat kein Öl, Ersatz-Motoröl ist nicht an Bord. Der Skipper ist wütend: »Dabei habe ich doch in Las Palmas gerade einen Ölwechsel machen lassen ...«

Mit dem »machen lassen« ist es auf Langfahrt so eine Sache ... Denn auf See nützt auch die Reklamation per Satellitentelefon nichts. Das wissen natürlich die Firmen an Land, und so gibt es immer ein paar »schwarze Schafe«, die an den durchreisenden Seglern ein paar schnelle Dollars verdienen wollen.

Nur wenn Sie den Ölwechsel selbst machen, wissen Sie, wie viel und welches Öl in den Motor geschüttet wird. Und Sie entfernen wirklich alles Altöl, und zwar aus einer warm gelaufenen Maschine, sodass die Schwebstoffe möglichst im Öl und nicht im Sumpf der kalten Maschine sind.

Das Absaugen des Öls ist übrigens immer nur die zweitbeste Lösung. Nur aus der Ölablass-Schraube am tiefsten Punkt der Ölwanne leert man auch den Sumpf.

Den Ölwechsel macht man am besten vor einem längeren Stillstand der Maschine, nicht danach. Denn die Verbrennungsrückstände im Öl schaden den Lagern.

Auch der **Wellenanlage** sollten Sie ständige Aufmerksamkeit widmen. Die **Stopfbuchse** muss regelmäßig kontrolliert werden. Sie darf nie trocken laufen, das heißt, sie muss ganz geringfügig tropfen, soll aber auch nicht zu viel Wasser durchlassen. Die Stopfbuchse ist dann richtig justiert, wenn sie im Betrieb höchstens »handwarm« wird.

Wir konnten die Packung unserer Stopfbuchse bei Bedarf im Wasser wechseln: alte Packung raus, kleiner Schwall Wasser, vorbereitete neue Teflon-Packung rein, wieder anziehen, uff ...

Die Wellenanode wird nach Bedarf gewechselt; auch das ist im Wasser möglich. Auf dem Trockenen sollten Sie ausprobieren, wie der Propeller abgenommen wird (meist mit Hilfe eines Abziehers). Und vielleicht spielen Sie in Gedanken auch einmal das Szenario »Leine im Wellenlager« durch ...

Diesel und Tanken

Die **Installation des Dieseltanks** ist ideal, wenn der Tank höher liegt als die Einspritzpumpe. Damit verhindert man die klassischen Probleme mit »Luft in der Leitung«. Ein Leck in der Leitung führt bei einem solchen Tank nicht zum Ansaugen von Luft, sondern zum Austreten von Diesel, und das erkennt bzw. riecht man sofort.

Ausflug mit Kanistern zur »Tankstelle« in Tonga.

Die Förderpumpe am Motor ist fast überflüssig, weil der Diesel per Schwerkraft zur Einspritzpumpe gelangt. Auch das Entlüften nach dem Filterwechsel wird dadurch sehr einfach.

Kayas Haupttank ist so installiert. Er fasst allerdings auch nur 50 Liter. Bei großen Tanks ist diese Art der Installation natürlich nicht durchführbar. Ein höher montierter Tagestank, wie ihn die Fischerboote verwenden, ist eine gute Lösung.

Diesel, besonders in Drittwelt-Ländern, enthält immer Dreck und Wasser. Aber auch der dreckigste Sprit verwandelt sich in reinsten Edelkraftstoff, wenn man ihn nur eine Weile ruhig stehen lässt. Das Wasser setzt sich binnen Sekunden am Boden ab, während die Schwebeteilchen eine Weile brauchen, bis sie nach unten gesunken sind. Füllen Sie eine Flasche halb mit Diesel und halb mit Wasser, schütteln Sie kräftig wie ein Barmixer und beobachten Sie, was passiert!

Das Tanken in den Häfen lief meist so ab: Statt den Diesel direkt aus der Zapfpistole in Kayas Tank zu füllen, wurden an der Tankstelle die Kanister gefüllt. An Bord wurde der gut abgestandene Diesel dann mit einer kleinen elektrischen Tauchpumpe in den Haupttank gepumpt, der Bodensatz blieb im Kanister und wurde bei nächster Gelegenheit

Nachträglich eingebauter Inspektionsdeckel. Nur mit vielen Schrauben wird er wirklich dicht.

Übersicht: Wartung von Motor und Dieseltank

vor jedem Törn:
- Messung Ölstand,
- Prüfen der Keilriemen-Spannung von Lichtmaschine und Wasserpumpe,
- Sichtprüfung der Maschine.

Bei jedem Start der Maschine:
- Sichtprüfung der Auspuffgase sowie des Kühlwasseraustritts.

Alle 150 Betriebsstunden:
- Ölwechsel, jedes zweite Mal mit Ölfilter.
- Auch das Getriebeöl sollte alle 150 Stunden gewechselt werden (in der Praxis seltener).

Alle 6 Monate:
- Diesel-Vorfilter wechseln.

Jährlich:
- Diesel-Feinfilter wechseln.
- Anoden an Motorblock und Zylinderkopf erneuern.

Alle 1000 Betriebsstunden:
- Einstellen der Ventile.

Regeln, die Sie immer beachten sollten:
- Den Dieseltank immer voll getankt halten (Kondenswasser!)
- Möglichst sauberen Diesel tanken (Auto-Tankstelle).
- Diesel vor dem Einfüllen abstehen lassen oder filtern.
- Diesel-Zusatz gegen Algen verwenden.

entsorgt. So hatten wir kein einziges Mal zugesetzte Filter.

Auto-Tankstellen gibt es fast überall. Der Diesel, den man dort erhält, ist sehr wahrscheinlich sauberer als an einer Boots-Tankstelle. Wenn beides erreichbar ist, ist die Auto-Tankstelle immer die bessere Wahl. Sehr oft gibt es aber weder das eine noch das andere. Dann schultert auch der Skipper der Luxusyacht seine Plastikkanister und lässt sie irgendwo unter Palmen von einem freundlich lächelnden Einheimischen aus einem alten Fass füllen.

Dass sich im unvermeidbaren Kondenswasser des Haupttanks **Algen** oder **Pilze** bilden können, erfuhren wir erst, als befreundete Yachten ihr gesamtes Tank- und Leitungssystem von den schleimigen Parasiten befreien mussten. Nicht gerade das, wovon man in der einsamen Südseebucht träumt ... Davor schützt man sich mit einem speziellen Mittel, das vorsorglich unter den Diesel im Haupttank gemischt wird (z.B. BIOBOR JF).

Ein echtes Problem ist auch der Bodensatz im Haupttank. Auch penibelste Vorsorge kann nicht verhindern, dass sich auf Dauer Ablagerungen im Tank bilden. Sogar der Tank unseres werftneuen Schiffes enthielt schon Dreck, der bei der Herstellung entstanden war.

Oft bietet der Dieseltank keine Möglichkeit einer Wartung bzw. Reinigung. Gut zugängliche **Inspektionsöffnungen** sollten Sie unbedingt nachrüsten. Viel zu spät sägten wir die fehlende Inspektionsöffnung in *Kayas* Tank und waren dann hell entsetzt über die Dreckklumpen, die uns entgegenkamen.

13. Wartung und Bootspflege

»Ist es nicht langweilig ...«

»Was macht man an Bord eigentlich den ganzen Tag? Ist es nicht langweilig, immer Urlaub zu haben?«

Falls Sie sich diese Fragen auch schon gestellt haben, können wir Sie beruhigen: Ihnen wird mit großer Sicherheit nicht langweilig werden. Denn immer dann, wenn keine großen Aufgaben auf Sie warten, können Sie sich in Ruhe all den kleinen Wartungsarbeiten an Bord widmen: Eine der Pumpen zerlegen, den Außenborder überholen, eine Winsch reinigen und fetten, das Rigg inspizieren, die Bilge trockenlegen, die Gasflaschen lackieren. Und, und, und ...

Auf einem Boot, das rund um die Uhr gesegelt und bewohnt wird, gibt es immer etwas zu tun. Die Liste der Wartungsarbeiten, die regelmäßig erledigt werden müssen, ist endlos. Zum einen, weil alle Dinge ständig in Gebrauch sind. Die Ausrüstung einer Blauwasseryacht unterliegt einem viel höheren **Verschleiß** als die Ausrüstung einer Yacht, die nur am Wochenende oder im Urlaub gesegelt wird. Schäden durch Materialermüdung, Abrieb oder Durchscheuern (Schamfilen) sind eine ständige Bedrohung.

Dazu kommt, dass das Tropenklima für eine Yacht extrem feindlich ist. Die starke **UV-Strahlung** zerstört fast jedes Material: Holz wird rissig, Kunststoffe werden spröde, Lacke stumpf und kreidig, Tauwerk, Segel und Stoffe werden brüchig.

Der hohe Salzgehalt der tropischen Meere, aber auch die feuchte, salzhaltige Luft greifen jegliches Metall an. Die **Korrosion** ist ein ständiges Problem an Bord. Wenn Sie ein Stahlschiff haben, wird der Rost Ihr täglicher Feind sein. Aber auch auf einer Gfk- oder Aluyacht bleiben Sie nicht verschont: Alles, was nicht aus Niro ist, wird buchstäblich vor Ihren Augen verrosten: Die Gasflaschen, das Motor-Fundament, der Bügel der Pütz und sogar die Ösen der Bootsschuhe.

Die extrem **hohe Luftfeuchtigkeit** bildet zusammen mit der tropischen Hitze auch einen idealen Nährboden für Schimmel.

Bootspflege heißt vor allem: schützen. Vor Sonne, vor Korrosion, vor Schimmel, vor Abnutzung. Das erfordert ständige Aufmerksamkeit, aber auch den Einsatz der richtigen Mittel.

In jedem Ausrüsterkatalog gibt es ein ganzes Kapitel rund um die Bootspflege. Seitenweise werden **Reinigungs- und Pflegemittel** angeboten, vom Dingi-Shampoo bis zur Wachspolitur für die Ankerboje. Auf einer Fahrtenyacht ist für solche Spezialmittel kein Platz. Oft macht es auch wenig Sinn, sie mitzuführen: Wenn die Spezialpolitur nach einem Jahr wieder gebraucht wird, ist sie längst eingetrocknet.

Statt dessen kommt es darauf an, möglichst vielseitig einsetzbare Mittel zu finden. Zum Beispiel einen guten Universal-Reiniger für Innen und Außen, eine gute Politur für Metalle oder ein salzwasserbeständiges Allzweck-Fett.

Jeder Skipper hat rund um Wartung und Bootspflege seine eigenen »Geheimtipps« parat. Zum Beispiel schwört der eine auf ein ganz bestimmtes Teaköl. Der nächste ist dagegen fest davon überzeugt, dass man Teakholz damit nur »kaputt pflegt«, und lässt nur Salzwasser an sein Deck.

Hören Sie sich um und sammeln Sie die Tipps der anderen Yachties. Probieren Sie dann aus, was für Sie und Ihr Boot richtig ist. Hier eine Zusammenfassung unserer Erfahrungen (auf die Wartung des Motors gingen wir in Kapitel 12 ein).

Rigg, Winschen und Beschläge

Das **Rigg** ist auf Langfahrt enormen Belastungen ausgesetzt. Der Einbau von Toggles (siehe Kapitel 8) vermindert das Risiko eines Bruchs erheblich. Trotzdem sollte das Material regelmäßig auf Schwachstellen untersucht werden.

In diesem Zusammenhang sei der Vorteil von Maststufen noch einmal ausdrücklich erwähnt: Wenn man schnell und bequem im Masttop ist, wird man dort oben häufiger Kontrollen durchführen, als wenn das eine 2-Mann-Aktion mit Bootsmannstuhl ist.

Die Kontrolle aller Teile vor jedem größeren Törn ist selbstverständlich. Auf der Suche nach gebrochenen Kardeelen sowie nach Haar-Rissen in Spannern oder in Terminals leistet eine kleine Lupe gute Dienste.

Die **Wantenspanner** müssen öfter bewegt werden, damit das Feingewinde nicht frisst. Die richtige, mühsam ermittelte Spannung des Riggs darf dabei nicht verloren gehen. Deshalb misst man zunächst mit der Schieblehre den lichten Abstand zwischen den Gewindebolzen, um die richtige Stellung anschließend schnell wieder zu finden.

Zum Fetten eignet sich Lanocote, ein Produkt aus Lanolin (Wollfett) mit antikorrosiven Zusätzen.

Besonders korrosionsgefährdet sind alle Stellen, an denen zwei Metalle aufeinander treffen. Dazu braucht es keinen direkten Kontakt mit dem Salzwasser. Die salzhaltige Luft reicht zusammen mit tropischer Hitze und der hohen Luftfeuchtigkeit aus, um den Prozess auch noch zehn Meter über Deck in Gang zu setzen.

Den Beschlägen und Nieten im Rigg sollten Sie daher ganz besondere Aufmerksamkeit widmen. Wenn möglich, sollten Sie Monel-Nieten verwenden. Monel ist eine Legierung, deren Potentialwert in der Spannungsreihe nahe bei dem von Aluminium liegt.

»... immer Urlaub zu haben?«

An den Stellen, an denen Niro-Schrauben unvermeidlich sind, müssen diese gut isoliert werden. Das Wundermittel dazu heißt »Duralac« (Zinkchromatpaste), eine gelbe, flüssige Paste, mit der die Gewinde der Schrauben vor dem Eindrehen beschichtet werden.

Auch **Niro-Teile** brauchen ständige Pflege. Relingsstützen, Riggdrähte und Wantenspanner setzen oberflächlichen Flugrost an und müssen regelmäßig poliert werden. »Nevr Dull«, eine getränkte Polierwatte aus der Dose, hat sich dafür am besten bewährt.

Alle paar Monate ändert sich plötzlich das Geräusch der **Winschen**. Wenn wir sie dann öffnen, fragen wir uns immer wieder, wo denn der ganze Dreck herkommt, der zusammen mit Winschenfett und Salzkristallen eine klebrige Schmiere bildet.

Kayas Lewmar-Winschen sind aus verschiedenen Metallen zusammengesetzt. Die Trommel ist aus Aluminium, das Innenleben besteht aus Bronze und Niroteilen. Ein Grund mehr, in nicht allzu großen Zeitabständen, auf jeden Fall vor einer Ozeanüberquerung, alle Winschen zu zerlegen und zu reinigen.

Beim ersten Mal ist das eine spannende Sache. Das Innenleben einer Winsch, wenn es ausgebreitet vor einem liegt, erinnert an ein Puzzlespiel, bei dem am Ende hoffentlich kein Teil übrig bleibt ...

Für die Reinigung eignet sich Petroleum. Anschließend werden die Zahnkränze mit speziellem Winschenfett geschmiert, das sich gut mit einer alten Zahnbürste auftragen lässt. Die Sperrklinken werden vor dem Einsetzen mit einem Tropfen Winschenöl benetzt. Die kleinen Federn, die in den Klinken sitzen, sollten Sie auf jeden Fall als Ersatzteile an Bord haben. Denn sie springen beim Einsetzen allzu leicht weg, außerdem verlieren sie mit der Zeit ihre Spannung. Ärgerlicherweise liefert Lewmar nur ein komplettes »Winschen Kit« mit Federn und Klinken. Bei guter Pflege gibt es aber keinen vernünftigen Grund, die Klinken mit auszuwechseln.

Von den Problemen rund um die **Ankerwinsch** war schon in Kapitel 8 die Rede. Die auf dem Bug montierte Winsch ist ständigen Salzwasserduschen ausgesetzt, entsprechend schnell entstehen hier Schäden durch Korrosion.

Der Spillkopf ließ sich schon nach einem halben Jahr nicht mehr demontieren. Als sogar der Abzieher versagte, half nur noch rohe Gewalt. Die nur schwer drehende Hauptachse wurde gefettet, um sie wieder gängig zu machen. Aber das war keine gute Idee: Denn durch das Fett quollen die Kunststoff-Hülsen auf, und nichts ging mehr.

Beschläge, die Kunststoffteile enthalten, dürfen nicht gefettet oder geölt werden, da das Fett den Kunststoff angreift. Statt dessen sollten Blöcke, Umlenkrollen und Curryklemmen regelmäßig bewegt und so oft wie möglich mit Süßwasser gespült werden.

Segel und Tauwerk

Mit unseren **Segeln** hatten wir wirklich Glück: Wir mussten in sechs Jahren keine einzige Naht nachnähen. Und das, obwohl wir auf den Passatstrecken unter normalem Schmetterling segelten, ein Kurs, bei dem das Großsegel an den Wanten und die Genua am Bugkorb scheuert.

Aber wir hatten auch alle Maßnahmen ergriffen, um die Segel optimal zu schützen. An den Saling-Enden brachten wir zusammensteckbare »Rondo«-Segelschoner an (die Tausendfüßler, die den selben Zweck erfüllen, sieht man heute kaum noch).

Die Stellen, an denen das Großsegel an den Unterwanten anlag, waren schon nach kurzer Zeit gut zu erkennen, weil der Draht dort silbergraue Streifen hinterließ. Diese Stellen klebten wir auf dem Segel vorsorglich mit Segeltape ab. Das Tape wurde regelmäßig kontrolliert und erneuert, bevor es sich ganz durchgescheuert hatte.

Die Stellen, wo die Genua an der Bugreling scheuerte, wurden noch stärker beansprucht. Deshalb ummantelten wir das Terminal, das den Relingsdraht mit dem Bugkorb verbindet, mit einer Lederhülle. Die Ummantelung wurde immer wieder vom Segel durchgenagt, bewahrte aber die Genua vor Schaden.

Fallen, Schoten und Dirk müssen regelmäßig kontrolliert werden. Die Fallen werden immer an den gleichen Stellen beansprucht: An der Umlenkrolle im Masttop und in den Curryklemmen an Deck. Es gibt eine ganz einfache Methode, ihre Lebensdauer zu verlängern: Kaufen Sie jedes Fall 30 cm länger als benötigt. Jedes Jahr wird das Fall um zehn Zentimeter versetzt, dann kann es sich an den kritischen Stellen nicht durchscheuern. Nach drei Jahren wird das Fall einfach umgedreht, das verdoppelt die Lebensdauer noch einmal.

Das moderne Tauwerk hält bei solcher Behandlung wirklich lange. Zwei dicke Rollen Tauwerk, die wir als Ersatz angeschafft hatten, verließen nie das Dunkel der Backskiste.

Anker und Kette

Die schützende **Verzinkung** von Anker und Ankerkette hält der dauernden Beanspruchung durch Felsen und Korallen nicht lange stand. Unsere bei einem deutschen Ausrüster gekaufte Ankerkette hätte im weichen Mittelmeersand vielleicht ein paar Jahre gehalten. Im harten Korallensand der Karibik scheuerte sich schon nach kurzer Zeit die Zinkschicht ab, die Kette fing an zu rosten. Auch der nur selten benutzte Kettenvorlauf für den Heckanker, gekauft bei einem großen französischen Ausrüster, war schon nach einem Jahr reif für den Schrott.

Eine Qualitäts-Ankerkette hält dagegen bei guter Pflege viele Jahre. Wir haben Segler getroffen, die schon 15 Jahre mit der ersten Kette unterwegs waren. Aber woran erkennt man eine Qualitäts-Ankerkette? Und wie pflegt man sie?

Die Kette sollte auf jeden Fall feuerverzinkt sein (englisch: hot dip galvanized). Wenn Sie kein Alu-Boot haben, können Sie auch eine Kette aus Edelstahl wählen. Der Kauf ist letztlich Vertrauenssache, daher sollten Sie nur eine Markenkette kaufen.

Abspülen mit Süßwasser macht auf Langfahrt, wo die Kette täglich in Gebrauch ist, keinen Sinn. Aber zu Beginn eines längeren Marina- oder Werftaufenthaltes, zum Beispiel während der Wirbelsturmsaison, wird die Kette Hand über Hand inspiziert und mit Süßwasser gereinigt. Bei dieser Gelegenheit kann man sie dann auch umdrehen. Das verdoppelt die Lebensdauer, da nur die ersten 30 Meter Kettenlänge wirklich beansprucht werden.

Wenn sich deutliche, oberflächliche Rostspuren zeigen, ist es Zeit, Anker und Kette neu verzinken zu lassen. Das **Nachverzinken** der Ankerkette sollten Sie auf keinen Fall blind der nächstbesten Firma anvertrauen. Erkundigen Sie sich zunächst:

- Wie wird die Kette gereinigt? Eine seriöse Firma wird nachfragen, ob die Kette mit Farbe markiert wurde. Das macht die Reinigung erheblich schwieriger und teurer.
- Wie wird verzinkt? In Frage kommt wieder nur die Feuerverzinkung.
- Wie wird das überschüssige Zink entfernt? Damit die Beweglichkeit der Kettenglieder erhalten bleibt, wird die Kette nach dem Zinkbad in einer Zentrifuge geschleudert (Schleuderverzinkung).

Weitere Informationen finden Sie im Internet unter www.feuerverzinken.com

Antifouling

Im Hafen von Santa Cruz/Galapagos. Wir sind startklar für den langen Törn zu den Marquesas. Aber was ist das? Beim routinemäßigen Rundum-Blick erschrecken wir richtig. Kayas Unterwasserschiff ist gar nicht mehr zu sehen, ein dichter grüner Teppich wogt rings um den Rumpf. Nach nur zehn Tagen Aufenthalt ... Was mag hier wohl im Wasser enthalten sein?

Wieder einmal verzögert sich unser Aufbruch. Das Schrubben ist Schwerstarbeit und wird quasi blind verrichtet, denn der Arm versinkt bis zum Ellenbogen in dem dichten grünen Algenteppich.

Mit frischem **Antifouling** läuft jedes Boot mindestens einen Knoten schneller. Aber die Freude währte auf Kaya nie lange. Das ideale Antifouling für ein Alu-Boot auf Blauwasserfahrt haben wir noch nicht gefunden. Denn in tropischen Gewässern sorgt nur ein hoher Kupfergehalt für bewuchshemmende Wirkung, und Kupfer ist nun mal tabu für einen Rumpf aus Aluminium.

In der Karibik konnte man während unserer Reise noch zinnhaltiges Antifouling (TBT) kaufen, das anderswo längst verboten war. Zum Beispiel »Tintox«, made in USA, aber natürlich nur für den Export bestimmt ... In St. Lucia kauften wir es ganz legal im Boatyard, mit mäßig schlechtem Gewissen, denn mit unserem Aluminiumboot hatten wir ja nicht viel Auswahl. Es war mit Abstand das beste Antifouling von allen. Inzwischen darf TBT aber nicht mehr produziert werden. In der EU ist der Einsatz von TBT seit 2003 generell verboten.

Im Mittelmeer machten wir später recht gute Erfahrungen mit dem Antifouling Seajet 034 Emperor. Auf »Tropentauglichkeit« konnten wir es allerdings nicht testen.

Auf See setzen sich unweigerlich **Entenmuscheln** an den Rumpf. Wer die Nerven hat, auf 3000 Meter Tiefe baden zu gehen, kann sie unterwegs bei Flaute abkratzen.

Harte Arbeit bei Tropenhitze.

Nach der Ankunft am Ankerplatz fallen sie dann von ganz alleine ab, denn Entenmuscheln brauchen das strömende Wasser.

Es gibt in der Seglerszene immer wieder »Geheimtipps«, wie man die Wirkung des Antifoulings verbessern kann. In Venezuela rannten die Yachties den Tierärzten die Tür ein. Antibiotika in Pulverform, wie sie unter das Viehfutter gemischt werden, waren dort billig und der »heiße Tipp« der Saison. Später kursierte die Idee, das Unterwasserschiff mit Melkfett einzuschmieren.

Wir haben den Tipp mit den Antibiotika an einer kleinen Stelle ausprobiert. Gebracht hat es nichts, wirklich gar nichts. Den Fischen hat es in dieser kleinen Dosis hoffentlich nicht geschadet. Ebenso kann man ihnen wahrscheinlich auch die »Melkfett-Diät« ersparen ...

Rumpf und Deck

Der Rumpf eines Metallbootes, ob Stahl oder Alu, muss mit Zink-Anoden geschützt werden. Diese Anoden werden regelmäßig auf Abnutzung kontrolliert und rechtzeitig gewechselt. Sie können nur wirken, wenn sie einwandfreien Kontakt (»Null Ohm«, messen Sie nach!) mit dem zu schützenden Metall haben. Wenn die Anoden sich nicht verbrauchen, ist das kein Grund zur Freude oder zu der Annahme, dass eben »alles in Ordnung« sei. Denn eine Anode, die nicht oder nur schwach arbeitet, hat keinen ausreichenden Kontakt mit dem Metall, das sie schützen soll.

Über Wasser ist der **Pflegeaufwand** für Rumpf und Deck je nach Bootsmaterial sehr unterschiedlich. Deshalb nur ein paar grundsätzliche Erfahrungen:

Korrosion: Die Alu-Scharniere der Luken mögen keine Niro-Schrauben.

Für Rumpf und Deck einer Fahrtenyacht ist ein einfacher Polyurethan-Lack einem Zwei-Komponenten-Lack vorzuziehen. Er ist zwar nicht so hart, aber dafür UV-beständiger und vor allem leichter auszubessern. Am besten verwenden Sie einen Lack, den Sie unterwegs vor Ort nachkaufen können. (Wir wollen hier keine Werbung für einen bestimmten Hersteller machen. Aber wie der Name schon sagt: Die Produkte von »International« sind überall auf der Welt erhältlich).

Hier noch ein Tipp: Nehmen Sie neue, leere Farbdosen mit an Bord. Am besten in verschiedenen Größen: 1-Liter-Dosen für Antifouling, 250-ml-Dosen für Lackfarben. Wenn Sie ein großes Gebinde öffnen, können Sie die Reste umfüllen und haltbar wieder verschließen. Leere Dosen erhält man im gut sortierten Malerbedarf oder direkt bei einem Farbenhersteller.

Kayas Deck war ab Werft mit **Treadmaster** belegt. Ein hervorragender Belag, was die Rutschfestigkeit angeht, allerdings nicht sehr schonend für Badekleidung und Fußsohlen. Leider ist die Haltbarkeit dieses Kork-Materials begrenzt. Nach etwa acht Jahren wurde der Belag überall brüchig und rissig. Uns blieb nichts anderes übrig, als die Platten komplett zu entfernen. Das Ablösen des Zwei-Komponenten-Klebers mit Heißluftpistole, Elektrospachtel und Schleifmaschine gehört in die Kategorie »Einmal und nie wieder ...« Als neuen Decksbelag entschieden wir uns daher für einen Anstrich mit rutschfester Farbe.

Es gibt die verschiedensten Materialien, die in die **Decksfarbe** gemixt werden, um sie **rutschfest** zu machen. Die meisten Yachties verwenden Sand. Aber nicht irgendeinen Sand, nein: Jeder Eigner kennt den ultimativen Strand, wo er ihn holt. Manche Yachties verwenden auch Zucker oder Salz. Beides hinterlässt nach dem Auswaschen in der Farboberfläche eine raue Struktur. Jeder Farbenhersteller liefert zudem fertige Granulate, die in seine Farben gerührt werden können. Eine schon fix und fertig gemischte Decksfarbe (z.B. »Interdeck«) hat gegenüber selbst gemixten Anti-Rutsch-Anstrichen den Vorteil, dass sie überall nachzukaufen und damit leicht auszubessern ist.

Auch die **Luken und Seitenfenster** brauchen regelmäßige Aufmerksamkeit und Pflege. Wahrscheinlich werden die Acrylglas-Scheiben bald die ersten Kratzer zeigen, denn auf Langfahrt sind Gebrauchsspuren fast unvermeidlich. Das sieht unschön aus, beeinträchtigt aber nicht die Funktion.

Die Haupt-Verschleißteile, auf die Sie achten sollten, sind die Scharniere und Gummidichtungen. Die Ersatzteil-Kits sollten Sie möglichst schon an Bord haben.

Die **Scharniere** sind wieder Stellen, wo unverträgliche Metalle aufeinander treffen: Die Aluminium-Teile der Rahmenkonstruktion werden von Niro-Schrauben zusammengehalten. Überprüfen Sie regelmäßig, ob sich die Schrauben noch öffnen lassen. Die Bolzen von *Kayas* Decks-Luken waren völlig festkorrodiert, als wir sie nach einigen Jahren auswechseln wollten.

In den **Gummidichtungen** sammeln sich Salzkristalle, die das Material angreifen und spröde machen. Die Dichtungen sollten möglichst oft mit Süßwasser abgewaschen werden, Vaseline hält das Gummi geschmeidig.

Kajüte

Holz im Innenbereich ist schöner und wohnlicher als Kunststoff. Aber Holz braucht im feuchten Tropenklima ständige Pflege. Wir waren froh, dass wenigstens *Kayas* Nasszelle und die Arbeitsfläche in der Pantry mit kunststoffbeschichteten Platten verkleidet waren.

Das Lackieren der Holzflächen – vier bis acht Schichten mit Zwischenschliff – war uns auf Dauer zu aufwändig. Deshalb sind wir von Lack auf Öl umgestiegen. Mit »Le Tokinois«, einem Naturprodukt auf Leinölbasis, haben wir sehr gute Erfahrungen gemacht. Es wird innen nur in ein bis zwei Schichten aufgetragen, erfordert keinen Zwischenschliff und gibt dem Holz einen schönen, warmen Honig-Ton.

Kayas Fußboden aus furniertem Sperrholz, teakfarben

mit hellen Streifen, sah zu Anfang wunderschön aus. Aber für die Beanspruchungen einer Langfahrt war er eigentlich zu empfindlich. Die Bodenbretter vor Pantry und Niedergang wurden regelmäßig angeschliffen und neu lackiert, trotzdem waren sie mit tiefen Kratzern und Dellen übersät.

An den Wänden, besonders an der weißen, genarbten Decken-Bespannung, setzt sich gern **Schimmel** an. Kajütwände und Decke wurden daher regelmäßig mit Essigwasser abgewaschen.

Auch die Schapps müssen regelmäßig ausgeräumt und ausgewischt werden. Bücher und Textilien nehmen so lange im Cockpit ein Sonnenbad. Trotzdem lässt es sich kaum vermeiden, dass Bücher und Kleidung schimmeln oder stockig werden.

Besonders anfällig waren die beschichteten, rauen Oberflächen unserer Segeljacken und Rettungswesten. Und merkwürdigerweise auch die Innenseite der Sprayhood, obwohl diese ständig von frischer Luft umströmt war.

Elektrik und Elektronik

Elektrische Kontakte werden sehr häufig über Kabelschuhe, wie sie für Kfz verwendet werden, hergestellt. Ein Bündel dünner Litzen-Drähte wird mit einer Quetschzange in der Hülse des Kabelschuhs eingequetscht.

Im Auto mag das funktionieren, aber in der aggressiven Salzluft an Bord dauert es nicht lange, bis das blanke Kupfer der Drähte ebenso wie das Zinn oder Silber des Kabelschuhs schwarz angelaufen ist. Dann kann es passieren, dass diese Verbindung zwischen Draht und Kabelschuh elektrisch unterbrochen ist, obwohl sie mechanisch noch einwandfrei aussieht.

Dagegen hilft das **Verlöten** der normal gequetschten Verbindung mit einem Lötkolben und Elektronik(!)-Zinn. Das Gerücht, dass gelötete Verbindungen leichter brechen, hält sich hartnäckig, weil es mal irgendwo gestanden hat, ist aber wirklich Unsinn.

Worauf man lediglich achten muss: die Drähte dürfen nicht frei schwingen, weil sie als Folge davon brechen können. Mit den modernen Kabelbindern ist es aber leicht, Drähte zu Kabelbäumen zusammenzufassen und eventuell an einem festen Halt zu fixieren.

Natürlich wird eine gelötete Verbindung nach längerer Zeit auch anlaufen. Im Gegensatz zum oxidierten Metall, das nur noch mit Sandpapier dazu zu bewegen ist, Zinn anzunehmen, muss man die gelötete Verbindung aber nur kurz nachlöten, und sie glänzt wie neu.

Gegen die gequetschte, nicht gelötete Verbindung spricht auch, dass Feuchtigkeit zwischen den dünnen Lit-

zendrähten im Kabelinnern durch Kapillarwirkung entlangwandern kann. Dann läuft das Kabel auf seiner ganzen Länge innen schwarz an. Die gelötete Quetschverbindung ist dicht, allerdings muss man den Zugang ins Kabelinnere zwischen Lötstelle und Isolation mit einem Tropfen UHU-Plus verschließen. Ein so bearbeitetes Kabelende ist ziemlich lange seewasserfest, z.B. die Verbindung zwischen SSB-Tuner und Achterstag.

Die hohe Luftfeuchtigkeit in den Tropen ist der Feind jedes elektronischen Gerätes. Nicht nur, dass sie unerwünschte Kriechströme verursacht. Die Feuchtigkeit macht aus dem allgegenwärtigen Staub eine mehr oder weniger leitende Schicht, die sich auf Leiterbahnen und Kontakten ablagert und ganz gemeine Störungen verursachen kann. Gute Elektronik ist zwar durch spezielle Lacke geschützt, aber die Kontakte müssen nun mal blank sein.

Leider ist die **Navigationsecke** nahe dem Niedergang ein ausgesprochen schlechter Platz für die Elektronik. Hier ist die Luft feucht und salzhaltig, feine Gischttröpfchen fliegen umher bzw. werden bei achterlichem Wind in den Salon geweht. Das Ausziehen von nasser Kleidung in diesem Bereich ist die Regel. Eine Welle, die ins Cockpit einsteigt, spült auch schon mal den Staub vom Kartentisch ... Dagegen hat zum Beispiel die geschützte Achterkajüte ein deutlich weniger aggressives Klima. Unsere gesamte SSB-Anlage war in der Achterkajüte installiert und hat nie Probleme gemacht.

Anzustreben ist eine möglichst trockene und staubfreie Umgebung. Vorsicht auch an Stellen, an denen sich **Kondenswasser** bildet! Auf *Kaya* ist das der Raum zwischen dem Alu-Rumpf und der Holzverkleidung. Ein Autoradio, das wir dort eingebaut hatten, war nach einiger Zeit völlig korrodiert.

Jedes elektronische Gerät entwickelt im Betrieb Wärme. Diese Wärme schützt das Gerät vor Kondenswasser. Wenn es der Stromhaushalt erlaubt, sollten elektronische Geräte dauernd eingeschaltet bleiben. Sie unterliegen keiner Abnutzung. Lot, Logge und auch das UKW-Funkgerät brauchen im Standby-Modus nur wenige Milliampere; das SSB-Funkgerät, das Notebook und das Radar verbrauchen dagegen deutlich mehr Strom.

Geräte, die nicht ständig in Gebrauch sind, lagert man am besten in einem luftdichten Tauch-Koffer (Pelican Case), zusammen mit einem Beutel »Silica-Gel« oder einem anderen **Trockenmittel.** Auch die digitale Foto- und Video-Ausrüstung ist so am besten geschützt.

Absolut tödlich für jede Elektronik sind **Salz** und **Sonnenmilch**. Wenn Salz unter die Gummiabdeckung eines

Die fertige Lötstelle wird mit Silikon oder Uhu-Plus versiegelt.

Geräte, die nicht ständig in Gebrauch sind, lagern am besten in einem luftdichten Koffer.

Schalters kriecht, hat der die längste Zeit geschaltet. Die winzig kleinen Bedientasten und Knöpfe warten nur darauf, über Kapillarwirkung Feuchtigkeit anzuziehen. Ein durch Salzeinwirkung beschädigtes Bedienelement zu reparieren, ist in der Regel nicht möglich. Das schöne Gerät fliegt dann über die Kante.

Das gleiche Ergebnis erhält man, wenn Sonnenmilch die Gummiabdeckung des »garantiert seewasserfesten« Gerätes zerfrisst. Deshalb dürfen auch in der größten Hektik die Geräte nicht mit salzigen oder frisch eingecremten Fingern angefasst werden. Im Notfall bedient man den GPS mit einem über die Hand gelegten T-Shirt. Oder man drückt die Knöpfe mit dem stumpfen Ende eines Bleistiftes.

Decken Sie Ihre Instrumente immer ab, wenn sie nicht in Gebrauch sind. Nicht nur, um sie vor Spritzwasser zu schützen, sondern vor allem gegen die schädliche **UV-Strahlung.** Die Sonne lässt die Displays immer blasser werden, bis der Kontrast so schwach ist, dass ein Ablesen kaum noch möglich ist.

Dingi

Das Dingi wird als ständiges Verkehrsmittel am Ankerplatz sehr stark belastet. Es unterliegt mechanischem Verschleiß, aber auch Salz und UV-Strahlung setzen ihm heftig zu. Mechanischer Verschleiß ergibt sich nicht nur durch Kontakt mit Kaimauern, Steinen oder Korallen, sondern auch durch eingeschleppten Sand, der zwischen Einlegeboden und Gummi oder in den engen Ritzen scheuert. Das Dingi muss öfters gewaschen und der Sand dabei herausgespült werden.

Tipp: Wir drehten dazu unser Dingi im Wasser um (natürlich ohne Motor ...), sodass es kopfüber schwamm. Wenn

wir nun im Hohlraum des Dingis auftauchten, konnten wir den Sand von unten leicht mit dem Ösfass herausspülen.

Ein hochwertiges Material (Hypalon) wird bei vorsichtiger Behandlung lange halten. Das eigentliche Problem aller Dingis ist der Kleber, mit dem die einzelnen Teile zusammengefügt sind. Nur ein spezieller Zwei-Komponenten-Kleber für Hypalon hält der UV-Strahlung der Tropen stand. Leider lässt sich dieser Kleber schlecht auf Vorrat mitnehmen, da seine Lagerzeit sehr kurz ist.

Kleben Sie aufgehende Nähte trotzdem nie mit normalem Ein-Komponenten-Kleber, wie er für PVC-Dingis verwendet wird, oder mit »Geheimtipps« wie Sikaflex. Denn die Spuren solcher Klebe-Versuche lassen sich fast nicht mehr entfernen, und auf den Kleberesten hält dann der Spezialkleber nicht mehr.

Außenborder

Der Außenborder verlangt ab und zu einen **Getriebeölwechsel.** Kein Problem, wenn das Spezialöl an Bord ist. Aber dann doch ein Problem, wenn die Ölablass-Schraube über Bord hüpft. Überhaupt haben Kleinteile an Bord den magischen Drang, baden zu gehen. Dagegen hilft nur äußerste Vorsicht, ein aufgespanntes Tuch oder eben ein Ersatzteil. Die Ölablass-Schraube gehört dazu.

Wichtig ist ein **Benzin-Filter**, das zwischen Tank und Vergaser eingebaut wird. Leider passen die normalen Kfz-Filter nicht in das enge Gehäuse. In einem Motorrad-Laden wird man fündig.

Wir hatten mit dem Außenborder so gut wie nie Startschwierigkeiten. Vielleicht lag das auch daran, dass wir vor längeren Standzeiten den Vergaser leer fuhren. So kann in der Tropenhitze nicht irgendein Rückstand die Düse verkleben.

Gasanlage

Die **Gasanlage** wird regelmäßig mit einem Druck-Messgerät auf Dichtigkeit getestet: Nach dem Schließen des Flaschenventils muss der Druck im Leitungssystem noch mehrere Stunden erhalten bleiben. Ab und zu werden die Schraubverbindungen mit Leckspray untersucht, dazu muss das System unter Druck stehen.

Das außen auf der Flasche sitzende Magnetventil, das vom Herd aus elektrisch geschaltet wird, fährt als Ersatz mit. Außerdem sollte man zwei oder drei Druckminderer als Reserve mitführen, diese Teile widerstehen der Salzluft nicht ewig. Regelmäßiges Einsprühen mit WD40-Kriechöl verlängert die Lebensdauer. Schließlich muss der Schlauch, über den der kardanisch aufgehängte Herd mit der starren Kupferleitung verbunden ist, regelmäßig gewechselt werden (am besten jährlich).

Toilette, Pumpen und Watermaker

Jeder, der ein neues Schiff kauft, hofft, dass er die **Toilette** nie zerlegen muss. Aber niemand, wirklich niemand auf Langfahrt bleibt davon verschont. Wir kennen ein Seglerpaar, das den ständigen Ärger so leid war, dass das Übel komplett über Bord flog. Die beiden benutzen seitdem ersatzweise eine Pütz. Sehr wartungsfreundlich, aber bestimmt nicht jedermanns Sache ...

Also lohnt es sich, der Toilette besondere Aufmerksamkeit zu schenken. Für die Wartungsarbeiten müssen Sie den genauen Aufbau der **Pumpe** kennen. Zerlegen Sie die Pumpe in aller Ruhe vor Gebrauch (das ist wesentlich angenehmer als später ...) und vergleichen Sie die Teile mit der beigefügten Explosionszeichnung. Es macht aber auch Sinn, eine komplette Pumpe als Ersatz mitzuführen. Die Ersatzteile (Dichtungen, Hebel, Griff) brauchen Sie sowieso, und die komplette Pumpe kostet wahrscheinlich kaum mehr als die einzelnen Teile. Und Sie haben ein appetitliches Studienobjekt ...

Die **Abfluss-Schläuche** setzen sich unweigerlich mit der Zeit zu. Die kalkhaltigen Ablagerungen lassen sich reduzieren, wenn die Toilette wöchentlich mit etwas Essig gespült wird. Die Lebensdauer der **Dichtungen** können Sie verlängern, wenn Sie die Toilette ab und zu mit einer Mischung aus warmem Wasser und Babyöl spülen.

Auch die **Fuß-Pumpen** in der Pantry unterliegen dem Verschleiß. Das Service-Kit für die simple »Whale Gusher MK2« ist überall auf der Welt zu haben und mit wenigen Handgriffen gewechselt. Man kann die Wartungsintervalle der Pumpen deutlich verlängern, wenn man davor einen Filter montiert, der ab und zu gesäubert wird.

Korallensand, Salz und Tropensonne: Das Dingi wird stark beansprucht.

Die **Lenzpumpen** (besonders die handbetriebenen) werden regelmäßig auf Funktion getestet, indem sie einen Eimer Wasser leer pumpen. Auch hier lohnt sich das Spülen mit einer Mischung aus warmem Süßwasser und Babyöl.

Der **Watermaker (Wassermacher)** funktioniert am besten, wenn er täglich in Gebrauch ist. Die Wartung beschränkt sich dann auf das gelegentliche Wechseln des Vorfilters. Wir haben unseren Power Survivor 35 immer nur in sauberem Wasser betrieben. Nach Aussage anderer Yachties verträgt er aber auch trübes Hafen- oder Flusswasser, dann setzt sich nur der Filter entsprechend schneller zu. Nur zwei Substanzen machen ihm den Garaus: **Öl und Chlor**. Beide zerstören die Membran, deren Austausch fast so teuer ist wie ein neues Gerät. Deshalb darf der Wassermacher nie, wirklich nie, mit veröltem Hafenwasser oder gechlortem Leitungswasser betrieben werden.

Aufwändiger wird es, wenn der Watermaker **stillgelegt** werden soll. Eine spezielle Chemikalie (»Biocide«) konserviert dann die Membran und verhindert biologisches Wachstum. In der Tropenhitze sollte man diese Prozedur schon durchführen, wenn der Wassermacher länger als zwei oder drei Tage nicht laufen kann. Zum Beispiel, weil man für ein paar Tage von Bord geht, oder weil das Boot in einem verölten Hafenbecken liegt.

Wenn die Leistung nachlässt, d.h. wenn der Watermaker deutlich weniger Wasser pro Stunde liefert, ist eine **Reinigung** der Membran fällig. Das Wartungs- und Reinigungs-Kit kaufen Sie am besten gleich mit dem Gerät. Angeboten wird ein »extended cruising kit«, das für eine mehrjährige Reise ausreichen sollte.

14. Pannen, Reparaturen und Selbsthilfe

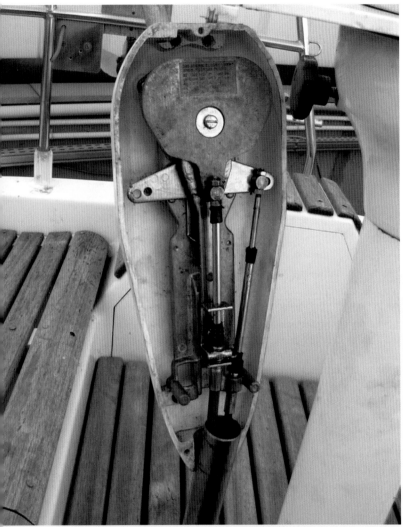

Das »Innenleben« aller wichtigen Systeme sollte man kennen.

Keine Langfahrt ohne Pannen. Sie gehören zum Segleralltag wie Flauten oder Kakerlaken. Es muss ja nicht gleich so dicke kommen wie auf einer befreundeten Yacht, die während unserer Weltumsegelung von einer Panne in die nächste geriet. Zum Beispiel hatten die beiden nach dem Törn Curaçao–Panama eine Menge zu erzählen: Bei 40 Knoten Wind war der Spi-Baum gebrochen und hatte ein Fenster des Deckshauses eingeschlagen ... Die Petroleumleitung war geplatzt, das ausgelaufene Petroleum sorgte für

Chaos unter Deck ... Die Selbststeueranlage fiel aus, weil die Schubstange gebrochen war ... Zu allem Überfluss hatte auch noch die Ruderanlage einen Defekt.

Natürlich sind Pannen nicht vorhersehbar. Aber mit ständiger Aufmerksamkeit und sorgfältiger Wartung (siehe Kapitel 13) lassen sich einige doch vermeiden.

In diesem Kapitel beschränken wir uns auf technische Probleme mit Boot und Ausrüstung, die nach unserer Erfahrung unterwegs auftreten können (zu Motor-Pannen siehe Kapitel 12). Unsere Hinweise können natürlich nicht vollständig sein. Denn jedes Boot hat andere Überraschungen parat als Antwort auf die Frage, was alles kaputt gehen kann ...

Aus eigener Erfahrung können wir eigentlich nur von Kleinigkeiten berichten: Ausfall von elektrischen und elektronischen Geräten. Gebrochene Schäkel, gerissene Treibriemen, verrostete Kugellager. Über schlimmere Havarien haben wir uns zwar viele Gedanken gemacht, aber letztlich blieben wir davon verschont. Vielleicht war es der »Regenschirm-Effekt«?

Wir teilten die möglichen Pannen in drei Kategorien ein:

- Welche Panne würde das Schiff bzw. uns in Gefahr bringen? Z.B. Schaden am Rigg, Ruder, Wassereinbruch.
- Welche Panne würde erheblichen Stress, aber keine echte Gefahr bedeuten? Z.B. Ausfall von Selbststeuerung, Herd, Elektrik.
- Welche Panne würde nur Unbequemlichkeit verursachen? Z.B. Ausfall der Toilette, des Windgenerators.

Das »Worst Case Szenario«

Für die erste Kategorie, also Pannen, die eine echte Gefahr bedeuten, entwickelten wir ein »Worst Case Szenario«. Wir fragten uns: Was könnte schlimmstenfalls passieren? Welcher Schaden würde daraus entstehen? Wie könnten wir uns mit Bordmitteln helfen?

Vor der schwierigen Überfahrt Tonga–Neuseeland. Alle Segler sind nervös, bei jedem Treffen werden Ratschläge ausgetauscht. Rüdiger überlegt mit einem anderen Segler, ob es überhaupt möglich wäre, einen gebrochenen Mast mit dem Wantenschneider loszuschneiden, um den Rumpf vor Schäden zu schützen. In unserem Gästebuch steht dazu am nächsten Tag: »Rüdiger droht mit neuen Maßnahmen. Wird Kaya prophylaktisch entmastet?« ...

Es muss ja nicht gleich der Mast von oben kommen. Aber mit dem **Bruch eines Wants oder Stags** muss man immer rechnen. Für diesen Fall waren wir folgendermaßen gerüstet: Als Ersatz für Wanten oder Achterstag hatten wir zwei lange Drähte an Bord, die bereits am oberen Ende mit den passenden Kegelterminals versehen waren. Mit Wantenschneider und Norseman-Schraubterminals wären sie schnell auf die richtige Länge gebracht und montiert worden. Auch für das Vorstag hatten wir eine Reserve: Das alte (dünnere) Vorstag ging als Ersatzteil mit auf die Reise.

Die **Ruderanlage** muss zuverlässig funktionieren. Natürlich können Sie kein Ersatzruder mitnehmen. Aber Sie können mögliche Störungen vorher durchdenken und unentbehrliche Teile als Ersatz an Bord führen.

Kayas Radsteuerung machte einen sehr Vertrauen erweckenden, stabilen Eindruck. Keine Seilzüge, nur Zahnräder und Schubstange. Da kann doch eigentlich nichts kaputt gehen ...

Auf dem Weg nach Neuseeland, mitten auf dem Pazifik, bemerken wir ein seltsames Rucken im Steuerrad. Als wir ausnahmsweise einmal von Hand steuern, fühlt es sich ungewohnt schwergängig an. Was tun? Wir überlassen das Steuern wieder unserer Windpilot, hoffen, dass alles hält, und versuchen, zunächst nicht weiter darüber nachzudenken ...

In Neuseeland stellte sich dann heraus, dass wir auf See gar nicht das Ausmaß unseres Problems erkannt hatten: Eines der beiden Kugellager in der Steuersäule hatte sich buchstäblich in Rostkrümel aufgelöst, die Kugelreste waren im Begriff, das Rad zu blockieren. Ohne die passenden Lager und Simmerringe hätten wir keine Chance gehabt, eine Reparatur durchzuführen.

Es war also ein Fehler, diese Reise anzutreten, ohne jemals einen Blick in das Innere der Steuersäule geworfen zu haben. Das heißt, ohne genau zu wissen, wie die Anlage funktioniert und welche Ersatzteile eventuell nötig sein könnten.

Wenigstens hatten wir ein Ersatzsystem an Bord: KAYAs **Notpinne** ließ sich schnell und einfach montieren, wenn die Radsteuerung versagt.

Aus dieser Geschichte zogen wir folgende Lehren:

- Man sollte das »Innenleben« und die Funktion aller wichtigen Systeme an Bord kennen.
- Die passenden Ersatzteile müssen an Bord sein und auch unterwegs eingebaut werden können.
- Falls das nicht möglich ist, muss zumindest für die lebenswichtigen Systeme ein Ersatzsystem vorhanden (und ausprobiert) sein.

Schlimm ist es, wenn das Ruder verloren geht. So erging es der Crew der 31-Fuß-Yacht *Amoha* im Südpazifik auf dem Törn von Bora Bora nach Suworow. Später berichten sie:

Am Sonntag, 29. Juli, befinden wir uns in einem Trog und laufen mit etwa 2 Quadratmetern Vorsegel bei 35–40 kn Wind und 5 Meter hohen Wellen mit 6 kn Geschwindigkeit. Um die Mittagszeit beginnt das Schiff sich plötzlich zu drehen. Leider ist es nicht der Fehler des Autopiloten, sondern das Boot lässt sich auch nicht mehr von Hand steuern. Paolo konstatiert den Verlust unseres Ruders. Unser Boot legt sich quer und es besteht die Gefahr, bei Brechern zu kentern. Wir sind noch 182 Seemeilen von Suworow entfernt. (...)

Dort, wo sich das Ruder befand, ist gähnende Leere, nur etwa 1 cm Schaft scheint übrig geblieben zu sein.

Die beiden hatten Glück im Unglück. Das Wetter beruhigte sich, sie brachen die angelaufene Rettungsaktion ab, bei der sie das Schiff hätten aufgeben müssen. Unter Notruder erreichte die *Amoha* am 3. August das Suworow-Atoll und wurde von anderen Yachten in die Lagune geschleppt. Das per Funk in Italien bestellte Ruder traf in Papeete ein, wurde von einer anderen Yacht an Bord genommen und nach Suworow gebracht. Mit vereinten Kräften der anderen Yachties konnte das Ruder am Ankerplatz eingebaut werden, trotz heftigen Seegangs in der Lagune. Am 28. August lief die *Amoha* in Richtung Samoa aus.

»Wasser im Schiff« verursacht meist einen gehörigen Schrecken, weil man nicht sofort sehen kann, ob die Ursache harmlos oder bedrohlich ist. Machen Sie sich einen Plan, durch welche Öffnungen Wasser eindringen kann. Entsprechend können Sie Gegenmaßnahmen planen. Für die Seeventile liegen passende Holzstopfen bereit. Luken können mit Sperrholzbrettern verschlossen werden. Der Schlauch zum Seewassereinlass der Maschine kann mit wenigen Handgriffen in die Bilge gelegt werden, um dort die Wasserpumpe der Maschine als zusätzliche Lenzpumpe wirken zu lassen. Und als letztes Backup bleibt immer noch der oft zitierte »erschrockene Segler mit Pütz« ...

Der Ausfall der **Selbststeueranlage** bedeutet zwar keine unmittelbare Gefahr, aber wir würden ihn in die Nähe des »worst case« rücken. Empfindliche Teile der Windsteueranlage, die wir mit Bordmitteln nicht hätten reparieren bzw. improvisieren können, hatten wir als Ersatzteil an Bord. So zum Beispiel die filigrane Schubstange unserer Windpilot, die bei unseren Freunden gebrochen war. Außerdem hatten wir die Holzteile von Pendelruder und Windfahne schon als fertig zugesägte Ersatzteile an Bord.

Ebenso unangenehm wäre der Ausfall des **Herdes**. Warme Mahlzeiten sind wichtig für Kondition und Moral der Crew, besonders natürlich bei schlechtem Wetter. Unser Gasherd machte zwar so gut wie nie Probleme, aber für den Notfall hatten wir einen einflammigen Camping-Kocher an Bord.

Häufige Pannen

Der Ausfall des **Autopiloten** ist nach unserer Erfahrung die häufigste Panne. Obwohl er fast nur bei Flaute zum Einsatz kam, pflegte der Riemen unseres Autohelm 3000 regelmäßig zu reißen. Da kommt dann mit der Zeit eine schöne Sammlung von Zahnriemen-Stücken zusammen. Aber die sind nicht nutzlos. Auf zwei Enden kann man mit UHU-Plus oder Sekundenkleber ein ca. 10 cm langes Stück Zahnriemen kleben, Zahn in Zahn. Der geflickte Riemen kann weiter verwendet werden, er wird so positioniert, dass die Flickstelle nicht über den Antrieb läuft.

Dass sich mal eine **Leine im Propeller** verfängt, haben Sie vielleicht schon auf einem Chartertörn erlebt. Meist gelingt es nach einigen Tauchversuchen, den Propeller wieder zu entwirren. Oft hilft aber nur ein scharfes Messer. Für solche Zwecke sollte ein kräftiges Tauchermesser mit Säge-Klinge bereitliegen. Und natürlich eine gute Schnorchelausrüstung. Dazu gehören auch Flossen, denn diese erleichtern es außerordentlich, unter das Schiff abzutauchen. Und eventuell ein Handgriff mit Saugnäpfen, um sich unter Wasser festhalten zu können.

Dieses Szenario lässt sich noch etwas verschärfen: Es kommt relativ oft vor, dass Yachten nicht nur vor der Küste, sondern auch auf hoher See in treibende Netze geraten. Besonders unangenehm ist es, wenn das nachts passiert. Eine kräftige Taucherlampe ist dann unverzichtbar.

Die **Starterbatterie** ist meist gerade dann leer, wenn die Maschine dringend gestartet werden muss. Natürlich sollte man den Grund der Störung unbedingt herausfinden. Als erste Pannenhilfe reichen aber Starthilfekabel, die z.B. eine Verbindung zu den Bord- oder Funkbatterien herstellen.

Leere Batterien oder ein defekter Starter könnten in einer brenzligen Situation zum Verlust des Schiffes führen. Deshalb sollten Sie unbedingt die Möglichkeit vorsehen, die Maschine von Hand starten zu können. Bei unserem YANMAR wird standardmäßig eine Handstart-Kurbel mitgeliefert. Allerdings ist es uns trotz aller Tricks (z.B. Kompression offen) nie gelungen, *Kayas* Maschine auch wirklich von Hand zu starten.

Sinnvoll ist daher ein **Ersatz-Starter**. Wenn der Handstart nicht funktioniert, hat man mit dem Auswechseln des

Der Propeller lässt sich oft nur mit dem Abzieher lösen.

Starters noch eine Chance, das Schiff aus einer brenzligen Situation zu befreien (etwa an einem Riffankerplatz, den man nur unter Maschine verlassen kann). Das Auswechseln des Starters ist schneller, einfacher und Erfolg versprechender als eine Fehlersuche und Reparatur.

Alarmiert sollten Sie sein, wenn es an Bord »**elektrisch stinkt**«. Ein Kurzschluss in der Elektrik führt leicht zu einem Kabelbrand. Leider hat man in dieser Situation nicht viel Zeit, nach der Ursache zu suchen. Schnelle Abhilfe schafft das Abklemmen des Haupt-Massekabels direkt an der Batterie. Dieses sollte daher leicht zugänglich sein. Bei einem satten Kurzschluss könnte das Kabel allerdings so heiß werden, dass man es nicht mehr anfassen kann. In diesem Fall würden wir das Kabel mit dem immer bereit liegenden Wantenschneider durchtrennen. Damit setzt man natürlich die gesamte Elektrik außer Betrieb; ein Ersatzkabel muss also an Bord sein.

Der **Ausfall der Bordstromversorgung** bedeutet in der Regel keine unmittelbare Gefahr für das Schiff. Allerdings hängen so viele Komponenten daran, die das Bordleben erleichtern, dass man von erheblichem Stress reden kann, wenn es hier Probleme gibt. Ein Komplettausfall ist eigentlich nur bei einem Kabelbrand denkbar. Ansonsten fallen einzelne Teile aus, in den allermeisten Fällen durch Kontaktprobleme, seltener durch echte Defekte.

Sonnenuntergang an unserem Ankerplatz im Roten Meer. Seit einer Woche liegen wir hier bei 7 Windstärken aus Nord und warten sehnsüchtig darauf, dass es endlich aufhört zu kacheln. Und jetzt lässt der Wind immer mehr nach. Unser Wetterfrosch von INTERMAR erwartet in der Nacht Südwind! Spontan gehen wir Anker auf. Im letzten Büchsenlicht tasten wir uns aus der geschützten Ankerbucht. Draußen Bohrinseln und viele dicke Pötte. Jetzt erst denken wir daran, unsere Positionslampen einzuschalten. Aber nichts tut sich. Bestens getarnt verschluckt uns die schwarze Nacht. Keine Zeit für Fehlersuche. Zum Glück funktioniert das Radar.

Es wäre sinnlos, an dieser Stelle eine Anleitung für die Fehlersuche im Bordnetz zu geben. Das würde ein eigenes Buch füllen. Aber sicher ist: Fehler in der Bordelektrik treten sehr häufig auf.

Für die Selbsthilfe bei elektrischen Problemen, aber auch für Fremdhilfe sind möglichst detaillierte **Schaltunterlagen** sehr wichtig. Für alle an Bord befindlichen Geräte sollten Schaltpläne vorhanden sein. Die gehören meist nicht zu den normalen Unterlagen. Ein Anruf oder eine E-Mail an die entsprechende Firma mit Hinweis auf eine Weltumsegelung führt aber erfreulich oft zur Übersendung der nötigen Unterlagen.

Besonders wichtig sind aber auch detaillierte **Verdrahtungspläne**. Nicht nur der Geräte-Installationen, sondern auch der Bordelektrik insgesamt. Nichts ist ärgerlicher, als wenn man unter Stress suchen und rätseln muss, zu welchem Anschluss denn nun der rot-weiße Draht hinter der Verkleidung gehört. Bezeichnungen direkt an den Drähten (mit wasserfestem Marker auf weißem Tesaband) sind sehr hilfreich.

Auch die **Navigationsinstrumente** und **Funkgeräte** werden mit großer Wahrscheinlichkeit unterwegs einmal ausfallen. Denn jegliche Bordelektronik ist extrem störanfällig, auch wenn die Hersteller gern das Gegenteil behaupten. Meist liegt die Ursache in schlechten Kontakten bei der Stromversorgung, beim Anschluss der Antennen oder Geber oder der Komponenten untereinander. So etwas ist nur mit zeitaufwändiger Fehlersuche zu beheben. Aber auch ein Blitzeinschlag hat schon so manches Boot seiner Elektronik beraubt.

Es gibt inzwischen wohl kein Boot, das nicht mindestens einen **Ersatz-GPS** an Bord hat. Auch wir hatten zusätzlich zum Einbau-GPS einen kleinen »Garmin«, der im Cockpit jederzeit zur Hand war. Trotzdem würden wir uns bei der Navigation nicht ganz auf die Elektronik verlassen. Auch der Hand-GPS kann kaputt gehen. Nicht sehr wahr-

Der Niedergang dient als Mini-Werkstatt.

scheinlich, aber es kommt vor. Oder die Batterien sind leer. Oder die Amerikaner befinden sich in einer militärischen Auseinandersetzung und schalten das System einfach ab, das Recht haben sie. Als Backup war auf *Kaya* ein Sextant an Bord. Und weil Astronavigation Spaß macht, kam das edle Gerät auch öfter zur Anwendung. Die Absicherung gegen einen Ausfall der Elektronik ist natürlich nur perfekt, wenn auch das aktuelle Nautische Jahrbuch an Bord ist. Oder wenn man sich vor Beginn eines Törns die nötigen Tabellen aus dem Notebook ausdruckt.

Ein **Hand-UKW-Gerät** ist ein sinnvolles Backup. Es leistet außerdem bei Landgängen gute Dienste als »Schiff-Land-Telefon«. Auf hoher See gehört es zur Notausrüstung im Not-Container (Ersatz-Batterien nicht vergessen!).

Als Backup für das **Echolot** hatten wir eine simple Lotleine. Komfortabler, aber leider teuer ist ein elektronisches Hand-Echolot, mit dem man auch vom Dingi aus einen möglichen Ankerplatz ausloten kann.

Werkzeug und Ersatzteile

Die **Werkzeugausrüstung** an Bord umfasst alle gängigen Werkzeuge für Holz und Metall. Hier sollten Sie nicht sparen. Denn je besser die Werkzeugqualität ist, desto geringer ist das Risiko, in abgelegener Gegend oder auf hoher See auf untaugliches Werkzeug angewiesen zu sein.

Schraubenschlüssel mit Schlüsselweiten SW6 bis SW22 (Ring und Gabel) sollten möglichst doppelt vorhanden sein: Ein Satz flach, ein Satz gewinkelt. Zusätzlich ein Satz Ringschlüssel gekröpft. Ein großer und ein kleiner einstellbarer »Franzose« sowie Inbus-Schlüssel, Nüsse und Bits gehören in das Sortiment.

Denken Sie daran, dass Sie oft an engen, unzugänglichen Stellen arbeiten müssen. Hier sind Gabelschlüssel mit abknickender Nuss vorteilhaft. Entsprechend ist eine kleine **Ratsche** mit Nüssen SW4 bis SW13 wichtig, neben dem obligatorischen großen Kasten mit Nüssen von SW10 bis SW22. Aber denken Sie auch an Übergrößen!

Manchmal muss man sich Werkzeug passend machen: Um Kayas Stopfbuchse einzustellen, ist ein Gabelschlüssel SW13 nötig, der wegen der Enge nur 7 cm lang sein darf. Mit Hilfe der Flex lassen sich solche Probleme lösen.

Schraubendreher flach und als Kreuzschlitz braucht man von 1 bis 10 mm. Große Schraubendreher sollten in der Mitte einen Sechskant haben, an dem man sie mit Hilfe eines Ringschlüssels drehen kann.

Erst wenn Sie die wichtigsten Arbeiten an Bord selbst erledigt haben, wissen Sie, welche **Spezialwerkzeuge** nötig sind. Dazu gehören auf jeden Fall zwei Drehmomentschlüssel. Einer für kleine Werte (z.B. 20 Nm für den Haltedeckel der Einspritzdüse) und einer für große Werte (z.B. 120 Nm für die Zylinderkopf-Schrauben). Einstellbare Abzieher in verschiedenen Größen lösen so manches Problem, etwa den Ausbau des Propellers. Ein Schlagschrauber öffnet Schrauben, an denen man sonst verzweifelt.

An unzugänglichen Stellen ist manchmal ein 90-Grad-Vorsatz-Getriebe für die **Bohrmaschine** nützlich. Letztere sollte mittels elektronischer Regelung langsam laufen können. Bohrer in guter Qualität, speziell auch für Edelstahl, kann man nicht genug an Bord haben. Besonders die kleinen Bohrer brechen immer dann ab, wenn Ersatz erst in Tausenden von Seemeilen Entfernung zu haben ist ...

Elektrowerkzeuge in Verbindung mit einem Spannungswandler sind äußerst nützliche Helfer. Aber halten Sie sicherheitshalber auch »stromlose« Werkzeuge wie Fuchsschwanz, Eisensäge, Laubsäge und Handbohrmaschine bereit.

Und vergessen Sie nicht die wichtigsten Werkzeuge überhaupt: **Gripzange** (die »dritte Hand«) und **Schraubstock**. Für den Traum jedes Skippers, eine fest installierte Werkbank, ist auf kleinen Booten kein Platz. Aber auch ein kleiner Schraubstock mit Schraubzwinge, der zum Beispiel an einer Stufe des Niedergangs befestigt wird, reicht in den meisten Fällen aus. Nur für heftige Schläge, z.B. beim Ankörnen, ist er mangels Masse nicht geeignet. Das Reitgewicht aus dem Ankerkasten dient in solchen Fällen als Unterlage.

Es ist sinnlos, eine detaillierte Ersatzteilliste anzugeben. Irgend etwas fehlt immer. Ersatzteile lassen sich in vier Gruppen unterteilen:

1) spezielle Ersatzteile für die Geräte und Systeme an Bord,
2) universell verwendbare Ersatzteile,
3) Teile und Materialien, mit denen man improvisieren kann,
4) elektrische Ersatzteile.

Die Gruppe 1) hängt natürlich völlig individuell von Schiff und Ausrüstung ab. Hier hilft nur ein sorgfältiges Durchgehen aller Ausrüstungsteile und das Studieren der verschiedenen Handbücher. Stellen Sie eine genaue Liste auf, die nicht nur die Bezeichnung, sondern auch die mit der Schieblehre überprüften Maße (Länge, Durchmesser etc.) enthält. Allein die Liste der für alle Geräte nötigen Dichtungen bzw. O-Ringe ist lang ...

Zur Gruppe 2) gehören z.B. Dichtungen und O-Ringe in allen gängigen Größen. Dann hat man im Zweifelsfall eine Chance, hier etwas zu finden, was in 1) fehlt.

Ganz wichtig in dieser Gruppe und der Stolz jedes Yachties ist der Vorrat an Niro-Teilen aller Art: Schrauben von M3 bis M12, Sechskant oder Inbus, normale Muttern und Stopp-Muttern, Unterlegscheiben, Schäkel in allen Formen und Größen, die passenden Bolzen und Splinte, Blöcke und Spanner, dazu Schlauchbinder in allen Größen und natürlich Norseman- oder StaLock-Terminals für alle am Boot vorhandenen Drahtstärken einschließlich der dazugehörigen Konusse.

Vertrauen Sie beim Kauf von Niro niemandem – außer Ihrem kleinen, starken Taschenmagneten. Wenn er das teure »Niroteil« festhält, ist es kein Niro! Besonders wichtig bei »Niro-Schlauchbindern«: Testen Sie auch die Schrauben!

Die Gruppe 3) enthält universell verwendbare Materialien. Also z.B. alles, womit man fehlende Dichtungen ersetzen kann: Dichtungspapier/Pappe, aus denen man Dichtungen für den Motor (Vergaser, Wasserpumpe, Thermostat) schneiden kann. Gummi-Dicht-Matten als Meterware, Dichtband (Teflon, selbstvulkanisierend, Engelshaar). Aber auch Metall-, Plastik- und Sperrholzplatten in verschiedenen Größen und Stärken.

Besonders wichtig sind verschiedene Kleber. Neben Sikaflex und Silikon gehört auch der Zwei-Komponenten-Kleber UHU-Plus unbedingt an Bord. Zu UHU-Plus können wir eine Geschichte erzählen, die ausnahmsweise nicht vom Segeln handelt:

Wir sind mit dem Motorrad unterwegs im Hohen Atlas, einem Gebirge in Süd-Marokko. Die einsame Piste führt immer wieder durch ein Flussbett. Bei einer solchen Gelegenheit entdeckt Gaby plötzlich Öl im Wasser. Unsere BMW verliert Öl ... Sofort legen wir die Maschine auf die Seite. Das Öl läuft aus der Ölwanne, offenbar hat diese beim Aufsetzen einen Riss abbekommen. So können wir nicht weiterfahren.

Was tun, mitten in der Wildnis? Der Riss wird mit Benzin entfettet und dann mit UHU-Plus abgedichtet. Der Kleber härtet besonders gut aus, wenn er erhitzt wird, also starten wir schon bald wieder. Am Abend erreichen wir Imilchil, das einzige Dorf weit und breit. Natürlich gibt es dort kein Schweißgerät. Und schon gar keinen Alu-Schweißer. Aber den brauchen wir auch nicht: Die provisorische Reparatur hält noch wochenlang, bis zur Rückkehr nach Deutschland.

In Gruppe 4) befinden sich alle nur erdenklichen Sorten von Sicherungen und Lampen in allen Größen. Außerdem Stecker, Kabelschuhe, Ösen und Schalter. Kabel in verschiedenen Stärken. Kabelbinder, Isolierband, Lötzinn. Ärgerlich, wenn man da etwas vergisst:

Im Roten Meer macht Kayas Kompass-Beleuchtung schlapp. Eine winzig kleine 12-V-Lampe fern jeder Norm. Natürlich wird wie immer improvisiert. Aber die einzige Ersatzlampe, die passt, ist viel zu hell, sodass der Kompass nun im Dunkeln blendet.

Von allen vier Gruppen hat man nie genug. Aber spätestens, wenn die Wasserlinie das Süllbord erreicht, muss man aufhören ...

Zum Schluss noch ein paar Tipps: Oft steht man bei einem plötzlich auftretenden technischen Problem unter Zeitdruck. Dann kommt es nicht nur darauf an, schnell eine Lösung zu finden, dann müssen auch alle Werkzeuge und Ersatzteile schnell verfügbar sein. »Gewusst wo« ist das Geheimnis, und das geht nur mit Hilfe einer genauen Stauliste.

Und es ist ganz schlecht, wenn man unter Zeitdruck erst noch irgendwelche Handbücher entziffern muss. Legen Sie deshalb nach und nach für jedes Gerät an Bord ei-

Der Schlagschrauber öffnet Schrauben, an denen man sonst verzweifelt.

ne kurz zusammengefasste Betriebsanleitung an, die auch die wichtigsten Schritte für Wartungs- und Reparaturarbeiten enthält.

Eine **Digitalkamera** ist ein sehr nützlicher Helfer bei allen Wartungsarbeiten. Sie kann alles und jedes dokumentieren, mit sofortiger Verfügbarkeit. Der Fantasie sind hier keine Grenzen gesetzt, wir entdecken ständig neue Anwendungen. Zum Beispiel:

- eine Winsch, bevor sie zerlegt wird,
- die Kabelbelegung eines Steckers,
- das Innenleben des Gasherdes.

»Wo es keinen
Arzt gibt« ...

Teil 3: Leben

15. Gesundheit

Leben ohne Arzt

Das Leben auf einer Yacht ist in vielerlei Hinsicht gesünder als das Leben an Land. Denn die Haupt-Stressfaktoren, die im Alltag krank machen, fallen weg. Es gibt keinen Ärger im Beruf, keine Hetze, keinen Termindruck. Stressbedingte Zivilisationskrankheiten braucht man an Bord nicht zu fürchten. Auch die alljährlichen Erkältungen und Grippe-Epidemien sind kein Thema mehr, so lange man einen großen Bogen um klimatisierte Büros und Läden macht. Rückblickend haben wir das Gefühl, nie so gesund gewesen zu sein wie während der Weltumsegelung.

Trotzdem ist die Gesundheit ein zentrales Thema, das einen ganz anderen Stellenwert hat als zu Hause. Wer mit einem Boot auf große Fahrt geht, muss lernen, die meiste Zeit ohne Arzt zu leben. Auf See, aber auch an Land. Denn auf vielen Inseln entlang der Route ist die medizinische Versorgung unzureichend. Zum ersten Mal wurde uns in den paradiesisch schönen San-Blas-Inseln bewusst, was das bedeutet.

Ein Kanu nähert sich, darin eine Frau und ein kleines Mädchen. Die Frau zeigt uns den Fuß des Kindes: eine Brandwunde mit Holzsplittern. Offenbar ist die Kleine in eine Feuerstelle getreten. Der Fuß ist entzündet und muss sehr weh tun.

Im Cockpit wird »operiert«: Rüdiger säubert die Wunde, zieht mit einer sterilen Pinzette vorsichtig die Splitter. Eine ausgeglühte Rasierklinge dient als Skalpell, um schmutzverkrustete Hautfetzen zu entfernen. Die antibiotische Salbe kommt zum Einsatz, ein dicker Verband krönt die Arbeit. Die Patientin bekommt einen neuen Termin. Am nächsten Tag lacht die Kleine schon bei der Begrüßung, die Wunde heilt schnell. Die Mutter spricht ein paar Worte Spanisch. Wir erfahren, dass sie noch nie beim Arzt war. Es ist fraglich, ob sie je einen aufsuchen wird.

Der Staat Panama bietet zwar eine medizinische Grundversorgung, aber auf der Insel des kleinen Mädchens gibt es weder Arzt noch Apotheke. Wer ärztliche Hilfe braucht, muss zum Festland übersetzen. Aber nur wenige Familien haben ein Boot mit Außenborder. Die Nachbarschaftshilfe hat klare Regeln: Wer ein Boot braucht, muss das Benzin bezahlen. Kein Geld, kein Benzin, kein Arzt.

Auch in der Südsee ist es für die Einheimischen nicht selbstverständlich, einen Arzt in Reichweite zu haben. In einem kleinen Dorf auf der Insel Waya/Fidschi freunden wir uns mit der Familie des Pastors an. Der Pastor ist ein

an Bord

135

gebildeter Mann, die Familie nach dortigen Verhältnissen wohlhabend. Das jüngste Kind hat ein blindes Auge. Der Pastor erzählt, dass die Augenkrankheit, eine Infektion, eigentlich heilbar gewesen wäre. Aber die Überfahrt zur Hauptinsel Viti Levu ist weit und nur bei gutem Wetter zu machen. Als er sein Kind nach Tagen in die Klinik brachte, war das Auge nicht mehr zu retten.

Der Gedanke, mit Schmerzen und Erkrankungen ganz allein fertig werden zu müssen, war für uns zunächst beunruhigend. Wahrscheinlich geht es Ihnen ebenso. »Wo es keinen Arzt gibt«, ist der Titel eines Buches, das wir Ihnen dringend empfehlen möchten. Noch besser, weil ausführlicher, ist die englischsprachige Originalausgabe »Where there is no doctor«. Das Buch wurde nicht für Segler geschrieben, sondern für Dorfgemeinschaften ohne medizinische Versorgung. Eine Art »Hilfe zur Selbsthilfe«, für Laien geschrieben, anschaulich und leicht verständlich.

Prophylaxe

»Vorbeugen ist besser als Heilen« – ein alter Spruch. Die beste Vorsorge besteht darin, möglichst gesund loszufahren. Vor der Reise sollten Sie daher einen gründlichen **Gesundheits-Check** durchführen lassen. Wir ließen uns bei dieser Gelegenheit auch gleich das »Tauglichkeitszeugnis für Sporttaucher« ausstellen, für das eine umfassende Untersuchung von Kopf bis Fuß verlangt wird.

Falls noch Behandlungen anstehen, denen Sie sich »irgendwann« unterziehen wollten, ist jetzt der richtige Zeitpunkt. Auch wenn es Überwindung kostet: der Gang zum **Zahnarzt** ist unvermeidlich. Erzählen Sie ihm, was Sie vorhaben, damit er Sie so gründlich wie möglich untersucht. Vielleicht wird er einen verdächtigen Weisheitszahn ziehen wollen oder eine wacklige Krone erneuern. Tun Sie's – der Ärger unterwegs ist unendlich viel größer!

Glücklich, wer keinen **Blinddarm** mehr hat. Denn es ist eine schwierige Entscheidung, ob man sich vorbeugend operieren lässt. Jede Operation bedeutet ein gewisses Risiko, auch eine Blinddarmoperation. Andererseits: Eine Blinddarmentzündung auf See wäre lebensgefährlich. Über diese Frage unterhielten wir uns mit einem Chirurgen, der selbst Segler ist. Nach einigem Zögern lautete sein Rat: »Wenn ich über den Atlantik segeln würde, dann auf jeden Fall ohne Blinddarm!«

Erstellen Sie gemeinsam mit Ihrem Arzt einen **Impfplan**. Dringend empfohlen wird eine Auffrischung der Tetanus-, Diphtherie und Polio-Schutzimpfung. Wir ließen uns nach ausführlicher Beratung außerdem gegen Gelbfieber und Hepatitis A impfen (siehe nächster Abschnitt »Tro-pische Krankheiten«). Wenn Sie mehrere Impfungen brauchen, muss die Verträglichkeit der Impfstoffe untereinander beachtet werden.

Auch die Zusammenstellung der Bordapotheke (siehe weiter unten) sollten Sie mit Ihrem Arzt besprechen.

Frischen Sie schließlich noch Ihre **Erste-Hilfe-Kenntnisse** auf. Vielleicht gibt es einen Kurs, den sie besuchen können. Oder Ihr Arzt nimmt sich die Zeit und übt mit Ihnen, wie man Spritzen muskulär und intravenös gibt, Ohnmächtige richtig lagert, Herzmassagen und Wiederbeatmung macht, gebrochene Gliedmaße schient oder blutende Wunden versorgt ... Das alles hört sich zwar schrecklich an, aber noch schrecklicher ist die Vorstellung, dem Partner in einem Notfall nicht helfen zu können.

Tropische Krankheiten

Wenn Sie ein Handbuch über tropische Krankheiten lesen, wollen Sie vielleicht gar nicht mehr losfahren. Aber viele Risiken, die dort beschrieben sind, bedrohen uns Segler gar nicht. Wir liegen jede Nacht in unserer Koje, sicher vor Skorpionen und Giftspinnen. Wir müssen uns nicht in brackigen Wasserlöchern waschen, und der Watermaker liefert sauberes Trinkwasser. Von Krankheiten wie Bilharziose oder Typhus war unter den Seglern nie die Rede. Trotzdem gibt es in den Tropen eine Reihe von Krankheiten, die mit etwas Pech auch den Segler erwischen können. Die größten Bedrohungen sind Malaria und Ciguatera.

Die **Malaria** ist weiter verbreitet, als offiziell in den betroffenen Ländern zugegeben wird. Denn Krankheiten, die dem Tourismus schaden, werden gern heruntergespielt. Oder wussten Sie, dass nicht nur in den Salomonen, son-

Moskitonetze sind der wichtigste Malaria-Schutz.

Auf der Straße schmeckt es am besten.   *Essbar oder nicht? Das Fischen in Riffnähe ist immer ein Risiko.*

dern auch in Indonesien ein extremes Malaria-Risiko besteht? Ein Segler, der Balis Nachbarinsel Lombok besuchte, erkrankte dort schwer. Die Insel Batam, direkt gegenüber von Singapur, sollte nach offiziellen Angaben frei von Malaria sein. Aber der zu Besuch eingeflogene Enkel eines Seglers kehrte mit Malaria nach Deutschland zurück.

Malaria ist eine sehr ernste Gefahr. Eine Form, die **Malaria tropicana,** kann sogar tödlich sein, weil sie nach und nach die roten Blutkörperchen zerstört. Deshalb ist es wichtig, sich bei Anfällen von Fieber und allgemeiner Schwäche sofort untersuchen und behandeln zu lassen.

Für Fahrtensegler ist die Gefahr noch größer. Denn wegen der langen Inkubationszeit kann die Malaria auch dann ausbrechen, wenn man schon wieder auf See ist. Ein Notfall-Medikament muss daher unbedingt an Bord sein. Aber man sollte alle Vorsichtsmaßnahmen treffen, um eine Erkrankung zu verhindern.

Der Malaria-Erreger wird durch die Anopheles-Mücke übertragen. Nach weit verbreiteter Meinung ist diese nur in der Dämmerung aktiv. Es wird daher empfohlen, bei Dämmerung an Bord zu bleiben. Aber Dämmerung ist keine Tageszeit, sondern ein Zustand, der auch tagsüber im dichten Urwald herrschen kann. An Land kann man sich schützen, indem man helle Kleidung trägt, die auch Arme und Beine bedeckt, und sich zusätzlich mit einem Anti-Mücken-Mittel einreibt. Das amerikanische »Off« (Inhaltsstoff: DEET) war in den Tropen fast überall erhältlich und erschien uns viel wirksamer als die in Deutschland erhältlichen Mittel.

An Bord sollten Niedergang und Luken gut mit Moskitonetzen geschützt werden. Am besten näht man die Moskitonetze selbst nach Maß. Auf *Kaya* haben sich nach einigen Versuchen lockere Überwürfe bewährt, die über die aufgestellten Luken drapiert werden. Die rundum an Deck aufliegende Kante ist mit Gardinen-Bleiband beschwert. Den Niedergang schützt ein Vorhang, der ebenfalls mit Bleiband beschwert ist. Beim Schließen der Luken sind diese Netze mit einem Griff wegzunehmen.

Die einzig sichere Malaria-Prophylaxe ist, nicht gestochen zu werden. Denn der Erreger entwickelt immer wieder Resistenzen gegen die zur Verfügung stehenden Medikamente (z.B. Resochin, Proguanil, Lariam). Trotzdem kann es sinnvoll sein, ein Prophylaxe-Präparat einzunehmen. Die aktuellen Empfehlungen für jede Region erfahren Sie bei der Deutschen Gesellschaft für Tropenmedizin (www.dtg.org).

Das **Denguefieber** wird ebenfalls von einer Mücke übertragen und erzeugt zunächst ähnliche Symptome wie die Malaria. Fieber, Mattigkeit und Kopfschmerzen sind sehr heftig. Eine befreundete Seglerin, die in Tahiti an Denguefieber erkrankte, war zwei Wochen lang völlig außer Gefecht. Gegen Denguefieber gibt es keine Prophylaxe, außer natürlich den Schutz vor dem Mückenstich, und keine Therapie. Man muss es einfach erleiden, hat im Gegensatz zur Malaria aber gute Chancen, wieder völlig gesund zu werden.

Gelbfieber kommt in einer Reihe von tropischen Ländern vor. Auf der Barfußroute zum Beispiel in Trinidad und Tobago, Venezuela und Panama. Auch wenn das Risiko einer Erkrankung für Segler nicht sehr hoch ist, sollten Sie über eine Impfung nachdenken. Denn einige Länder verlangen bei der Einreise einen Impfnachweis, wenn man vorher ein Gelbfiebergebiet besucht hat. Die Gelbfieber-Impfung bietet zehn Jahre Schutz. Die Impfung wird in Deutschland nur an wenigen Stellen durchgeführt. Ein Verzeichnis finden Sie unter www.dtg.org

Hepatitis ist in den Tropen weit verbreitet. Hepatitis B wird wie Aids übertragen, über Sexualkontakte oder infiziertes Blut. Hepatitis A wird durch unhygienisches Essen oder verunreinigtes Trinkwasser übertragen. Wer wie wir gern an Land unterwegs ist und lieber an kleinen Straßenständen als in Luxusrestaurants speist, der sollte über eine Impfung gegen Hepatitis A nachdenken. Der Impfstoff wird zweimal, im Abstand von mindestens sechs Monaten, injiziert. Der Schutz hält zehn Jahre an.

Ciguatera ist eine gefährliche Fischvergiftung. Die Ursache ist eine giftige Alge an bestimmten Korallenriffen, die über die Fische am Riff in die Nahrungskette gelangt. Größere Raubfische, ebenso wie am Ende der Mensch, reichern das Gift in ihrem Körper an. Typische Symptome von Ciguatera sind: Taubheitsgefühl an den Lippen und im Mund, die Umkehrung des Warm-Kalt-Empfindens, extremer Durchfall, Schwächeanfälle. Diese Krankheit wird man nicht wieder los, beim Genuss von Fisch können jederzeit erneut Symptome auftreten.

Welche Riffe verseucht sind und welche nicht, erfahren auch die Einheimischen nur durch »trial and error« (Versuch und Irrtum). Ein Riff kann verseucht sein, das Nachbarriff dagegen sauber. Im Jahre 1995 hieß es noch, die südliche Karibik sei frei von Ciguatera. Unbekümmert aßen wir in Tobago von einem großen Barrakuda, den ein Taucher an Land brachte. Was wir damals noch nicht wussten: Durch die extremen Hurrikane wurden die Algen und damit die Ciguatera auch nach Süden geschwemmt. Seitdem ist kein Gebiet in der Karibik wirklich sicher.

Wir hatten Glück, dass es uns nicht erwischte ...

Im Pazifik, vor allem in Französisch Polynesien, ist Ciguatera allgegenwärtig. So ist das Harpunieren und Angeln in Riffnähe immer mit einem Risiko verbunden. Ein Trost: Bei Fischen, die man auf hoher See fängt, ist man vor Ciguatera sicher.

Inzwischen gibt es einen Ciguatera-Test. Einen weiterführenden Link finden Sie auf www.sy-kaya.de/Links.

Gelegentlich wird man auch in der Tropenhitze von einer **Grippe** erwischt oder von einer richtigen **Erkältung**. Grippeviren aus Asien (wie die berüchtigte »Singapur-Grippe«) können einen tagelang völlig lahm legen. Erkältungsgefahr besteht immer dann, wenn eine Klimaanlage läuft. Reisebüros, Banken, Einkaufszentren sind manchmal bei einer Außentemperatur von 40 Grad auf etwa 25 Grad heruntergekühlt. Das fühlt sich an, als würde man ein Kühlhaus betreten. Zu unserer Landgangs-Ausrüstung in »zivilisierten« Gegenden gehört seitdem ein dickes Sweatshirt.

Das **häufigste Gesundheitsproblem** in den Tropen beginnt ganz harmlos mit einer kleinen Verletzung, einem Schnitt oder nur einem Kratzer.

Bei der Montage eines Norseman-Terminals passiert es: Eine der gespreizten Kardeelen des Drahtes sticht in Rüdigers rechten Zeigefinger. Der kleine Blutstropfen ist kaum zu sehen. Am nächsten Tag ist der Finger schmerzhaft rot entzündet. Das wird schon wieder abheilen, denken wir. Aber mit jedem Tag wird es schlimmer, die Eiterblase wird immer größer. Wir ankern vor einer kleinen Insel, ratlos, wo wir hier einen Arzt erreichen können.

Rüdiger nimmt die Sache selbst in die Hand. Die Eiterblase, die inzwischen fast das ganze letzte Glied des Zeigefingers umgibt, wird mit einer ausgeglühten Rasierklinge geöffnet. Unter der abgestorbenen Haut nur rohes Fleisch. Ob das je wieder ein normaler Finger wird? Nach sorgfältiger Säuberung und Desinfizierung wird die Wunde mit antibiotischer Salbe behandelt und gut verbunden. Und siehe da: Schon am nächsten Tag ist Besserung spürbar, und nach zwei Wochen sieht der Finger aus wie neu.

Viele Segler klagten über solche hartnäckigen Wunden, die zum Teil dick vereiterten. Die Ursache ist das Salzwasser. In den tropischen Meeren scheinen darin Mikro-Organismen enthalten zu sein, die böse Entzündungen verursachen. Man sollte Wunden daher möglichst nicht mit Meerwasser in Berührung bringen. Antibiotische Salbe (z.B. Flammazine) ist das einzige, was hilft. Obwohl wir mit Antibiotika grundsätzlich sparsam umgehen, haben wir die Salbe öfter angewendet, auch bei kleinen Verletzungen.

Spezielle Risiken an Bord

Die **Sonne** ist eine ständige Bedrohung, die man nicht unterschätzen darf. Auf dem Boot strahlt sie nicht nur vom Himmel, sondern wird auch vom Wasser reflektiert.

Die Haut sollte so weit wie möglich geschützt werden. Denn Hautkrebs entsteht nicht nur durch häufigen Sonnenbrand, auch die gesunde Haut »speichert« die empfangenen UV-Strahlen. Leichte, weiße Hemden mit langen Ärmeln, weite lange Hosen und ein Strohhut sind wichtige Blauwasserutensilien. Beim Schwimmen und Schnorcheln schützt ein weißes T-Shirt.

Leider enthalten fast alle **Sonnenschutzmittel** Parfüm und Konservierungsstoffe. Und wer einmal erlebt hat, wie aggressiv eine Sonnenmilch die verschiedensten Materialien angreift, der wird sich nur ungern mehrmals täglich damit eincremen. Deshalb kaufen wir nach Möglichkeit Baby-Produkte, die weniger Zusätze enthalten.

Auch die **Augen** brauchen Schutz. Sie sind durch die extreme Helligkeit der von der Wasseroberfläche reflektierten Sonne besonders gefährdet. Gaby wurde einmal regelrecht »schneeblind« und durfte einige Tage lang so gut wie kein Licht an ihre Augen lassen.

Kaufen Sie keine billigen Sonnenbrillen, deren Gläser nur dunkel eingefärbt sind. Gute Sonnenbrillen mit Polaroid-Gläsern (wichtig für die Riff-Navigation) findet man in Fachgeschäften für die Sport-Fischer.

Nicht nur beim Tauchen, auch schon beim Schwimmen und Schnorcheln können die **Ohren** Probleme bereiten. Das eindringende Salzwasser kann leicht zu Entzündungen führen. Dagegen schützt man die Ohren mit speziellen Ohrentropfen (z. B. »Swimmer's Ear«), die es in der Karibik in jedem Tauchladen zu kaufen gibt.

Das Leben an Bord einer Fahrtenyacht bietet jede Menge Gelegenheiten für **Unfälle** und **Verletzungen**. Ganz einfach deshalb, weil man ständig Arbeiten mit den Händen und gefährlichem Werkzeug durchführt. Aber auch der Umgang mit Tauwerk, Schäkeln, Blöcken, Ankerkette und Außenborder ist unfallträchtig. Schnell ist die Hand verletzt, wenn man mit einem Werkzeug abrutscht, einen Finger in der Ankerwinsch einklemmt oder die Handfläche von einer ausrauschenden Schot versengt wird ...

In der **Pantry** kommt es leicht zu Verbrennungen oder Verbrühungen. Bei Seegang alle dampfenden Töpfe in Schach zu halten oder den heißen Backofen zu öffnen, erfordert manchmal die Geschicklichkeit eines Jongleurs.

Die Devise heißt: ständige Achtsamkeit. Mit dem Bewusstsein, dass ein Unfall an Bord viel ernstere Konsequenzen haben kann als zu Hause, wird man automatisch vorsichtiger. Vorsicht ist hier im wahrsten Sinne des Wortes gemeint: Voraussehen, was passieren kann, und unnötige Risiken vermeiden. Aber mit manchen Situationen rechnet man auch bei größter Vorsicht nicht.

Bei der Montage der Radarantenne oben im Mast hat sich Rüdiger mit einem Bergsteiger-Klettergurt gesichert. Er braucht beide Hände für die Bedienung der Nietzange. Vornüber im Gurt hängend wird die Antenne montiert.

Der Gurt drückt und verursacht Schmerzen, die tapfer ignoriert werden. Aber am Abend werden die Schmerzen in der Brust immer stärker. In der Nacht ist es kaum möglich, eine schmerzfreie Schlafstellung zu finden.

Die Funkärztliche Beratung am nächsten Tag ergibt, dass wahrscheinlich eine Rippe eingedrückt bzw. gebrochen ist. »Spuckt er denn Blut?« fragt der Arzt. Gaby verneint. »Na, dann macht euch mal keine Sorgen ...« Drei Wochen dauert es, bis die Schmerzen aufhören.

Der **Rücken** macht an Bord häufig Probleme. Die Gründe sind vielfältig: Auf langen Überfahrten fehlt es an Bewegung, Cockpitbänke und Sitzpolster sind nicht rückengerecht konstruiert und verleiten zu schlechter Sitzhaltung, und die Schaumstoffmatratzen auf den Kojen sind oft zu weich.

Aber die größte Gefahr für den Rücken besteht beim Aufholen des Ankers. Wenn die Ankerwinsch streikt oder das Manöver sehr schnell gehen muss, ist Schwerstarbeit angesagt. Und die sollte man auf keinen Fall in der falschen Haltung verrichten. Wer sich stehend vornüber beugt, um die Ankerkette einzuholen, belastet seinen Rücken enorm. Die Kette sollte in rückenfreundlicher »Ruder-Haltung« eingeholt werden: aufrecht sitzend, die Beine nach vorne abgestützt. Bei jedem Zug geht man mit dem Rücken nach hinten. Die Kette wird dabei mit Maschinenhilfe entlastet.

Blauwasser-Outfit: Leichte, weiße Kleidung und Sonnenhut.

Auch beim Heben und Tragen von Diesel- und Wasserkanistern, Segelsäcken oder dem Außenborder sollten Sie auf eine rückenfreundliche Haltung achten.

Die Bordapotheke

In jedem Handbuch steht eine umfassende Liste mit Empfehlungen für die Bordapotheke. Der Nachteil dieser Listen: Sie enthalten **Medikamente** für alle möglichen Fälle, in allen Revieren, mit jeder möglichen Crew. Naturheilmittel und homöopathische Mittel sind nicht berücksichtigt. Welche Medikamente Sie tatsächlich mitnehmen, ist aber eine sehr individuelle Entscheidung, die sie am besten mit Ihrem Arzt besprechen.

Sehr hilfreich bei der Auswahl ist das »Handbuch Medikamente« der Stiftung Warentest. Darin sind außer den Namen der Medikamente die **Wirkstoffe** angegeben (bei Aspirin z.B. »Acetylsalicylsäure 500 mg«). Der Apotheker in Trinidad kannte zum Beispiel nicht das deutsche Malaria-Prophylaxe-Mittel Resochin, sondern nur den Wirkstoff: Chloroquin 155 mg. Er gab uns das englische Präparat Nivaquine, das exakt die gleiche Dosis enthält.

Gesunde Tropenfrüchte.

Heben Sie von allen Medikamenten die Beipackzettel auf. Dann können Sie Ihre Bordapotheke unterwegs problemlos ergänzen. Übrigens: Medikamente kosten überall auf der Welt weniger als in Deutschland. Sogar die vertrauten Präparate »Made in Germany« haben wir unterwegs viel günstiger nachgekauft.

Zur **Haltbarkeit** der Medikamente sagten uns Arzt und Apotheker übereinstimmend Folgendes:

Medikamente verlieren ihre Wirkung nur langsam. Die meisten Präparate können ohne Bedenken auch lange nach Ablauf des angegebenen Verfallsdatums verwendet werden. Allerdings unter der Voraussetzung, dass sie trocken und in einwandfreiem Zustand sind. Die Ausnahme: Bei Antibiotika und Malaria-Mitteln sollte man das aufgedruckte Datum streng beachten. Denn bei diesen Medikamenten kommt es auf die genaue Dosierung an, und die volle Wirksamkeit ist nur bis zum Verfallsdatum garantiert.

Medikamente, die irgendeine Veränderung in Aussehen, Farbe oder Konsistenz zeigen, sollte man wegwerfen, auch innerhalb der Haltbarkeit.

Fitness

Wer fit bleiben will, muss auf gute **Ernährung** und ausreichende **Bewegung** achten. Wider Erwarten stellte die Ernährung kein großes Problem dar. In den Tropen schwelgt man in Papayas, Mangos und Bananen. Fleisch ist selten, dafür gibt es reichlich Fisch. Gesünder geht es kaum. Auch auf See steht immer etwas Frisches auf dem Speiseplan: Zwiebeln, Kartoffeln, Kohlköpfe und Zitrusfrüchte halten sich erstaunlich lange. Wer ganz sicher gehen will, nimmt zusätzlich ein Vitaminpräparat. Das Wichtigste ist, immer viel Wasser zu trinken. Zwei bis drei Liter am Tag sollten es mindestens sein.

Ein Problem ist eher die unzureichende sportliche Betätigung. »Segeln ist ein Sport für Faule«, sagen wir daher manchmal etwas überspitzt. Wenn man regelmäßiges Joggen, Fahrradfahren oder irgend eine andere Art von Ausdauer-Training gewöhnt ist, vermisst man auf dem Boot einfach die Bewegung. Nicht zufällig erkennt man gestandene Segler oft an ihren dünnen Beinen.

Eine der gesündesten sportlichen Betätigungen ist das **Schwimmen**. Aber leider ist das an Bord gar nicht so oft möglich, wie man sich das zu Hause vorstellt. Ab der Karibik muss man immer mit Haien rechnen. Als Taucher oder Schnorchler begegnet man ihnen »von Angesicht zu Angesicht«. Aber mit dem Kopf über Wasser bleibt ein ungutes Gefühl. Zumal die hektischen Bewegungen eines Schwimmers, im Gegensatz zum ruhigen Gleiten eines Tauchers, von einem Hai als das Zappeln eines verletzten Beutefisches missverstanden werden könnten.

Spätestens in Australien ist es wegen der Krokodile und Stinger (siehe Kapitel 5) sowieso vorbei mit den Badefreuden.

Joggen am Strand kann herrlich sein. Aber nur für Frühaufsteher. Wenn die tropische Sonne senkrecht steht, erlischt jeder sportliche Ehrgeiz. Und wenn sich dann noch die Einheimischen vor Lachen über die für sie völlig unverständliche hektische Betriebsamkeit biegen, dann wird man auch mit dieser Sportart zurückhaltender.

Ärztlicher Rat und Hilfe

Neben dem schon erwähnten Buch *Where there is no doctor* gibt es eine ganze Reihe von medizinischen Handbüchern für Globetrotter und Segler. Das Standardwerk speziell für Segler ist *Medizin auf See*, erschienen im DSV-Verlag.

Aber ein Buch kann die persönliche Beratung nicht ersetzen. Per Amateurfunk oder Seefunk ist es möglich, auch auf hoher See ärztlichen Rat einzuholen. Der Arzt kann durch Abfragen der verschiedensten Symptome eine Diagnose stellen. Hilfreich ist es, wenn Sie zuvor schon den »Fragebogen für funkärztliche Beratungen« ausgefüllt haben. Sie finden ihn zum Beispiel in dem Buch *Medizin auf See* oder im Internet unter www.tmas-germany.de.

Natürlich kann der Arzt nicht behandeln. Aber er kann durch genaue Hinweise helfen, eine Wunde richtig zu versorgen. Oder er kann Empfehlungen geben, welches Medikament aus der Bordapotheke zum Einsatz kommen sollen. Und er wird die weitere Entwicklung begleiten. Auf See oder an einem abgelegenen Ankerplatz ist das nicht nur hilfreich, sondern auch unglaublich beruhigend.

Oft segelt ein Arzt auf einer anderen Yacht und kann eine erste Diagnose geben. Auf den Funknetzen haben solche Gespräche stets Vorrang. Über Amateurfunk ist es immer möglich, einen Arzt zu finden (siehe Kapitel 10). In einem Notfall können Sie diese Hilfe auch dann in Anspruch nehmen, wenn Sie keine Amateurfunklizenz besitzen.

16. Die Pantry

Einrichtung und Ausstattung

Ein gut funktionierender **Herd** gehört zu den wichtigsten Ausrüstungsgegenständen an Bord. *Kaya* ist mit einem dreiflammigen ENO-Gasherd mit Backofen ausgerüstet. Einen Petroleumherd haben wir selbst nie besessen. Aber nach allem, was wir unterwegs hörten, würden wir nicht auf Petroleum umsteigen. Ein beliebtes Sundowner-Thema war: »Wie säubere ich einen verrußten Brenner?« Nicht zu toppen war der Bericht unserer Freunde, denen auf hoher See die Petroleum-Leitung geplatzt war ...

Wir saßen jedes Mal staunend daneben und hatten von unserem Gasherd absolut nichts zu berichten. Er funktionierte während der ganzen Reise störungsfrei. Einmal wechselten wir in den sechs Jahren die Brenner und Bimetall-Thermofühler aus. Eine Arbeit, die in 30 Minuten erledigt war, mit sauberen Händen ...

Der Herd muss halbkardanisch aufgehängt sein. Aber nicht nur das: Er muss auch wirklich frei schwingen können. Achten Sie auf genügend Abstand zur Rückwand. Und stauen Sie nichts unter dem Herd, das seinen Bewegungsradius einschränken könnte.

Auf den **Backofen** würden wir auf keinen Fall verzichten. Er war ständig im Einsatz. Der Gasverbrauch hielt sich in Grenzen: Obwohl während unserer Reise zweimal wöchentlich Brot gebacken wurde, ging uns mit zwei Drei-Kilo-Flaschen nie das Gas aus. Zwei volle Reserveflaschen lagerten fast unbenutzt in der Backskiste.

Es gibt viele Yachties, die ihr Brot im Druckkochtopf backen. Das ist zwar weniger komfortabel, scheint aber auch gut zu funktionieren. Nur: Auf *Kaya* diente der Backofen nicht nur zum Brot- oder Kuchenbacken. Wir lieben Pizza und Lasagne. Auch Aufläufe und Quiches erweitern die Möglichkeiten, aus dem Bordvorrat-Einerlei etwas Leckeres zu kochen.

Ein Backofenthermometer leistet beim Backen gute Dienste.

Moderne **Küchengeräte** haben inzwischen auch in die Pantry Einzug gehalten. Viele Yachten sind inzwischen mit einer Mikrowelle ausgerüstet. Eine Yacht hatte sogar eine Speiseeis-Maschine an Bord.

Auf *Kaya* gab es nur ein elektrisches Küchengerät: den Stabmixer bzw. Pürierstab. Er war sehr oft in Gebrauch, um zum Beispiel eine Kürbiscremesuppe oder Tomatensauce zu pürieren.

Ein Toaster an Bord ist eine feine Sache. Es gibt spezielle Camping-Toaster, die einfach über die Herdflamme gestellt werden. Leider halten diese Wunderdinger nicht allzu lange: Selbst, wenn das Gehäuse aus Edelstahl ist, wird das eingelegte Gitter, das die Hitze aufnimmt, mit der Zeit verrosten.

Die Ausstattung mit Töpfen, Pfannen und Geschirr richtet sich natürlich danach, wie viel Platz Sie zur Verfügung haben. Ein **Druckkochtopf** (oder Schnellkochtopf) gehört auf Langfahrt aber unbedingt an Bord. Er verringert die Garzeiten auf wenige Minuten. Das spart nicht nur Gas, sondern auch unendlich viele Stunden, die man bei Tropenhitze lieber an der frischen Luft als in der Pantry verbringt. Mit den entsprechenden Einsätzen kann man Kartoffeln oder Gemüse im Dampf garen, die schonendste Zubereitung. Unterwegs kann man einen Eintopf für mehrere Tage vorkochen, was gut für die ersten Tage auf See oder beim Herannahen einer Schlechtwetterfront ist.

Mit dem Druckkochtopf können Sie aber nicht nur kochen, sondern auch einkochen, d.h. Lebensmittel in Gläsern konservieren (siehe weiter unten).

Wenn Sie nur einen Topf kaufen, wählen Sie ihn lieber eine Nummer größer. Optimal sind verschieden hohe Töpfe, auf die der gleiche Deckel passt.

Unser WMF-Druckkochtopf fasst sieben Liter. Er war teuer in der Anschaffung, ist aber nahezu unverwüstlich.

Pizza, Lasagne & Co: Ein Backofen erweitert den Speiseplan.

Die Beschaffung der Ersatzteile, vor allem der Gummidichtungen für Deckel und Ventil, ist auch nach Jahren kein Problem.

Wichtig: Alle **Kochtöpfe** sollten aus bestem Edelstahl sein, einschließlich der Griffe und Schrauben, damit sie im Salzwasser nicht rosten. Achten Sie auf die genaue Bezeichnung des Edelstahls: 18/10 muss es sein! Griffe und Schrauben testen Sie beim Kauf mit einem Magneten.

Noch ein paar Merkmale, auf die Sie bei Töpfen und Pfannen achten sollten: Passt die Größe zu den Schapps? Messen Sie ihre Schrankfächer aus und achten Sie darauf, dass der Platz gut genutzt wird. Sind die Töpfe gut stapelbar? Stiele und Griffe dürfen dabei nicht stören. Wie lassen sich die Deckel stauen?

Bruchfestes Geschirr, wie es die Yacht-Ausrüster anbieten, ist meist aus Plastik. Wir finden die Vorstellung nicht besonders angenehm, jahrelang täglich daraus zu essen. Der Kunststoff bekommt mit häufigem Gebrauch Kratzer, in denen sich der Schmutz festsetzt.

Eine gute und preiswerte Alternative: In Frankreich gibt es in jedem großen Supermarkt das Sortiment der Marke »Luminarc« (früher »Arcopal«), ein gehärtetes weißes Material mit glasharter Oberfläche. Wir hatten einen ganzen Satz Teller, Tassen und Müslischalen an Bord. Nur selten ging etwas zu Bruch, und diese Verluste ließen sich sogar in Martinique oder Tahiti durch das gleiche Modell ersetzen.

Auch bei Gläsern gibt es eine spezielle, gehärtete Sorte (»Duralex«). Der Nachteil: Wenn ein gehärtetes Glas doch mal zu Bruch geht, zerspringt es in tausend winzige Partikel, die auch mit dem Autostaubsauger kaum zu entfernen sind.

Backformen aus Schwarz- oder Weißblech rosten leicht. Wir verwendeten statt dessen Formen aus feuerfestem Glas (»Pyrex«). Brot oder Kuchen backten wir in Kastenformen (Königskuchenformen). Für Aufläufe, Lasagne und Pizza verwendeten wie eine große rechteckige Auflaufform, die maßgenau in den Backofen passte.

Proviant: Einkauf und Aufbewahrung

Auslaufen in Lampertheim am Rhein. Kaya ist randvoll beladen mit heimischen Delikatessen: 50 Gläser Böklunder Würstchen, 50 Packungen Miracoli, 75 Tafeln Ritter Sport ...

Wir hätten noch mehr mitnehmen sollen. Denn diese besonderen Genüsse gab es ein letztes Mal auf den Kanaren zu kaufen, dort allerdings zu stolzen Preisen, und danach auf der ganzen Welt nicht mehr.

Die **Grundnahrungsmittel** wie Zucker, weißes Mehl, Reis oder Nudeln bekommt man dagegen überall. Es macht keinen Sinn, den kostbaren Stauraum damit zu blockieren. Nicht einmal, um Geld zu sparen: Wir mussten größere Mengen Mehl, Reis und Nudeln unterwegs wegwerfen, weil sie durch Feuchtigkeit oder Käfer verdorben waren, bevor sie gebraucht wurden.

Einige »Hamstervorräte« haben wir unnötig spazieren gefahren. Ein riesiges Tuppergefäß voller Teebeutel brachten wir am Schluss sogar wieder mit nach Hause, weil wir in den Tropen einfach keine Lust auf heißen Tee hatten.

Milchpulver werden Sie im deutschen Supermarkt vielleicht vergeblich suchen. In den Ländern entlang der Barfußroute gehört es zu den Grundnahrungsmitteln und steht in den Regalen jedes größeren Supermarktes. Instant-Milchpulver wird einfach mit kaltem Wasser angerührt, die Milch schmeckt deutlich besser als H-Milch.

Milchprodukte wie Joghurt oder Quark sind dagegen eine Seltenheit. Ersatzweise hatten wir eine Zeit lang einen Kefir an Bord. Dieser Pilz muss, so lange er lebt, täglich mit Milch »gefüttert« werden. Leider mochte er die Schaukelei beim Segeln nicht, auf hoher See ging er ein.

Da wir keinen Kühlschrank hatten, war die Lagerung von **Butter** und **Käse** ein Problem. In der Tropenhitze war selbst die Bilge noch zu warm. Bis wir in der Südsee schließlich Dosenbutter und Cheddar-Käse »Made in New Zealand« entdeckten:

Vor Anker in den Marquesas. Wir haben Gäste an Bord, denen wir statt des üblichen Popcorns etwas Besonderes vorsetzen wollen: Französisches Baguette, mit Tomaten und Käse überbacken. Gaby späht immer wieder in den Backofen. Aber die Käsescheiben liegen unverändert quadratisch obenauf. 180° zeigt das Thermometer. Es duftet nach geröstetem Brot. 200°, die Tomaten verflüssigen sich zischend. Nur der Käse rührt sich nicht. Schließlich klärt Amanda, die Neuseeländerin, uns auf: »This cheese never melts!«

Es stimmt. Der neuseeländische Cheddar schmilzt nicht einmal im Backofen. Und bleibt deshalb völlig unbeeindruckt von 30 oder 40 Grad in der Kajüte. Auch die Dosenbutter aus Neuseeland schmilzt bei solchen Temperaturen noch nicht, und sie wird auch nicht ranzig. Zum Glück wissen wir nicht, wie dieses Wunder zustande kommt ...

Cheddar und Dosenbutter gibt es auf den Südsee-Inseln noch im kleinsten Dorfladen. Also dort, wo bei 30 Grad im Schatten kaum jemand einen Kühlschrank hat. In Neuseeland haben wir die Dosenbutter allerdings vergeblich gesucht, sie ist ein reiner Exportartikel.

Eier haben wir mit Vaseline eingerieben und gut gepolstert in einem möglichst kühlen Schapp gelagert. Wenn

Frischproviant direkt vom Markt. *Zwiebeln und Früchte für 3000 Meilen Pazifik.*

sie frisch vom Markt gekauft werden, überstehen sie so die ganze Überfahrt. Vorsicht: Die Eierkartons beherbergen oft auch Kakerlaken-Eier!

Fleisch: An den Geschmack von Corned Beef konnten wir uns nie gewöhnen. Wir hatten einen Vorrat an Bord, den wir schließlich in der Südsee als Gastgeschenk und Tauschobjekt verbrauchten. Denn in Neuseeland (wie später auch in Australien) werden alle Fleischkonserven bei der Einreise beschlagnahmt. Gutes Fleisch zum Einkochen gab es in Spanien, dann wieder in Venezuela und Panama.

Gemüse hält sich an Bord leider nicht lange. Aber einiges kann man gut mit auf See nehmen. Am wichtigsten sind Kartoffeln, Zwiebeln und Knoblauch. Sie sind wochenlang haltbar und gehören in fast jedes Gericht.

Tomaten kauft man am besten in allen Farben und Schattierungen: rote für gleich, hellrote für bald, grüne für später. Sie werden je nach Färbung der Reihe nach aufgegessen, nach einer Woche ist leider meist Schluss. Gurken halten sich noch ein paar Tage länger. Weißkohl übersteht die ganze Überfahrt, vorausgesetzt, er kommt frisch vom Markt und nicht aus dem Kühlhaus.

> Kaufen Sie Frischproviant möglichst nur auf dem Markt ein. Obst und Gemüse, das schon im Kühlhaus war, wird an Bord nach kürzester Zeit schlecht!

Es gibt ein Gemüse, das nahezu unverwüstlich und noch nach Monaten frisch ist: der Kürbis. Kürbisgemüse fanden wir etwas gewöhnungsbedürftig, aber Kürbiscremesuppe ist eine absolute Delikatesse. Hier das Grundrezept:

*** Pumpkin Soup***
1 kg Kürbis in Stücke schneiden.
Etwas Butter oder Margarine im Druckkochtopf zerlassen, Kürbisstücke darin andünsten.
1 Liter Gemüsebrühe dazugießen, 5 Minuten unter Druck kochen.
Mit dem Pürierstab pürieren.
1/4 l H-Sahne oder dick angerührtes Milchpulver dazugeben.
Mit Zitronensaft, Salz und Pfeffer abschmecken.

Auch **Obst** kaufen Sie am besten frisch vom Markt. Äpfel und Zitrusfrüchte halten sich am längsten, vor allem, wenn sie gut gepolstert an einem möglichst kühlen, lichtgeschützten Ort gestaut werden.

Die obligatorische grüne Bananenstaude gehört natürlich an den Heckkorb, zumindest für das Auslauf-Foto ... Wenn Sie eine zu große Staude kaufen, werden Sie es bereuen: Die vielen schönen Bananen werden leider alle zur gleichen Zeit reif. Doch Not macht erfinderisch: Bananenkuchen oder Bananenmilch schmecken auch dann noch, wenn man Bananen pur eigentlich schon längst nicht mehr sehen kann.

In den Tropen werden Sie viele neue Obst- und Gemüsesorten kennen lernen. Kokosnüsse, Mangos und Papayas ergänzen den Speiseplan, die Kartoffel bekommt Konkurrenz durch Taro, Yam und Süßkartoffel.

Konserven sind fast überall auf der Welt erhältlich. In den größeren Orten, wo man üblicherweise einklariert, gibt es meist auch moderne Supermärkte. Hier heißt es hamstern, was die Regale hergeben. Mit langen Proviantlisten fährt man dann die Regale ab und packt mehrere Ein-

Trockenvorräte werden in leeren Flaschen gestaut.

Die bunten Etiketten erleichtern die Suche nach der richtigen Dose.

Der Druckkochtopf kann nicht groß genug sein.

kaufswagen voll: »Tomaten – 50 Dosen«, »Mais – 20 Dosen«, »Champignons – 20 Dosen«. »Schau mal, Blattspinat! 20 Dosen oder mehr?« Am Anfang ist es gewöhnungsbedürftig, in solchen Mengen einzukaufen.

Oft liest man den Rat, die Etiketten von den Konservendosen zu lösen, die Dosen anschließend mit Klarlack zu beschichten und mit Marker zu beschriften. Was für ein Aufwand ... Auf KAYA stauten wir die Dosen einfach so. Bunt gemischt, so wie sie aus dem Laden kamen. Die älteren möglichst nach oben, damit sie zuerst verbraucht wurden. Die Original-Etiketten erleichterten die Suche nach der richtigen Dose ungemein. Zwei oder drei Dosen mussten wir manchmal bei der jährlichen Inventur wegwerfen, weil sie rostig waren. Aber das waren meist »Ladenhüter«, die wir schon jahrelang spazierengefahren hatten, weil sie uns nicht schmeckten.

Trockenproviant: Dazu gehören Mehl, Zucker, Reis, Nudeln, Grieß, Kartoffelpüree. Aber auch Bohnen, Linsen, Leinsamen, Popcorn ... Zu Anfang waren uns immer wieder Vorräte verdorben. Meist durch Feuchtigkeit oder durch Ungeziefer. Bei jeder Inventur gingen kiloweise Nu-

deln, Reis oder Mehl über die Kante. Später stauten wir alle Trockenvorräte in leeren PET-Flaschen mit Schraubverschluss. Ideal sind zum Beispiel die geraden, farblosen Cola-Flaschen, die es in verschiedenen Größen gibt. Die Etiketten lassen sich leicht ablösen, der Inhalt ist dann gut zu sehen und kann von außen zum Beispiel auf Ungeziefer kontrolliert werden. Die Flaschen sind völlig dicht und können überall gelagert werden, sogar in der Bilge. Der einzige Nachteil: Das Befüllen der Flaschen mit einem Trichter ist etwas mühsam. Das Einfüllen von 20 Kilo Vollkornmehl ist ein Tagesprogramm ... Die Entnahme ist dann aber wieder ganz einfach: Das Mehl wird direkt aus der Flasche in die Teigschüssel geschüttet.

Einkochen

Mit dem Druckkochtopf haben Sie die Möglichkeit, Fleisch, Fisch oder Geflügel dauerhaft zu konservieren. Es gibt spezielle Einkochgläser zu kaufen. Ebenso gut können Sie aber auch alle Gläser verwenden, die einen Bajonett-Metalldeckel haben (z.B. Marmeladen- oder Joghurtgläser).

Und so funktioniert das Einkochen

- *Das Fleisch in Stücke schneiden und in der Pfanne anbraten, dabei salzen und pfeffern.*
- *In die Gläser einfüllen, teilweise oder ganz mit Wasser auffüllen. Bei Gulasch oder Suppenfleisch erhält man so eine kräftige Brühe. Hackfleisch oder Fischfilets haben wir aber auch »trocken« eingekocht.*
- *Vor dem Schließen des Deckels den Glasrand sauber wischen. Den Deckel nur »handwarm« aufschrauben, damit die Luft beim Erhitzen entweichen kann. Fest gehalten wird der Deckel später durch den Unterdruck im Glas.*
- *Die Gläser dürfen nicht direkt auf dem Topfboden stehen. Entweder einen Koch-Einsatz verwenden oder einen Topflappen unterlegen. So viel Wasser in den Topf geben, dass die Gläser ein »Fußbad« nehmen.*
- *Eingekocht wird unter vollem Druck. Die Kochzeit richtet sich nach der Größe der Stücke: bei Gulasch 45 min, bei Hackfleisch genügen 20 min.*
- *Den Druckkochtopf langsam abkühlen lassen, am besten über Nacht stehen lassen, bevor er geöffnet wird.*
- *Die Metalldeckel müssen vom Vakuum nach innen gewölbt sein. Wenn nicht, muss der Einkochvorgang wiederholt werden. Oder man verbraucht die offenen Gläser sofort.*
- *Die eingekochten Gläser sind echte Konserven und halten sich jahrelang. Achten Sie beim Öffnen aber immer darauf, dass es hörbar »knackt«. Ein Glas, das sich zu leicht öffnen lässt, könnte verdorben sein.*

Essen auf See

Am Anfang eines langen Törns bestimmt der **Frischproviant** den Speiseplan: Was reif ist, wird gegessen. So bestehen die Mahlzeiten der ersten Tage meist aus Möhren, grünen Bohnen, Tomaten oder Paprika.

Auf See muss der Frischproviant täglich gesichtet und aussortiert werden. Achten Sie besonders auf die Kartoffeln: Verfaulte Kartoffeln entwickeln einen schier unerträglichen Gestank!

Gegen Ende des Törns gibt es dann überwiegend Konservenkost, ergänzt durch einige frische Zutaten. Bei den haltbaren Lebensmitteln gab es bei uns keinen festen Speiseplan. Gegessen wurde, worauf wir gerade Appetit hatten. Das konnte ein scharfes Chili con Carne sein (mit eingekochtem Hackfleisch, nicht mit Corned Beef!) oder auch ein süßer Grießbrei mit Dosenobst. Auf See ging es uns ähnlich wie in den Bergen: Die einfachsten Gerichte schmeckten oft am besten. Deftige Eintöpfe mit Linsen oder Bohnen zum Beispiel. Mit der Zeit werden sich auch bei Ihnen ein paar Lieblingsgerichte herauskristallisieren. Vielleicht haben Sie ja Lust, eines unserer Hochsee-Essen einmal auszuprobieren:

Bohnen-Eintopf
2 Tassen rote Trockenbohnen
1 Zwiebel
4–5 Kartoffeln
1 Glas Rindfleisch (ca. 500 g)
1 kleine Dose Tomaten
Salz, Pfeffer
Brühwürfel, Tabasco
Die Bohnen mit 1 l Wasser zum Kochen bringen, abschäumen. Im Druckkochtopf 10 min unter Druck kochen, zum Abkühlen stehen lassen. Zwiebel klein schneiden, Kartoffeln schälen und würfeln. Alle Zutaten in den Topf geben, Tomatensaft und Fleischbrühe mit verwenden. Weitere 5 min unter Druck kochen. Mit den Gewürzen abschmecken.

Ein **Fisch an der Angel** ist immer eine willkommene Abwechslung.

Geruhsames Segeln. Die Windpilot steuert, wir faulenzen auf den Cockpitbänken. Aber dann: Der Gummistropp an unserer Angelleine dehnt sich. Gaby springt auf und fühlt mit den Fingern. Ja, da ist Zug auf der Leine! Ganz vorsichtig, Hand über Hand, wird die Leine eingeholt, während Rüdiger schon die Mordwerkzeuge bereit macht. Eine prächtige Dorade kämpft verbissen. Auf den letzten Metern leistet sie heftigen Widerstand. Aber sie hat keine Chance. Rüdiger packt sie mit der Gaff und zieht sie auf die Heckplattform. Etwas Alkohol ins Maul betäubt den Fisch auf der Stelle. Zu diesem Zweck liegt ein kleines Fläschchen im Schwalbennest, mit billigem Rum oder Schnaps gefüllt.

Der Rest war dann allerdings blutig: Kopf und Schwanz flogen gleich über Bord, ebenso die Innereien. Dann wurden die Filets in Portionen geschnitten. Ein Teil wurde gleich in Gläser eingekocht, denn ohne Kühlschrank hielt sich frischer Fisch nur zwei Tage.

Die nächsten zwei Tage gab es nun »Fisch satt«. Fisch mit weißem Fleisch, also zum Beispiel eine Dorade, aßen wir am liebsten pur: natur gebraten, nur mit etwas Salz, Pfeffer und Zitronensaft. Manchmal ging aber auch ein Thunfisch an die Angel. Da Thunfischsteaks etwas trocken sind, gab es dazu eine würzige Sauce aus Dosentomaten, Zwiebeln und Knoblauch.

Brot backen gehört zum Segleralltag. *Kayas* Standard-Brotrezept, nach einigen Fehlversuchen entwickelt, liefert ein gut schmeckendes, graues Kastenbrot und ist an Einfachheit nicht zu überbieten:

Ein Fisch an der Angel ist immer eine willkommene Abwechslung.

Kastenbrot
1 Flasche (1,25 l) Weizen-Vollkornmehl
1 Tütchen Trockenhefe
1/4 Liter Salzwasser
1/4 Liter Trinkwasser
In einer Schüssel das Mehl mit der Trockenhefe vermischen. Nach und nach Wasser unterkneten, bis ein zäher Teig entsteht, der noch an den Fingern klebt. Die Schüssel abdecken und den Teig ca. 30 min gehen lassen. Inzwischen zwei Kastenformen fetten. Den Teig durchkneten und halbieren, in die Formen eindrücken. In den (ungeheizten) Backofen stellen und noch einmal gehen lassen, bis das Volumen sich verdoppelt hat. Backofen anheizen, bei 180 Grad etwa 60 Minuten backen.

Das Rezept lässt sich mit verschiedenen Zutaten variieren, zum Beispiel mit Leinsamen, Sonnenblumenkernen oder Schrot. Anstelle von Vollkornmehl können Sie auch normales Weizenmehl verwenden. Aber das Weißbrot schmeckt nur am ersten Tag richtig gut, dann wird es »pappig«. Mit Roggenmehl haben wir nicht gebacken, denn es braucht zum Gehen Sauerteig.

Vollkornmehl und Trockenhefe sind nicht überall erhältlich. Kaufen Sie spätestens auf den Kanaren einen größeren Vorrat ein und nutzen Sie dann jede Gelegenheit, die Bestände aufzufüllen.

Die nächsten Tage gibt es »Fisch satt«.

Ungeziefer

Vor Anker in Martinique. Wir trauen unseren Augen kaum: Eine riesige Kakerlake, brummend wie ein Maikäfer und mindestens dreimal so groß, landet in unserem Cockpit. Ein Prachtexemplar ... Vor unseren entsetzten Augen verschwindet sie unter den Würfelgrätings. Erst nach einer längeren Jagd entdecken wir sie schließlich hinter den Gasflaschen.

Normalerweise sind **Kakerlaken** (englisch: cockroaches) viel kleiner und kommen unbemerkt an Bord. In Papp- oder Eierkartons, in den gefalteten Ecken von Milch- oder Safttüten, in Bananenstauden. In allem und jedem, was im Supermarkt gekauft wird, können sie ihre Eier abgelegt haben.

Im ARC-Seminar in Las Palmas wurde gelehrt, alle Lebensmittel mit einer wässrigen, violettfarbenen Lösung abzuwaschen, bevor sie an Bord kommen. Tagelang herrschte Geschäftigkeit auf allen Stegen. Die ARC-Bordfrauen waren ab sofort an ihren violett gefärbten Händen zu erkennen. Viel genützt hat es allerdings nicht: Auf einer befreundeten englischen Yacht hing kurz nach der ARC-Ankunftsparty in St. Lucia ein »Cockroach Report« neben dem Niedergang: »Monday: 3 Adults. Tuesday: 2 Babies ...«

Wer Kakerlaken wirklich vermeiden will, darf unterwegs auch keine Bücher oder Zeitschriften tauschen. Und muss Besucher mit einer Fußwaschung empfangen ... Kein Witz, das ist uns tatsächlich passiert: Auf einer amerikanischen Yacht hieß es noch auf der Heckplattform »Stop! Please, take off your shoes!« Der Skipper kam mit einer Pütz Seifenlauge und wusch uns gründlich die Füße ...

Wir betrachten das Kakerlakenproblem nicht ganz so hysterisch. Die Tiere sind zwar unappetitlich und eklig, aber nicht gefährlich. Denn sie sind weder giftig, noch beißen oder stechen sie. Natürlich möchten wir sie nicht an Bord haben. Und es muss auf jeden Fall verhindert werden, dass die eine oder andere eingeschleppte Kakerlake sich an Bord vermehren kann.

In warmen Ländern gehören Kakerlaken zum Alltag. Jeder Supermarkt führt daher Kakerlaken-Fallen in verschiedenen Größen. Mit der Marke »Raid«, die rund um den Globus erhältlich war, haben wir beste Erfahrungen gemacht. Die runden schwarzen Plastik-Fallen werden in allen dunklen Ecken verteilt: Unter dem Herd, hinter Spüle und Toilette, in den Lebensmittel-Schapps. Sie bleiben etwa drei Monate wirksam. Viele Segler schwören auch auf selbst gemachte Kakerlaken-Köder, bestehend aus Borsäure (boric acid), gemischt mit Kondensmilch und Zucker.

Allerdings muss man die Fallen von Anfang an konsequent einsetzen. Am besten schon, bevor man die erste Kakerlake an Bord entdeckt. Denn wenn es hinter der Verkleidung raschelt, ist vielleicht schon alles zu spät. Freunde von uns mussten ihr Boot in Australien von einem Kammerjäger ausräuchern lassen ...

Eine echte Plage sind die **Rüsselkäfer**. Die meisten Lebensmittel, die man in den Tropen kauft, sind damit befallen. Wenn Mehl, Reis oder Nudeln ein paar Wochen nach dem Kauf geöffnet werden, sind sie oft schwarz von den krabbelnden kleinen Käfern. »Hartgesottene« Yachties greifen zum Sieb und schütteln die Käfer einfach heraus. Wir fanden sie aber so eklig, dass wir die befallenen Lebensmittel komplett über die Kante gehen ließen.

Rüsselkäfer bohren sich mühelos durch Kartons und Plastikverpackungen. Wenn die Vorräte nur in Folienbeutel eingeschweißt sind, verteilten sich die gefräßigen Käfer überall hin. Aber unsere PET-Flaschen (siehe oben) waren ihnen offenbar zu dickwandig. Hin und wieder »krabbelte« es zwar in einer der Mehl- oder Reisflaschen, aber die anderen Flaschen wurden dann nicht befallen.

Mäuse und Ratten können über die Festmacher an Bord klettern. Das ist auch ein Grund, warum wir in den Tropen lieber vor Anker lagen. Im Hafen gehören auf jeden Fall »Rattenteller« auf die Festmacherleinen. Viele Yachties verwenden dafür eine angeschnittene Plastikflasche.

»Unsere« Maus kam in einer schicken französischen Marina an Bord. Wir entdeckten zunächst nur die angeknabberten Vorräte in unseren Schapps. Die Maus zu finden oder zu fangen, war unmöglich. Mit Gift wollten wir ihr nicht zu Leibe rücken. Denn was sollten wir tun, wenn sie an einer unzugänglichen Stelle hinter der Verkleidung verendete? Zum Glück führte der Laden im Ort ganz altmodische Mausefallen. Seitdem gehört ein Sortiment Mäuse- und Rattenfallen zu *Kayas* festem Inventar.

17. Auf hoher See

Wenn Boot und Crew in guter Verfassung sind und auch das Wetter mitspielt, ist ein Hochseetörn ein unvergessliches Erlebnis. Nicht alles können Sie beeinflussen. Das Wetter zum Beispiel lässt sich nur für die ersten Tage vorhersagen. Aber Sie können dafür sorgen, dass Boot und Crew optimal vorbereitet sind. Zum Beispiel, indem Sie beim Auslaufen nichts übersehen.

Auslaufen

Strahlerwetter, leichte Brise, glattes Wasser. Wir setzen Segel. Noch sind wir dicht an der Küste, umgeben von einheimischen Fischern. »Fall mal etwas ab, damit wir dem Trawler nicht zu nah kommen.« Der Trawler macht, wie so oft, auch noch einen Schlenker auf uns zu, seine Heckwelle schaukelt uns kräftig durch. Kayas Bug platscht in ein Wellental. »Sag mal, hast du vorhin das Vorluk geschlossen?« Hechtsprung nach vorn. »Au, Sch...« Die Doppelkoje im Vorschiff ist klatschnass, mit Salzwasser getränkt!

Nun heißt es ja immer, dass man aus Fehlern lernt. Stimmt nicht. Es ist uns mehrmals passiert ...

Auslaufliste

Navigation:
Seekarten, Handbücher und Logbuch bereitlegen.
Liste mit Ausweichhäfen, Distanzen.
GPS einschalten, Wegepunkte eingeben.
Kursdreieck, Zirkel, Bleistift (gespitzt!) bereithalten.
Fernglas aus dem Versteck holen.
Q-Flagge, Gastlandflagge bereitlegen.

Innen:
Vorluk und Lüfter schließen.
3 Seitenfenster schließen.
Hauptluk schließen.
Bilge kontrollieren, evtl. lenzen.
Geschirr mit Schaumstoff polstern.
Schranktüren sichern.
Tisch wegklappen, Stützen mit Schaumstoff polstern.
Türen einhängen, mit Schaumstoff polstern.
Rettungsinsel-Tasche, Notcontainer neben Niedergang stauen.
Schwimmwesten, Lifebelts bereitlegen.
Segelkleidung, warme Kleidung bereitlegen.
Müsliriegel o.Ä. bereitlegen, Eintopf vorkochen.

Maschine:
Ölstand?
Dieseltank voll?
Reservekanister voll?
Tauchpumpe bereitlegen.
Stopfbuchse klar?

Diesel-Leitungen, Wasserschläuche klar?
Motorbilge kontrollieren, evtl. lenzen.
Kühlwasser-Einlassventil aufmachen.
Masse-Schalter »ein«.
Batterieschalter auf »1« (Start).
Zündschlüssel stecken lassen.

An Deck:
Anker sichern, Bugkorb schließen.
Sonnensegel einrollen, stauen.
Fockroller, Fockschoten klar?
Groß-Persenning abnehmen.
Groß-Fall anschlagen, Großschot klar?
Solarmatten klar?
Windpilot klar?
Blitz-Leuchte, Lifesling klar?
Winschkurbeln bereitlegen.
Anoden einholen.
Schwert, Ruder herunterlassen, Niederholer belegen.
Backskiste aufschließen.
Wassertank voll?
Evtl. Wasserschlauch, Landstrom-Kabel bergen.
Reservekanister festbinden.
Gasflaschen voll?

Schalttafel:
Lot / Logge an.
UKW-Funk an, Kanal 16.
Innenbeleuchtung an.

Für uns gab es gegen solch ein Malheur nur eine Lösung: eine genaue »Auslaufliste«. So eine Liste ist sehr individuell, Sie werden sicher Ihre eigene aufstellen. Aber vielleicht hilft unsere als Beispiel (siehe Kasten).

Hervorzuheben wäre neben »Vorluk schließen« auch der Punkt »mit Schaumstoff polstern«. Nichts ist nervtötender, besonders für den Anfänger, als wenn sich das Boot bei zunehmendem Wind und Seegang in eine »Klapperkiste« verwandelt. *Kayas* Salontüren mit Klappscharnier wären beim ersten Hochseetörn deshalb beinahe über Bord geflogen ...

Auch Konservendosen und Geschirr müssen »stillgelegt« werden. Vor dem Auslaufen werden alle bekannten Störenfriede mit Schaumstoff gepolstert. Für weitere Lärmquellen, die man unweigerlich unterwegs entdeckt, liegen Schaumstoff-Stücke in verschiedenen Größen bereit.

Noch wichtiger ist das Sichern der Schranktüren. Das Anbringen von zusätzlichen Verriegelungen hatten wir schon in Kapitel 9 empfohlen. Vor dem Auslaufen müssen sie nun aber auch geschlossen werden. Denn nichts ist demoralisierender, als wenn sich der Inhalt eines Schapps in die Kajüte ergießt und sich die Crew im aufkommenden Sturm zwischen Scherben wiederfindet, ganz abgesehen von der damit verbundenen Verletzungsgefahr.

Die Tage vor dem Auslaufen sind oft mit großer Hektik angefüllt und lassen keine Zeit, sich innerlich auf den bevorstehenden großen Törn einzustellen. Bis zur letzten Minute rennen Sie herum: Ausklarieren, Reservekanister füllen, letzte Besorgungen machen. Schließlich warten Sie noch den neuesten Wetterbericht ab. Aber dann kommt endlich der große Moment: Sie werfen die Leinen los oder holen den Anker auf. Vielleicht drehen Sie noch eine Abschiedsrunde, die anderen Yachties winken, rufen Ihnen gute Wünsche zu. Egal, ob es ein paar hundert oder ein paar tausend Seemeilen sind, die vor Ihnen liegen: Dieser Moment wird wohl immer spannend bleiben.

Kaum jemand läuft freiwillig bei schlechtem Wetter aus. Und so ist das Meer zumindest während der ersten Stunden nach dem Auslaufen friedlich. Zeit, um sich im Cockpit niederzulassen und erst mal tief Luft zu holen. Noch kreisen die Gedanken: Wurde auch nichts vergessen? Ist das Schiff wirklich seeklar? Wird das Wetter so bleiben? (Wird es natürlich nicht ...) Wie wird die Nacht?

Wache gehen

Die erste Nacht auf See ... Wir können nur von uns berichten: Wir sind immer wieder etwas nervös und schlafen in der ersten Nacht wenig. Daran hat sich auch nach sechs

Wird die Nacht ruhig bleiben?

Jahren Langfahrt-Routine nichts geändert. Aber schon am nächsten Morgen kehrt langsam Ruhe ein. Jegliches Land ist außer Sicht, der Körper gewöhnt sich an die Schiffsbewegungen, das Ohr an die Geräusche von Wind und Wasser. Ein bis zwei Tage dauert es meist, bis sich die entspannte Bordroutine richtig einstellt. Vorausgesetzt natürlich, das Wetter spielt mit.

Die Windsteueranlage steuert, das Boot gleitet durch die Wellen, manchmal wird die Segelstellung tagelang nicht verändert. Ein längst vergessenes Gefühl kehrt zurück: Zeit zu haben. Richtig Zeit und Muße. Zum Beispiel, um sich ganz in Ruhe in ein Buch zu vertiefen. Oder einfach den Blick in die Runde schweifen zu lassen. Das Heranrollen der Wellen zu verfolgen, dem gurgelnden Rauschen zuzuhören, wenn eine Welle unter dem Boot hindurch läuft. Stundenlang.

Apropos Blick schweifen lassen: Tagsüber gibt es bei uns keine feste Wacheinteilung. Wache hat immer der, der gerade im Cockpit ist. Oder näher am Niedergang sitzt. Oder gerade nicht kocht, funkt oder schläft.

Wache gehen bedeutet einen ausgiebigen Rundumblick mindestens alle 15 Minuten, auch der Horizont wird dabei sorgfältig »abgescannt«. Bei glattem Wasser ist das einfach. Aber bei rauer See muss man sich mehrmals vergewissern, denn die Wellenberge können Schiffe oder

Lichter minutenlang verdecken. Schiffe, die uns relativ nah passierten, riefen wir ab und zu auf Kanal 16 an. Zum Beispiel, um zu erfahren, ob sie uns auf dem Radar sehen. Manchmal reagierten sie nicht, aber oft erhielten wir auch eine freundliche Antwort.

Aber wie ruft man ein Schiff an, dessen Namen man nicht kennt? Zum Beispiel so: »Big vessel, big vessel, this is German sailing yacht *Kaya*, my position is ... « Schwieriger wird es, wenn mehrere Frachter zu sehen sind. Die klarste Unterscheidung ist die Himmelsrichtung, in die sie fahren. Spannend war das zum Beispiel, als wir uns im Indischen Ozean bei stürmischen Winden und hohen Seen mitten in einer Schifffahrtsroute befanden und keinesfalls Höhe verschenken wollten.

Wenn wir auf dem Radar in acht bis zehn Seemeilen Entfernung einen Frachter auf uns zukommen sahen, riefen wir ihn so an: »Eastbound vessel, eastbound vessel, this is westbound sailing yacht *Kaya*, my position is ...« Dann kam zum Beispiel die Antwort: »*Kaya, Kaya, this is ..., I will pass you green to green*«. Das bedeutete, dass der entgegenkommende Frachter uns an Steuerbord passieren wollte. Manchmal änderten die dicken Pötte sogar ihren Kurs, um uns auszuweichen. Wenn keine Antwort kam, war natürlich unsererseits ein Ausweichmanöver angesagt.

Dass man auf hoher See einer anderen Segelyacht begegnet, klingt im ersten Moment unwahrscheinlich. Aber auf der Barfußroute, wo viele Yachten zur gleichen Zeit unterwegs sind, kommt das gar nicht so selten vor.

Wir dümpeln bei absolut öliger See zwischen Tonga und dem Minerva-Riff im Südpazifik. Wir wollen unsere knappen Dieselvorräte schonen und warten einfach auf Wind. Wegen der sengenden Sonne sind wir meist unter Deck. Trotzdem wird eisern Wache gegangen. Bei geborgenen Segeln und spiegelglatter See genügt ein schneller Rundumblick. Aber was ist das? Eine schneeweiße Segelyacht, gespickt mit allem, was der Elektronikmarkt hergibt, hält mit schäumender Bugwelle direkt auf uns zu. Dieses Schiff kann man nicht verwechseln. »Night Music, Night Music, this is Kaya, Kaya. You are going to hit our boat in a minute!«. Prompt kommt es zurück: »Hi Rüdi, nice to hear you, where are you?«

Für die **Nachtwachen** hatten wir einen festen Zeitplan, den wir nach Möglichkeit auch einhielten. Der Drei-Stunden-Takt hat sich für uns als Wachrhythmus bewährt. Aus einem ganz einfachen Grund: Zwei Stunden sind für die Freiwache zu kurz, um richtig zu schlafen. Vier Stunden sind für die Wache zu lang, um durchzuhalten. Und: Da die Zeitspanne zwischen Sonnenuntergang und Sonnen-aufgang in Äquatornähe etwa 12 Stunden beträgt, lässt sie sich gut in vier dreistündige Wachen einteilen.

Um 18 Uhr Bordzeit, gleich nach Sonnenuntergang, beginnt auf Kaya die erste Nachtwache. Rüdiger verschwindet in der Koje, während Gaby den Walkman aufsetzt und im Cockpit den Abend genießt. Wenn keine Segelmanöver anfallen, wird Rüdiger um 21 Uhr geweckt. Eintragen der Position ins Logbuch, kurze Lagebesprechung. Dann schläft Gaby bis Mitternacht, Rüdiger widmet sich seinem Hobby, der Astronomie. Gabys zweite Wache, von Mitternacht bis drei Uhr, ist auch bei ruhigem Wetter manchmal eine harte Probe. Noch unangenehmer ist die letzte Wache. Zwischen drei und sechs Uhr morgens verliert auch die samtigste Tropennacht ihren Zauber. Dann heißt es durchhalten und wach bleiben.

Wir haben unterschiedliche Strategien ausprobiert, um gegen die Müdigkeit der zweiten Nachthälfte anzukämpfen. Ein festes Ritual, zum Beispiel alle halbe Stunde ein heißer Kakao, unterteilt die Zeitspanne in handliche Intervalle. Manchmal gelang es, sich in ein spannendes Buch zu vertiefen. Auf anderen Yachten waren Computerspiele die nächtlichen »Retter«. Aber manchmal half alles nichts: dann wurde der Kurzzeit-Wecker auf 15 Minuten gestellt, und die Wache streckte sich bis zum nächsten Rundum-Blick auf der Salon-Koje aus.

Manche Segler sehen das nicht so eng, einige schlafen abseits der Schifffahrtsrouten tief und fest mehrere Stunden oder sogar die ganze Nacht durch. Und ein Einhandsegler muss sich sowieso auf sein Glück verlassen, um ein paar Stunden Schlaf zu bekommen.

Auf *Kaya* wurde eisern die ganze Nacht Wache gegangen. Wenn wir gelegentlich doch einmal den Kurzzeit-Wecker verschlafen hatten, hatten wir hinterher ein schlechtes Gewissen. Denn die Erfahrung des regelmäßigen Wachegehens zeigt: Es gibt viele Schiffe. Wirklich überall. Und manchmal kommen sie sehr nah. Zwischen Galapagos und den Marquesas, fernab jeder Schifffahrtsroute, schreibt Gaby ins Tagebuch:

Schreck in der frühen Morgenstunde: Es ist noch dunkel. Am Horizont taucht an Steuerbord ein Lichtschein aus den Wellen auf. Er kommt näher und näher, die Peilung steht ... Ich schalte das Radar ein. Abstand 4 sm, 3 sm, noch 2,5 sm ... Im Fernglas sehe ich mehrere rote Lichter. Es ist ein Hochsee-Fischer, der genau auf uns zuhält. Wir fahren Schmetterling mit ausgebaumten Segeln, für eine Kursänderung müssten wir schiften, das heißt Rüdiger wecken. Ich schätze kurz ab: Kaya läuft 5–6 Knoten, das müsste reichen ... Mit leichtem Schaudern passiere ich das

Sehen ist wichtiger als gesehen werden ...   *... bei stürmischer See aber nicht ganz einfach!*

Schiff 1,5 sm vor dem Bug. Ob die uns überhaupt gesehen haben? Der große Pott ist taghell mit Scheinwerfern beleuchtet, offenbar wird der Fang gleich fabrikmäßig verarbeitet.

Die japanischen Fischfangflotten durchstreifen auch die entlegensten Gebiete des Pazifiks. Mitten aus dem Nichts tauchte manchmal sogar ein ganzes Lichtermeer am Horizont auf. Das Radar war dann eine große Hilfe, um zwischen ihnen hindurchzuschlüpfen. Denn auf Anrufe über UKW antworteten diese »schwimmenden Fischfabriken« nie. Und es ist höchst zweifelhaft, ob sie auf ihrem Radar nach kleinen Yachten Ausschau halten.

Theoretisch sollte eine Yacht zwar auch auf See immer mit **Positionslampen** oder der Dreifarbenlaterne fahren. In der Praxis macht das aber kaum jemand. Der Stromverbrauch ist zu hoch und der Nutzen ist fast Null. Denn auf keinem Dickschiff wird heutzutage noch jemand Ausguck halten, um das schwache, schwankende Licht einer kleinen Segelyacht auszumachen. Wenn überhaupt, wirft der Wachhabende ab und zu einen Blick auf seinen Radarschirm. Und dort entdeckt er uns nur, wenn wir ein starkes Radarecho liefern oder uns per Funk bemerkbar machen. Viele Yachties sagen daher: »Sehen ist wichtiger als gesehen werden«. Also: Positionslichter aus, Radar an. Das Radar braucht im Standby-Betrieb nur 8 Watt, die Dreifarbenlaterne 25 Watt.

Ganz anders sieht es natürlich in Küstengewässern aus. Einheimische Fischer fahren oft ohne Licht und haben kein Radar an Bord. Dann kommt es darauf an, dass sie unsere Lichter sehen und vielleicht im letzten Moment selbst ein Licht zeigen, wie wir das mehrfach erlebt haben.

Soweit zum »technischen Ablauf« des Wachegehens. Es gibt natürlich noch andere Seiten, die für all die Strapazen entschädigen. Aber wie soll man das schildern, ohne ins Kitschige abzugleiten? Den unendlichen Sternenhimmel mit dem Kreuz des Südens. Das Funkeln im Kielwasser, das eine leuchtende Bahn hinter dem Boot zieht. Die unendliche Ruhe und Klarheit der Gedanken.

Nächte auf hoher See können beschwerlich, unbequem oder beängstigend sein. Aber sie können auch intensiver und überwältigender sein als Vieles, was man an Land erlebt.

Wetterberichte

In der bunten Mischung der segelnden Individualisten gibt es auch beim Thema »Wetter« zwei extreme Standpunkte. Die ganz Hartgesottenen meinen: »Was soll das Theater mit dem Wetter? Draußen muss ich es nehmen, wie es kommt.« Zu dieser Gruppe zählte wohl auch der Neuseeländer, der beim Auslaufen unsere aktuelle Wetterkarte gar nicht sehen wollte, mit den Worten: »Auf der Strecke nach Fidschi bekomme ich eh einen auf die Schnauze, da ist es mir egal, wann ...«

Die ganz Ängstlichen sind dagegen regelrecht süchtig nach stündlich aktualisierten Wetterberichten. Das Ritual kann sich wochenlang hinziehen, denn es findet sich immer ein Grund, auf eine bessere Wetterlage zu warten ...

Die Wahrheit liegt wohl wie immer irgendwo dazwischen. Es geht bei den Wetterberichten nicht um ein paar Knoten mehr oder weniger Wind, sondern um die weiträumige Wetterlage.

Dass man unterwegs das Wetter nehmen muss, wie es kommt, ist natürlich richtig. Trotzdem macht ein Wetterbericht auch auf hoher See noch Sinn. Bei einer Starkwind- oder Sturm-Prognose kann das Boot rechtzeitig vorbereitet werden. Und es ist durchaus möglich, einem Flauten- oder Starkwindgebiet mit Hilfe einer Wetterberatung auszuweichen. Die verschiedenen Möglichkeiten, auf See zu einem verlässlichen Wetterbericht zu kommen, sind in Kapitel 10 beschrieben.

Unter »Schmetterling« liegt das Boot am ruhigsten.

Vielleicht gehören Sie aber auch zu den Seglern, die kein Kurzwellen-Funkgerät an Bord haben. Dann bleibt Ihnen immer noch die Möglichkeit, mit einem Kurzwellen-Empfänger (SSB-fähiger Weltempfänger) die verschiedenen Funknetze abzuhören. Das deutsche INTERMAR-Netz (siehe Kapitel 10) hat viele »stumme« Zuhörer, die sich nach der Atlantiküberquerung mit einer Postkarte für die empfangenen Wetterberichte bedanken.

Auf weltweiter Fahrt ist es wegen der unterschiedlichen Zeitzonen schwierig, Funk- bzw. Wetter-Termine nicht zu versäumen. Bei uns hat sich eine 24-Stunden-Liste bewährt, jeweils für einen Törn aktualisiert. Die erste Spalte enthält die Bordzeit, die zweite UTC, die dritte nur die für diesen Törn erforderlichen Termine und Frequenzen. Es gibt auch PC-Programme, die die Frequenzen des Kurzwellen-Empfängers automatisch steuern und alle Wetterberichte bzw. Wetterkarten aufzeichnen. Dann muss aber das Notebook nonstop laufen, und das kostet Strom.

Segelführung

Wir haben eine Weile experimentiert, um unsere ideale **Passat-Besegelung** zu finden. Auf dem Atlantik segelten wir zuerst mit zwei Vorsegeln. Da wir nur einen Baum, nämlich unseren Teleskop-Spibaum hatten, folgten wir einer Beschreibung, die wir in einem Buch gelesen hatten. Das ganze nennt sich »poor man's twins«:

Das erste, kleinere Vorsegel wird in Luv ausgebaumt. Das zweite, größere Vorsegel wird auf der Leeseite über den weit aufgefierten Großbaum geführt. Das Großsegel wird fest aufgetucht oder noch besser ganz geborgen. Das ganze ähnelt entfernt der klassischen Passatbesegelung, der Großbaum ersetzt dabei den fehlenden zweiten Baum. Aber mit einem großen Unterschied: Da der Großbaum nur bis zum hinteren Unterwant aufgefiert und der Spibaum nur bis zum vorderen Unterwant dichtgeholt werden kann, ist die Stellung der Bäume nicht symmetrisch.

Bei einer Winddrehung kann also nicht, wie bei den klassischen Passatsegeln, einfach der eine Baum gefiert und der andere dichtgeholt werden. Bei »poor man's twins« heißt es dann »schiften«, eine mühsame und langwierige Prozedur. Und eine Stunde später, die Crew erholt sich gerade im Cockpit, dreht der Wind garantiert wieder zurück ...

Nicht ohne Grund sind die klassischen Passatsegel so hoch geschnitten. Für unseren Geschmack waren die Schothörner unserer beiden normalen Vorsegel zu dicht über der Wasseroberfläche. Da das Boot ohne Großsegel heftig rollte, sah das zuweilen beunruhigend aus: So, als könnte jeden Moment einer der Bäume in die See eintauchen. Das war uns nicht geheuer, auch das ständige Rollen war unangenehm.

Deshalb gingen wir später dazu über, mit der ganz normalen Besegelung zu fahren. Das Großsegel wurde ganz weit aufgefiert und mit einer Bullentalje gesichert, die Genua nach Luv ausgebaumt. Unter diesem »Schmetterling« lag das Boot viel ruhiger, und wir konnten beide Segel bei Bedarf reffen. Die einzige wirklich zeitraubende Aktion war das Schiften des Spi-Baums.

Die Genua-Schot sollte so lang sein, dass sie aus der Spibaum-Nock nicht ausrauscht, wenn mit Hilfe einer zweiten Schot die Genua auf die andere Seite geschiftet wird. Das ist sehr praktisch bei einem Ausweichmanöver oder einer vorübergehenden Winddrehung, der Spibaum kann dann einfach stehen bleiben. Ebenso bleibt der Baum unverändert, wenn kurzzeitig die Genua gerefft werden muss, zum Beispiel in einem Squall. Bei länger anhaltendem Starkwind wird der Teleskopbaum aber verkürzt, weil er dann stabiler ist.

Die Squalls (siehe Kapitel 3) sind ein weiterer Grund, gut Wache zu gehen. Wenn sich am Horizont die Wolken zu einer schwarzen Wand zusammenballen, heißt es wachsam sein. Denn das sieht nicht nur bedrohlich aus, es kann auch sehr unangenehm werden.

Kaya läuft unter vollem Schmetterling im leichten Passat. Wir sind unter Deck, faulenzen, lesen. Plötzlich heult der Wind im Rigg, der Windmesser zeigt 35 Knoten. Kaya macht einen Satz, Regen prasselt auf das Deck. Sofort sind

Verspielt: Delphine vor dem Bug.

An Deck gelandet: Fliegender Fisch und Tintenfisch.

wir draußen. Rüdiger hechtet zum Mast, um das Großsegel herunter zu ziehen. Aber dazu müsste Gaby die Klemme lösen, mit der das Fall belegt ist. Der Hebel geht nicht auf ... Kaya legt sich so stark auf die Seite, dass der Baum fast in die Wellen eintaucht. Wir haben viel zu viel Segelfläche, jeden Moment kann etwas zu Bruch gehen. Endlich gelingt es, die Klemme zu öffnen und das Segel herunterzuzerren. Schnell noch die Genua weggerollt ... uff!

Auf *Kaya* wurde seitdem vorsichtshalber gerefft, wenn sich so eine schwarze Wolke näherte. Das lattenlose Großsegel ließ sich problemlos reffen, ohne die Stellung des ganz aufgefierten, mit einer Bullentalje gesicherten Baumes zu verändern. Die Genua wurde fast ganz weggerollt, der Spi-Baum blieb einfach stehen. Wenn dann ein Squall über uns hinwegzog, hatten wir relativ wenig Stress. Anschließend war schnell wieder ausgerefft.

Oft zog ein Squall auch vorbei. Dann war das ganze Manöver umsonst. Aber was machte das schon? Das kostete zwar Zeit, aber davon hatten wir zum Glück genug.

Nachts waren die Squalls am Horizont nicht auszumachen. Hier war das Radar eine große Hilfe: Auf dem Radarschirm sind Squalls als dicke schwarze Flecken gut zu erkennen.

Tiere auf See

Delfine! Backbord, Steuerbord, vor dem Bug, überall tauchen sie in eleganten Bögen aus dem Wasser auf. Wir gehen nach vorn auf den Bugkorb, um sie zu begrüßen. Nur wenige Zentimeter vor dem Bug schwimmen sie und

scheinen uns dabei anzusehen. Wir winken und rufen ihnen zu, sie kommen noch näher. Wir haben das Gefühl, in Kontakt mit ihnen zu sein. Das geht eine ganze Weile so, bis sie irgendwann das Interesse verlieren und abdrehen.

Die Begegnungen mit **Delfinen** gehören zu den schönsten Erlebnissen eines Hochseetörns. Nur einmal verlief eine solche Begegnung ganz anders: Die Bewegung der Delfine im Wasser war nicht spielerisch, sondern hektisch und aggressiv. Immer wieder schwammen sie pfeilschnell auf die Bordwand zu, ein paar Mal rammten sie sogar das Boot, was sie sonst nicht tun. Ein seltsames, aufgeregtes Zirpen war in der Luft. Wir verstanden das als Drohgebärde oder als Aufforderung: »Weg mit euch!« Den Grund dafür werden wir leider nie erfahren.

Auch **Wale** haben wir ab und zu gesehen. Wir bewunderten ihre blasenden Fontänen nur aus sicherer Entfernung. Aber Seglerfreunde berichteten, dass ein sehr großer Wal mehrmals relativ schnell auf ihr Boot zuschwamm. Er tauchte immer erst im letzten Moment ab, sodass unsere Freunde schon befürchteten, dass er ihr Boot rammen könnte.

Von den **Seevögeln**, die auf dem Meer leben, hatten wir natürlich schon gelesen. Aber wenn in der unendlichen Weite des Meeres plötzlich ein einsamer Vogel über den Wellen kreiste, wollten wir es trotzdem nicht glauben. Was macht der kleine Kerl denn hier draußen? Wo ruht er sich aus, wo schläft er?

Einmal ließ sich ein kleiner Vogel auf unserem Schiff nieder, 1000 Meilen vom rettenden Land entfernt. Der ar-

Nach Wochen auf See: »Land in Sicht!«

platz. Dumm ist er nicht. Auf der Saling kann ihm Gaby nichts anhaben. Da macht er es sich gemütlich, steckt den Kopf ins Gefieder und schläft die ganze Nacht durch. Am nächsten Morgen hat unser Groß leider einige unschöne Streifen. Gut ausgeruht erhebt sich unser Passagier in die Lüfte und entschwindet in der Weite des Meeres.

Landfall

Noch 50 Seemeilen bis Barbados. Viel zu früh, um schon Land zu sehen. Trotzdem suchen wir immer wieder den Horizont ab: Gibt es nicht doch schon irgendwelche Anzeichen? Ist das nur der dunkle Rand einer Wolke, oder vielleicht doch die Kontur eines Berges? Wir müssen uns noch einige Stunden gedulden. Aber dann, 25 Seemeilen vor Barbados, ist es Rüdiger, der den Ruf ausstößt: »Laaand in Siiicht!«

Wenn dieser Ausruf noch im GPS-Zeitalter seinen Reiz hat, welche Bedeutung muss er erst früher gehabt haben! Vor jedem Landfall werden wir ungeduldig. Besonders nach einem langen Törn, der Wochen dauerte. Unterwegs hat Zeit kaum eine Rolle gespielt. Ein Tag mehr oder weniger, was macht das schon. Aber kurz vor dem Landfall zählt plötzlich jede Minute ...

Es fällt schwer, dann noch mal auf die Bremse zu treten. Trotzdem versuchen wir, die Nachtansteuerung einer fremden Küste nach Möglichkeit zu vermeiden. Denn das Einlaufen bei Nacht erfordert besondere Aufmerksamkeit und birgt verschiedene Risiken.

Oft sind schon weit vor der Küste kleine Fischerboote unterwegs, die schlecht oder gar nicht beleuchtet sind. Das nächtliche Lichtermeer einer fremden Küste ist verwirrend, leicht verwechselt man eine Leuchtreklame mit dem Feuer der Hafeneinfahrt. Bei Dunkelheit ist es kaum möglich, Abstände richtig einzuschätzen. Vorgelagerte Riffe sind tagsüber vielleicht an der Wasserfärbung oder an brechenden Wellen zu erkennen. Nachts sind sie eine unsichtbare Falle. Alles zusammen sorgt für Stress pur. Vor allem dann, wenn die Crew nach einem langen Törn übermüdet ist. Und Müdigkeit heißt eben auch, dass man leichter einen Fehler macht.

Manche Segler drehen in Landnähe bei, um das Tageslicht abzuwarten. Wir reffen lieber schon ganz frühzeitig die Segel, um die Geschwindigkeit so zu verringern, dass wir die Küste erst bei Sonnenaufgang erreichen.

me Kerl zitterte und hatte keinerlei Fluchtreflexe. Wir konnten ihm nicht helfen, nach einigen Stunden war er tot. Aber nicht immer geht eine Landung an Bord so traurig aus.

Ein großer Tölpel zieht immer engere Kreise um Kaya. Ganz offensichtlich sucht er nach einem Landeplatz. Ausgerechnet die pendelnde Schwinge der Windpilot soll es sein. Geht natürlich nicht. Also gut, der Heckanker. Unser Gast atmet sichtlich erst mal auf und lässt gleich eine große, weiße Ladung fallen. Gaby protestiert und scheucht den armen Kerl auf. Beleidigt erhebt er sich in die Luft, kreist um das Boot und sucht nach einem neuen Lande-

Aus den Farben des Wassers kann man auf die Tiefe schließen.

18. Am Ankerplatz

Die meisten Ankerplätze auf der Barfußroute sind von Korallenriffen umgeben. Diese Riffe sind wie natürliche Schutzwälle, hinter denen man in ruhigem Wasser ankert, während sich an der Außenseite die Dünung des Ozeans bricht. Aber Korallenriffe bieten nicht nur Schutz, sie sind auch die größte Bedrohung für eine Yacht. Mehrmals hörten wir über Funk, dass eine Yacht bei der Ansteuerung eines Ankerplatzes auf ein Riff gelaufen war.

Ansteuerung in Korallengewässern

Bei der Ansteuerung eines Ankerplatzes orientiert man sich zunächst an der Seekarte. Diese gibt die Lage der Riffe zueinander sowie den Abstand der Riffe zum Land richtig an. Aber Vorsicht: Die Koordinaten in der Seekarte können ein bis drei Seemeilen von der Realität, sprich den GPS-Koordinaten, abweichen.

Nur auf selbst ermittelte Wegepunkte kann man sich wirklich verlassen. Wenn wir einen Ankerplatz zum zweiten Mal anlaufen, navigieren wir ohne Bedenken nach den Wegepunkten aus unserem Logbuch. Auf GPS-Koordinaten von anderen Yachties oder aus Büchern würden wir uns dagegen nicht »blind« verlassen.

Einzelne Korallenstöcke, auch »Bommies« genannt, sind in den Seekarten nicht genau verzeichnet. Auch die Pläne und Skizzen in den Cruising Guides können nicht so genau sein. Navigiert wird also in jedem Fall nach Sicht.

»Eyeball navigation« (Augapfelnavigation) heißt das auf Englisch.

Mit etwas Erfahrung kann man aus den Farben des Wassers auf die Tiefe schließen. Blau bedeutet tiefes Wasser. Flaches Wasser leuchtet hellgrün, ganz hell schimmert Sand. Korallen dicht unter der Wasseroberfläche erkennt man an ihrer braunen Farbe. Einzelne Bommies sind als dunkle Flecken sichtbar.

Wenn Sie Maststufen haben und nicht einhand segeln, können Sie die Saling mit einem Ausguck besetzen. Der völlig andere Blickwinkel aus luftiger Höhe ist nicht nur immer wieder hinreißend schön, er gibt auch einen viel besseren Überblick.

Ganz wichtig bei der Korallen-Navigation ist der **Sonnenstand.** Eine sichere Eyeball-Navigation ist eigentlich nur über Mittag möglich. Zwischen 10 und 14 Uhr steht die Sonne hoch genug, und alle Riffe und Bommies sind dann gut zu erkennen.

Aber die Ankunft nach einem längeren Törn lässt sich selten so genau timen. Deshalb werden Sie oft auch bei flacher stehender Sonne unterwegs sein. Achten Sie darauf, dass Sie dann nicht gegen die Sonne navigieren. Im Gegenlicht verwandelt sich die Wasseroberfläche in einen glitzernden Spiegel. Wenn die Sonne im Rücken steht, sind die Riffe gerade noch zu erahnen.

In der Karibik ist das zum Glück kein großes Problem:

Mit der Sonne im Rücken durch eine enge Riffpassage.

Einfahrt in einen Pass: Stimmt das Timing?

Die Ankerplätze liegen in der Regel gegen den Passat geschützt auf der Westseite der Inseln. Der Ankerplatz wird also nachmittags mit der Sonne im Rücken angesteuert und vormittags mit der Sonne im Rücken verlassen.

Eine **Polaroid-Sonnenbrille** entspiegelt die Wasseroberfläche und sorgt damit nicht nur bei der Ansteuerung, sondern auch beim Ankermanöver selbst für deutlich bessere Sicht. Die Brille nutzt aber nicht viel, wenn die Sonne schon zu tief steht.

Die **Ansteuerung eines Atolls** ist auch für erfahrene Blauwasser-Segler immer wieder spannend. Volle Konzentration und Aufmerksamkeit sind gefragt. Ein ringförmiges Riff umschließt die oft mehrere Seemeilen weite Lagune. Auf dem Riff sitzen mit Palmen bewachsene Inselchen, die so genannten »Motus«.

Von See kommend, erkennt man Atolle zuerst an den Palmenwipfeln, die über der Kimm sichtbar werden. Aber Palmen sind nicht sehr hoch. In dem Moment, wo sie auftauchen, sind sie nur noch wenige Meilen entfernt. Man ist also dem Außenriff schon relativ nahe. Der Abstand ist mit den Augen nur schwer zu schätzen. Das Echolot ist dabei keine Hilfe, denn die Wassertiefe nimmt erst ganz kurz vor der Riffkante plötzlich ab. Der GPS liefert zwar eine sehr genaue Position. Aber was nützt das, wenn diese nicht genau mit der Seekarte übereinstimmt?

Der Pass, durch den man in die Lagune gelangt, liegt meist auf der Leeseite des ringförmigen Atolls. Im Schutz des Atolls kann man zunächst in sicherem Abstand an der Riffkante entlang segeln. So hat der Ausguck in der Saling mehr Zeit, die schmale Lücke im Riff zu finden.

Vom Mittelmeer bis nach Panama müssen Sie sich kaum um die Gezeiten kümmern. Für die **Einfahrt in den Pass** eines Atolls sind aber sorgfältige Berechnungen angebracht. Im Rhythmus der Gezeiten strömt das Wasser in die Lagune hinein bzw. aus ihr heraus. Die Geschwindigkeit des Stroms hängt davon ab, wie breit der Pass ist. In ganz engen Pässen kann ein maximaler Strom von 5 oder sogar 10 Knoten auftreten, und man hat keine Chance, dagegen anzumotoren.

Für die Passage versucht man, möglichst genau den Zeitpunkt des Stillwassers (engl. »slack water«) zu treffen. Das ist der Moment, in dem der Strom seine Richtung umkehrt. In der Praxis ist es schwierig, diesen Zeitpunkt zu finden, weil die Tidentabellen nur wenige, weit auseinander liegende Bezugsorte nennen. Die Abschätzungen sind immer ungenau.

Am 25. April 1998 haben wir uns wohl doch leicht verrechnet. Wir stehen vor der Einfahrt in den Pass von Lady Musgrave / Australien. Starke Wirbel und das typische Wellenbild von ablaufendem Wasser sprechen nicht gerade für Stillwasser. Wir versuchen es trotzdem. Der Pass ist eng, die Strömung gewaltig. Mit sechs Knoten Fahrt durchs Wasser knüppeln wir gegenan. Die Engstelle kommt näher, wir werden immer langsamer, obwohl die Logge weiterhin sechs Knoten anzeigt. Und dann – oh Schreck – stehen wir! Hebel auf den Tisch. Zentimeterweise schieben wir uns vorwärts, es dauert ewig, bis wir endlich durch sind.

Versuchen Sie, bei beginnender Ebbe in ein Atoll einzulaufen. Dann strömt das Wasser aus dem Pass heraus, die Strömung ist anfangs aber noch nicht so stark. Keine gute Idee ist es, sich bei Flut mit dem Strom in die Lagune spülen zu lassen. Die Schiffsbewegung wird dann unkontrollierbar, plötzlich auftauchende Korallenköpfe können das Schiff gefährden. Gegen den Strom dauert die Durchfahrt zwar länger, ist aber weniger riskant, weil das Schiff immer steuerbar bleibt (entscheidend für die Manövrierbarkeit ist die Fahrt durchs Wasser, nicht die Fahrt über Grund). Entsprechend wird man die Ausfahrt mit beginnender Flut, also mit einströmendem Wasser unternehmen.

In der Lagune ist das Wasser ganz plötzlich ruhig. Aber Vorsicht ist weiter geboten. Die Korallenköpfe, die oft bis

Noch ist die Strömung stark. *Ankern zwischen Korallenriffen.*

knapp unter die Wasseroberfläche reichen, wollen umschifft werden. Auch jetzt ist der Ausguck in der Saling sinnvoll.

Lagunen sind meist so groß, dass man die andere Seite nicht sehen kann. Innerhalb der Lagune legt man oft noch mehrere Seemeilen bis zum Ankerplatz zurück. Auch dabei sollte man sich nur auf seine Augen verlassen. Offizielle Seezeichen gibt es nicht, und die von den Einheimischen angebrachten Markierungen sind wie alle Markierungen in Wirbelsturmgebieten immer mit Vorsicht zu genießen.

Besonders faszinierend sind die **Riffe,** die fern von jeder Inselgruppe **mitten im Ozean** liegen. Zum Beispiel das Nördliche Minerva-Riff zwischen Tonga und Neuseeland. Keine Insel, keine Palme erhebt sich auf dem ringförmigen Riff. Bei der Annäherung sieht man nichts als Wasser. Die Korallen, die bis dicht unter die Wasseroberfläche reichen, umgeben eine weite Lagune. Bei unserem zweiten Aufenthalt erlebten wir, wie das Minerva-Riff einer Yacht zum Verhängnis wurde (siehe Kapitel 5 »Schiffbruch«).

Bei rauem Wetter ist es gefährlich, sich von Luv aus mit achterlichem Wind einem Riff zu nähern. Denn die Brecher der Riffkante sind von weitem nicht von den normalen Wellenbergen zu unterscheiden. Wenn man sie dann doch erkennt, ist es vielleicht schon zu spät.

Im Oktober 1997 steuern wir im Korallenmeer zwischen Vanuatu und Australien ein einsames Riff an. Eine ungenaue Seekarte, Windstärke 6 von achtern, überall weiße Schaumkämme. Irgendwo voraus liegt das Riff. Wir werden die Brecher der Riffkante frühestens aus ein bis zwei Seemeilen sehen können. Immer wieder klettert Rüdiger in den Mast, fast eine akrobatische Leistung bei dem hohen Seegang. Endlich entdeckt er für einen kurzen Moment im Fernglas den kleinen Felsen, der auf der Nordspitze des Riffs zwei Meter hoch aus dem Wasser ragen soll. Kurze Zeit später ist der weite Bogen der weiß schäumenden Riffkante er-

kennbar. Auf der Leeseite ist ganz plötzlich ruhiges Wasser. Rüdiger lotst Kaya von der Saling aus durch das Gewirr von Korallenköpfen. Bald fällt der Anker vor dem schneeweißen Strand einer winzigen Insel. Hunderte Seemeilen um uns herum keine Menschenseele, nur Vögel und Schildkröten ...

Ankermanöver

Richtiges und sicheres Ankern gehört mit zum wichtigsten Grundwissen einer Langfahrt. Den weitaus größten Teil der Zeit verbringt man nämlich vor Anker. Nicht nur vom richtigen Ankergeschirr (siehe Kapitel 8), sondern auch von der Wahl des Ankerplatzes und vom richtigen Setzen des Ankers hängt oft genug das Schicksal des Bootes ab.

Als blutige Anfänger bewunderten wir die Skipper, die mit rauschender Fahrt auf gerader Linie in eine Bucht einliefen und ohne langes Zögern den Anker fallen ließen. »So machen es die Profis«, dachten wir ... Stimmt nicht. Erfahrene Blauwasser-Segler erkennt man daran, dass sie zunächst mehrere Runden drehen, um den günstigsten Ankerplatz zu suchen.

Was gibt es beim Ankern nicht alles zu bedenken: Ankergrund, Wassertiefe, Abstand zum Ufer, zu Felsen oder Korallen unter Wasser. Und natürlich der Abstand zu anderen ankernden Yachten. Stellen Sie sich alle möglichen Situationen vor: Was passiert, wenn aus dem friedlichen Lüftchen Starkwind wird? Wenn die Kette von 20 auf 50 Meter verlängert werden muss? Wenn der Wind dreht? Denken Sie daran, dass ein schweres Stahlschiff der Winddrehung viel langsamer folgt als ein leichtes GFK- oder Aluschiff.

Wo soll der Anker liegen? Auf der sicheren Seite sind Sie, wenn Sie den Anker hinter dem Heck einer anderen Yacht oder auf der Verbindungslinie der Hecks von zwei Yachten fallen lassen (bei Wind, wenn deren Ketten gestreckt sind, nicht bei Flaute).

Sinnvoll ist immer die Frage an den Nachbarn, wie viel Kette er gesteckt hat. Amerikanische Yachten haben oft nur einen kurzen Kettenvorlauf und stecken deshalb unendlich lange Ankerleinen. Bei einer Winddrehung haben sie einen entsprechend großen Schwojkreis.

In tropischen Buchten mit Korallenköpfen muss der Anker oft metergenau einen **Sandfleck** treffen. Damit das funktioniert, laufen wir mit dem Bug genau im Wind auf den Sandfleck zu, mit bereits relativ dicht über dem Grund hängendem Anker. Das irritiert zwar manchmal die anderen Ankerlieger, funktioniert aber perfekt, wenn man gute Grundsicht hat und auch genau aufpasst, nicht mit den anderen Ankerketten unklar zu kommen.

Der Anker fällt bei noch ganz geringer Vorausfahrt – beim Versuch, über dem Sandfleck zum Stehen zu kommen, treibt der Bug meist zu schnell ab. Sobald der Anker Bodenkontakt hat, wird das Boot aufgestoppt. Mit langsamer Rückwärtsfahrt wird Kette gesteckt, idealerweise mit der gleichen Geschwindigkeit, mit der sich das Boot achteraus bewegt.

Für den Halt des Ankers im Boden ist die ausreichende **Kettenlänge** entscheidend. Die fünffache Wassertiefe ist nur eine Faustregel. Im Flachwasser von zwei Metern Tiefe können zehn Meter Kettenlänge zu wenig sein, bei 20 Metern Wassertiefe braucht man aber keine 100 Meter Kette.

Wenn genügend Raum vorhanden ist, steckt man gern mehr Kette als nötig. »Mehr hält mehr«. Im Prinzip ist das zwar richtig, trotzdem ist es nicht unbedingt sinnvoll. Denn die am Boden liegende Kette wird vom schwojenden Schiff in einem weiten Winkel hin und her gezogen. Auf Sandgrund kann man das sehr schön sehen: Auf dem Boden bildet sich mit der Zeit ein fächerförmiges Muster. Im Sand ist das unproblematisch. Aber auf Korallengrund nutzt sich die Kette dabei stark ab, da sich auf den harten Korallensteinen die schützende Verzinkung abscheuert. Deshalb lassen wir, wenn möglich, nur wenige Meter Kette am Boden liegen. Selbstverständlich wird aber bei zunehmendem Wind oder vor längeren Landgängen mehr Kette gesteckt.

Aber wie viel Kette ist denn überhaupt draußen? Verlassen Sie sich nicht auf Ihr Schätzvermögen, wenn die Ankerkette über die Winsch rasselt. Die Kettenglieder sollten in Fünf-Meter-Abschnitten markiert sein. Die oft empfohlenen **Markierungen** mit Lackfarbe blättern schon nach kurzer Zeit ab und werden unbrauchbar. Außerdem erschweren und verteuern sie das Nachverzinken der Ankerkette (siehe Kapitel 13).

Bestens bewährt haben sich bei uns 30 cm lange, verschiedenfarbige Bändsel, die einfach im Abstand von fünf Metern in die Kettenglieder eingeflochten werden. Die farbigen Bändsel stören nicht, wenn die Kette über die Winsch läuft. Sie sind gut sichtbar und können leicht wieder entfernt und erneuert werden, wenn sie sich nach Hunderten von Ankermanövern auflösen oder verblassen.

Nachdem der Anker richtig platziert ist, muss er noch **eingefahren** werden. Mit sanfter Rückwärtsfahrt wird der auf dem Grund liegende Anker so gezogen, dass seine Flunke den Grund greifen und sich in die Tiefe arbeiten kann. Das funktioniert nur, wenn die Zugrichtung flach genug ist, wenn also bereits ausreichend Kette gesteckt ist. Mit der Hand auf der Kette fühlt man das »Ruckeln«, wenn der Anker noch schleift. Erst wenn die Flunke den Grund greift, kann der Zug erhöht werden. Aber noch hängt die Kette durch. Wenn man jetzt mit Vollgas rückwärts Fahrt aufnimmt, könnte der Ruck, wenn die Kette straff kommt, den Anker wieder herausreißen. Die Kette wird zunächst langsam gespannt, dabei gräbt sich der Anker noch tiefer ein. Und jetzt sollte der Anker auch den vollen Rückwärtsschub halten.

Dass der Anker wirklich hält, sehen Sie daran, dass »die Peilung steht«. Das heißt, dass sich der Mast eines Nachbarn querab oder eine Palme an Land nicht mehr gegen den Hintergrund »bewegt«.

Wenn möglich, sollte man den Anker auch noch **abschnorcheln**. Meist springt Gaby mit der Taucherbrille schon ins Wasser, während Rüdiger noch dabei ist, den Anker rückwärts einzufahren. Allerdings nur bei tropischen Wassertemperaturen. Und nicht unbedingt, wenn kurz zuvor ein Hai vorbeigeschwommen ist. Und auf gar keinen Fall in Krokodil-Revieren (siehe Kapitel 5 »Gefahren im Wasser«).

Der Anker »sitzt«. Maschine aus. Jetzt ist Zeit zur Entspannung, aber noch nicht für den Landgang. Sie beobachten, wie sich Ihr Boot am neuen Ankerplatz verhält. Wie schwojen die Schiffe? Ist in jede mögliche Richtung wirklich genug Platz, auch bei Starkwind? Dabei sollten Sie sich niemals selbst betrügen, etwa nach dem Motto »Hier kommt ja kein Südwest« ... Denken Sie an unsere Sturm-Nacht in Fidschi (Seite 75) – diese Windrichtung gibt es dort nach den Pilot Charts gar nicht!

Oft hat man sich eben doch verschätzt. Eine Bö zeigt, dass man dem Nachbarn oder einem »Bommie«, einem Korallenkopf, zu nahe kommt. Dann heißt es noch einmal »Anker auf«. Das fällt besonders schwer, wenn die Ankerwinsch mit Muskelkraft bedient wird. Aber die Sicherheit des Schiffes rangiert vor der Bequemlichkeit.

Der Zug des Ankergeschirrs darf nicht auf der Bugrolle lasten. Im Ernstfall können sich nicht nur die Beschläge verbiegen, die Kette kann sogar, wenn sie ruckartig belastet wird, an dieser Umlenkung brechen. Die einfachste Möglichkeit, die **Ankerkette** zu **entlasten**, ist ein Tampen, der mit einem Stopperstek die Kette greift und mit dem anderen Ende auf einer Bugklampe belegt wird.

Auf *Kaya* verfeinerten wir dieses Prinzip noch: Zwei Tampen, mit je einen Gummi-Ruckdämpfer versehen, werden an den Bugklampen auf beiden Seiten des Bugs belegt. Sie laufen zu einem dritten kurzen Tampen, der über den Stopperstek die Ankerkette greift. Die Kette hängt in ausreichend langem Bogen zwischen Stopperstek und Bugrolle durch, sodass sie nie straff kommen kann. Diese Konstruktion hat sich auch bei schwerem Wetter bestens bewährt. Andere Segler verwenden statt des Stoppersteks eine so genannte **Ankerkralle** aus Metall, die in die Kettenglieder eingreift, und befestigen daran nur einen Tampen ohne Ruckdämpfer.

Der **Heckanker** wurde nur ganz selten und ungern eingesetzt. In der Regel dann, wenn kein Platz zum Schwojen war. Das Liegen mit Heckanker ist immer ein Nachteil. Denn nur mit dem Bug im Wind liegt das Boot wirklich sicher.

Auch den oft empfohlenen **zweiten Buganker** brachten wir fast nie aus. Denn wenn unser Bügelanker sich richtig eingegraben hatte, hielt er *Kaya* auch bei stärkstem Wind. Uns gefällt ganz einfach die Vorstellung nicht, nachts unter Stress zwei Ankerketten entwirren zu müssen. In kritischen Situationen liegt der Zweitanker aber an Deck bereit, falls der Hauptanker doch einmal driftet oder von einem anderen Boot abgeräumt wird.

Beim **Ankeraufgehen** gibt es manchmal Schwierigkeiten, weil sich der Anker oder die Kette zwischen Korallen verklemmt hat. Oder die Kette hat sich beim Schwojen um einen Bommie gewickelt.

Irgendwie ist es uns immer gelungen, den Anker durch gefühlvolles Vor-Zurück-Seitwärts-Fahren doch wieder frei zu bekommen. Mit einer Hand auf der Kette, um zu spüren, in welcher Richtung der Widerstand nachlässt. Andere Boote mussten Taucher um Hilfe bitten. Bei Wassertiefen von 10 bis 20 Metern, die in der Südsee gar nicht so selten sind, ist es ohne Tauchgerät kaum möglich, den Anker zu befreien.

»Boat boys«

In der Karibik haben sich die Einheimischen auf die Wassertouristen eingestellt und bieten ihre Dienste an.

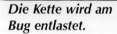

Die Kette wird am Bug entlastet.

Die Ankerkette ist mit verschiedenfarbigen Bändseln markiert.

Dementsprechend findet man oft eine gute Infrastruktur.

Einlaufen in Bequia in den Grenadinen. In der Einfahrt kommt uns ein Schlauchboot entgegen. Darin balanciert stehend ein Fotograf mit großem Teleobjektiv und fotografiert Kaya *unter Segeln. Später kommt er zum Ankerplatz und bringt uns seine Karte. Ein anderes Boot liefert Wasser direkt in den Tank. Weitere Boote bringen Diesel, holen die schmutzige Wäsche oder den Müll.*

Die große Ankerbucht ist gesäumt von Restaurants, vor denen man bequem mit dem Dingi am Gästesteg festmachen kann. Service, wohin man blickt.

Wer »ursprüngliche« Begegnungen sucht, wird hier allerdings enttäuscht. Denn über das Geschäftliche hinaus zeigen die Einheimischen wenig Interesse an den Fremden.

Ein besonderes Phänomen sind die karibischen »boat boys«. Ihnen werden Sie zwangsläufig begegnen, wenn Sie eine der Buchten von St. Lucia oder St. Vincent oder die berühmten Tobago Cays in den Grenadinen anlaufen.

Marigot Bay, St. Lucia. Schon als wir uns der berühmten Bucht nähern, schwärmen sie aus. Von allen Seiten kommen Boote auf uns zu, vielstimmig ruft es »Hello Skip!«. Jeder will der erste sein, der uns beim Ankern hilft, seine Bananen verkauft oder unser Dingi bewacht.

Wir wollen aber nur eins: Erst mal in Ruhe einlaufen und den Anker fallen lassen. Das verstehen die Jungs aber

Tauschgeschäfte von Boot zu Boot.

nicht. Noch bevor der Anker unten ist, hängen schon die ersten an der Reling. Rüdiger ist genervt. Er wimmelt sie alle ab, wird dabei laut. Sie lassen uns schließlich allein. Aber die Stimmung ist aufgeladen. Was passiert nun mit unserem Dingi, wenn wir an Land gehen? Können wir Kaya hier unbesorgt allein lassen?

Wer so genervt reagiert, der macht es sich unnötig schwer. Später haben wir gelernt, die Situation einfach zu akzeptieren. Für die Jugendlichen »boat boys« ist der Kontakt mit den Yachten oft die einzige Möglichkeit, ein paar Dollars zu verdienen. Das Geld, das sie nach Hause bringen, ist eine wichtige Einnahmequelle für ihre Familien.

Am besten, Sie heuern gleich zu Anfang einen »boat boy« an. Nicht den forderndsten, lautesten. Sondern einen, der Ihnen sympathisch ist. Verhandeln Sie kurz über einen angemessenen Preis für seine Dienste und fragen Sie ihn nach seinem Namen. Schon löst sich das Problem: Er wird nun dafür sorgen, dass alle anderen Sie augenblicklich in Ruhe lassen.

Ansonsten haben wir nie wirklich aufdringliche Einheimische erlebt. Oft nähern sich einheimische Boote den ankernden Yachten. Sie bringen Kokosnüsse, Papayas, Bananen, frisch gefangene Langusten (englisch: lobster) oder Schnitzereien. Eben alles, was ihrer Erfahrung nach die Fremden interessieren könnte.

Natürlich sind sie oft auch nur neugierig, möchten gerne wissen, wer da in ihrem »Vorgarten« ankert. Und unsere Vorstellung von Privatsphäre kennen sie nicht. Was tun, wenn man kurz nach dem Ankern erst einmal in Ruhe gelassen werden möchte? Böse Worte sind völlig fehl am Platz. Ebenso Schilder an der Reling, mit Botschaften wie »Hands off!«

Wir haben in solchen Fällen einfach freundlich erklärt, dass wir müde von der Reise seien und erst einmal schlafen wollten. Betty in Tonga oder John in Vanuatu kamen dann eben am nächsten Tag wieder im Kanu angepaddelt. Und dann freuten wir uns, mit ihnen Tauschgeschäfte zu machen: Bettys Früchte gegen Corned Beef, Johns Schnitzereien gegen eine Taucherbrille oder ein T-Shirt.

Das internationale »Seglerdorf«

Starker Mistral in Menorca (Balearen). Ziemlich gestresst laufen wir mit unserer kleinen Charteryacht in den Hafen von Mahon ein. Trotz der Abdeckung heult der Wind. Der Hafen ist rappelvoll, auf allen Schiffen herrscht Hektik. Wir machen Anstalten, in einigem Abstand von einer Yacht unseren Anker zu setzen. Da tönt es abweisend herüber: »Bei uns nicht! ...«

Vor der Reise waren wir ein paar Mal im Mittelmeer und auf der Ostsee gesegelt. Die Begegnungen mit anderen Seglern gehörten dort leider oft in die Kategorie »Bei uns nicht!«. Nicht nur bei Starkwind im überfüllten Hafen, auch in ruhigen, idyllischen Ankerbuchten fühlten wir uns nicht immer willkommen. Damals ahnten wir noch nicht, was uns auf der Reise erwartete: Die große Gemeinschaft der Fahrtensegler aus aller Welt, das internationale »Seglerdorf«.

Schon in Gibraltar sah alles anders aus. Bei Sheppard's oder in der Queensway Marina lagen nicht nur schneeweiße, aufgeräumte Yachten. Hier häuften sich auf einmal »fahrtenmäßig« aussehende Schiffe, bestückt mit Selbststeueranlage, Windgenerator und Solarpanels. Auf jedem Schiff gab es neue Details zu bestaunen. Und auch die Segler sahen irgendwie anders aus. Nicht mehr so modisch gestylt, als seien sie gerade dem neuesten »Compass«-Katalog entsprungen ...

Auf jedem Schiff wurde noch gebastelt und eingebaut. Hier ein stärkeres Schott, da eine neue Halterung für die Kaffeebecher. Von Reling zu Reling wurden Tipps ausgetauscht. Der eine half, die Maschine zu entlüften, der andere hauchte dem Radar-Monitor wieder Leben ein. Seekarten und Handbücher wanderten von Schiff zu Schiff. Hier war sie nun, die Solidarität und Hilfsbereitschaft der Fahrtensegler. Und dieser Gemeinschaftssinn sollte rund um den Globus bis zum Ausgang des Suezkanals anhalten.

Unter den Fahrtenseglern sind alle Altersgruppen und sozialen Schichten vertreten. Die Größe und Ausstattung der Schiffe ist dementsprechend sehr unterschiedlich, genauso wie der Lebensstandard. Auf der großen Yacht wird eisgekühlter Champagner ausgeschenkt, auf der kleinen Yacht lauwarmer Rotwein Marke »Chateau Karton« (im Tetrapak-Karton).

Aber anders als zu Hause spielen diese Unterschiede kaum eine Rolle. Es gibt kein Villenviertel, keine Reihenhaussiedlung, kein Hochhaus-Ghetto. Auf den Ankerplätzen lebt eine bunte Mischung von Yachties aus den verschiedensten Ländern. Das »internationale Seglerdorf« ist ständig in Bewegung. Neue Nachbarn kommen, werfen Anker, knüpfen Kontakte. Andere feiern Abschied und gehen Anker auf, neuen Zielen entgegen.

Alle »Yachties« verbindet der Traum vom selbstbestimmten Leben. Alle erleben auch die gleichen Ängste und Schwierigkeiten. Wenn ein Sturm heraufzieht oder mitten im Pass plötzlich die Maschine aussetzt, bangt der texanische Ölmillionär ebenso um sein Schiff wie der australische Farmer oder der belgische Koch. Diese Gemeinsamkeiten verbinden mehr, als die Unterschiede trennen.

Ankerplatz-Etikette

Die erste Runde auf einem neuen Ankerplatz ist immer spannend. Welche Yachten liegen vor Anker? Sind Bekannte oder Freunde darunter? Oft gibt es freudige Überraschungen, ein Wiedersehen nach langer Zeit. Aber zwischen den vielen Bekannten liegen auch immer wieder neue, unbekannte Yachten.

Es gibt viele Gründe, den Kontakt aufzunehmen: Eine deutsche Flagge weht am Heck. Oder ein TO-Stander in der Saling. Manchmal kennt man den Namen der Yacht aus einer Funkrunde oder aus Erzählungen von gemeinsamen Bekannten. Vielleicht gefällt einem das Boot. Oder man hat ganz einfach Lust, neue Leute kennen zu lernen.

Wie funktioniert nun die »Kontaktaufnahme«? Der erste Schritt erfolgt meist per Dingi. Wer an Land fährt, macht unterwegs einen Abstecher zu der anderen Yacht. Aber: Wer gleich den Außenborder ausmacht und sich mit beiden Armen über die Reling hängt, wirkt leicht aufdringlich. Am besten wartet man erst einmal ab, wie sich das Gespräch entwickelt.

Übrigens duzt man sich unter Yachties von Anfang an, ohne auf Alter oder Status zu achten. So weit so gut. Zwischen deutschen Yachten ist der Rest ziemlich einfach. Nach dem ersten längeren Gespräch ist meist klar, ob die

Begrüßung am neuen Ankerplatz.

»Wellenlänge« stimmt und ob es ein loser oder intensiver Kontakt werden soll.

Für eine Einladung an Bord bedankt man sich mit einer Gegeneinladung. Wenn auch nicht jeder das so eng sieht wie eine schwäbische Seglerin, die bei einer Kaffeetafel verkündete: »Ein Zwei-Tage-Rhythmus ist mir am liebsten«. Im Klartext: »Übermorgen seid Ihr dran ...«

Anders bei den Amerikanern. Für den, der ihre Rituale nicht kennt, stehen überall Fettnäpfe bereit, in die wir auch prompt ein paar Mal hineingetreten sind. Was ist anders? Amerikaner wirken immer freundlich und hocherfreut, einen zu sehen. Ein in höchsten Tönen gesungenes »Oh, hi, Rudy, so nice to see you«, ist aber nicht mehr als eine Standardbegrüßung.

Die Formulierung: »You must come and see us some time«, ist nicht unbedingt eine Einladung, sondern wird auch gern als Floskel gebraucht. Sicher sein kann man nur bei präziser Zeit- und Ortsangabe: »Tomorrow at 6 o'clock« ist verbindlich.

Oft bringen die Gäste eigene Getränke und etwas Knabberzeug mit (und nehmen ihre leeren und vollen Flaschen auch wieder mit). »Bring Your Own« (kurz: BYO) heißt das Prinzip, das auch unter Neuseeländern und Australiern sehr verbreitet ist. Da die Gastgeber keine großen Vorbereitungen treffen müssen, wird eine Gegeneinladung nicht unbedingt erwartet.

Zeit für den Sundowner in Darwin/Australien.

Eine Einladung zum Sundowner (bei Franzosen zum »Apéritif«) bedeutet, dass kein gemeinsames Abendessen vorgesehen ist. Die Gäste sollten dann nach einer angemessenen Zeit wieder aufbrechen. Manchmal schon nach einer Stunde, auf jeden Fall aber früh genug, dass die Gastgeber in Ruhe zu Abend essen können. Letztlich bedarf es immer eines gewissen Gespürs für die Situation.

Pot-Luck und Sundowner

Die Amerikaner pflegen noch eine andere Form der Geselligkeit, die gar nicht kompliziert ist: das **Pot-Luck Dinner.**

Zu diesem abendlichen Ereignis trifft man sich an Land. Das Prinzip ist ganz einfach: jeder bringt Speisen und Getränke in der Menge mit, die er selbst verzehrt. Dann wird alles zu einem großen Büffet aufgebaut, und jeder bedient sich. Auch Geschirr, Besteck und Sitzgelegenheit bringt jeder selbst mit. Echte Pot-Luck-Profis kommen mit Klappstühlen, Klapptischen und speziellen Schüsseln, die den Nudelsalat bei der Dingi-Überfahrt trocken halten.

Pot-Luck Dinner sind wunderbar unkompliziert. Jeder kann kommen und gehen, wann er will. Kein Gastgeber ist gestresst mit Vorbereitungen oder Aufräumen, denn jeder nimmt seine Sachen wieder mit nach Hause. Die letzten räumen den Müll weg.

Der schon mehrfach erwähnte **Sundowner** ist ein Ritual, das jeder in den Tropen schnell übernimmt. Wenn die Sonne untergeht, oft mit glühenden Farben, und die Hitze des Tages nachlässt, ist es Zeit für den Sundowner. Mit einem Glas Bier, Wein oder Rum-Cocktail in der Hand betrachtet man das unvergleichliche Farbenspiel. Ob an Bord im Cockpit oder an Land in einem Yachtclub.

In vielen Yachtclubs und Bars findet pünktlich zum Sundowner die so genannte »happy hour« statt. Alle Drinks zum halben Preis (meist nach dem Motto »2 for 1«, man bestellt einen Drink, bekommt aber zwei). Natürlich in der Hoffnung, dass die Gäste auch für den Rest des Abends bleiben. Denn es ist noch früh am Abend, in der Nähe des Äquators herrscht Tag- und Nachtgleiche. Früh um 6 geht die Sonne auf, um 18 Uhr geht sie schon wieder unter.

Ankerlicht

Einlaufen in Darwin/Australien. Der Mastenwald des riesigen Ankerfeldes ist schon von weitem sichtbar, mindestens 100 Schiffe schätzen wir. Wegen des großen Tidenhubes ankert man sehr weit draußen. Wir freuen uns auf den Landgang, mit dem Dingi geht es Richtung Yachtclub. Es kommt, wie es kommen musste: Wir treffen Freunde, der Nachmittag geht nahtlos in den Sundowner im Yachtclub über. Als wir schließlich aufbrechen, ist es stockdunkel. Von den Schiffen sind nur die Topplichter zu sehen.

Tja, wo ist Kaya? Das kann ja eigentlich kein Problem sein. Da war doch ein blaues Stahlschiff, gleich dahinter liegen wir ... Blau ist gut. Nachts sind nicht nur alle Katzen grau. Ob Stahl oder GFK, alle sehen gleich aus. Hätten wir doch unser Ankerlicht gesetzt! Unsere flackernde Petroleum-Lampe ist meist gut von weitem zu erkennen. Aber wer denkt schon am helllichten Tag an das Ankerlicht? Wir irren umher, fahren gleichmäßige Muster. Nichts. Der Sprit des Außenborders muss jeden Moment alle sein, dann ist Paddel-Training angesagt. Ganz plötzlich ein Schatten, der uns bekannt vorkommt: Kaya! Nie wieder werden wir unser Ankerlicht vergessen ...

Das **Ankerlicht** ist also ein äußerst wichtiges Licht. Kayas Ankerlicht war eine klassische Petroleum-Lampe. Nicht nur, um Strom zu sparen, sondern auch aus Nostalgie.

Die »Petroleum-Ankerlaterne mit Fresnel-Linse«, die ein sonnengebräunter Weltumsegler in seinem Versandkatalog anpries, erwies sich allerdings als Fehlkauf. Die Linse war ja nicht schlecht, aber das Gehäuse der teuren Lampe war schon nach kurzer Zeit völlig vergammelt. Wir ersetzten das teure Stück durch eine einfache und billige, aber solide Petroleumlampe Marke »Feuerhand«, die über viele Jahre gute Dienste tat.

19. Alltag an Bord

Partnerschaft

»Geteilte Freude ist doppelte Freude, geteiltes Leid ist halbes Leid.« Vielleicht ist das ja der Grund dafür, dass auf der Barfußroute überwiegend Paare unterwegs sind. Wir schließen uns der verbreiteten Meinung an, dass ein Paar die ideale Crew für eine Langfahrt ist. Vorausgesetzt, die Beziehung funktioniert schon länger gut und soll nicht durch die Reise aufgemöbelt oder gar gekittet werden.

Die Frage, die uns immer wieder gestellt wird, lautet: »Wie hält man das aus, 24 Stunden am Tag auf engstem Raum zusammen zu sein?« Für viele Paare an Land, die den größten Teil eines Arbeitstages getrennt verbringen, ist das unvorstellbar.

Unsere Erfahrung dazu: Das Gefühl, dass man einander auf einem Hochseetörn wirklich braucht, dass man ein Team ist, das in jeder Sekunde zusammen arbeitet, lässt gar nicht den Gedanken aufkommen, dass man allein sein möchte.

Eine wichtige Voraussetzung ist, dass beide Partner mit der Reise die gleichen **persönlichen Ziele** verfolgen. Wenn die Wünsche und Erwartungen zu weit auseinander liegen, sind Spannungen und Enttäuschungen vorprogrammiert:

- Sie möchte unter tropischer Sonne »die Seele baumeln lassen«, sein Lebenstraum besteht darin, bei 10 Windstärken Kap Hoorn zu umrunden.
- Er sucht die Einsamkeit in unberührter Natur, sie braucht die Geselligkeit einer großen Seglerrunde.
- Sie sucht den engen Kontakt mit den Einheimischen, während er die Welt lieber durch den Sucher seiner Kamera betrachtet.

Bei uns hat das Zusammenleben wahrscheinlich auch deshalb gut funktioniert, weil wir uns in den Zielen einig waren. Wir wollten beide durch die Welt bummeln, Länder und Menschen kennen lernen, die Natur hautnah erleben. Keiner von uns wollte der Seglerwelt irgend etwas beweisen oder eine Trophäe für herausragende seglerische Leistungen erringen. Unser ganzer Ehrgeiz bestand darin, die Reise nicht unterwegs abbrechen zu müssen und *Kaya* ohne Beule heil wieder nach Hause zu bringen.

Ein weiterer wichtiger Punkt ist die **Rollenverteilung** zwischen Mann und Frau. »Der Skipper hat das Kommando an Bord«. So steht es in den Büchern, und so lernt man es in den traditionsreichen Segelklubs. Für ein Schiff mit einer mehrköpfigen Besatzung mag diese eherne Regel durchaus Sinn machen. Für eine Paar-Crew empfinden wir sie als völlig ungeeignet. Denn nur, wenn beide die Entscheidungen gemeinsam treffen, wird es in unangenehmen oder belastenden Situationen weder Streit noch Vorwürfe geben. Wir waren uns zu Beginn der Reise bewusst, welche Risiken auf uns zu kamen. Und wir trafen jede Entscheidung unterwegs gemeinsam, als gleichberechtigte Skipper.

Jetzt hören wir schon den Aufschrei: »Ja aaaber, was ist denn, wenn Gefahr im Verzug ist?« Natürlich gibt es auch Situationen, in denen keine Zeit zum Diskutieren bleibt. Dann halten wir uns an ein ganz einfaches Prinzip: Der Vorsichtigere bekommt Recht. Wenn einer von uns reffen will, der andere noch nicht, dann wird gerefft. Wenn einer von uns Bedenken hat, eine enge Durchfahrt zu wagen, nehmen wir den weiteren Weg außen herum. Diskutiert wird hinterher. Mit diesem Prinzip sind wir bisher gut gefahren. Denn so gab es nie ein »Hättest Du doch ...« oder ein »Warum hast Du denn ...«

Eine echte Chance, sich heftig und dauerhaft zu streiten, besteht darin, dass man den anderen gegen seinen Willen in eine unangenehme Situation zwingt. Vielen Bordfrauen vergeht so die Lust am Projekt.

Das soll natürlich nicht heißen, dass wir uns nie streiten. Aber an einen Streit auf See können wir uns kaum erinnern. Streit gibt es eher dann, wenn der Stress des Hochseetörns von uns abfällt. Beliebte Szenen sind zum Beispiel das Ankern in einem engen Ankerfeld oder das Anlegemanöver in einer Marina.

Die größten Reibungspunkte ergeben sich immer dann, wenn keine gemeinsamen Aufgaben zu bewältigen sind. Wenn das Boot lange am gleichen Ankerplatz oder im gleichen Hafen liegt, treten die unterschiedlichen Interessen stärker in den Vordergrund.

Noch ein Blick auf die Verteilung der Aufgaben an Bord. Fast auf allen Yachten sind es die Männer, die sich um Technik und Motor kümmern, während die Frauen einkaufen, kochen und Wäsche waschen. »Die Jobs an Bord sind rosa und hellblau«, formulierte eine Seglerin sehr treffend. Das mag auf den ersten Blick wie ein Rückschritt in vergangene Zeiten aussehen. Aber es ist sinnvoll, an Bord eine Arbeitsteilung zu finden, die den jeweiligen Vorlieben und Fähigkeiten entspricht. Oft ist das dann die oben beschriebene »traditionelle« Aufteilung.

Es gibt aber durchaus auch Yachten, auf denen die Frau kopfüber im Motorraum verschwindet, während der Mann zur Belohnung einen Bananenkuchen backt ...

Kinder an Bord

Hin und wieder trafen wir auch segelnde Familien auf Langfahrt. Und bei einigen Paaren stellte sich der Nachwuchs unterwegs ein. Zum Beispiel auf der Schweizer Yacht *Moonwalker*: Sohn Jonas kam in Trinidad zur Welt und verbrachte seine ersten drei Jahre auf dem Boot. Jan und Marlis, die Eltern, fassen ihre Erfahrungen so zusammen:

»Natürlich hat das Baby unseren Alltag wie auch unsere Beziehung völlig durcheinander gebracht. Erfahrene Eltern werden aber bestätigen, dass dies überhaupt nichts mit dem Leben an Bord zu tun hat.

Das Kind selbst wird in seine Umgebung hineingeboren. Es weiß nicht, dass es Betten gibt, die fest auf dem Boden stehen, und Wohnungen, die größer sind als 11 mal 3 Meter. Für das Kind ist nur wichtig, dass seine Grundbedürfnisse gestillt werden.

Für uns war wichtig, dass wir beide, Mama und Papa, fast immer mit unserem Sohn zusammen waren und alle seine Entwicklungsschritte mitbekamen. Diese drei Jahre und die Erinnerung daran kann uns keiner mehr nehmen.«

Aber nicht immer verläuft das Familienleben an Bord so harmonisch.

Wir treffen Werner und Bianca (Namen geändert) mit ihren beiden Kindern in der Karibik. Während Werner die Reise sichtlich genießt – er ist ständig unterwegs, surft, taucht, besucht andere Yachties – wirkt Bianca mit der Zeit immer unzufriedener. Zu Hause im Reihenhaus war ihr Werners Egoismus nicht so aufgefallen. Da gab es ein Telefon, Kontakt mit anderen Müttern, Spaziergänge. Aber an Bord kann sie die beiden Kleinkinder keine Minute aus den Augen lassen. Sie sitzt auf dem Boot fest, zwischen Bergen von Wäsche, Windeln und Geschirr, ohne die Erleichterungen eines modernen Haushalts.

Und auch das gibt es, diese Anzeige fanden wir im Internet:

»Für ein Weltumseglungsprojekt suchen wir einen deutschsprachigen Gymnasiallehrer. Seine Aufgabe ist es, gemeinsam mit einem Schweizer und einem französischen Kollegen die Schulausbildung unserer fünf Kinder während der Weltumsegelung zu planen und durchzuführen. Eine Mannschaft von sechs Seeleuten und jeweils zwei der drei Lehrer werden mit an Bord sein, während der Dritte sein Programm im Wechsel an Land vorbereitet. Wir bieten: Zweijahresvertrag mit überdurchschnittlicher Bezahlung und privater Versicherung. 8 Monate Unterricht an Bord. 3 Monate Vorbereitung an Land, 30 Tage Urlaub/Jahr und eine Heimreise.«

Rollenverteilung an Bord: Sie in der Pantry ...

Dahinter steckte ein deutscher Unternehmer. Segeln »High End«, auf einer 40-Meter-Yacht. Für segelnde Familien, die ihr Projekt ein paar Nummern kleiner anlegen, markiert dagegen oft die Einschulung, spätestens aber das Ende der Grundschulzeit auch das Ende der Reise.

Schule an Bord scheint ein Haupt-Stressfaktor zu sein. In den Tropen, vor Anker in einer türkisblauen Lagune, ist es für Lehrer wie Schüler schwierig, die nötige Disziplin aufzubringen. Und das Angebot an deutschsprachigen Unterrichtsmaterialien ist noch dünn, anders als im englischsprachigen Raum, wo die »correspondance schools« eine lange Tradition haben.

Dazu eine Bemerkung aus Lehrersicht: Viel von dem Aufwand, der im Unterricht einer regulären Schule getrieben wird, ist nur der Versuch, einen Bezug zur realen Welt herzustellen. »Motivation« und »Anschauung« sind gefragt: Wie kann man ein Kind, das zwischen dem Überangebot von Fernsehen und Computer aufwächst, noch neugierig machen? Wie kann man hinter dicken Schulmauern ein lebendiges Interesse an Fremdsprachen und Naturwissenschaften wecken?

So gesehen, sind Bordkinder eindeutig bevorzugt. Denn alles ist da: Natur, fremde Kulturen, Technik zum Anfassen. Inhalte, die im Lehrplan beziehungslos neben-

... er kümmert sich um die Technik.

einander stehen, ergeben auf dem Boot ganz von selbst einen Sinn. Für die Navigation braucht man Mathematik und Astronomie. Segeln ist angewandte Physik. Fremdsprachen braucht man, um mit anderen Kindern zu spielen. Die Natur, aber auch die Technik macht neugierig: »Wie geht das?« »Warum segelt unser Boot?« »Was frisst ein Delfin?« Auch die viel beschworene »Leseförderung« erübrigt sich, wenn die Erwachsenen mit gutem Beispiel vorangehen (siehe weiter unten, »Hobbys«).

Haushalt und Körperpflege

Wenn Sie es schaffen, die Dinge an Bord einfach zu halten und auf den gewohnten Komfort zu verzichten, kann der Bordhaushalt wunderbar unkompliziert sein. Denn im Gegensatz zu einem Haushalt an Land ist ein Boot kompakt und übersichtlich. Keine Abstellkammern voller Gerümpel, keine Hochschränke voller Putzmittel, keine überquellenden Kellerregale.

Vielleicht kennen Sie den Bestseller »Simplify your life«. Das Bordleben ist sozusagen »Simplify pur«. An Bord von *Kaya* galt von Anfang an die eiserne Regel: »Was nicht benutzt wird, muss von Bord« (Ausgenommen natürlich Vorräte und Ersatzteile).

Andererseits sind Tätigkeiten, die zu Hause nur einen Knopfdruck oder eine kurze Autofahrt bedeuten, an Bord unendlich zeitraubend. Ein Einkauf im Supermarkt oder das Wäschewaschen kann einen ganzen Tag in Anspruch nehmen. Aus der hektischen Perspektive des deutschen Alltags ist das kaum vorstellbar. Aber an Bord gewöhnt man sich schnell daran.

Andere Länder, andere Sitten. Im Supermarkt einer karibischen Insel fehlen plötzlich Dinge, die zu Hause selbstverständlich sind. Neue, unbekannte Produkte füllen die Regale. Nach der gewohnten Gesichtscreme oder einer Haarkur werden Sie zum Beispiel vergeblich suchen. Statt dessen verspricht »Skin Bleach« einen helleren Teint, und »Hair Relax« zieht krause Haare glatt.

Folgende Artikel sollten Sie immer auf Vorrat kaufen, wenn es sie gibt:
- Toilettenpapier, Küchenrollen, Tampons.
- Gute Zahnbürsten, Zahnpasta.
- Hautcreme, Kosmetik, Haarpflege.
- Waschmittel, besonders Feinwaschmittel.

Ein normales Stück **Seife** ist im Salzwasser nutzlos, weil es nicht schäumt. Man braucht deshalb aber keine teure Seewasser-Seife zu kaufen. Jede flüssige Waschlotion, am besten PH-neutral (wie z.B. Sebamed) tut es ebenso. Wir hatten eine riesige Vorratsflasche an Bord, aus der wir eine kleine Flasche immer wieder auffüllten. Auch jedes normale Shampoo lässt sich problemlos im Salzwasser verwenden.

Putzmittel gibt es überall auf der Welt. Aber oft sind sie aggressiv und enthalten Chlorbleiche. Unserem Watermaker und den Fischen zuliebe ließen wir »Bleach« im Regal stehen. Sehr gute Erfahrungen haben wir mit dem »Bio-Stein« gemacht, einem biologischen Universalreiniger. Er reinigt innen und außen fast alles, vom öligen Fender bis zum verrußten Backofen.

Der **Abwasch** lässt sich direkt im Meerwasser erledigen. Am Ankerplatz spülten wir das Geschirr am liebsten auf der Heckplattform. Bunte Fische tummelten sich dann am Heck, sobald sie die ersten Speisereste sahen, und so wurde aus dem lästigen Abwasch fast ein Vergnügen. Spüli braucht man bei dieser Methode nicht: das Salzwasser löst erstaunlicherweise das Fett auch so, und die Fische freuen sich über die seifenfreie Fütterung.

Auf See wird jedes Teil direkt in der Spüle abgewaschen, unter fließendem Wasser aus dem Salzwasserhahn. So steht kein Wasser im Becken, das sich bei einer plötzlichen Schiffsbewegung unweigerlich in der Kajüte verteilen würde.

Waschtag

Auf vielen großen Yachten sieht der **Waschtag** so aus: Die Bordfrau belädt die 220-V-Waschmaschine, der Watermaker läuft und produziert das Waschwasser, alles wird untermalt vom Brummen des Generators, der den nötigen Strom liefert. Perfekt und bequem, fast wie an Land. Jedenfalls, so lange alles funktioniert ... Aber der Aufwand an Platz, Kosten, Energie und unausweichlichen Reparaturen ist nach dem, was wir hörten, gewaltig.

Und: Diesen Yachten entgeht ein ganz wichtiges soziales Ereignis. Denn der Waschtag ist oft ein ganz besonderes Erlebnis. Die Waschmaschine im Yachtclub ist sozusagen der »Dorfbrunnen« der Yachties. Während die Trommel rotiert, trifft man Bekannte, lernt neue kennen, schwatzt. Ein großer Teil des Yachtie-Tratsches wird auf diesem Wege verbreitet, hier ist die wichtigste Infobörse.

Ein einheimischer Waschsalon ist dagegen eine gute Gelegenheit, ein Stück des fremden Alltagslebens kennen zu lernen. Die gemeinsame Wartezeit bietet Gelegenheit zu Kontakten, zum Gespräch. Aber man erlebt auch, wie die Einheimischen miteinander umgehen. Wie begrüßen sich Freunde, Bekannte, Fremde? Wovon handelt der »Smalltalk«?

In entlegeneren Gegenden sieht der Waschtag so aus: Beim Landgang wird zunächst die Lage sondiert. Es gilt herauszufinden, wo die Einheimischen waschen. Gibt es einen Wasserhahn? Oder eine Stelle am Fluss? Einen Bach? Die schmutzige Wäsche wird dann in große, wasserdichte Säcke verpackt und ins Dingi geladen. Dazu eine Plastikschüssel, Bürste und Waschmittel oder Kernseife.

Noch ein paar **Tipps**:

▪ Waschpulver wird an Bord unweigerlich feucht und klumpig. Deshalb ist es besser, flüssiges Waschmittel zu verwenden.

▪ Feinwaschmittel ist nur selten erhältlich. Kaufen Sie dann gleich einen größeren Vorrat.

▪ Das Trocknen im Wäschetrockner schadet der Wäsche unnötig. An Bord trocknen bei Sonne und Wind selbst große Handtücher und Bettbezüge in kürzester Zeit.

▪ Verwenden Sie nur Wäscheklammern ohne Metallfedern! Denn die Federn rosten nach kurzer Zeit, und der Rost verursacht hartnäckige Flecken.

Auf See haben wir nie Wäsche gewaschen. Bei einer maximalen Törndauer von vier Wochen war das nicht nötig. Allerdings hatten wir einen entsprechenden Vorrat an frischen Handtüchern und weißer Sonnenschutzkleidung dabei – viel mehr braucht man auf der Barfußroute nicht.

Kleidung

Die Einstellung zur Kleidung verändert sich, wenn man unterwegs ist. Die Farben und Trends der »aktuellen Sommermode« werden vollkommen unwichtig. Die »Seglerkluft« ist zeitlos, farbenfroh und unkompliziert: Die Männer tragen Shorts und bedruckte T-Shirts, die Frauen bunte Wickeltücher oder Hängekleidchen.

Beim Einklarieren ist dieses Outfit aber nicht angebracht (siehe Kapitel 6). Auch in die Dörfer auf den abgelegenen Südsee-Inseln sollten Sie nicht in Shorts gehen. Die Einheimischen tragen meist ein T-Shirt und dazu ein langes Tuch um die Hüften, das je nach Land Pareo, Sulu oder Lavalava heißt. Damit sind Sie in jedem Fall richtig angezogen. Männer können aber auch überall lange Hosen tragen, Frauen einen langen Rock.

Nehmen Sie nicht zu viel Kleidung mit! Sie werden staunen, wie wenig Sie unterwegs brauchen. T-Shirts und Pareos gibt es überall günstig zu kaufen. Badeanzüge und Badehosen können Sie dagegen gar nicht genug mitnehmen. An Bord wird das Ihre tägliche Kleidung sein, zusammen mit einem T-Shirt oder Tuch, das Sie bei Bedarf überziehen. Der Verschleiß an Badekleidung ist hoch, denn Salzwasser und Sonnenmilch greifen das Elastikmaterial an.

Schuhe brauchen Sie auch auf der Barfußroute. Aber nur wenige. Badelatschen (englisch »Flip-Flops«) werden Sie am häufigsten tragen. Die Dinger sind zwar praktisch, aber auf Dauer schädlich für die Füße. Gesünder sind Trecking-Sandalen mit Fußbett, die es zum Beispiel in Globetrotter-Läden gibt.

Für alle anderen Schuhe ist das Klima an Bord Gift. Ösen und Schnallen aus Metall rosten, Leder und Stoff schimmeln. Nehmen Sie trotzdem auch ein Paar feste Wanderschuhe mit. Denn sehr wahrscheinlich werden Sie Touren durch den Regenwald unternehmen oder sogar ei-

Waschtag in Vanuatu.

nen Vulkan besteigen. Lederschuhe, aber auch empfindliche Kleidung kann man schützen, indem man sie mit einem normalen Haushalts-Folienschweißgerät einschweißt.

Hobbys

Segeln mag zur Zeit noch Ihr liebstes Hobby sein. Sie können sich nichts Schöneres vorstellen, als einen Segelschlag aus dem Hafen zu machen, den ganzen Nachmittag draußen auf und ab zu segeln und abends an Ihren Platz am Steg zurückzukehren. Wir können Ihnen fast sicher versprechen, dass sich das auf Langfahrt sehr schnell ändern wird ...

Kurz nachdem der Anker gefallen ist, verwandelt sich die Hochseeyacht in ein schwimmendes Wohnzimmer. Durch die offenen Luken strömt endlich wieder frische Luft hinein. Der Inhalt sämtlicher Schapps breitet sich im Salon aus, das Notebook wird auf dem Kartentisch aufgebaut. Kuchen oder Brot wird aufgeschnitten, frisches Obst in einer Schale bereitgestellt. Winschkurbeln und Fernglas werden aus dem Cockpit verbannt, stattdessen die Sitzkissen ausgebreitet und Flossen und Schnorchel aus der Backskiste geholt.

Kurz: Das Boot ist schon nach kurzer Zeit nicht mehr seeklar. Aus der Sicht des Langfahrtseglers erscheint es völlig absurd, jetzt einen Schlag aus der Bucht zu machen. Segeln wird er wieder, wenn er zum nächsten Ziel aufbricht. Aber jetzt? Er ist doch gerade angekommen ...

Was also tun mit der verbleibenden freien Zeit? Die üblichen **Freizeitbeschäftigungen** müssen durch neue ersetzt werden. Kein Schaufensterbummel mehr, kein abendliches Fernsehprogramm. Das bietet die Chance, andere Interessen zu entdecken oder wiederzubeleben.

Eine neue Sprache lernen? Es gibt inzwischen sogar interaktive Sprachkurse für das Notebook. Lesen? Taschenbücher kann man gar nicht genug an Bord haben. Musik machen? Ein Klavier scheidet als Möglichkeit aus, aber wir haben etliche Yachten getroffen, auf denen eine Gitarre oder ein Keyboard für abendliche Unterhaltung sorgten. Zeichnen oder Malen? Farbige Stifte, Kreiden oder Aquarellfarben brauchen nicht viel Platz.

Das **Lesen** war eine unserer Lieblingsbeschäftigungen an Bord. Aber nicht vor dem Bildschirm, sondern mit einem Taschenbuch gemütlich auf einer Koje ausgestreckt. Im Cockpit, im Schatten des Sonnensegels oder während der Nachtwache unter dem Kartentisch-Lämpchen.

Fast alle Yachties sind wahre Leseratten. Deshalb gehört der **Büchertausch** zum Yachtie-Alltag. Oft lautet sogar die erste Frage, wenn zwei deutsche Yachten sich treffen:

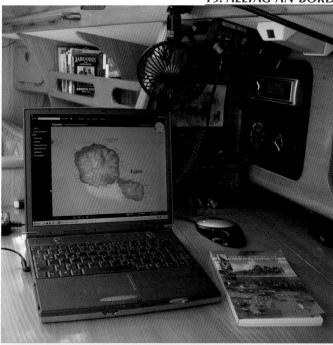

Atlas, Lexikon oder Sprachkurs: Das Notebook erweitert die Bordbibliothek.

»Habt Ihr Bücher?« Getauscht wird meist nach Breite im Regal, nicht nach Stückzahl. Wenn Sie sich nicht von Ihren Lieblingsbüchern trennen mögen: Durchstöbern Sie rechtzeitig vor der Reise die Antiquariate und Flohmärkte. Dort können Sie günstige Taschenbücher kaufen, zum Selber-Lesen und späteren Tauschen.

Zur Geschichte und Kultur der besuchten Länder sollten Sie je einen guten **Reiseführer** an Bord haben. Die Bücher müssen nicht top-aktuell sein, denn die Hotel- und Restaurant-Tipps sind eher unwichtig. Meist besuchen Segler ohnehin andere Orte als ein Flug-Tourist.

Nicht jeder ist unbedingt **Astronomie**-Fan. Aber spätestens, wenn Sie den südlichen Sternhimmel erleben, werden Sie vielleicht doch wissen wollen, wie der eine oder andere Stern oder Planet heißt, oder wann und wo in der Nacht Jupiter zu sehen sein wird. Dazu können Sie ein Astro-Programm (z.B. »Skyplot«, www.skyplot.de) auf dem Notebook installieren, das Ihnen für jedes Datum und jede Uhrzeit den nächtlichen Himmel darstellt. Zu empfehlen ist auch eine normale Sternkarte aus Papier, zum Beispiel die bekannte Hallwag-Sternkarte im Format 94 x 126 cm.

Wassersport

Schnorcheln ist ein wunderbares Hobby an Bord. Als Ausrüstung genügt eine gute Taucherbrille mit Schnorchel und Flossen. Hier sollten Sie nicht sparen. Die **Taucherbrille** sollte mit Sicherheitsglas (»tempered glass«) und einer

»Gummi-Nase« für den Druckausgleich ausgestattet sein. Als Material empfehlen wir unbedingt transparentes Silikon. Brillen aus schwarzen Gummi sind zwar deutlich preiswerter, aber sie gehen auch viel schneller kaputt. Denn auf dem Boot sind sie im Dauer-Einsatz, und das Spülen mit Süßwasser entfällt meistens. Das schwarze Gummi wird dann sehr schnell spröde und porös. Kaufen Sie gleich einen Ersatz-Gurt für die Taucherbrille. Er wird als erstes brechen oder verloren gehen.

Der **Schnorchel** kann ganz einfach gebaut sein. Das Mundstück sollte auch aus Silikon und so bequem sein, dass es auch bei langen Ausflügen nicht drückt. Das Ausblasen mit einem kräftigen Atemstoß wird schnell zur Gewohnheit. Die verschiedenen Patent-Ventile machen die Sache unnötig teuer und kompliziert.

Die **Flossen** sollten richtige Taucherflossen sein. Je fester und größer das Blatt, umso effektiver kommt man voran. Flossen sollten möglichst fest am Fuß sitzen, aber nicht einschneiden und nicht drücken.

Ein **Neopren-Anzug** erweitert die Möglichkeiten. Wer verfroren ist, braucht ihn schon bei längeren Schnorchel-Ausflügen, denn auch bei tropischen Wassertemperaturen kühlt der Körper mit der Zeit aus. In kälteren Regionen brauchen Sie ihn, um bei Bedarf am Unterwasserschiff arbeiten zu können. Oder den Propeller von einer Leine oder einem Netz zu befreien. Ideal ist eine Kombination aus einem ärmellosen Anzug (»Long John«), der sehr eng am Körper anliegen sollte, und einer Jacke mit langen Ärmeln. Ein Bleigurt, wie ihn Taucher tragen, ist dazu sehr nützlich. Denn es ist äußerst mühsam, sich gegen den Auftrieb des Neopren-Anzugs unter Wasser zu halten.

Gute Schnorchel- und Tauchausrüstung kostet richtig Geld. Die besten »Schnäppchen« finden Sie auf der Düsseldorfer Bootsmesse; dort gibt es eine ganze Halle nur für den Tauchsport. Aber auch in den Tauchrevieren entlang der Route findet man oft gute, preiswerte Ausrüstung.

Ganz wichtig: Tragen Sie beim Schnorcheln immer ein T-Shirt. Denn die Sonne brennt dicht unter der Wasseroberfläche noch gefährlicher, und beim Schnorcheln kann man wunderbar die Zeit vergessen.

Wer dem Schnorcheln verfällt, wird vielleicht irgendwann auch **tauchen** wollen. Einen Tauchkurs können Sie unterwegs problemlos machen. Überall in der Karibik gibt es Tauchschulen, die Konkurrenz sorgt für erschwingliche Preise. Fast alle Tauchläden werben mit »Schnupperkursen«, die sollten Sie wahrnehmen, bevor Sie buchen. Sorgen Sie eventuell schon zu Hause für ein ärztliches Zeugnis.

Windsurfen passt gut zum Segeln? Dachten auch wir zunächst. Uns störte nur der Gedanke, so ein schweres, sperriges Brett mit entsprechendem Windwiderstand an der Reling zu fahren, sonst hätten wir vielleicht eines gekauft. Unterwegs stellten wir fest, dass das Surfbrett auf Langfahrt einer der am wenigsten genutzten Gegenstände an Bord ist.

Der Grund wurde uns klar, als Freunde einmal ihr Surfbrett riggten, um uns eine Freude zu machen. Das Brett musste losgebunden und über die Reling gewuchtet, der lange Mast ins Segel eingefädelt, der Gabelbaum geriggt werden. Und hinterher alles wieder retour, dazu noch das Problem, das klatschnasse, salzwassergetränkte Segel zu trocknen. Wenn man sowieso dauernd damit beschäftigt ist, Dingis zu Wasser zu lassen oder aufzuheißen, Segel zu bergen und zu trocknen, Kanister an der Reling los- und wieder festzubinden, schwindet der Elan für solche Aktivitäten.

Einige Segler gaben zu, ihr Surfbrett nur zu behalten, damit sie dem gelegentlichen Besuch aus der Heimat etwas Abwechslung bieten konnten. Andere dachten daran, es zu verkaufen.

Geschenke und Souvenirs

»**Take nothing but pictures**« (Nimm nichts mit außer Fotos). »**Leave nothing but footprints**« (Lass nichts zurück außer Fußspuren). So lautet ein Spruch, den man an vielen Orten dieser Welt findet. Oft begrüßt er die Besucher eines Nationalparks auf einem Schild am Eingang. Für uns Segler, die wir das Privileg genießen, den »Nationalpark Blauer Planet« frei befahren zu dürfen, sollten das ernst zu nehmende Grundsätze sein. Gemeint ist hier natürlich das Verhalten in der Natur. Aber auch im Hinblick auf den seglerischen Alltag ist es sinnvoll, sich über das »Mitnehmen« und »Zurücklassen« ein paar Gedanken zu machen.

Was nehmen wir mit, außer den Bildern im Kopf oder auf Festplatte? Vor allem das, was man im weitesten Sinn als **Souvenirs** bezeichnet. Das Wort »Souvenir« heißt ja eigentlich »sich erinnern«. Oft blättern wir in unserem Gästebuch, in dem sich unsere Yachtie-Freunde mit Texten, Fotos und Zeichnungen verewigt haben. Oder wir hören eine der vielen CDs mit der Musik, die uns unterwegs begleitet hat: Soca erinnert an den Karneval in Trinidad, Salsa an die Busfahrten in Mittelamerika, Tamouré an die Tänze in Tahiti.

Ansonsten sind unsere liebsten Souvenirs die kleinen Dinge, zu denen uns sofort eine Geschichte einfällt. Der große, prächtige Tapa-Wandbehang, den wir in Fidschi in einem Souvenirladen kauften, liegt immer noch zusam-

Tauchparadies: Das Great Barrier Reef in Australien.

mengerollt auf dem Kleiderschrank. Aber das kleine Stück Tapa, das uns die Frau des Pastors zu unserer Hochzeit schenkte, schmückt die Wand in unserem Wohnzimmer. Davor steht das kleine Holzschwein aus Sandelholz, das uns Betty in Tonga zum Abschied überreichte. Jede Muschel auf den Regalen erinnert uns an eine ganz bestimmte Insel, einen Strand, einen Spaziergang.

Stichwort **Muscheln**: Auch Sie werden sicher der Sammelleidenschaft verfallen, wenn Sie die erste Kauri oder Porzellanschnecke in der Hand halten. Aber Vorsicht bei großen Muscheln! Sie gehören ebenso wie Korallen und

Schildpatt zu den Souvenirs, deren Einfuhr nach Deutschland bei Strafe verboten ist.

Dabei spielt es keine Rolle, wie die Gesetze in den Herkunftsländer sind. An den Karibik-Stränden sahen wir ganze Halden von Conch-Muscheln, deren Fleisch eine beliebte Delikatesse ist. »Curried Conch« wird dort an jeder Imbiss-Bude verkauft. Und auf den meisten Südsee-Inseln wird, sobald ein Kreuzfahrtschiff am Horizont auftaucht, ein »Shell Market« errichtet, bei dem die einheimischen Frauen Muscheln und Korallen verkaufen. Jeder Tourist, der dort etwas kauft, trägt dazu bei, dass die Ein-

»Take nothing but pictures« ...

heimischen die Unterwasserwelt immer weiter plündern. Genau das wollen die strengen Einfuhr-Gesetze verhindern.

Natürlich ist es etwas anderes, wenn man selbst eine leere, schöne Muschel oder ein angeschwemmtes Korallenstück am Strand findet. Solche Fundstücke haben wir ohne schlechtes Gewissen mitgenommen. Was wir dabei nicht bedachten: Für die Zollbeamten macht das natürlich keinen Unterschied.

»Machen Sie mal diese ... nein, diese Tasche auf!« Der Zöllner auf dem Frankfurter Flughafen hat offenbar keine Lust, unsere dick verschnürte große Reisetasche auszupacken, und entscheidet sich für das kleine Handgepäck. *»Was haben wir denn hier? Eine Muschel! Oha, jetzt haben* wir aber ein Problem!« In der Hand hält er eine kleine, kalkverkrustete Tritonschnecke, der man ansieht, dass sie auf keinen Fall lebend gesammelt wurde. Aber das interessiert den strengen Beamten nicht. Sein Miene wird erst versöhnlicher, als er das Corpus Delicti vermessen hat. *»Da haben Sie aber noch mal Glück gehabt! Ein Zentimeter mehr, und es wäre teuer geworden!«* Gaby bekommt ganz weiche Knie. Denn die kleine Triton ist ein Winzling im Vergleich zu unserer Conch, die gut gepolstert zwischen Kleidungsstücken in der großen Reisetasche liegt ...

Also: Bevor Sie irgendwelche Souvenirs nach Deutschland einführen, sollten Sie sich genau über die aktuellen Bestimmungen informieren. Denn, wie es so schön heißt, »Unkenntnis schützt vor Strafe nicht«.

Und was lassen wir Segler nun außer unseren Fußspuren zurück? Hoffentlich keinen Müll. Aber nur unsere Fußspuren wären zu wenig. Wenn Sie ein Dorf auf einer Südsee-Insel betreten, wird man Sie oft mit Geschenken begrüßen. Die legendäre Begrüßungs-Blumenkette dürfen Sie heute zwar nicht mehr erwarten, aber man wird Ihnen Früchte oder eine besonders schöne Blüte überreichen. Und dann sollten Sie sich auch mit einem Gegengeschenk bedanken. In der Südsee-Kultur haben Geschenke eine ganz andere Bedeutung als in der westlichen Welt. Dazu ein Auszug aus dem *Südsee-Handbuch:*

»In der westlichen Gesellschaft basiert Reichtum auf der Anhäufung von Gütern, während in den Gesellschaftsformen im Pazifik sich Reichtum nach dem bestimmt, wie viel man geben kann. Geschenke legen die gesellschaftliche Stellung fest, und das Teilen ist Bestandteil der Gesellschaft. Es ist fast überall auf den Inseln Brauch, dass man sich für ein Geschenk mit einem Geschenk bedankt.«

Was sind passende Geschenke? Zum Beispiel alle Waren des täglichen Bedarfs, die am Ort nicht oder nur schwer erhältlich sind. Das ist dann weniger eine DVD mit dem neuesten Hollywoodfilm, eher schon ein Angelhaken aus Edelstahl, (Hand-)Werkzeuge, farbige Stoffe, bedruckte T-Shirts, Buntstifte und Schulbedarf. Zu unserem Erstaunen waren auf den Südseeinseln aber auch Parfüm und Kosmetika sehr gefragt.

Größere Geschenke sollten Sie für die Situationen aufheben, in denen Sie eine Einladung annehmen und von einer Familie in ihrem Haus bewirtet werden. Allerdings kann ein »Zuviel« den Gastgeber auch in Verlegenheit bringen, weil er Ihnen dann ein entsprechendes Gegengeschenk machen muss.

Falls nach mehreren Wochen »Inselhüpfen« das Geschenke-Schapp leer ist, sind auch Lebensmittel ein gutes

Begegnung in Samoa: »What's your name? Where are you from?«

Geschenk. Ein frisch gefangener Fisch ist immer willkommen, ebenso eine Dose Thunfisch oder Corned Beef.

Geschenke sind ein wichtiger Teil des Eindrucks, den wir bei den Einheimischen hinterlassen. Und dieser Eindruck kann sehr lange anhalten:

Wir ankern vor einem kleinen Dorf in Samoa. Beim abendlichen Rundgang kommen wir kaum vom Fleck: Jeder will uns begrüßen, jeder will erfahren, woher wir kommen. Wir ahnen schon, dass hier noch nicht viele Yachten waren. Aber dann staunen wir doch: Ein Mann erzählt von einem anderen deutschen Seglerpaar, das hier zu Besuch war. Er weiß sogar ihre Namen: »Michael and Christine. Do you know them?« Wir fragen nach, wann sie denn hier waren. »Oh, maybe 1988.« Das war vor acht Jahren!

Unser Auftreten – ob bescheiden oder protzig, freundlich oder arrogant, hilfsbereit oder egoistisch – bestimmt nicht nur, wie wir selbst in einem fremden Land zurechtkommen. Es hat auch Auswirkungen für die, die nach uns kommen.

Das schöne Motto der amerikanische Seglervereinigung SSCA lautet »Clean Wake« (wörtlich übersetzt »Sauberes Kielwasser«). Darin heißt es:

»Wir hinterlassen immer ein sauberes Kielwasser, indem wir andere Menschen und die Umwelt respektieren und achten. Wir sorgen dafür, dass diejenigen, die in unserem Kielwasser folgen, willkommen sind.«

20. Anhang

Literatur

Deutschsprachige Bücher:
- Bopp, Annette/Herbst, Vera: Handbuch Medikamente. Stiftung Warentest 2013.
- Cornell, Jimmy: Segelrouten der Welt. Edition Maritim 2008.
- Erdmann, Wilfried: Segeln mit Wilfried Erdmann. Edition Maritim 2006.
- Hanewald, Roland: Das Tropenbuch, Berlin 2003.
- Herrmann, Michael: Technik unter Deck, Palstek Verlag 2003.
- Herrmann, Michael: Blitzschutz auf Yachten. Palstek Verlag 2011.
- Heyerdahl, Thor: Fatu Hiva. Zurück zur Natur. Bertelsmann 1974 u.ö.
- Hirche, Rüdiger: Amateurfunk an Bord. Delius Klasing 2007.
- Hirche, Rüdiger: AIS in Theorie und Praxis. Delius Klasing 2009.
- Hirche, Rüdiger/Kinsberger, Gaby: Vom Alltag in die Südsee. Delius Klasing 2011.
- Isenberg, Hans-G./Korp, Dieter: Bootsmotoren. Pietsch Verlag 1999.
- Kohfahl, Meinhard: Medizin auf See. DSV-Verlag 2014.
- Neale, Tom: Südsee-Trauminsel. Stein Verlag ^{4}2001.
- Rothammels Antennenbuch, DARC-Verlag 2013.
- Stanley, David: Südsee-Handbuch. Walther Verlag 1994.
- Werner, David: Wo es keinen Arzt gibt, Verlag Reise Know-How 2012.

Englischsprachige Bücher:
- Admiralty List of Radio Signals. United Kingdom Hydrographic Office.
- Grant, Jim: The Complete Canvasworker's Guide. International Marine/McGraw-Hill.
- Werner, David: Where there is no doctor. Village Health Care Handbook.

Imray Guides für die Barfußroute (alle: Imray, Laurie, Norie & Wilson Ltd, www.imray.com)
- Walker/Buchanan: Atlantic Spain and Portugal.
- Hammick: Atlantic Islands.
- Pocock: Pacific Crossing Guide.
- Davies/Morgan: Cruising Guide to Southeast Asia Vol. I.
- Davies/Morgan: Cruising Guide to Southeast Asia Vol. II.

Cruising Guides Karibik (alle: Cruising Guide Publications, www.doyleguides.com)
- Chris Doyle: Sailor's Guide to the Windward Islands.
- Chris Doyle: Cruising Guide to the Leeward Islands.
- Chris Doyle: Cruising Guide to Trinidad & Tobago.
- Chris Doyle: Cruising Guide to Venezuela & Bonaire.

Cruising Guides Pazifik:
- Charles E. Wood: Charlie's Charts of Polynesia.
- Marcia Davock: Cruising Guide to Tahiti and the French Society Islands.
- The Moorings: A Cruising Guide to the Kingdom of Tonga.
- Michael Calder: A Yachtsman's Fiji.
- Alan Lucas: Cruising the Coral Coast.
- British Admiralty NP 60: Pacific Islands Pilot, Volume I.
- British Admiralty NP 61: Pacific Islands Pilot, Volume II.

Websites und Adressen

Adressen ändern sich ständig, neue kommen hinzu. Noch kurzlebiger sind Internet-Adressen. Wir haben uns daher auf solche Adressen beschränkt, die wahrscheinlich längere Zeit bestehen bleiben: Offizielle Stellen, Verbände, Hersteller und Händler.

Links zu aktuellen Websites, zum Beispiel von Yachten auf großer Fahrt, finden Sie auf unserer Homepage www.sy-kaya.de unter »Links«.

Blauwassersegeln im Internet

www.noonsite.com
Website von Jimmy Cornell. Randvoll mit wichtigen Informationen, die ständig aktualisiert werden.

Adressen

Bezugsquellen für Seekarten und Handbücher:
HanseNautic GmbH (www.hansenautic.de)
Herrengraben 31, 20459 Hamburg.

Bellingham Chart Printers (www.tidesend.com)
P.O. Box 1728T, Friday Harbor, WA 98250 USA.

Bluewater Books&Charts (www.bluewaterweb.com)
1481 SE 17th Street, Fort Lauderdale, FL 33316 USA

Ausrüster:
SVB (www.svb.de)
Spezialversand für Yacht- und Bootszubehör GmbH, Gelsenkirchener Str. 25, 28199 Bremen.
Unser Favorit unter den großen deutschen Ausrüstern. Gutes Sortiment, informativer Katalog.

West Marine (www.westmarine.com)
Der große Ausrüster in USA. Schnell, zuverlässig und kulant.
Der dicke Katalog mit viel »Know-how« gehört auf jede Blauwasseryacht.

Accastillage Diffusion (www.accastillage-diffusion.com)
Großer französischer Ausrüster mit 60 Filialen.
Sehr gut sortiert, speziell auch für Aluminium-Yachten (Seeventile aus Kunststoff, Magnesium-Anoden), guter Katalog.

Sonstige Adressen:
ARC: World Cruising Club (www.worldcruising.com).

BSH/Bundesamt für Seeschifffahrt und Hydrographie (www.bsh.de)
Bernhard-Nocht-Str. 78, 20359 Hamburg.

DHH/Deutsche Hochseesportverband HANSA e.V. (www.dhh.de)
Rothenbaumchaussee 58, 20148 Hamburg

DSV/Deutscher Segler-Verband e.V. (www.dsv.org)
Gründgensstr. 18, 22309 Hamburg.

S. Preuss Yachtversicherungen (www.preuss-yachtversicherungen.de)
Lotzestr. 28, 37083 Göttingen.

SSCA/Seven Seas Cruising Association (www.ssca.org)
1525 South Andrews Avenue, Suite 217, Fort Lauderdale FL 33316 USA

TO/Trans-Ocean e.V. (www.trans-ocean.eu)
Deichstr. 16a, 27457 Cuxhaven.

Tropeninstitute:
Bernhard-Nocht-Institut für Tropenmedizin (www.gesundes-reisen.de)
Bernhard-Nocht Str. 74, 20359 Hamburg.

Deutsche Gesellschaft für Tropenmedizin und Internationale Gesundheit e.V. (www.dtg.mwn.de)
Infoservice, Postfach 400466, 80704 München.

Zum Weiterlesen aus dem Verlag pietsch

Sara Hopkinson
Navigation auf See

112 Seiten, 206 Abbildungen
Format 170 x 210 mm, broschiert
ISBN 978-3-613-50687-9
€ 9.95 / CHF 14.- / € (A) 10.30

Navigationsexpertin Sara Hopkinson erläutert nicht nur den Umgang mit Karten, sondern gibt auch wichtige Informationen und Praxistipps zu den Bereichen Positionsangaben und -bestimmung, Gezeiten und Steuerung sowie Kurs und Törnplanung. Abgerundet wird das Buch von wichtigen Hinweisen zu elektronischen Hilfsmitteln an Bord.

Hans Mühlbauer
Segel- und Motorboote - Bordprobleme einfach gelöst

192 Seiten, 280 Abbildungen
Format 170 x 240 mm, broschiert
ISBN 978-3-613-50589-6
€ 24.90 / CHF 34.90 / € (A) 25.60

Wassersportler haben's schwer, dabei könnte das Leben als Segler oder Motorbootfahrer so entspannend sein, wenn immer alles liefe, wie es soll. Deshalb hat ein erfahrener Langstreckensegler viele praktische Tipps für den Bordalltag gesammelt - für mehr Sicherheit, Funktionalität und Komfort.

Ralf Schaepe
Elektrik und Elektronik an Bord - Kauf, Planung und Installation

144 Seiten, 126 Abbildungen
Format 170 x 240 mm, broschiert
ISBN 978-3-613-50648-0
€ 19.95 / CHF 27.90 / € (A) 20.60

Dieses Buch gibt einen aktuellen und umfassenden Einblick in das Angebot, die Verwendung und Funktionsweise sowie die Installation der modernsten elektronischen Geräte. Zahlreiche Tipps zum Datenaustausch und zu Kombinationsmöglichkeiten helfen, schon in der Planungsphase Fehler zu vermeiden.

Überall, wo es Bücher gibt, oder unter:
www.paul-pietsch-verlage.de
Tel. 0711 / 98 809 984

Stand Februar 2014
Änderungen in Preis und Lieferfähigkeit vorbehalten